머리말

일본인과 만나

집안거리 일상의 시시콜콜한 이야기를 나누고 싶었기.

먹거리 음식과 술을 권하며 가까워지고 싶었기.

자랑거리 패션과 미용에 관한 정보를 공유하고 싶었기.

느낄거리 제대로 감정표현을 하고 싶었기.

큰일거리 때론 사랑하며, 아파하며 살아가는 모습을 나누고 싶었기.

일거리 일과 인터넷으로 만남을 이어가고 싶었기.

길거리 가끔은 친절하게 길을 안내해주는 도우미가 되고 싶었기.

하늘거리 계절과 날씨에 대해 운운하고 싶었기.

놀거리 스포츠와 여행으로 함께 스트레스를 풀고 싶었기.

1년 놀거리 서로의 문화를 깊게 나누며 이해하고 싶었기.

때문에
일본어다운 생활문화 일본어가 만들어졌습니다.

* 일본어다운 생활문화 일본어는 10가지 테마별 생활과 문화를 담은 어휘 표현집입니다.
* 이 책의 단어와 회화는 3년간 일본인과의 만남이 기록으로 맺어진 결실입니다.

오쿠무라 유지
임단비

준비 운동

−10가지의 테마별 기본 어휘와 회화표현−

준비운동으로 테마별 기본 어휘와 회화표현을 간단하게 소개

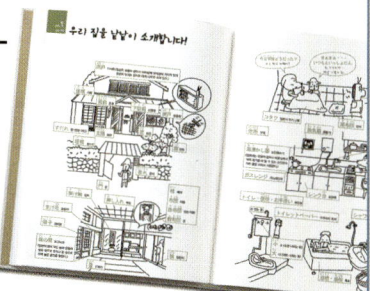

본 운동

− 구체적인 주제별 자세한 어휘와 회화표현−

본 운동으로 들어가서 테마별 주요 주제를 뽑아 상세한 어휘와 회화표현을 소개

※ 이 책의 단어는 히라가나, 한자, 가타카나를 하나로 통일하지 않고, 일본인이 사용하는 대로 자연스럽게 혼용했습니다.

ex） ♥ 塵・不燃ごみ・ゴミ袋・ゴミ箱
　　♥ 後・あと

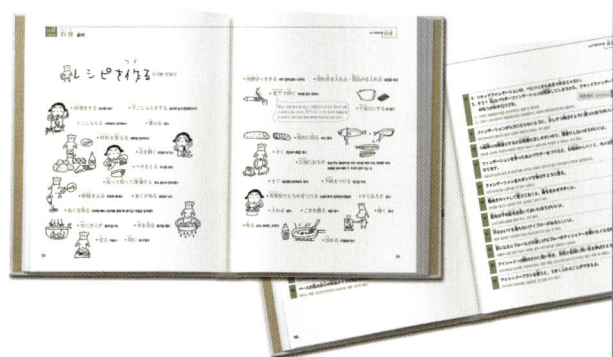

듣기 운동

−모든 어휘와 문장을 정확한 발음으로 확인 −

모든 페이지의 어휘 및 문장을 들으면서 학습

※ MP3 번호와 페이지 번호가 일치하여 듣고 싶은 부분의 음원을 보다 쉽고 빠르게 찾아 들 수 있습니다.

ex） 8페이지에 해당하는 음원은 008-1∼008-4에서 들을 수 있습니다.

마무리 운동

−일본어로 알고 싶은 한국어 표현−

마무리 운동으로 일본어로 궁금한 한국어를 본문에서 찾아 볼 수 있는 색인 페이지

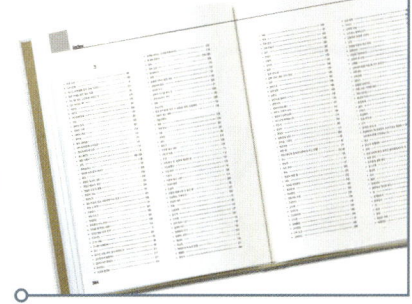

목차

머리말　　　　　　02
일러두기　　　　　　03

no1. 집안거리

하루 일과　　　　　　　　　　　　08
우리 집을 낱낱이 소개합니다!　　　12
　(お)風呂 목욕　　　　　　　　　14
　掃除 청소　　　　　　　　　　　18
　洗濯 세탁　　　　　　　　　　　22
　テレビ 텔레비전　　　　　　　　26
　眠り・睡眠 잠　　　　　　　　　30

no2. 먹을거리

주문하실 건 정하셨습니까?　　　　36
　料理 요리　　　　　　　　　　　38
　味 맛　　　　　　　　　　　　　48
　食事 식사　　　　　　　　　　　54
　寿司 초밥　　　　　　　　　　　62
　飲み物 음료　　　　　　　　　　68
　(お)酒 술　　　　　　　　　　　74

no3. 자랑거리

그냥 보기만 하는 거예요!　　　　　80
　美容 미용　　　　　　　　　　　82
　美容院・美容室 미용실 ・ 理髪店・床屋・散髪屋 이발소　92
　ショッピング 쇼핑　　　　　　　98
　ファッション 패션　　　　　　　106
　お金 돈　　　　　　　　　　　　110

목차

no4. 느낄거리

모두들 고마워~ 116
喧嘩 싸움 118
感情 감정 122
性格 성격 128
音楽 음악 140

no5. 큰일거리

저와 결혼해 주실래요? 144
結婚 결혼 146
妊娠 임신 158
赤ちゃん 아이・育児 육아 164
葬式 장례식 170
病気・病 병 174

no6. 일거리

내 필통 어디 갔지? 184
会社 회사 186
コンピューター 컴퓨터 192
電子メール 전자 메일 196
コピー 복사・プリント 프린트・ファックス 팩스 200
教育 교육 204

목차

파란 불이다, 건너자!	**208**
病院 병원	210
電車 전철・汽車 기차	216
銀行 은행	222
郵便局 우체국・宅配 택배	226
文房具 문방구	230
住宅 주택	236

no7. 길거리

비가 내리네! 우산도 없는데…	**240**
天気 날씨	242
天災 천재	248
春 봄	252
夏 여름	254
秋 가을	258
冬 겨울	260

no8. 하늘거리

no9. 놀거리

힘 빼고 편하게 던져!	**264**
デート 데이트	266
映画 영화	274
温泉 온천・旅行 여행	280
野球 야구	286
サッカー 축구	294
花かるた・花札・花闘 화투	300
将棋 장기	304
相撲 스모	308
能 노・歌舞伎 가부키	314

> no10. 1년 놀거리

새해 복 많이 받으세요! ... 318

1월 놀거리	正月 설날	320
	七草がゆ 일곱 가지 곡물을 넣어 끓인 죽	328
	成人の日 성인식	330

| 2월 놀거리 | 節分 절분 | 332 |
| | バレンタインデー 발렌타인데이 | 334 |

| 3월 놀거리 | ひな祭り 히나마츠리 | 338 |
| | 卒業式 졸업식 | 340 |

| 4월 놀거리 | 入学式 입학식 | 344 |
| | 花見 벚꽃놀이 | 348 |

5월 놀거리	端午の節句 단오의 절구	352
	ゴールデン・ウィーク 골든위크	354
	母の日 어머니의 날・父の日 아버지의 날	356

| 6월 놀거리 | 衣替え 철에 따라 옷을 갈아입거나 물건을 정리하는 것 | 358 |

| 7월 놀거리 | 七夕 칠월 칠석 | 360 |

| 8월 놀거리 | お盆 백중 | 362 |

| 9월 놀거리 | 月見 달맞이, 달구경, 보름달 | 366 |
| | 彼岸 피안 | 368 |

| 10월 놀거리 | 紅葉狩り 단풍놀이 | 370 |

| 11월 놀거리 | 七五三 어린이의 성장을 축하하는 잔치 | 372 |

| 12월 놀거리 | クリスマス 크리스마스 | 374 |
| | 大晦日・大晦 12월 31일 | 378 |

부록 찾아보기 (Index) ... 384

no.1 집안거리 하루 일과

朝ご飯を食べる 아침을 먹다

歯を磨く 이를 닦다

顔を洗う 얼굴을 씻다

出勤する 출근하다

_{そう じ}
掃除する 청소하다

洗濯する 빨래하다
_{せんたく}

コーヒーを飲む 커피를 마시다
_の

ブランチを食べる 아점을 먹다
_た

no.1 집안거리

昼ご飯を食べる 점심을 먹다

買い物に行く 쇼핑을 가다

帰宅する 귀가하다

ばんご飯を食べる 저녁을 먹다

ドラマを見る ドラ마를 보다

風呂に入る 목욕하다

寝る 자다

no.1 집안거리
우리 집을 낱낱이 소개합니다!

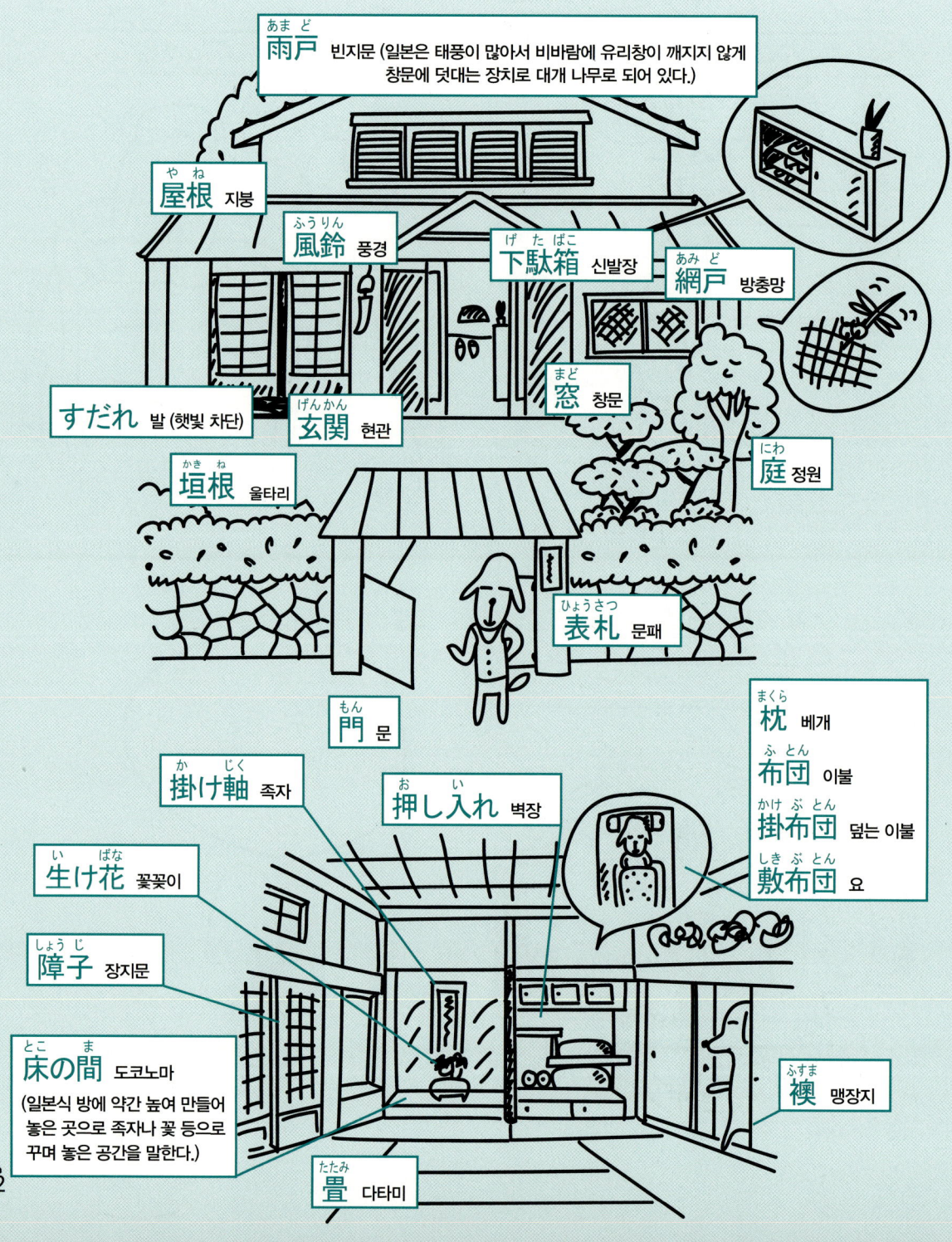

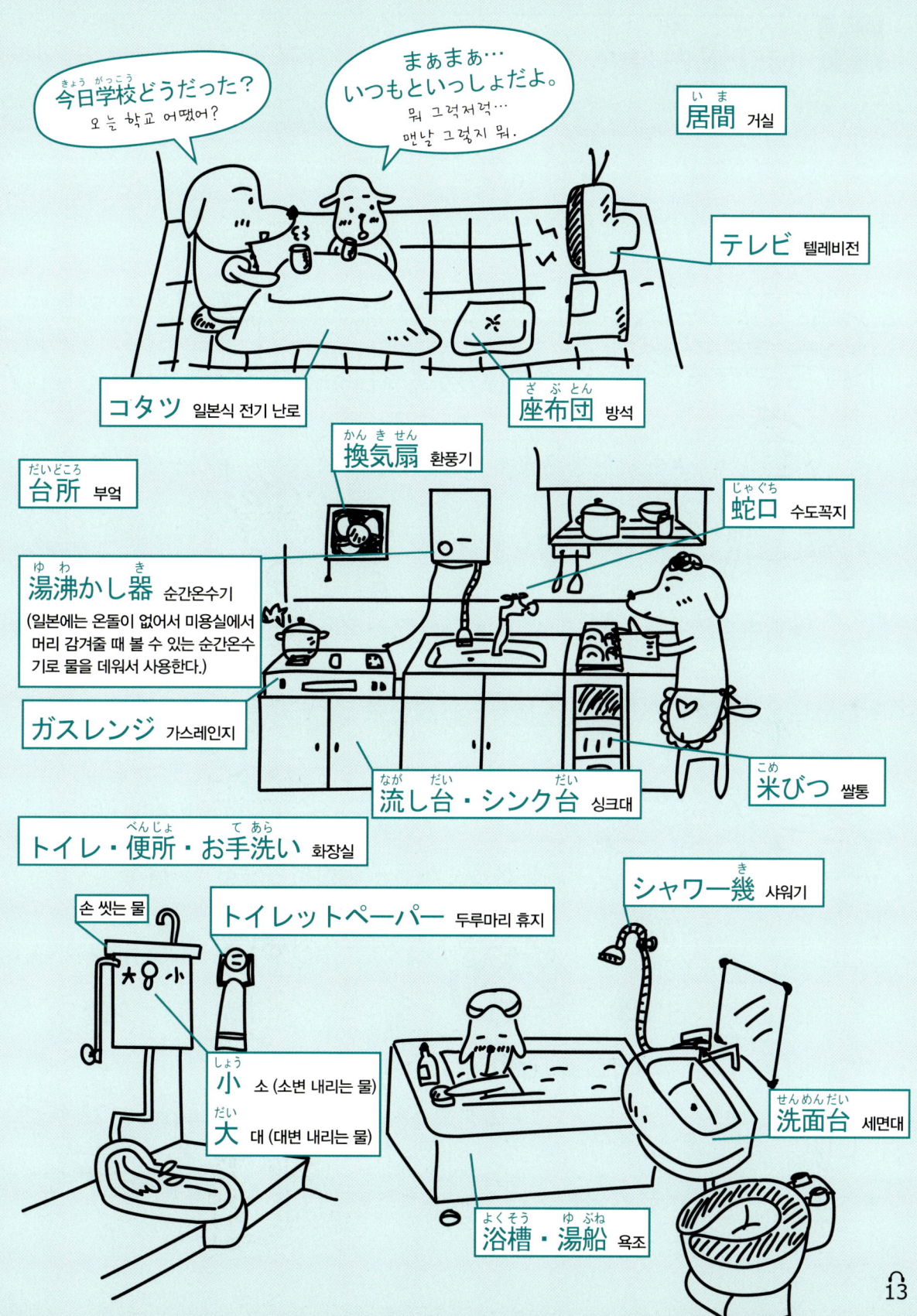

no.1 집안거리 （お）風呂 목욕

- 全身浴をする 전신욕을 하다
- 追い炊きする 목욕물을 더 데우다
- お風呂に浸かる 욕조에 잠기다
- お風呂に入る 목욕하다
- お風呂を冷ます 목욕물을 식히다 
- シャワー浴 샤워 (*찬어)
- 半身浴をする 반신욕을 하다
- 顔を洗う 얼굴을 씻다
- 背中を流す 등을 닦다
- シャワーを浴びる・シャワーをする 샤워하다
- お風呂を沸かす・お風呂を入れる・お湯を張る・お風呂を温める 목욕물을 데우다
- お湯があふれる 물이 넘치다 

> 湯船가 '욕조, 목욕통'이라는 뜻이고, 上がる가 '욕탕에서 나오다'란 의미이다.

- 湯船から上がる・湯船から出る 욕조에서 나오다
- バススポンジ・ボディスポンジ 목욕 타월 
- お湯をかける 물을 끼얹다
- 体を洗う・体を流す 몸을 씻다, 몸을 닦다 
- ボディソープ・ボディシャンプー 바디샴푸

no.1 집안거리 **(お)風呂**

- せっけんを使う 비누를 쓰다
- せっけんを泡立てる 비누 거품을 내다
- リンスする 린스를 하다

- 髪を洗う 머리를 감다
- シャンプーを出す 샴푸를 따르다
- シャンプーする 샴푸를 하다

'아침에 머리를 감는 것'은 朝シャンする라고 한다.

- 湯船に浸かる 욕탕에 들어가다

- 湯中りする・のぼせる 탕 속에 너무 오래 있거나 너무 잦은 목욕 등으로 현기증이나 두통이 생기다

- 長風呂 목욕을 길게 함
- いい湯加減 물의 온도가 적당함
- いいお湯 목욕하기 딱 좋음

栓이 '마개'를 의미하며, 抜く가 '빼다'란 뜻이다.

からす는 '까마귀'를 의미하며, 行水는 '대야에 물을 받아 간단히 몸을 씻는 일'을 말한다.

- お風呂の水を抜く・お風呂の栓を抜く 목욕물을 빼다

- 体を拭く 몸을 닦다
- からすの行水 (까마귀가 미역 감듯이) 목욕을 대충함
- お風呂から上がる・お風呂から出る 목욕을 마치다
- 栓を抜く 물을 빼다
- 湯上がり 목욕을 마치고 나옴, 목욕을 끝냄

no.1 집안거리 （お）風呂 목욕

- 湯冷めする 목욕 뒤에 한기를 느끼다　• 湯冷めが風邪のもと 목욕 후의 한기가 감기의 원인
- 湯冷めしないように 목욕 후 한기가 들지 않도록 (조심하세요)

1	ただいま。お風呂沸いてる？ 疲れてるから、すぐにお風呂に入りたいんだよね。 다녀왔어. 목욕물 데워졌어? 피곤하니까 바로 목욕하고 싶은데.
2	お風呂から上がったら、すぐに冷たいビール飲みたいな。 목욕 끝나면 바로 차가운 맥주 마시고 싶은데.
3	朝風呂に入るのは気持ちがいい。 아침에 목욕을 하면 기분이 좋아.
4	ちゃんと湯船に浸からないと風邪をひきますよ。 욕조에 푹 담그지 않으면 감기 걸려요.
5	疲れたから湯に浸かって疲れをとろう。 피곤하니까 탕에 들어가 피로를 풀어야지.
6	長い時間お湯に浸かってると湯中りするので、気をつけて。 오랜 시간 탕에 들어가 있으면 현기증이 나니까 조심해.
7	パジャマを早く着ないと湯冷めをしますよ。 파자마를 빨리 입지 않으면 한기가 들 거예요.
8	A：お湯加減、どうだった？ B：うん。いいお湯だった。 A：목욕물 온도 어땠어? B：응. 딱 좋았어.

no.1 집안거리　(お)風呂（ふろ）

9	あれ、もうお風呂（ふろ）出（で）たの？ カラスの行水（ぎょうずい）だね。
	어머, 벌써 목욕하고 나왔어? 대충대충 하네.

10	早（はや）くテレビが見（み）たいからって、カラスの行水（ぎょうずい）はダメです。
	빨리 TV가 보고 싶다고, 대충대충 하면 안 돼요.

11	熱（あつ）くも、ぬるくもなく、いい湯加減（ゆかげん）だ。
	뜨겁지도 미지근하지도 않고 온도가 딱 적당해.

12	湯上（ゆあ）がりのビールは最高（さいこう）だね。
	목욕을 끝낸 후의 맥주는 최고지.

13	お風呂（ふろ）から出（で）るときは必（かなら）ず栓（せん）を抜（ぬ）いてね。
	목욕하고 나올 때는 반드시 물을 빼야 해.

14	最近（さいきん）は、朝（あさ）シャンをする人（ひと）が増（ふ）えているらしいよ。
	요즘은 아침에 머리를 감는 사람이 많아진 것 같아.

15	昔（むかし）は、家族（かぞく）で銭湯（せんとう）に行（い）って、お互（たが）いに背中（せなか）を流（なが）しあったものだ。
	옛날에는 가족이 대중 목욕탕에 가서, 서로 등을 씻겨 주었는데.

16	半身浴（はんしんよく）は疲（つか）れもとれるし、ストレス解消（かいしょう）にもなるし、最高（さいこう）よ。
	반신욕은 피곤도 풀리고, 스트레스 해소도 돼서 최고야.

17	半身浴（はんしんよく）すると、ダイエットにもなるし、肌（はだ）にもいいんだって。
	반신욕을 하면, 다이어트도 되고, 피부에도 좋대.

18	先（さき）にお風呂（ふろ）に入（はい）ってから、ご飯（はん）を食（た）べるよ。
	먼저 목욕을 하고 밥을 먹을 게.

19	夏（なつ）は湯船（ゆぶね）に浸（つ）かると暑（あつ）いから、シャワーだけ浴（あ）びることが多（おお）い。
	여름에는 탕에 몸을 담그면 더워서 샤워만 할 때가 많아.

20	銭湯（せんとう）に行（い）ったら、湯上（ゆあが）りにコーヒー牛乳（ぎゅうにゅう）だよね！
	대중 목욕탕에 갔을 땐 목욕을 마치고 (마시는) 커피 우유(가 최고)지!

21	お姉（ねえ）ちゃんって本当（ほんとう）に長風呂（ながぶろ）だよね。いったいお風呂（ふろ）で何（なに）してるの？
	언니 정말 목욕 오래하네. 대체 목욕탕에서 뭐해?

17

no.1 집안거리 掃除(そうじ) 청소

- 掃除(そうじ)する 청소를 하다
- 大掃除(おおそうじ) 대청소
- くまなく掃除(そうじ)する 빈틈없이 청소를 하다
- 雑巾(ぞうきん)がけをする・拭(ふ)き掃除(そうじ)をする 걸레질을 하다
- 濡(ぬ)れタオルで拭(ふ)く・濡(ぬ)れ雑巾(ぞうきん)で拭(ふ)く 젖은 걸레로 닦다
- からぶき 마른 걸레질
- 掃(は)いて拭(ふ)く 쓸고 닦다
- エプロンをする 앞치마를 하다

- スチーム掃除機(そうじき) 스팀 청소기
- モップ 밀대
- 塵(ごみ) 쓰레기
- 塵取(ちりと)り 쓰레받기
- 雑巾(ぞうきん)で拭(ふ)く 걸레로 닦다
- 三角巾(さんかくきん)をする 머릿수건을 하다
- ゴミ袋(ぶくろ) 쓰레기봉투

- 不燃(ふねん)ごみ・燃(も)やさないごみ・燃(も)えないごみ 불연 쓰레기 ・ バケツ 양동이

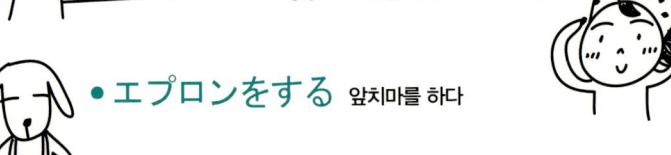

陶磁器(とうじき) 도자기, 化粧品(けしょうひん)のびん 화장품 병, ガラス製品(せいひん) 유리제품, 金属類(きんぞくるい) 금속류, 傘(かさ) 우산, フライパン 프라이팬 등

- 可燃(かねん)ごみ・燃(も)やすごみ・燃(も)えるごみ 가연 쓰레기

紙(かみ)くず 휴지, 木(き)くず 나무 부스러기, プラスチック類(るい) 플라스틱류, 革類(かわるい) 가죽제품류 등

- 資源(しげん)ごみ 재활용 쓰레기

紙(かみ) 종이, びん 병, かん 캔, ペットボトル 플라스틱 병 등

no.1 집안거리 掃除(そうじ)

- 粗大(そだい)ごみ (가구나 전자제품 같은) 대형 쓰레기
- ごみ収集車(しゅうしゅうしゃ) 청소차, 쓰레기차
- 生(なま)ごみ 음식물 쓰레기
- 埃(ほこり)が積(つ)もる 먼지가 쌓이다
- はたきで埃(ほこり)をはたく 먼지떨이로 먼지를 털다
- 網(あみ) 망, 그물
- 掃除機(そうじき)をかける 청소기를 돌리다

일본에는 까마귀가 많아 버린 음식물 쓰레기를 헤쳐놓는 등 그 피해가 심각하여 그물을 쳐서 까마귀의 횡포를 막고 있다.

- 汚(よご)れ 찌든 때
- カビ 곰팡이
- 水(みず)あか・湯(ゆ)あか (목욕탕, 주전자 등에 끼는) 물때
- タワシ 수세미, 솔
- ゴミ箱(ばこ)を空(あ)ける・ゴミ箱(ばこ)のゴミを捨(す)てる 쓰레기통을 비우다, 쓰레기통의 쓰레기를 버리다

- ゴミ箱(ばこ)で臭(くさ)いにおいがする 쓰레기통에서 악취가 나다
- 柄(え)つきのタワシ 손잡이 달린 수세미, 솔

- ほうきで掃(は)く 빗자루질을 하다
- トイレ掃除(そうじ) 화장실 청소

- ゴム手袋(てぶくろ) 고무장갑
- ごみ集積所(しゅうせきしょ) 쓰레기 집합소

- 軍手(ぐんて) 목장갑, 혹은 빨간 고무가 붙은 면장갑

일본에서는 쓰레기를 집 앞에 버리지 않고 쓰레기를 모아서 버리는 장소가 따로 지정되어 있어, 그곳에 버려야 한다.

no.1 집안거리 掃除(そうじ) 청소

22 燃えるごみは右、燃えないごみは左のゴミ箱に捨ててください。
가연 쓰레기는 오른쪽, 불연 쓰레기는 왼쪽 휴지통에 버려 주세요.

23 忙しくて掃除ができなかったから、埃が積もっちゃったね。
바빠서 청소를 못했더니, 먼지가 쌓였네.

24 まず、ほうきで床を掃いてから、ぞうきんをかけてください。
먼저, 빗자루로 바닥을 쓸고 나서 걸레질을 하세요.

25 濡れぞうきんで床をふいて、その後、からぶきすると、きれいになりますよ。
젖은 걸레로 바닥을 닦고, 그 다음에 마른 걸레질을 하면 깨끗해져요.

26 掃除機をかける前に、まず散らかってるものを片付けないとだめでしょ。
청소기를 돌리기 전에, 먼저 어질러져 있는 것을 정리해야 되잖아.

27 一年ぶりに、はたきで埃をはたいて、部屋をくまなく掃除した。
1년 만에 먼지떨이로 먼지를 털고, 방을 구석구석 청소했다.

28 年末には、部屋の隅々まで大掃除するのが恒例です。
연말에는 집안 구석구석까지 대청소 하는 것이 상례입니다.

29 掃除には、ほうきと塵取りは欠かせないよ。
청소에 빗자루와 쓰레받기는 빠질 순 없어.

30 夜遅く掃除機をかけるのは、下の階の人に迷惑だから控えたほうがいいね。
밤 늦게 청소기를 돌리는 것은 아래층 사람에게 폐가 되기 때문에 자제하는 것이 좋아.

31 今日はお客さんが来るので、隅々まで雑巾がけをしなくちゃ。
오늘은 손님이 오니까, 구석구석까지 걸레질을 해야 해.

32 A：ごみの出し方を教えてもらえますか。
B：可燃ごみは火曜日と金曜日、不燃ごみは水曜日、ビンやカンは土曜日で、古新聞は金曜日です。
A：쓰레기 배출 방법을 가르쳐 주시겠습니까?
B：가연 쓰레기는 화요일과 금요일, 불연 쓰레기는 수요일, 병이나 캔은 토요일에, 오래된 신문은 금요일입니다.

33 テレビや冷蔵庫などの粗大ごみはどうやって出せばいいでしょうか。
텔레비전이나 냉장고 등의 대형 쓰레기는 어떻게 버리면 됩니까?

no.1 집안거리 — **掃除**(そうじ)

34 ごみはきちんと分けて捨てて下さいね。
쓰레기는 제대로 분리해서 버려 주세요.

35 燃えるごみとは紙類のことですね。
가연 쓰레기라는 것은 종이류를 말하는 것이지요?

36 資源ごみとは再利用できるものですか。
재활용 쓰레기라는 것은 다시 사용 가능한 것을 말하나요?

37 「立つ鳥跡を濁さず」というように、引っ越しをする時はきれいに掃除をするのが常識だ。
'떠나가는 새는 발자국을 남기지 않는다'고 하듯이 이사할 때는 깨끗하게 청소하는 것이 상식이다.

> 立つ鳥跡を濁さず(たつとりあとをにごさず) 떠나가는 새는 머물러 있던 곳을 더럽히지 않는다
> (떠나가는 이는 뒷정리를 깨끗이 해야 한다는 것을 비유한 말)

38 床を掃除するにはやっぱりスチーム掃除機が一番だ。
마루를 청소하는 것은 역시 스팀 청소기가 제일이다.

39 雑巾掛けも、雑巾絞りも大変で面倒という人にはモップをお勧めします。
걸레질도 걸레를 짜는 것도 힘들고 귀찮다는 사람에게는 밀대를 권합니다.

40 ごみはゴミ袋に入れて出してね。
쓰레기는 쓰레기 봉투에 넣어 버려.

41 トイレの掃除の時は、柄つきのタワシで便器の内側をこすります。
화장실 청소할 때는 손잡이 달린 수세미로 변기 안쪽을 문지릅니다.

42 明日は燃えないごみの日だから、ごみ出し、忘れないようにしないとな。
내일은 불연 쓰레기를 버리는 날이니까, 쓰레기 버리는 것 잊지 말아야지.

43 環境問題のためにも、ごみの分別はしっかりしないとだめだよね。
환경문제 때문에라도 쓰레기 분리는 확실하게 해야 해.

44 ごみ袋は、指定の袋を使わないと、持ってってくれないよ。
쓰레기 봉투는 지정된 봉투를 사용하지 않으면 가져 가지 않아.

45 ごみ収集車は、だいたい朝10時くらいにきますよ。
청소차는 보통 아침 10시경에 와요.

no.1 집안거리 洗濯(せんたく) 세탁

- 洗剤(せんざい)を入(い)れる 세제를 넣다
- 柔軟剤(じゅうなんざい) 유연제
- 洗濯(せんたく)ネット 세탁망

- 洗濯機(せんたくき)を回(まわ)す 세탁기를 돌리다
- クリーニング 클리닝
- 全自動洗濯機(ぜんじどうせんたくき) 전자동세탁기

- 黄(き)ばみ 누런 때
- 色落(いろお)ちする 색이 바래다
- 洗濯(せんたく)かご 세탁 바구니
- シミがつく 얼룩이 묻다
- シミ抜(ぬ)き 얼룩 제거

- クリーニング屋(や)さん 세탁소
- コインランドリー 셀프 세탁소

- ドライクリーニング 드라이클리닝

- 洗濯物(せんたくもの)をたたむ 빨래를 개다

- 洗濯物(せんたくもの)を干(ほ)す 빨래를 말리다

- アイロンをかける 다리미질을 하다

no.1 집안거리 ● 洗濯(せんたく)

- ふとんを干(ほ)す 이불을 말리다
- 布団(ふとん)たたき 이불떨이
- 布団(ふとん)たたきで叩(たた)く 이불떨이로 털다

- 水洗(みずあら)い 물빨래
- すすぎをする 헹구다
- 乾燥機(かんそうき) 건조기
- 天日干(てんぴぼ)し 햇볕에 말림
- 押(お)し洗(あら)い 손으로 눌러 빠는 것
- 陰干(かげぼ)し 그늘에서 말림
- 手洗(てあら)い 손빨래
- 服(ふく)の形(かたち)が崩(くず)れる 옷 모양이 흐트러지다

押(お)し洗(あら)いは '스웨터 등을 손으로 비벼 빨지 않고 세제를 넣어 눌러 빠는 느낌으로 빠는 것'을 말하고, 手洗(てあら)いは 말 그대로 '양손으로 잡고 ごしごし(박박) 비벼 빠는 것'을 말한다.

- 物干(ものほ)し竿(ざお) 빨랫줄
- 洗濯(せんたく)バサミ 빨래집게
- 洗濯表示(せんたくひょうじ) 세탁표시
- 洗濯物(せんたくもの)を取(と)り込(こ)む 빨래를 거둬들이다

no.1 집안거리 洗濯 세탁

46 洗剤をたくさん入れれば、よく落ちるというわけではないから、分量を守って入れないとだめだよ。
세제를 많이 넣는다고 더 잘 빨리는 것은 아니니까, 분량을 지켜서 넣지 않으면 안 돼.

47 ひっかかりやすいものは洗濯ネットに入れて洗った方がいいよ。
걸리기 쉬운(상하기 쉬운) 세탁물은 세탁망에 넣어 빠는 것이 좋아.

> ひっかかる 걸리다

48 汚れた洋服は洗濯かごに入れておいて。
더러워진 옷은 세탁바구니에 넣어 둬.

49 柔軟剤を入れると、洋服が柔らかくなるよ。
유연제를 넣으면 옷이 부드러워져.

50 家庭でドライクリーニングはできないから、クリーニング屋さんに持っていったほうがいいよ。
가정에서 드라이클리닝은 못 하니까, 세탁소에 가져가는 것이 좋아.

51 この服は一度だけドライクリーニングして、次からは手洗いしなさいと言っていたよ。
이 옷은 (처음) 한 번만 드라이클리닝하고, 다음부터는 손빨래 하라고 하더라.

52 大切な服や水洗いを嫌うデリケートな素材は、クリーニング屋に持っていったほうがいいよ。
소중한 옷이나 물빨래를 피해야 하는 부드러운 소재는 세탁소에 가져가는 것이 좋아.

> 嫌う 꺼리다, 피하다　　デリケートな(delicate) 부드러운, 연한

53 シミがついた洋服は、手洗いしてから洗濯機で洗った方がいいんじゃない？
얼룩이 진 옷은 손빨래하고 나서 세탁기로 빠는 것이 좋지 않니?

54 便利で手軽な全自動洗濯機を使う人が多いです。
편하고 간편한 전자동세탁기를 사용하는 사람이 많습니다.

55 色落ちする素材の服は、ほかの服と一緒に洗わない方がいいよ。
물이 빠지는 소재의 옷은 다른 옷과 함께 빨지 않는 것이 좋아.

56 洗濯をする前に洗濯表示を確認してからにしてね。
빨래하기 전에 세탁표시를 확인하고 해.

57 ベランダに干してある洗濯物を取り込んで、洗濯物を畳んでおいて。
베란다에 널어둔 빨래를 걷어서 개 둬.

no.1 집안거리 洗濯(せんたく)

58 乾燥機があったら、雨の日には便利なのに。
건조기가 있으면, 비 오는 날에는 편리할 텐데.

59 ワイシャツにアイロンをかけておいてくれると、うれしいなぁ。
와이셔츠를 다리미질 해주면, 고맙지.

60 洗濯物が飛んでいかないように、洗濯バサミでしっかり挟んでおかないとだめだよ。
빨래가 날아가지 않게 빨래집게로 꽉 집어 두지 않으면 안 돼.

61 ジーンズは裏返しで洗って、裏返しで干すと色落ちしないよ。
청바지는 뒤집어서 빨고, 뒤집어서 말리면 색이 바래지 않아.

62 洗濯が終わったら、物干し竿に干しておいてね。
빨래가 끝나면 빨랫줄에 널어 놔.

63 今日はお天気がいいから、ベランダに布団を干して、布団たたきでパンパンと叩こう。
오늘은 날씨가 좋으니까, 베란다에 이불을 말려서 이불떨이로 빵빵 털어야지.

64 白いシャツについたシミや黄ばみは、洗濯機では落とすことができないんじゃない?
흰 셔츠에 묻은 얼룩이나 누런 때는 세탁기로는 뺄 수 없지 않니?

65 服の形が崩れないように洗濯するには、洗濯ネットに入れるか、クリーニング屋さんに持って行くのがいいんじゃない?
옷 모양이 변하지 않게 빨래할 거면, 세탁망에 넣든지 세탁소에 가져가는 것이 좋지 않니?

66 すすぎを十分にしないと、洗剤が残ってしまうよ。
충분히 헹구지 않으면 세제가 남아있게 돼.

67 綿素材は水分をよく吸収して乾きにくいので、天日干しするのがいい。
면 소재는 수분을 잘 흡수해서 말리기 어려우니까, 햇볕에 말리는 것이 좋아.

68 変色しやすい素材は陰干しをした方がいいみたい。
변색이 잘되는 소재는 그늘진 곳에 말리는 것이 좋을 것 같아.

69 下着は形崩れしやすいから、押し洗いをしましょう。
속옷은 모양이 망가지기 쉬우니까, 손으로 눌러 빨아 주세요.

70 私は独り暮らしをしていて、家に洗濯機がないので、1週間に1回コインランドリーに行って洗濯をします。
나는 혼자 살고 있는 관계로, 집에 세탁기가 없어서, 1주일에 한 번 셀프세탁소에 가서 빨래를 해요.

25

no.1 집안거리 テレビ 텔레비전

- 白黒テレビ 흑백TV
- 録画放送 녹화방송
- 深夜番組 심야프로
- コマーシャル 광고
- カラーテレビ 칼라TV
- 放送禁止用語 방송금지용어
- 壁掛けテレビ 벽걸이TV
- ネタ 소재, 말
- ドラマ 드라마
- 昼ドラ 평일 낮 1시부터 방송되는 드라마

월화드라마, 수목드라마, 아침드라마, 일요드라마 등으로 분류하는 우리나라와 달리 일본드라마는 보통 1주일에 1번, 1시간씩 하는 것과 15분~30분씩 짧게 하는 드라마가 있다.

- 月9 월요일 9시부터 후지TV에서 하는 드라마로 항상 유명한 배우가 나와서 화제가 됨
- NGシーン NG 장면
- 紅白・紅白歌合戦 홍백가요제 (12월 31일에 방송되는 1년 최대의 음악프로그램)
- 子役 아역
- M1 연말에 하는 인기 프로그램 이름으로, 연예인 콤비가 나와 누가 더 재미있게 이야기를 하는지를 겨뤄 우승자를 가리는 프로그램
- 芸能人・芸人 연예인

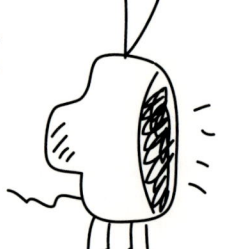

- 流行語大賞 유행어 대상
 (1984년부터 시작하여 매년 12월 초에, 그해에 가장 유행한 신조어・유행어 10개를 선정하여 개인과 단체에게 시상하는 상)

no.1 집안거리 テレビ

- 連ドラ・連続ドラマ 연속극
- クール 분기 (1월, 4월, 7월, 10월)
- 生放送 생방송

- ワイドショー 연예가 뉴스
- 芸能界 연예계

- 局アナ 방송국 소속 아나운서
- 女子アナ 여자 아나운서

- フリー・フリーアナウンサー 프리랜서 아나운서

- ゲスト 게스트
- テレビ映り 화면발
- 続く 계속

- チャンネル争い 채널 싸움
- マスコミにたたかれる 매스컴으로부터 혹평 당하다

- ブレイク・ヒット 갑자기 인기를 얻는 것
- デビュー 데뷔
- バラエティー 버라이어티

- ゴールデン 황금시간대
- スペシャル番組 스페셜 프로그램

- 司会を務める 사회를 보다
- 取り 제일 마지막에 나오는 (비중 있는) 출연자

- テレビつけっぱなし 텔레비전을 켜 놓은 채로 두는 것

- テレビっ子 TV 마니아, 자는 시간만 빼고 TV를 보는 사람

no.1 집안거리 テレビ 텔레비전

71 今度の月9は、人気の女優が出るから、きっと視聴率がいいだろうね。
이번 9시 월요 드라마는 인기 여배우가 나오니까, 아마 시청률이 좋을 거야.

72 昼間は、どこの局も、ワイドショーばかりやっていてつまらない。
낮에는 어느 방송국이건 연예가 뉴스만 해서 따분해.

73 年末だから、スペシャル番組ばかりやってるね。
연말이라 스페셜 프로만 하네.

74 ドラマのNGシーンを見られるのって楽しいよね。
드라마 NG 장면을 볼 수 있는 건 즐겁지.

75 あの芸人は、生放送で放送禁止用語を使ったから、テレビに出れなくなっちゃったらしいよ。
저 연예인은 생방송에서 방송금지용어를 사용해서 TV에 나올 수 없게 됐다나 봐.

76 あの芸人のネタが、今年の流行語大賞になったね。
저 연예인의 말이 올해의 유행어대상이 됐지.

77 年末のM1で優勝した芸人は、途端に売れっ子になるよね。
연말 M1에서 우승한 연예인은 갑자기 잘 나가게 되지.

> 途端に 갑자기

78 今年の紅白の取りは誰なんだろうね。
이번 홍백가요제의 마지막을 장식하는 출연자는 누굴까?

79 昼ドラって、ドロドロしたものが多いけど、見始めると案外おもしろいんだよね。
낮에 하는 드라마는 얽히고 설킨 것이 많지만, 보기 시작하면 의외로 재미있지.

80 コマーシャルばっかりで、イライラするね。
광고만 해서 화가 나.

> ドロドロする 욕망이나 감정 등이 복잡하게 뒤얽혀 있다

81 あの俳優ってテレビ映りがいいだけで、実際に見ると、あんまりかっこ良くないらしいよ。
저 배우는 화면발이 좋은 거지, 실제로 보면 그다지 멋있지는 않다고 해.

82 子役でブレイクした子って、大人になると売れないっていうよね。
아역으로 뜬 아이는 성인이 되면 뜨지 못한다고 하지.

83 あの歌手は、今年でデビュー20年なんだって。
저 가수는 올해로 데뷔 20년이래.

no.1 집안거리 **テレビ**

84 あの番組、深夜番組の時は面白かったのに、ゴールデンに移ったら、だんだん面白くなくなってきたよ。
저 프로는 심야프로일 때는 재미있었는데, 황금시간대로 옮긴 후부터는 점점 재미없어졌어.

85 家族みんなが、見たい番組が違うから、毎日チャンネル争いしてるよ。
가족 모두가 보고 싶은 프로그램이 다르니까, 매일 채널싸움을 해.

86 芸能界って、腹黒くないと、生き残れないっていうよね。
연예계에서는 엉큼하지 않으면 살아남을 수 없다고들 하지.

> 腹黒い 속이 검다, 엉큼하다　生き残る 살아남다

87 あのアイドルは、可愛いし、バラエティー番組でも空気を読んで、気の利いたコメントをするから、最近売れてるよね。
저 아이돌은 귀엽고 버라이어티 프로그램에서도 분위기 파악을 잘해 센스 있는 코멘트를 하니까, 요즘 인기가 많지.

88 私、テレビっ子だから、家に帰るとすぐにテレビをつけるんだ。
난 TV 마니아라, 집에 오면 바로 TV를 켜.

89 あの俳優、ちょっと人気が出たからって天狗になってるってマスコミにたたかれてるね。
저 배우 요즘 좀 인기가 있다고 우쭐댄다며 매스컴에서 혹평하던데.

> 天狗になる 우쭐대고 뽐내다

90 人気のある女子アナは、局アナでいるよりも稼げるからって、フリーになる人が多いよね。
인기 있는 여자 아나운서는 방송국 아나운서보다 잘 버니까 프리랜서를 선언하는 사람이 많지.

91 今日のゲストはあの人気女優なんだって。絶対見なきゃ！
오늘 게스트는 저 인기 여배우래. 꼭 봐야지!

92 テレビつけっぱなしでいたら、電気代もったいないから、見ないときは消しなさい。
TV를 켜 놓은 채로 있으면 전기세 아까우니까, 안 볼 때는 꺼라.

93 近くで見ると、目が悪くなるから、離れて見なさい。
가까이서 보면 눈 나빠지니까, 떨어져서 봐.

no.1 집안거리 眠り・睡眠 잠

- 眠気がさす 졸음이 밀려오다
- 悪夢にうなされる 악몽에 시달리다
- 欠伸をする 하품을 하다
- 横になる・横たわる 눕다
- 眠り続ける 계속 자다
- 寝入る 졸다, 잠깐 깊이 잠들다
- 寝返りを打つ 뒤척이다
- 目がしょぼしょぼする 눈이 풀어지다 
- 寝付きが良い 잠을 잘 자다
- うなされる 가위눌리다
- 金縛りにあう 가위에 눌려 꼼짝 못하다
- 目覚まし時計をセットする 자명종을 맞추다
- 熟睡する 단잠자다 
- 目覚まし時計が鳴る 자명종이 울리다
- 布団を敷く 이불을 펴다
- 目覚まし時計を止める 자명종을 끄다
- 目が覚める 눈을 뜨다, 잠에서 깨다 
- バタンキュー 눈을 감자 마자 곯아떨어지는 것
- 爆睡する 숙면하다, 깊게 잠들다
- 寝かせる 재우다 
- 寝不足・睡眠不足 수면부족
- 不眠症になる 불면증에 시달리다 
- 睡眠剤を飲む 수면제를 먹다
- 寝付きが悪い 잠을 잘 못 자다

no.1 집안거리 **眠り・睡眠**

- 寝起きが悪い (잠에서) 못 일어나다
- 寝起きが良い (잠에서) 잘 일어나다
- まくらをする 베개를 베다
- 眠りに付く・とこにつく 잠자다
- 目隠しをする 눈가리개를 하다
- 布団に入る 이불 속으로 들어가다
- 布団をまくって寝る 이불을 말고 자다
- 寝相がいい 잠버릇이 좋다
- 布団を蹴って寝る 이불을 차고 자다
- 寝相が悪い 잠버릇이 나쁘다
- 布団を畳む 이불을 개다
- 寝過す・朝寝坊する 늦잠을 자다
- 寝癖がつく 자다가 머리가 헝클어지다
- 寝言を言う 잠꼬대를 하다
- 寝癖が悪い 자고 나면 머리가 잘 헝클어지다
- 夢を見る 꿈을 꾸다
- 背中を丸めて寝る 구부리고 자다
- 布団蒸し 이불을 뒤집어 씌워 괴롭히는 것
- 昼寝する 낮잠 자다
- 寝転ぶ 아무렇게나 눕다, 뒹굴다
- 寝違える 잘못 자다
- 眠りが浅い 잠을 깊게 못들다

no.1 집안거리 眠り・睡眠 잠

- うつぶせに寝かせる 엎드려서 재우다

- うつぶせになって寝る 엎드려서 자다

- 逆夢 현실과 일치하지 않는 꿈

- 仰向けになって寝る 똑바로 위를 향해서 자다

- 正夢 현실과 일치하는 꿈
- 夢時計 꿈시계
- 夢心地 꿈을 꾸는 듯한 황홀한 기분, 아리송한 기분

- ぎりぎり歯軋りをする 뿌드득 이를 갈다
- 蹴っ飛ばす 차내다

- 寝ぼける 잠이 덜 깨어서 어리둥절하다, 잠에 취해 멍하다

- こんこん 깊이 잠들어 있는 모양

- 寝息を立てる 자는 숨소리를 내다

- よだれをたらしながら寝る 침을 흘리면서 자다

- ぐーぐーいびきをかく 쿨쿨 코를 골다

no.1 집안거리 **眠り・睡眠**

94
A：中途半端な時間に目が覚めてしまい、また寝ようにもできなかった。
B：じゃあ、寝不足なんじゃない？

A：어중간한 시간에 눈이 떠져, 다시 자려고 해도 잠이 오지 않았어.
B：그럼, 잠이 부족하겠네?

95
A：昼御飯を食べた後は眠気がさしてどうしようもない。
B：お腹いっぱいになると、何故かすごく眠くなるよね。

A：점심을 먹고 난 후에는 졸음이 밀려와서 미치겠어.
B：배가 부르면 왜 그런지 무척 졸리게 되지.

96
A：夏は暑くて、クーラーなしじゃ眠れない。
B：体によくないから、クーラーつけて寝るなら、タイマーかけないとだめだよ。

A：여름은 더워서, 에어컨이 없으면 잘 수가 없어.
B：몸에 좋지 않으니까, 에어컨을 켜놓고 잘 거면 시간을 맞춰야 해.

97
A：最終電車で寝入ってしまって、行きすぎてタクシーで家に帰った。
B：タクシー代、ものすごく高かったでしょ。

A：전철 막차 타고 졸다가 지나쳐서 집에 택시를 타고 갔어.
B：택시비, 엄청 나왔지?

98
A：交通事故にあって二日間眠り続けた。
B：大事に至らなくて、本当に良かったですね。

> **大事に至る** 큰일이 나게 되다

A：교통사고를 당해 이틀간 계속 잤어.
B：크게 다치지 않아서, 정말 다행이에요.

99
A：寒くてお母さんの布団に潜り込んで寝た。
B：お母さんの布団ってあったかいし、安心するよね。

A：추워서 엄마 이불에 기어 들어가서 잤어.
B：엄마 이불은 따뜻하고 안심이 되지.

100
A：ここ連日の徹夜が続き、帰宅後、夕食も取らず、バタンキューで寝てしまいました。
B：よっぽど疲れてたんですね。

A：요즘 매일 철야라서 귀가 후, 저녁도 먹지 않고 골아 떨어지고 말았습니다.
B：정말 피곤했나 보군요.

no.1 집안거리 眠り・睡眠 잠

101 検査がありますので、あちらのベッドに横になってください。
검사를 할 거니까, 저쪽 침대에 누우세요.

102 寝相が悪いから一緒に寝たくない。
잠버릇이 나빠서 같이 자고 싶지 않아.

103 私は子どもの時からうつぶせになって寝る癖がある。
나는 어릴 때부터 엎드려서 자는 버릇이 있어.

104 臨月なので、まっすぐ仰向けになって寝ることがとても大変です。
(임신) 막달이라, 똑바로 위를 향해서 자는 것이 아주 힘들어요.

105 寒くて背中を丸めて寝たから、体が痛くなっちゃったよ。
추워서 등을 구부리고 잤더니, 몸이 뻐근해.

106 寝言でぶつぶつ言ってたよ。うるさかった。
잠꼬대로 중얼중얼 말하더라. 시끄러웠어.

107 眠りが浅くてか、寝言を言ってたよ。
잠이 깊게 안 들었는지, 잠꼬대를 하더라.

108 朝起きたら、よだれをたらしていた自分に驚いた。
아침에 일어났는데, 침을 흘리고 잔 내 자신에 놀랐다.

109 あかちゃんはすやすやと寝息を立てて眠っている。
아기는 새근새근 숨소리를 내며 자고 있어.

110 寝違えて右肩が痛い。
잠을 잘못 자서 오른쪽 어깨가 아파.

111 お酒を飲みすぎたときとか、呼吸が乱れたときにいびきをかく。
술을 많이 마셨을 때나 호흡이 흐트러졌을 때 코를 골아.

112 夜中に暑くて布団を蹴っ飛ばした。
한밤중에 더워서 이불을 차냈어.

113 うなされていたみたいだけど、大丈夫なの？
가위눌린 것 같던데, 괜찮아?

no.1 집안거리 **眠り・睡眠**

114	引っ越したばかりで、まくらが変わって、寝付けなくて寝返りを何度も打った。

이사한 지 얼마 안 되, 잠자리가 바뀌어 잠이 안 와 몇 번이나 뒤척였어.

115	寝癖が付いて、髪がいうことを聞かない。

자다가 머리카락이 뻗쳐서, 머리카락이 말을 잘 안 들어.

116	１０分でも昼寝すれば、頭がすっきりするよね。

10분이라도 낮잠을 자면, 머리가 맑아지지.

117	ソファーの上で寝転んでないでさっさと手伝って。

소파 위에서 뒹굴지 말고 빨리 도와 줘.

118	寝ぼけたこと言ってないで、しっかりしなさい。

잠 덜 깬 소리 그만하고, 정신 차려.

119	朝までこんこんと眠り続けたい。

아침까지 계속 곤히 자고 싶어.

120	最近寝付きが悪くて、睡眠不足なんだよ。

요즘 잠을 잘 못 자서, 수면부족이야.

121	寝付きは良い方なんですけど、何故か昨夜は、なかなか眠れなかったんですよ。

잠은 잘 자는 편인데, 왠지 어제 저녁에는 좀처럼 잠을 잘 수가 없었어요.

122	寝起きが悪いから、朝話しかけられても、まともに返事ができないんだよね。

잠이 잘 안 깨서, 아침에 말을 걸어오면 똑바로 대답할 수가 없다니까.

no.2 먹을거리 — 주문하실 건 정하셨습니까?

うなぎ屋 장어 요리집
('そば屋 메밀 국수집', 'トンカツ屋 돈가스 집' 등의 '和食屋 일식 음식점'에는 문 앞에 のれん이 걸려 있고, 쇼 케이스나 가게 안에 손님과 돈을 부른다는 招き猫가 장식되어 있는 것을 볼 수 있다.)

招き猫 손님과 돈을 부르는 고양이 인형

のれん 건물의 출입구에 쳐 놓은 발

ショーケース 쇼 케이스 (음식 모형 진열장)

立ち飲み 선술집
(드라마 '아네고'를 보면 회사 끝나고 항상 들러서 생맥주 한 잔 서서 마시던 바로 그 곳, 서서 마신다고 立ち飲み屋!)

灰皿 재떨이

no.2 먹을거리 料理 요리

レシピを作る 레시피를 만들다

- 料理をする 요리를 하다
- 下ごしらえをする 요리에 앞서 준비해 두다
- こしらえる 마련하다, 준비하다
- 重ねる 얹다
- 材料を整える 재료를 준비하다 
- 皮を剥く 껍질을 벗기다  
- ヘタをとる 꼭지를 따다
- 洗って切って準備する 씻고 잘라서 준비하다
- 胡椒をふる 후추를 뿌리다 
- あくがある 쓴맛이 나다
- あくを取る 쓴맛을 빼다, (음식을 끓일 때 생기는) 거품을 걷어내다
- 水にさらす 물에 담그다  
- 水を切る 물기를 빼다
- 切る 자르다 
- 刻む 잘게 썰다

no.2 먹을거리 **料理(りょうり)**

- 微塵切(みじんぎ)りをする 아주 잘게 썰다, 다지다
- 切(き)れ目(め)を入(い)れる・切込(きりこ)みを入(い)れる 칼집을 내다

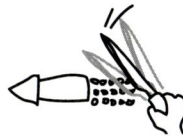

- 包丁(ほうちょう)で叩(たた)く (작게) 칼로 다지다

刻(きざ)むは '아주 잘게 썬 것'이고, 微塵切(みじんぎ)りをするは '刻(きざ)むした 것을 더 곱게 다지는 것'이다. 包丁(ほうちょう)で叩(たた)くは '한 손으로 칼끝을 잡고 다지거나 썰지 않고 칼로 탁탁탁 두드리는 것'을 말한다.

- 千切(せんぎ)りにする 채 썰다

  斜(なな)めに切(き)る 어슷 썰다

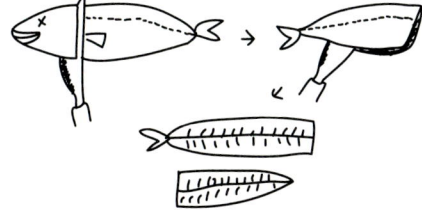

- さく (양상추 등을) 찢다
- 三枚(さんまい)におろす 생선 뜨는 방법의 한 가지. 머리를 떼어 내고, 등뼈를 따라 칼집을 넣어 뼈와 두 조각의 살로 뜨는 것

- そぐ (껍질을) 긁어내다, 깎다
- 下味(したあじ)をつける 밑간을 하다

- 片栗粉(かたくりこ)でとろみをつける 녹말가루로 걸쭉하게 만들다
- すりおろす 갈다
- 入(い)れる 넣다
- ごまを擦(す)る 깨를 갈다
- 焼(や)く 굽다
- 煮(に)る 삶다, 끓이다, 조리다

- 炒(いた)める (기름에) 볶다

no.2 料理 요리

- 煮込む 푹 끓이다, 푹 익히다
- 揚げる 튀기다
- 炊く (밥을) 짓다
- ゆでる 데치다, 삶다
- 水をひたひたに入れる 물을 잠길랑 말랑 넣다
- 蒸す 찌다
- 煎る 볶다, 지지다
- 沸かす 끓이다
- 暖める 데우다
- かき回す 젓다, 휘젓다
- 煮え立つ・煮立つ 끓어오르다
- 和える 버무리다, 무치다
- 回し入れる 원형으로 저으며 넣다
- つぶす 으깨다
- 一回り注ぐ (기름 등을) 한 바퀴 두르다
- さっと熱湯にくぐらせる 뜨거운 물로 살짝 데치다
- 下茹で 미리 삶아 둠
- 冷やす 식다, 차게 하다
- 溶かす 풀다, 녹이다
- 衣をつける 튀김옷을 입히다
- だしをとる 국물을 내다

no.2 먹을거리 **料理** (りょうり)

- こねる 반죽하다
- ミキサーにかける 믹서에 갈다
- 熟(じゅく)す 익히다
- 小麦粉(こむぎこ)をつける 밀가루를 입히다
- 溶(と)き卵(たまご)を入(い)れる (미리) 풀어 놓은 달걀을 넣다
- 溶(と)き卵(たまご)をつける (미리) 풀어 놓은 달걀을 입히다
- チンする 전자레인지를 돌리다
- まるごと焼(や)く 통째로 굽다

전자레인지에서 음식이 다 데워지면 チン(칭) 소리가 나는 데에서 나온 말이다.

- ラップをかける 랩을 씌우다
- 湯気(ゆげ)が出(で)る 김이 나다
- 蓋(ふた)をする 뚜껑을 덮다
- 火(ひ)を通(とお)す 익히다
- 天(てん)ぷらをあげる 튀김을 튀기다
- 中(なか)まで火(ひ)がとおる 속까지 잘 익다, 속까지 잘 구워지다
- 味見(あじみ)をする 맛(간)을 보다
- 皿(さら)に盛(も)る 접시에 담다
- 味(あじ)をつける 양념하다
- かくし味(あじ) 숨은 맛, 맛의 비법

下味(したあじ)をつける는 '고기를 굽기 전에 소금과 후추를 미리 뿌려 놓거나 불고기의 양념처럼 미리 해 놓는 것'이고, 味(あじ)をつける는 말 그대로 '양념을 뿌리거나 넣는 것' 자체를 말한다.

- 手際(てぎわ)が悪(わる)い 솜씨가 나쁘다

no.2 먹을거리 料理（りょうり） 요리

- 味見（あじみ）をさせる 맛(간)을 보게 하다
- 手際（てぎわ）が良（よ）い 솜씨가 좋다

- 出来上（できあ）がり 완성

やくみ 양념

- 塩（しお） 소금
- 酢（す） 식초
- わさび 고추냉이

- こしょう 후추
- からし 겨자
- ごま 깨

- とうがらしの粉（こな） 고춧가루
- しょうが 생강
- ごま油（あぶら） 참기름
- レモン汁（じる） 레몬즙

- 薬味（やくみ） 양념, 고명

- ねぎ 파
- たまねぎ 양파

- にんにく 마늘
- 合（あ）わせ醤油（じょうゆ） 양념장

42

no.2 먹을거리 **料理**(りょうり)

火加減(ひかげん) 불조절

- とろ火(び) 뭉근한 불 
- 弱火(よわび) 약한 불
- 中火(ちゅうび) 중불 
- 強火(つよび) 센 불 
- 沸騰(ふっとう) 끓어오름
- 低温(ていおん) 저온
- 中温(ちゅうおん) 고온과 저온의 중간 온도, 중온
- 高温(こうおん) 고온 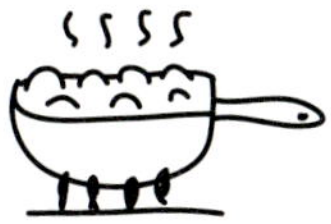
- 油の温度(あぶらのおんど) 기름 온도

食器(しょっき) 식기

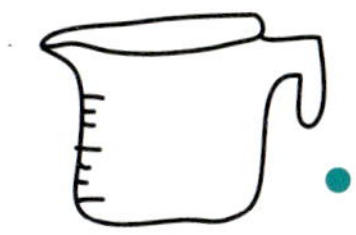

- 計量カップ(けいりょう) 계량컵
- まないた 도마 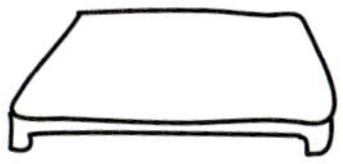
- お皿(さら) 접시  
- やかん 주전자 
- 食器荒いスポンジ(しょっきあらい) 수세미

no.2 먹을거리 料理 요리

- ふきん 행주
- 厨房洗剤 주방세제
  - 상품명을 그대로 사용하여, フレッシュ로 더 자주 쓴다.
- お盆 쟁반
- お碗 국그릇
- 器 (라면 등을 먹을 때 쓰는) 큰 그릇
- フライパン 프라이팬
- しゃもじ 주걱
- フライ返し 뒤집개
- おたま 국자
  - 杓子도 같은 '국자'지만, 좀 오래된 표현이다. 요즘에는 '술주걱'이나 '다도에서 사용하는 물바가지' 혹은 '절 같은 데서 손잡이가 긴 물 떠먹는 주걱 모양의 용기' 등을 지칭할 때 쓴다.
- スプーン 스푼, 숟가락
- かんきり 깡통따개
- 蒸しなべ 찜통
- 栓抜き 병따개
- 箸 젓가락
- エプロン 앞치마
- 泡だて器 거품기
- 土鍋 질그릇 냄비
- 落し蓋 중간 뚜껑 (냄비 안에 쏙 들어가게 만든 작은 뚜껑)

no.2 먹을거리 **料理** (りょうり)

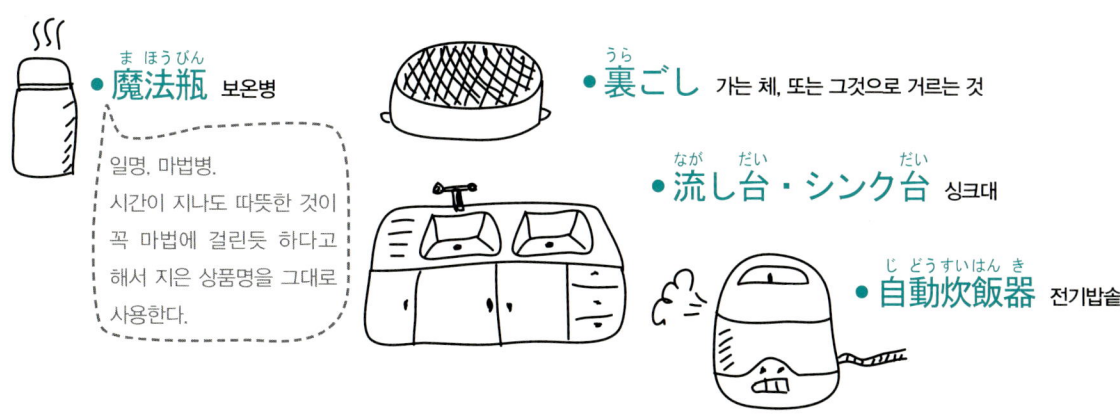

- **魔法瓶** (まほうびん) 보온병

  일명. 마법병. 시간이 지나도 따뜻한 것이 꼭 마법에 걸린듯 하다고 해서 지은 상품명을 그대로 사용한다.

- **裏ごし** (うらごし) 가는 체, 또는 그것으로 거르는 것
- **流し台・シンク台** (ながしだい・シンクだい) 싱크대
- **自動炊飯器** (じどうすいはんき) 전기밥솥

---

123 料理をする前に下ごしらえをしたほうが、時間がかからなくていいよ。
요리를 하기 전에 사전 조리를 하는 것이 시간이 걸리지 않아 좋아.

124 トマトのヘタを取る時は、包丁の刃先で丸く切り抜くようにしてとるといいみたい。
토마토의 꼭지를 딸 때에는 부엌칼 끝으로 동그랗게 도려 내듯이 하는 것이 좋대.

> **刃先** 칼끝 **切り抜く** 오려내다

125 ほうれん草にはあくがあるので、一回茹でてから使った方がいいよ。
시금치에는 쓴맛이 있으니까, 한 번 데쳐서 사용하는 것이 좋아.

126 ごぼうもあくがある野菜なので、削いだ後水にさらしておいてください。
우엉도 쓴맛이 있는 채소니까, 껍질을 긁어 낸 후에 물에 담가 두세요.

127 クリームを加え、煮立ったら弱火にします。
크림을 첨가하여, 끓어오르면 약한 불로 합니다.

> **加える** 가하다, 넣다

128 野菜は洗ってからよく水を切ってね。
채소는 씻은 후에 물기를 잘 빼도록 해.

129 チャーハンにいれる野菜は微塵切りにしたほうが火がとおりやすいです。
볶음밥에 넣는 채소는 다져야 잘 익습니다.

no.2 먹을거리
料理 요리

130 サラダにいれる人参は食べやすいように微塵切りにしてね。
샐러드에 넣는 당근은 먹기 좋게 잘게 썰어 줘.

131 肉を炒めて赤い部分がなくなってから、野菜を炒めます。
고기를 볶아 빨간 부분이 없어진 후에 채소를 볶습니다.

132 落し蓋をすると、まんべんなく味が染み込みます。
중간 뚜껑을 닫으면, 맛이 골고루 스며 듭니다.

> **まんべんなく** 구석구석까지, 고르게

133 カレーのルーを入れる前に、アクをとったほうがおいしくできあがるよ。
카레를 넣기 전에 거품을 걷어 내야 맛있게 만들 수 있어.

134 レタスをさっと湯にくぐらせて、軽く火を通してください。
양상추를 뜨거운 물에 살짝 담궈 가볍게 익혀 주세요.

135 固くて味が染みにくい野菜は、あらかじめ下茹でしておきます。
딱딱해서 맛이 스며들기 힘든 채소는 미리 삶아 둡니다.

136 カレーはとろ火でじっくりと煮込んだほうがおいしいですよ。
카레는 약한 불로 오래도록 끓이는 것이 맛있어요.

> **じっくりと** 시간을 들여 꼼꼼하게

137 天ぷらは高温で揚げた方がカラッと揚がっておいしいです。
튀김은 고온에서 튀기는 것이 바싹 튀겨져서 맛있습니다.

138 計量カップで水を計って入れてください。
계량 컵으로 물을 재서 넣어 주세요.

139 沸騰したスープに溶き卵を回し入れると、卵がフンワリとします。
끓는 수프에 풀어 놓은 달걀을 동그랗게 저으며 넣으면, 달걀이 둥둥 뜹니다.

140 生の素材にあらかじめ塩とこしょうで下味をつけておいてください。
생 재료에 미리 소금과 후추로 밑간을 해 두세요.

141 かたまり肉は味がつきにくいので、ゆっくり時間をかけて煮込むとおいしく仕上がるよ。
덩어리 고기는 맛이 배기 어려우니까, 천천히 시간을 두고 익히면 맛있게 만들 수 있어.

> **かたまり** 덩어리, 뭉치

142 自分がよく作る料理のレシピを作る。
자신이 잘 만드는 요리의 레시피를 만든다.

no.2 먹을거리 **料理(りょうり)**

---

143 冷麺に酢を入れるとよりおいしくなります。
냉면에 식초를 넣으면 더 맛있어집니다.

---

144 おでんにはからしをつけて食べた方がおいしいと思うんだけどな。
어묵에는 겨자를 찍어 먹는 것이 맛있다고 생각하는데.

---

145 わさびは醬油にといて食べる？ それともそのままつけて食べる？
고추냉이는 간장에 풀어 먹어? 아니면 그대로 찍어 먹어?

---

146 かくし味としてカレーにりんごをいれるとおいしいんだって？ 本当に？
맛의 비법으로 카레에 사과를 넣으면 맛있다고? 정말?

---

147 下準備として、じゃがいもとにんじんの皮を剝いておくと手早くできます。
사전 준비로 감자와 당근의 껍질을 벗겨두면 손쉽게 됩니다.

> **手早い** 일의 처리가 빠르다

---

148 材料をボールに入れ、味噌と一緒に合えます。
재료를 볼에 넣고, 된장과 함께 무칩니다.

---

149 新鮮な野菜は塩をふって蒸すだけで、おいしいよ。
신선한 채소는 소금을 뿌려 삶는 것만으로도 맛있어.

---

150 スイートポテトを作るから、茹でたさつまいもを裏ごししてくれない？
스위트 포테이토를 만들거니까, 삶은 고구마를 체에 걸러 줄래?

---

151 魚を三枚におろすことのできる人って尊敬しちゃう。
생선을 세 등분으로 잘 다듬는 사람은 존경스러워.

---

152 中華料理は、手際の良さが重要だよ。
중화요리는 멋진 솜씨가 중요해.

no.2 먹을거리 味 맛

- 味わう 맛보다
- 辛い 맵다 ※コメントが辛口 코멘트가 날카로움
- 味見をする 맛을 보다, 간을 보다
- 甘い 달다 ※甘い性格 느슨한 성격
- しょっぱい・塩辛い 짜다

> 원래 しょっぱい는 관동지방에서 주로 사용하고, 塩辛い(=辛い・鹹い)는 관서지방의 なまり(사투리)라고 한다. 사람마다 다를 수 있겠지만, 보통 'ポテトチップス(감자칩)' 같은 짠맛은 しょっぱい, 'いかの塩辛(오징어젓갈)' 같은 짠맛은 塩辛い로 쓴다. 다른 뜻으로 しょっぱい는 'お金にしょっぱい(돈에 인색하다)'라고 할 때도 쓴다.

- 酸っぱい 시다
- 香ばしい 고소하다

- 甘ったるい 지나치게 달다
- 苦い 쓰다 ※苦い経験 쓰라린 경험 苦い思い出 괴로운 기억

- 渋い 떫다 ※渋い男の人・かっこいいおじさん 멋있는 아저씨
- 油っぽい・脂っぽい 기름지다 ※油っぽい男の人 느끼한 남자
- 薄い 연하다 ※薄味 연한 맛 味が薄い 싱겁다 薄い顔 쌍꺼풀이 없는 특징 없는 얼굴

- 濃い 진하다 ※濃い味 진한 맛 濃い顔 쌍꺼풀이 있는 뚜렷한 얼굴

- 淡白 담백 ※淡白な人 담백한 사람
- さっぱりした味 산뜻한 맛 ※さっぱりした性格 산뜻한 성격

no.2 먹을거리 — 味(あじ)

- しつこい 맛이 개운하지 않다 ※しつこい性格(せいかく) 깔끔하지 않은 성격
- あっさりした味(あじ) 깨끗한 맛
- こくがある 감칠맛이 있다
- 甘酸(あまず)っぱい 새콤달콤하다
- こってりした味(あじ) 기름지고 진한 맛
- だしがきいてる 국물이 잘 우러나다
- 臭味(くさみ) 좋지 않은 냄새
- 味覚(みかく)がおかしい 미각이 이상하다
- ピリっとした味(あじ) 톡 쏘는 맛 ※ピリっと辛(から)い 톡 쏘는 매운 맛
- 鼻(はな)がつーんとする (고추냉이 등을 먹을 때) 코가 찡하다
- 辛口(からくち)・中辛(ちゅうから)・甘口(あまくち) 매운 맛·중간 맛·순한 맛
- 絶品(ぜっぴん) 아주 뛰어난 음식
- のどごし 음식이 목구멍으로 넘어감 ※のどごしのよいビール 술술 잘 넘어가는 맥주
- しゃきしゃき 아삭아삭, 사각사각
- ボソボソ 퍼석퍼석 (물기가 없고 메마른 모양)
- 味覚(みかく)がない 미각이 없다
- 味(あじ)オンチ 맛을 모르는 사람

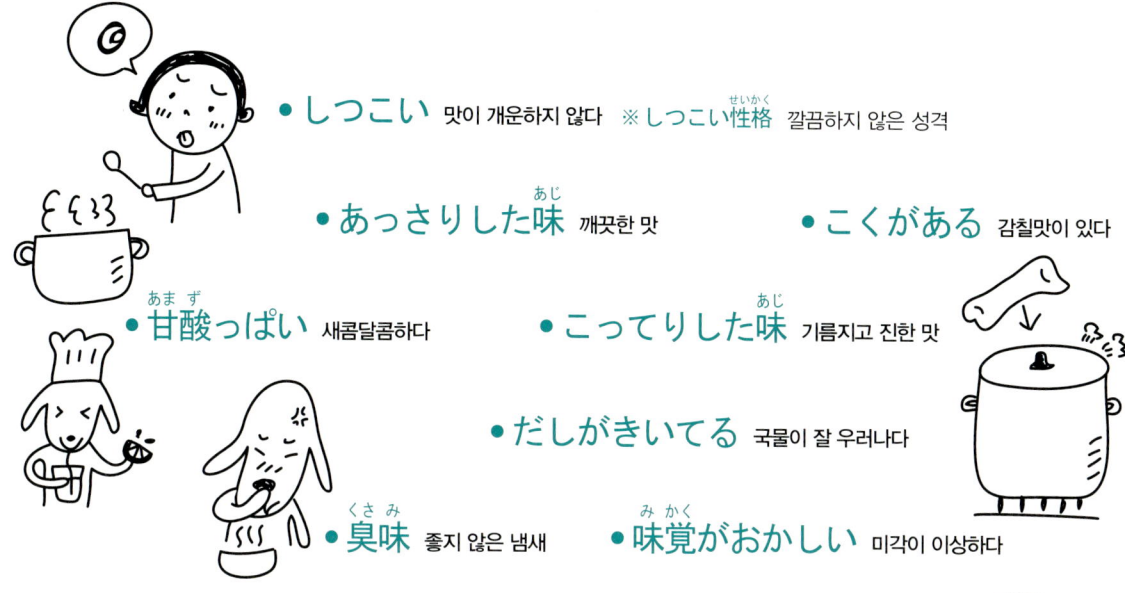

no.2 먹을거리 味 맛

- 甘党(あまとう) 단 것을 좋아하는 사람
- 辛党(からとう) 단 것을 싫어하고 술을 좋아하는 사람
- 味(あじ)にうるさい 맛에 까다롭다
- にんにくがきいてる 마늘이 적당하게 들어가 있다
- おふくろの味(あじ) 어머니의 맛

153 私(わたし)は薄味(うすあじ)が好(この)みなので、これはちょっと私(わたし)にはしょっぱ過(す)ぎます。
나는 연한 맛을 좋아하기 때문에, 이건 좀 내게는 너무 짭니다.

154 濃(こ)い味(あじ)の食(た)べ物(もの)は、健康(けんこう)によくないから、あまりたくさん食(た)べない方(ほう)がいいよ。
진한 맛의 음식은 건강에 나쁘니까, 그리 많이 먹지 않는 게 좋아.

155 このラーメン、あっさりした味(あじ)で、女性(じょせい)にも好(この)まれそうな味(あじ)だね。
이 라면, 산뜻한 맛이 나서 여자들이 좋아할 만한 맛이네.

156 ラーメンは、こってりしたとんこつラーメンが一番(いちばん)好(す)きです。
라면은 진한 돼지고기 육수의 라면을 제일 좋아합니다.

157 わさびをつけすぎて、鼻(はな)がつーんとする。
고추냉이를 너무 많이 찍어 코가 찡해.

158 このお吸(す)い物(もの)、だしがきいてて、すごくおいしいね。
이 국, 국물이 잘 우러나 굉장히 맛있네.

吸(す)い物(もの) 맑은 장국

159 このシチュー、こくがあって、さすが有名(ゆうめい)レストランの味(あじ)だね。
이 스튜, 감칠맛이 있는 것이 역시나 유명 레스토랑의 맛이네.

no.2 먹을거리　**味(あじ)**

160	韓国のキムチって日本で売られてるものに比べて、辛いし、ちょっとすっぱいよね。
	한국 김치는 일본에서 팔리는 것과 비교하면 맵고 좀 시큼하지.

161	カレーは辛口・中辛・甘口のどれが好き？
	카레는 매운 맛·중간 맛·순한 맛 중 어느 것이 좋아?

162	ステーキに大根おろしをのせると、さっぱりして、もっとおいしいよね。
	스테이크에 무 간 것을 올리면, 산뜻해서 더 맛있지.

163	ここの定食はお袋の味って感じで、おいしいんだ。
	이곳의 정식은 어머니의 손맛이란 느낌이 들어 맛있어.

164	うちのお婆ちゃん、渋いお茶が好きなんだ。
	우리 할머니, 떫은 차를 좋아해.

165	中華料理は油っぽいものが多い。
	중화요리는 기름진 것이 많아.

166	とんかつやからあげなど、脂っこいものばかり食べると太るし、健康にも良くないよ。
	돈가스나 닭튀김 같은 기름기 많은 것만 먹으면, 살찌고 건강에도 나빠.

167	こんな高価なものは、なかなか食べられないから、よく味わって食べないとね。
	이런 비싼 것은 좀처럼 먹기 힘드니까, 잘 음미하고 먹어야겠지?

168	この牛丼、ちょっと味がしつこくて、食べ始めはおいしかったけど、だんだん飽きてきた。
	이 소고기 덮밥, 맛이 좀 진해서 먹기 시작했을 땐 맛있었는데, 점점 질리네.

169	うちの旦那、味にうるさいので、毎日料理を作るのが大変なんですよ。
	우리 남편, 입맛이 까다로워서 매일 요리를 만들기가 힘들어요.

170	夏は、ピリッと辛い食べ物が食べたくなりますね。
	여름은 톡 쏘는 매운 음식이 먹고 싶어지죠.

171	ジンギスカンは、新鮮なものであれば、臭味がなくて、とてもおいしいですよ。
	양고기 요리는 신선한 것이라면, 냄새가 없어 아주 맛있어요.

172	こう見えても、甘党なので、ケーキやチョコが大好きなんですよ。
	이래 봬도 단 것을 좋아해서, 케이크나 초콜릿을 아주 좋아해요.

no.2 먹을거리 味 맛

173	ほうじ茶の香ばしいにおいがしてきますね。 호지차의 고소한 향이 나네요.	**ほうじ茶** 두 번째 이후에 딴 딱딱한 찻잎을 센 불에 쬐어 말린 것
174	ビールはやっぱり、のどごしが一番重要だよね。 맥주는 역시 목 넘김이 가장 중요하지.	
175	良薬口に苦しとはいうけど、この薬、本当に苦いなぁ。 좋은 약은 입에 쓰다고 한다지만, 이 약은 정말 너무 쓰네.	
176	このパン、ぼそぼそしてて、あまりおいしくない。 이 빵, 퍼석퍼석해서 그리 맛있지 않아.	
177	この白菜、しゃきしゃきしておいしい！ 이 배추, 아삭아삭해서 맛 좋아!	
178	風邪ひいて、味覚がないんだよ。 감기에 걸려서 미각이 없어.	
179	このケーキ、甘ったるくて、全部は食べられそうにないな。 이 케이크 너무 달아서, 전부 다 못 먹을 것 같아.	
180	この餃子、にんにくがきいてて、おいしいね。 이 만두, 마늘이 적당히 들어간 게 맛있네.	
181	ちょっと味見してみてくれない？ 맛 좀 봐 줄래?	
182	母親の作る料理は、どれも絶品です。 엄마가 만든 요리는 뭐든 아주 끝내줍니다.	
183	このいちご、ちょっと甘酸っぱいね。 이 딸기, 좀 새콤달콤하네.	
184	このおいしさが分からないなんて、味オンチだね。 이 맛을 모르다니, 맛을 모르는 사람이네.	
185	味が薄いから、もう少し塩を入れたほうがいいんじゃない？ 싱거우니까, 소금을 조금 더 넣는 것이 좋지 않아?	

no.2 먹을거리　味(あじ)

ちょっと一休(ひとやす)み！
좀 쉬어가요!

no.2 먹을거리 食事(しょくじ) 식사

- 朝(あさ)ごはん 아침
- 昼(ひる)ごはん 점심
- 晩(ばん)ごはん 저녁
- おちゃわん 밥그릇
- お味噌汁(みそしる) 된장국

> 일본에서는 밥그릇을 들고 먹는 것이 예의다. '옛날 사무라이들이 고개를 숙이고 밥을 먹으면 적의 공격을 피할 수 없어서'라는 의견도 있고, '밥그릇을 놓고 먹는 것은 개가 하는 행동이라고 생각해서 그렇다'는 의견도 있다.

- 家庭料理(かていりょうり) 가정요리
- 自炊(じすい) 자취
- 外食(がいしょく) 외식
- 献立(こんだて) 식단
- 名物料理(めいぶつりょうり) (그 고장의) 명물요리
- 肉(にく)じゃが 돼지고기 감자조림
- デパ地下(ちか) 백화점 지하에 있는 식당
- おあいそ 계산
- 偏食(へんしょく) 편식
- 食事制限(しょくじせいげん) 식사제한
- 過食(かしょく)・食(た)べすぎ 과식
- 食文化(しょくぶんか) 식문화
- 小食(しょうしょく)・少食(しょうしょく) 소식

no.2 먹을거리 **食事**(しょくじ)

- **グルメ・食通(しょくつう)・美食家(びしょくか)** 미식가

  > 食通(しょくつう)는 '요리의 맛이나 지식이 풍부한 사람'을 말하고, 美食家(びしょくか)는 '비싸고 맛있는 것만 먹는 사람'을, グルメ는 포괄적인 의미로 '요즘 젊은 사람들 위주로 쓰는 말'을 말한다.

- **食(た)べ放題(ほうだい)** 일정한 돈을 내고 마음껏 먹는 것

- **大食漢(たいしょくかん)** 대식가

- **食(しょく)後(ご)** 식후

- **食(く)いしん坊(ぼう)** 먹보

- **消化不良(しょうかふりょう)** 소화불량

- **腹八分目(はらはちぶんめ)** 좀 모자란 듯 먹는 것

- **食中毒(しょくちゅうどく)** 식중독

- **常連客(じょうれんきゃく)** 단골손님

- **クチャクチャ音(おと)を立(た)てて食(た)べる** 쩝쩝 소리를 내며 먹다

- **ボロボロとこぼす** 질질 흘리다

- **別腹(べつばら)** 간식배, 디저트배 (밥을 먹은 후에도 더 먹을 수 있는 다른 배)

- **食(く)い合(あ)わせ** 음식궁합

- **もとをとる** 본전을 뽑다

- **むせる** 사레들리다

- **食前酒(しょくぜんしゅ)** 식전에 마시는 술

- **食(た)べ残(のこ)す** 먹다가 남기다

no.2 먹을거리 食事 (しょくじ) 식사

- 料理上手 (りょうりじょうず) 요리를 잘함

- 好物 (こうぶつ) 좋아하는 것
- 偏食する (へんしょくする) 편식하다

- いただきます 잘 먹겠습니다

- 主食 (しゅしょく) 주식
- 栄養が偏る (えいようがかたよる) 영양이 기울다

- 副食 (ふくしょく) 부식
- 食欲の秋 (しょくよくのあき) 가을은 식욕의 계절

- バランスよく食べる (たべる) 균형있게 먹다, 골고루 먹다

- ごちそうさまでした 잘 먹었습니다

- 味気ない (あじけない) 아무 맛이 없다

- ほっぺたが落ちる (おちる) (볼이 떨어질 정도로) 아주 맛있다
- 味が落ちる (あじがおちる) 맛이 떨어지다

- 食生活が乱れる (しょくせいかつがみだれる) 식생활이 나쁘다

- 三角食べ (さんかくたべ) 골고루 먹기

- おかわりをする (같은 음식을) 또 먹다, 더 달라고 하다, 리필하다

주식, 메인, 국 종류를 三角(삼각형) 모양으로 배치하고, 순서대로 먹는 것을 가리키는 말로, 편식하지 말고 골고루 먹으란 의미로 생겨난 말이다.

no.2 먹을거리　食事(しょくじ)

186
やっぱりおふくろの味(あじ)といったら、お味噌汁(みそしる)を思(おも)い出(だ)すよな。
역시 어머니의 맛이라고 하면, 된장국을 떠올리게 되지.

187
ごはんは左(ひだり)に、お味噌汁(みそしる)は右(みぎ)に置(お)いて食(た)べなさい。
밥은 왼쪽에, 된장국은 오른쪽에 놓고 먹거라.

188
肉(にく)じゃがは簡単(かんたん)で美味(おい)しい家庭料理(かていりょうり)だよね。
돼지고기 감자조림은 간단하고 맛있는 가정요리지.

189
毎日(まいにち)コンビニ弁当(べんとう)だと、体(からだ)を壊(こわ)すよ。
매일 편의점 도시락 먹으면, 몸 망가져.

190
一人(ひとり)でごはんを食(た)べる時(とき)は、いつも簡単(かんたん)に済(す)ませてしまう。
혼자서 밥 먹을 때는 언제나 간단하게 해결하게 된다.

191
小学校(しょうがっこう)の時(とき)に三角食(さんかくた)べって習(なら)ったでしょ？
초등학교 때 골고루 먹는 법을 배웠잖아?

192
食事(しょくじ)は、肉(にく)、野菜(やさい)、ごはんとバランスよく食(た)べないとだめだよ。
식사는 고기, 채소, 밥, 이렇게 골고루 먹지 않으면 안 돼.

193
ひとつのおかずばかり食(た)べないで、ほかのおかずもバランスよく食(た)べないと。
한 가지 반찬만 먹지 말고 다른 반찬도 골고루 먹어야지.

194
朝(あさ)ごはんはパン派(は)？ ごはん派(は)？
아침밥으로 빵 먹어? 밥 먹어?

195
カレーは甘口(あまくち)が好(す)き。
카레는 순한 맛이 좋아.

196
ごはんを食(た)べるとき、おちゃわんは持(も)って食(た)べなさい。
밥을 먹을 때는 밥그릇을 들고 먹거라.

197
デパ地下(ちか)にはおいしい物(もの)がたくさんあるから、買(か)って帰(かえ)ろう。
백화점 지하 식품매장에는 맛있는 것이 많이 있으니까, 사가지고 가야지.

198
私(わたし)は自炊(じすい)しているから、食費(しょくひ)はあまりかからないんだ。
나는 자취하고 있어, 식비는 그렇게 들지 않아.

no.2 먹을거리 食事 식사

199 居酒屋のごはんはおいしいよね。
이자카야(선술집)의 밥은 맛있지.

200 外食ばかりするのは体によくないから、たまには自炊しなさい。
외식만 하는 것은 몸에 안 좋으니까, 가끔은 만들어 먹거라.

201 旅行に行くと、その場所の名物料理を食べたくなるよ。
여행 가면, 그곳의 명물요리가 먹고 싶어져.

202 過食を避け、偏食せず、毎日規則正しく食べる。
과식을 피하고, 편식하지 않고, 매일 규칙적으로 먹는다.

> 規則正しい 규칙적이다

203 どうしてダイエット食はこんなにも味気がないんだろう？
어째서 다이어트 음식은 이렇게 맛대가리가 없는 걸까?

204 私ダイエットをしているから、食事制限があるの。
난 다이어트를 하고 있어서, 먹는 데 제한이 있어.

205 それしか食べないの？ 小食になったね。
그것 밖에 안 먹어? 소식가가 됐네?

206 あまりにもおいしくてほっぺたが落ちそうだよ。
너무 맛있어서 입에서 살살 녹는 것 같아.

207 すいません。おあいそをお願いします。
저기요, 계산서 부탁합니다.

208 食事の前には、手を洗いなさい。
식사 전에는 손을 씻도록 해라.

209 いつもファミレスだから、今日はもう少し豪華にしようよ。
항상 패밀리 레스토랑에서 먹으니까, 오늘은 조금 고급으로 먹어요.

> 豪華 호화

> 일본의 패밀리 레스토랑은 1,000엔대로 음식을 먹을 수 있을 정도로 저렴하다.

210 この店は食べ放題だから、いっぱい食べてもとをとらなくちゃ。
이 가게는 뷔페식이니까, 많이 먹고 본전을 뽑아야지.

no.2 먹을거리　**食事**(しょくじ)

211 あの人(ひと)はグルメだから、いろいろな店(みせ)を知(し)っているよ。
저 사람은 미식가라서 여러 가게를 알고 있어.

212 夏(なつ)は食中毒(しょくちゅうどく)に注意(ちゅうい)しなくちゃ。
여름에는 식중독에 주의해야 해.

213 体(からだ)のために食(た)べすぎ、飲(の)みすぎに気(き)をつけなくちゃ。
몸을 위해서 과식, 과음에 신경써야 해.

214 こんなにカロリーの高(たか)い食(た)べ物(もの)ばかり食(た)べていると、高血圧(こうけつあつ)になるよ。
이렇게 칼로리가 높은 음식만 먹으면, 고혈압에 걸려.

215 中華料理(ちゅうかりょうり)って、油(あぶら)っぽいんだけど、ときどき無性(むしょう)に食(た)べたくなるよね。
중화요리는 느끼하지만, 가끔 괜히 먹고 싶어지지 않니?

無性(むしょう)に 무턱대고, 공연히

216 そんなに食(た)べすぎないで、腹八分目(はらはちぶんめ)にしなさい。
그렇게 많이 먹지 말고, 적당히 먹어라.

217 食(た)べてすぐ寝(ね)ると、牛(うし)になるよ。
먹고 바로 자면, 소 된다.

218 もう少(すこ)し食(た)べられるなら、おかわりをしてくださいね。
좀 더 드실 수 있으면, 더 드세요.

219 その都市(とし)それぞれの食文化(しょくぶんか)があります。
각 도시마다 각양각색의 식문화가 있습니다.

220 鰻(うなぎ)と梅干(うめぼし)は、食(た)べ合(あ)わせが悪(わる)いと言(い)われているね。
장어와 매실 장아찌는 식궁합이 나쁘다고들 하지.

221 サービスをしてくれるお店(みせ)にはまた行(い)きたくなるよね。
서비스를 더 주는 가게는 또 가고 싶어지지.

222 デザートとコーヒーも付(つ)いてこの値段(ねだん)なんて信(しん)じられない。
디저트와 커피도 포함해서 이 가격이라니 믿기지 않아.

223 食生活(しょくせいかつ)が乱(みだ)れているから、病気(びょうき)になるんだよ。
식생활이 엉망이니까, 병에 걸리는 거야.

no.2 먹을거리 食事 식사

224 彼は大食漢だから、驚くほどいっぱい食べるよ。
그는 대식가라서, 놀라울 정도로 엄청 먹어.

225 毎日ごはんを作っているお母さんは、献立を考えるのも大変だ。
매일 식사를 준비하는 어머니는 식단을 생각하는 것도 힘들다.

226 あのレストランは人気があるから、予約してから行ったほうがいいよ。
저 레스토랑은 인기가 있어서, 예약하고 가는 것이 좋아.

227 いつのまにかあの店の常連客になっていたね。
어느 새 그 가게의 단골손님이 되었네.

228 食べ残しをしないで、全部食べなさい。
남기지 말고 전부 다 먹거라.

229 消化不良になるから、座ってゆっくり食べなさい。
소화 안 되니까, 앉아서 천천히 먹거라.

230 疲れていると、料理の味が濃くなるらしいよ。
피곤하면, 요리의 맛이 진해 진다고 해.

231 今日は豪華にしゃぶしゃぶでも食べに行くか？
오늘은 고급스럽게 샤브샤브라도 먹으러 갈까?

232 食後にコーヒーはいかがですか？
식후에 커피는 어떠세요?

233 自分が作った料理をおいしそうに食べてくれると、うれしくなる。
자신이 만든 요리를 맛있게 먹어 주면 기뻐진다.

234 料理上手の奥さんを持つと幸せだな。
요리솜씨 좋은 부인을 얻으면 행복할 거야.

235 私の好物は、焼き肉に、鰻に、寿司にとたくさんあります。
내가 좋아하는 음식은 불고기, 뱀장어, 초밥 등 많이 있습니다.

236 日本人の主食はごはんだ。
일본인의 주식은 밥이다.

no.2 먹을거리　**食事**

237　あの人は美食家だから、美味しい物ばかり食べているよ。
저 사람은 미식가라서, 맛있는 것만 먹어.

238　食べ終わったら、食器を洗いなさい。
다 먹었으면, 설거지를 하거라.

239　何かが器官に入って、むせたんだよ。
무언가가 호흡기에 들어가서, 사레들렸어.

240　ボロボロとこぼさないで、もっときれいに食べなさい。
질질 흘리지 말고, 좀 깨끗하게 먹어.

241　クチャクチャ音を立てて食べるのは、行儀が悪いからやめなさい。
쩝쩝 소리를 내며 먹는 것은 예의없는 행동이니 하지 마라.

242　あそこの店は店長が変わったから、料理の味が落ちた。
저기 가게는 점장이 바뀌어서, 음식 맛이 떨어졌어.

243　今日は暑いから、冷し中華が食べたいなぁ。
오늘은 더우니까 냉소바가 먹고 싶네.

> 冷し中華　냉소바, 중국식 냉면

244　食事中に歩きまわるのはやめなさい。
식사 중에 돌아 다니는 짓은 하지 마라.

245　A：あんなにいっぱい食べたのに、デザートは食べられるんだよね。
　　　B：デザートは別腹だよ。
A：그렇게 많이 먹었는데도, 디저트는 또 들어가지.
B：디저트 들어갈 배는 따로 있어.

246　A：最近すごくたくさん食べるの。
　　　B：だって、食欲の秋だもん。しょうがないよ。
A：요즘 엄청 많이 먹어.
B：가을은 식욕의 계절인 걸. 별 수 없어.

no.2 먹을거리 寿司(すし) 초밥

- 寿司屋(すしや)に行(い)く 초밥집에 가다
- 回転寿司(かいてんずし) 회전초밥
- カウンターに座(すわ)る 카운터에 앉다
- 板前(いたまえ) 스시를 만들어주는 요리사
- 寿司職人(すししょくにん) 스시 장인
- 行(い)きつけ 단골가게
- カウンター 카운터(스시바), 직접 원하는 것을 주문해서 먹는 식으로 가격이 비쌈
- つけばん 주방
- 大将(たいしょう) 요리장 (板前(いたまえ) 중에서 제일 윗사람)
- 握(にぎ)り寿司(ずし) 주먹초밥, 생선이나 조개 등의 고명을 작게 손으로 쥐어 뭉쳐 초를 섞은 밥 위에 얹은 초밥
- いなり寿司(ずし)・おいなりさん 유부초밥
- 〇かん ~접시 ※ 1かん 한 접시   2かん 두 접시
- 手巻(てま)き寿司(ずし)・手巻(てま)き 김말이 초밥
- ちらし寿司(ずし) 초밥 위에 각종 재료를 뿌려 만든 초밥
- かっぱ巻(ま)き 통오이 김초밥
- のりまき 김초밥 (우리나라의 김밥과 비슷함)
- 玉子巻(たまごま)き 계란 김초밥

> 초밥집에서는 キュウリ(오이)를 かっぱ라고 한다. 상상의 동물인 かっぱ가 오이를 좋아한 데서 그렇게 부르게 되었다고 한다.

no.2 먹을거리 　寿司(すし)

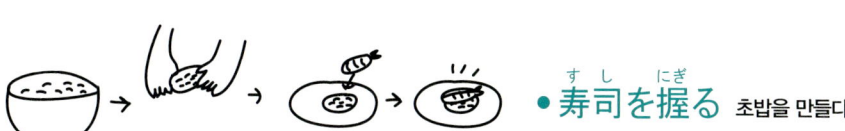
- 寿司(すし)を握(にぎ)る　초밥을 만들다

- 酢飯(すめし)　초를 넣은 밥

- 太巻(ふとま)き　김을 자르지 않고 싼 것, 혹은 두껍게 싼 김밥

- あがり　초밥 집에서 차를 다르게 부르는 말

- がり　초 생강, 초밥 집에서 생강을 다르게 부르는 말

- ねた　초밥에 얹는 재료

- むらさき　초밥 집에서 간장을 다르게 부르는 말

- しゃり　니기리즈시에 사용하는 밥

- あかみ　참치의 붉은 살, 지방질이 3% 내외로 살이 연하고 담백한 부분

- 中(ちゅう)トロ　참치 살에 지방분이 적당히 있는 부분

- 光(ひか)りもの　등 푸른 생선

- 大(おお)トロ　참치 살에 지방분이 많은 뱃살부분, 양이 적어 값이 비싸지만, 비싼 만큼 입안에서 살살 녹는 것이 특징

- 白身(しろみ)　흰 살 생선

- 松(しょう)・竹(ちく)・梅(ばい) / 松(まつ)・竹(たけ)・梅(うめ)　스시의 세트메뉴로 송(소나무)이 가장 비싸고, 다음이 죽(대나무), 매(매화나무) 순으로 되어 있음

- 鉄火巻(てっかま)き　참치말이 김초밥, 모양이 총을 닮았다고 해서 만들어진 말

- 細巻(ほそま)き　김 한 장을 반으로 잘라 밥의 가운데에 かんぴょう(박속)을 넣어 만든 것, 혹은 얇게 싼 김밥

no.2 먹을거리 寿司 초밥

247
A : 今日は、何をご馳走してくれるんですか？
B : 私がよく行く寿司屋に行こうと思ってるんですよ。

A : 오늘은 뭐 사주실 건가요?
B : 내가 잘 가는 초밥집에 가려고 생각하고 있어요.

248
A : お寿司食べるときは、回転寿司に行くの。
B : 私も！値段も適当だし、何て言っても最近の回転寿司は美味しいもんね。

A : 초밥 먹을 때는 회전초밥집에 가.
B : 나도! 가격도 적당하고, 뭐니 뭐니 해도 요즘 회전초밥집은 맛있으니까.

249
A : Bさんっていつもどんなところでお寿司食べるんですか？
B : 私は、カウンターのある寿司屋で食べたいものを注文して食べますね。

A : B 씨는 항상 어떤 곳에서 초밥을 먹나요?
B : 전 스시바가 있는 초밥집에서 먹고 싶은 것을 주문해서 먹어요.

250
A : 私、カウンターに座ってお寿司を食べるのが夢なんです。
B : そうですか。それじゃ、今度私と一緒に食べに行きましょう。

A : 전, 스시바에 앉아서 초밥을 먹는 것이 꿈이에요.
B : 그래요? 그럼, 언제 나랑 함께 먹으러 가요.

251
A : いい寿司屋があったら教えてもらえないですか？
B : 私の行き付けのところなら教えますよ。

A : 좋은 초밥집이 있으면 알려 주시겠어요?
B : 내가 잘 가는 곳이라도 괜찮으면 가르쳐 드릴게요.

252
A : 一番好きなお寿司、何ですか？
B : 私は、握り寿司なら何でも好きなんですよ。

A : 가장 좋아하는 초밥은 뭐예요?
B : 전, 니기리즈시라면 뭐든 좋아해요.

253
A : ちらし寿司って、寿司なのに作るの簡単そうですよね。
B : あんまり技術が必要な感じではないですよね。

A : 치라시즈시는 초밥인데도 만드는 것이 간단한 것 같아요.
B : 그렇게 기술이 필요한 느낌은 아니네요.

no.2 먹을거리 　寿司

254
A : 遠足のお弁当の中にいなり寿司が入っていると、うれしかったな。
B : それ分かるな。おいなりさんって、甘くて美味しいから私も大好き。

A : 소풍 도시락 안에 유부초밥이 들어 있으면, 행복했는데.
B : 그 기분 알아. 유부초밥은 달고 맛있어서 나도 아주 좋아해.

255
A : 今日の夜は何にするんですか?
B : うちは、簡単に手巻き寿司にしようと思ってるんですよ。子供達も好きですし。

A : 오늘 밤은 뭐 할 거예요?
B : 우린 간단하게 김말이 초밥으로 할까 생각하고 있어요. 아이들도 좋아하고요.

256
A : のり巻きを作る時って、ちょっとしたコツが要るよね。
B : そうそう。巻くときもそうだけど、切るときも崩れないようにするのが大変だよね。

A : 김밥을 만들 때는 약간의 요령이 필요하죠.
B : 맞아요. 말 때도 그렇지만, 썰 때도 뭉크러지지 않게 하는 것이 힘들죠.

257
A : 大将! 今日のお勧めはなんですか?
B : そうですね、今日は良いマグロが入ってますよ。

A : 주방장님! 오늘 추천 메뉴는 뭔가요?
B : 음, 오늘은 좋은 참치가 들어왔어요.

258
A : お父さんのお仕事は何ですか?
B : 私の父は、寿司職人です。

A : 아버님 직업은 어떻게 돼요?
B : 우리 아빠는 초밥장인이에요.

259
A : 最近では、どこのスーパーでも寿司を買えるようになりましたね。
B : でも、寿司を握るのはロボットですからね…。

A : 요즘에는 어느 슈퍼라도 초밥을 살 수 있게 되었죠.
B : 그래도 초밥을 만드는 게 로봇이라….

260
A : すみません。あがりください。
B : はい。熱いので気をつけてくださいね。

A : 여기요. 차 좀 주세요.
B : 네. 뜨거우니까 조심하세요.

no.2 먹을거리 寿司 초밥

261
A : お寿司食べに来ると、いつもがりをたくさん食べちゃうんだよね。
B : お寿司屋さんのがりって美味しいですもんね。
A : 초밥을 먹으러 가면, 항상 생강을 많이 먹게 된다니까.
B : 초밥집의 생강은 맛있으니깐.

262
A : ここの寿司屋は、しゃりがすごくうまいね。
B : ありがとうございます。そう言っていただけるとありがたいです。
A : 이 초밥집은 밥이 정말 맛있네요.
B : 감사합니다. 그렇게 말해주시니 고맙군요.

263
A : なんで、お寿司のご飯って酢飯なの？
B : それは、ねたを腐らせないためらしいよ。
A : 왜, 초밥의 밥은 초를 넣은 밥으로 할까?
B : 그건 재료를 상하지 않게 하기 위해서래.

264
A : 寿司を食べるときは、ねたを紫につけるのが正しい食べ方なんだよ。
B : へぇ。そうなんですか。いつもごはんにつけてました。
A : 초밥을 먹을 때는 재료에 간장을 찍어 먹는 것이 바르게 먹는 방법이야.
B : 아~. 그래요? 항상 밥에 찍어 먹었어요.

265
A : 寿司は、ねたが良くなかったら、ぜんぜんおいしくないですよね。
B : それはそうですよ。ねたの悪い寿司屋でなんて、食べたくないですよ。
A : 초밥은 재료가 좋지 않으면, 하나도 안 맛있죠?
B : 그건 그래요. 재료가 나쁜 초밥집에선 먹고 싶지도 않죠.

266
A : 赤身の良いの入ってますよ。
B : それじゃ、それください。
A : 아카미(질이 좋은 참치) 좋은 게 들어 왔어요.
B : 그럼, 그거 주세요.

267
A : 私、中とろがすごい好きなんです。
B : あんまり脂っこくなくて美味しいですよね。
A : 난, 츄토로가 아주 좋아요.
B : 그다지 느끼하지 않아서 맛있죠.

no.2 먹을거리　寿司（すし）

268
A：私、今まで一度も大とろ食べたことない。
B：大とろね。まぁ、高いけど、すごく美味しいよ。

A：난 지금까지 한 번도 오토로를 먹어본 적이 없어.
B：오토로 말이지. 뭐, 비싸긴 하지만, 정말 맛있어.

269
A：あと１かんだけ食べたいんですけど、握ってもらえますか？
B：はい、それでは何を握りましょうか？

A：딱 한 접시만 더 먹고 싶은데, 만들어 주시겠어요?
B：네, 그럼 뭘 만들어 드릴까요?

270
A：私、さばとかの光りもの食べられないんですよ。
B：なんでですか？　おいしいのに…。

A：전, 고등어 같은 등 푸른 생선을 먹지 못해요.
B：왜 그래요? 맛있는데….

271
A：かっぱ巻きだからわさび大丈夫かな？と思って食べたら、わさびがたくさん入ってたの。
B：そういうことって結構あるんだよね。

A：갓파마키니까 와사비 괜찮겠지? 하고 먹었는데, 와사비가 많이 들어 있었지 뭐야.
B：그럴 때 꽤 많지.

272
A：私、スーパーで売ってる鉄火巻き結構好きなんだ。
B：わかるな。寿司に比べて安いし美味しいよね。

A：난 슈퍼에서 파는 뎃카마키 꽤 좋아해.
B：알 것 같아. 초밥치고는 싸고 맛있지.

273
A：松竹梅どれ食べる？
B：私、お金がないから、梅でいいや。

A：송, 죽, 매 중 뭐 먹을래?
B：난, 돈이 없으니까, 매화 세트 먹을래.

no.2 먹을거리 飲み物 음료

- ブラック 블랙
- ミルクティー 밀크티
- 緑茶 녹차
- レモンティー 레몬티
- 麦茶 보리차
- 抹茶 말차, 가루차
- お茶漬け 밥에 뜨거운 엽차를 부은 것
- 茶道 다도
- お茶が渋い 차가 떫다
- お茶を入れる 차를 끓이다
- 湯のみ茶碗 찻잔
- 砂糖を溶かす 설탕을 녹이다
- お茶をする 차를 마시다
- 砂糖を入れる 설탕을 넣다
- お茶が濃い 차가 진하다
- お茶が薄い 차가 연하다
- お茶に誘う 차를 권하다

no.2 먹을거리　**飲(の)み物(もの)**

- 茶(ちゃ)飲(の)み友達(ともだち)　차 마시며 이야기하는 친한 친구
- お茶(ちゃ)の時間(じかん)　티타임
- 蒸(む)らす　우려내다 (차에 뜨거운 물을 넣고 약간 시간을 둘 때 쓰는 말)

- 急須(きゅうす)　찻주전자

- ティーバッグ　티백
- 薄(うす)め　연함
- 茶(ちゃ)こし　차 거름망
- 濃(こ)いめ　진함

- 炭酸飲料(たんさんいんりょう)　탄산음료

- 炭酸(たんさん)が抜(ぬ)ける　탄산이 빠지다, 김이 빠지다

274
A：お茶(ちゃ)でも飲(の)みませんか？
B：いいですね。私(わたし)、おいしいカフェを知(し)っていますので、そこへ行(い)きましょう。

A：차라도 마실까요?
B：좋아요. 내가 맛있는 카페를 알고 있으니까, 거기 가죠.

275
A：簡単(かんたん)にやせる方法(ほうほう)はないかな？
B：お茶(ちゃ)を飲(の)むのがいいみたい。
　お茶(ちゃ)には脂肪(しぼう)を分解(ぶんかい)する作用(さよう)があるので、ダイエットにいいそうですよ。

A：쉽게 살 빼는 방법 없을까?
B：차를 마시는 것이 좋은 것 같아.
　차에는 지방을 분해하는 작용이 있어서, 다이어트에 좋은 것 같아요.

no.2 먹을거리 飲み物 음료

276
A : コーヒーをください。
B : コーヒーには砂糖を入れますか?
A : はい、お願いします。

A : 커피 주세요.
B : 커피에 설탕을 넣으세요?
A : 네, 부탁드려요.

277
A : コーヒーにミルクを入れますか?
B : いいえ、私はいつもブラックで飲むので必要ありません。

A : 커피에 크림을 넣나요?
B : 아뇨, 전 항상 블랙으로 마시니까 필요 없어요.

278
A : 紅茶はミルクティーとレモンティーがございますが、どちらになさいますか?
B : レモンティーをください。

A : 홍차는 밀크티와 레몬티가 있는데요, 어느 걸로 하시겠습니까?
B : 레몬티로 주세요.

279
A : お客様がいらっしゃったので、お茶を入れてちょうだい。
B : わかりました。すぐに入れてお持ちします。

A : 손님이 오셨으니까, 차를 준비해 줄래?
B : 알겠습니다. 곧 준비해 가져 오겠습니다.

280
A : 私は渋いお茶が嫌いなの。
B : そうなんだ。私は渋いお茶好きだけど。年輩の方の中には渋いお茶が好きな人も多いよ。

A : 나는 떫은 차가 싫어.
B : 그렇구나. 나는 떫은 차 좋은데. 나이 많은 사람 중에는 떫은 차를 좋아하는 사람도 많아.

281
A : 常に暖かい物を飲みたいけど、すぐ冷めてしまうんだよね。どうにかならないかな。
B : 温めておいたカップに紅茶を入れると、冷めにくいからやってみて。

A : 언제나 따뜻한 것을 마시고 싶은데, 곧 식어 버리잖아. 어떻게 안 될까?
B : 따뜻하게 해둔 컵에 홍차를 담으면, 잘 안 식으니까 해 봐.

常に 늘, 항상, 평소에, 언제나

no.2 먹을거리 　飲み物

| 282 | A：わざわざ湯飲み茶碗に入れなくてもいいよ。面倒くさいでしょ。
B：お茶はカップで飲むよりも、やはり湯のみ茶碗で飲む方がおいしいよ。
A：일부러 찻잔에 주지 않아도 돼. 귀찮잖아.
B：차는 컵에 마시는 것 보다, 역시 찻잔에 마시는 것이 맛있어. |

| 283 | A：あの人と付き合っているの？
B：まさか、そんなことないよ。ただの茶飲み友達だよ。
A：저 사람하고 사귀는 거야?
B：설마~, 그런거 아니야. 그냥 차 마시는 친구야. |

| 284 | A：待ち合わせまでに少し時間があるね。お茶でもする？
B：そうだね。ここでずっと待っているのもなんだし。
A：약속시간까지 시간이 조금 남네. 차라도 할래?
B：그러자. 여기서 계속 기다리기도 그러니까. |

| 285 | A：小腹がすいたときやお酒を飲んだあとは、お茶漬けが食べたくならない？
B：そうだね。簡単だし、食べやすいもんね。
A：출출할 때나 술 마신 뒤에는 오차즈케가 먹고 싶지 않니?
B：그래. 간단하고 먹기 쉬우니까 말이야. |

| 286 | A：年輩の方のほうが、抹茶が好きな方が多いみたい。
B：そう？　若い人でも抹茶アイスが好きな人いっぱいいるよ。
A：나이가 많은 사람이 말차(가루 차)를 좋아하는 사람이 많은 것 같아.
B：그래? 젊은 사람 중에도 말차아이스크림을 좋아하는 사람, 많아. |

| 287 | A：沸騰したお湯を入れて、2～3分蒸らさないとおいしいお茶にならないよ。
B：へー、そうなんだ。知らなかったよ。どうりで私の入れるお茶は薄いわけだ。
A：끓인 뜨거운 물을 넣고, 2~3분 뜸을 들이지 않으면 차가 맛있게 안 돼.
B：아, 그렇구나. 몰랐어. 그래서 내가 만든 차는 싱거웠구나. |

no.2 먹을거리 飲(の)み物(もの) 음료

> こす 거르다　濃(こ)さ 농도　均一(きんいつ)に 균일하게

288
A：どうやってお湯(ゆ)を入(い)れればいいですか？
B：茶(ちゃ)こしで茶(ちゃ)の葉(は)をこしながら、濃(こ)さが均一(きんいつ)になるようにまわし入(い)れてください。

A：따뜻한 물은 어떻게 넣는 게 좋은가요?
B：차망으로 찻잎을 거르면서, 농도가 균일하게 되도록 원을 그리며 넣어 주세요. (차망에 찻잎을 넣고 처음에 걸러지는 농도가 짙은 것과 나중에 나오는 농도가 흐린 것이 잘 섞이도록 원을 그리며 뜨거운 물을 부어주세요.)

289
A：紅茶(こうちゃ)が入(はい)ったよ。
B：今日(きょう)はティーバッグのお茶(ちゃ)じゃないでしょうね。ティーバッグのお茶(ちゃ)は手軽(てがる)だけど、味(あじ)はあまりおいしくないでしょ。
A：文句(もんく)を言(い)うなら、自分(じぶん)で入(い)れてよ。

> 手軽(てがる) 간편함, 간단함, 손쉬움　文句(もんく)を言(い)う 불평만 늘어놓다

A：홍차 다 되었어.
B：오늘은 티백이 아니겠지? 티백은 간단하지만, 맛은 별로잖아.
A：불만 있으면, 네가 타라.

290
A：あー、疲(つか)れた。3時(さんじ)になったから、お茶(ちゃ)の時間(じかん)にしようか。
B：いいね。気分転換(きぶんてんかん)しなくちゃね。

A：아, 피곤해. 3시가 됐으니까 티타임 가질까?
B：좋아. 기분 전환해야지.

291
A：急須(きゅうす)にお茶(ちゃ)を入(い)れてからどうすればいいの？
B：急須(きゅうす)にお湯(ゆ)を注(そそ)ぎいれてから、少(すこ)し蒸(む)らしてください。

A：찻주전자에 차를 넣고 나서 어떻게 하면 돼?
B：찻주전자에 뜨거운 물을 넣고, 조금 우려내 주세요.

292
A：外(そと)は暑(あつ)かったでしょ。冷(つめ)たい麦茶(むぎちゃ)を入(い)れたから飲(の)んでください。
B：ありがとう。麦茶(むぎちゃ)っていうと小学生(しょうがくせい)の夏(なつ)に飲(の)んだことを思(おも)い出(だ)すよね。

A：밖은 더웠죠? 시원한 보리차를 준비했으니까 마셔요.
B：고마워. 보리차라고 하니까 초등학교 때 여름에 마셨던 게 생각난다.

293
A：濃(こ)くて甘(あま)いお茶(ちゃ)のほうが私(わたし)はおいしいと思(おも)いますが、どうですか？
B：そうですね。おいしいですね。濃(こ)くても苦(にが)いだけじゃ、おいしくないもんね。

A：전, 진하고 단 차가 맛있는데, 어떠세요?
B：그죠. 맛있죠. 진해도 쓰기만 하면, 맛이 없죠.

no.2 먹을거리 **飲み物**

294
A : このお茶は少し薄いので、新しいものを入れなおしてもらえますか？
B : 申し訳ございません。すぐに新しいのをお持ちしますので、少々お待ち下さい。

A : 이 차는 조금 싱거운데, 새 것으로 바꿔 주시겠어요?
B : 죄송합니다. 곧 새 것으로 가져 올 테니, 잠시만 기다려 주세요.

295
A : デートに誘うことはできないと思うけど、お茶に誘うくらいならできるでしょ？
B : そうだけど、お茶に誘ったら意識するかもしれないじゃない。

A : 데이트를 신청하는 것은 어렵겠지만, 차를 권하는 정도는 할 수 있지?
B : 그렇긴 하지만, 차 마시자고 하면 괜히 의식할지도 모르잖아.

296
A : 私は濃いめのお茶はきらいなので、薄めにしてください。
B : はい、かしこまりました。

A : 전, 진한 차는 싫어하니까, 연하게 해 주세요.
B : 네, 알겠습니다.

297
A : 私はコーラにします。
B : 炭酸飲料は体によくないから、飲みすぎるのはよくないですよ。

A : 나는 콜라로 하겠습니다.
B : 탄산음료는 몸에 나쁘니까, 너무 마시면 안 좋아요.

298
A : 全部飲みきれないから、冷蔵庫に入れておくね。
B : きちんとふたを閉めておいてね。炭酸が抜けてしまうから。

A : 전부 못 마시니까, 냉장고에 넣어 둘게.
B : 뚜껑을 꽉 닫아 둬. 탄산이 빠져 나가버리니까.

299
A : 茶道は有名ですか？
B : 茶道は日本の伝統芸能のひとつですので、ぜひお試しください。

A : 다도는 유명한가요?
B : 다도는 일본의 전통예능의 하나이므로, 꼭 경험해 보세요.

no.2 먹을거리 （お）酒 술

- 酒を飲む 술을 마시다
- 酔いが回る 취기가 돌다
- 酒が弱い 술이 약하다
- ビール 맥주
- 日本酒 일본술
- 酒に呑まれる 술을 못 이기다, 술에 취해 정신을 잃다
- 焼酎 소주
- 酒に酔う 술에 취하다
- 生ビール 생맥주
- ワイン 와인
- どぶろく 막걸리
- 泡盛 오키나와 소주
- 居酒屋 선술집
- （お）つまみ 안주
- バー 바
- 吐く 토하다
- ちゃんぽん 짬뽕 — 맥주에 소주를 섞어 마시는 것을 말하는 것이 아니라, 맥주를 마신 후에 와인을 마신다거나 다른 술을 마시는 것, 즉 하나의 술을 다 마신 후에 다른 종류의 술을 마시는 것을 말한다.
- 飲み過ぎる 과음하다
- 酔いつぶれる・泥酔になる 과음해서 정신을 잃다
- 1次会 1차 2次会 2차 3次会 3차
- 熱燗 뜨겁게 해서 마시는 정종
- （お）冷 찬물
- コールを掛ける 술을 마시라고 권하다
- 冷酒 차게 해서 마시는 정종
- 飲み屋 술집
- 一気 원샷
- 飲みに行く 마시러 가다

no.2 먹을거리 (お)酒

- 酒に溺れる 술에 빠지다
- 酒屋 술을 전문으로 파는 가게
- 泣き上戸 술 취하면 우는 버릇 또는 그런 사람
- ノンアルコール 노 알코올
- お酒の席 술자리
- 笑い上戸 술 취하면 웃는 버릇 또는 그런 사람
- 悪酔いをする 술주정 부리다 (술에 취해 시비를 걸거나 폭력을 휘두르거나 하는 것)
- 酒をやめる 술을 끊다

- 気分が悪い 속이 나쁘다

- 酒が強い 술이 강하다
- 食前酒 식전에 마시는 술
- ザル 아무리 마셔도 취하지 않는 사람
- 飲み放題 마시고 싶은 대로 마심
- 宴会 연회
- 酒豪・大酒飲み 주호 (술을 잘 마시는 사람)

- アル中・アルコール中毒 알코올 중독
- やけ酒 홧김에 마시는 술
- 飲みすぎ 과음

- 乾杯 건배
- 酒が抜ける 술이 깨다
- アルコール依存症 알코올 의존증
- 飲酒運転 음주운전

- 記憶がなくなる 기억이 없어지다
- 割り勘 각자부담
- 空きっ腹 빈속

no.2 먹을거리 （お）酒 술

- いける口？・お酒は飲めるほう？ 술은 잘 마시는 편이야?
- 上座 상석 (입구와 제일 먼 자리)
- 幹事 간사, 모임에서 일을 맡아 주선하고 처리하는 사람

- 下座 말석 (입구 바로 옆 자리)
- 酒好き 애주가
- 新歓コンパ・新入生歓迎コンパ 신입생 환영파티
- 二日酔い 숙취

- 素面 맨정신 (술에 취하지 않았을 때의 상태나 태도)

- 宴会部長 일은 못하면서 술자리에서는 나서서 흥을 띄워주는 사람

300	昨日飲みすぎて、携帯なくしちゃったよ、どうしよう。
	어제 너무 취해서, 휴대전화 잃어버렸어, 어쩌지.

301	今日、一杯やる？
	오늘, 한 잔 할까? (남자가 친구나 동료에게 쓰는 말)

302	今日、飲みに行く？
	오늘, 마시러 갈까?

303	軽く一杯やって行こうよ。
	가볍게 한잔 하고 가자.

304	お酒は強い？
	술 잘 마셔?

305	お酒はいける口？
	술은 잘 마시는 편?

no.2 먹을거리 (お)酒

306	お酒は弱いけど、飲むのは好きです。
	술은 약하지만, 마시는 것은 좋아합니다.

307	夏はやっぱりビールだね。
	여름엔 역시 맥주가 최고야.

308	とりあえずビール！
	먼저 맥주! (주문 할 때)

309	酒のつまみは何がいい？
	술 안주는 뭐가 좋아?

310	彼はザルだから。
	그는 술보니까.

311	飲みすぎて家に帰れなかったから、友達の家に泊まったよ。
	술을 너무 많이 마셔서, 집에 못 가고 친구 집에서 잤어.

312	飲み過ぎは体に良くないよ。
	과음은 몸에 나빠.

313	飲みすぎて終電を逃しちゃった。どうしよう。
	과음해서 막차를 놓쳤어. 어쩌지.

314	あいつは酒に酔うと気が大きくなって、何をするかわからない。
	저 녀석은 술에 취하면 대범해져서, 무슨 짓을 할지 몰라. (남자가 쓰는 말)

315	飲みすぎるとついつい気が大きくなって、みんなの分をおごってしまうんだよ。
	과음하면 나도 모르게 통이 커져서, 그만 다른 사람들 몫까지 내버려.

316	年をとって、お酒に弱くなった。
	나이가 들어, 술이 약해 졌어.

ついつい 무심코, 그만 気が大きい 작은 일에 신경 쓰지 않는다

317	朝まで飲んでいたから、頭が割れるように痛いよ。
	아침까지 술을 마셔서, 머리가 깨질 듯이 아파.

318	お酒を飲みすぎた次の日は、もう飲みすぎないと思う。
	과음한 다음 날에는 더 이상 과음하지 않으려고 해.

no.2 먹을거리 (お)酒 술

319 今日の2次会はカラオケだって。
오늘 2차는 가라오케래.

320 空きっ腹でお酒を飲むと、酔いが回るのがはやいよ。
빈 속에 술을 마시면, 취기가 빨리 돌아.

321 空きっ腹でお酒を飲むと、酔いやすいから、何か食べてから飲んだほうがいいよ。
빈 속에 술을 마시면 취하기 쉬우니까, 뭔가 먹고 나서 마시는 것이 좋아.

322 あいつは宴会部長だから、宴会を盛り上げないといけないんだよ。
그 녀석은 연회부장이라, 연회장 분위기를 띄우지 않고는 못 배기는 놈이야. (남자가 쓰는 말)

323 この飲み屋は、2時間3,000円で飲み放題だよ。
이 술집은 2시간에 3,000엔이면, 마시고 싶은 만큼 마실 수 있어.

324 お酒は飲めば飲むほど強くなるよ。
술은 마시면 마실수록 강해져.

325 昨日飲みすぎて、羽目をはずしてしまったよ。
어제는 과음해서, 도를 넘어서고 말았어.

> 羽目をはずす 도를 지나치다

326 昨日飲みすぎて、記憶がないよ。
어제는 과음해서, 기억이 없어.

327 今日は新歓コンパだから、1年生にいっぱい飲ませよう。
오늘은 신입생 환영파티니까, 1학년에게 많이 마시게 하자.

328 新歓コンパで、朝まで飲んだよ。
신입생 환영파티라서, 아침까지 마셨어.

329 彼は沖縄の人だから、お酒が強いんだよね。
그는 오키나와 사람이라, 술이 세지.

330 酒は飲んでも飲まれるな。
술은 마셔도 먹히지는 마. (술은 마셔도 좋으나 정신을 잃지 말라는 의미)

331 午後になって、やっと酒が抜けたよ。
오후가 돼서야 겨우 술이 깼어.

no.2 먹을거리 (お)酒

332 そんな風に飲むと、酔いつぶれるよ。
그런 식으로 마시면, 뻗어.

333 上司にコールを掛けられたら、飲まないわけにはいかないじゃない。
상사에게 술잔을 받았으니, 마시지 않을 수가 없잖아. (여자가 쓰는 말)

334 お客様は上座に座っていただいて、私たちは下座に座らなくてはいけないでしょう。
손님께서는 상석에 앉으시고, 우리들은 말석에 앉아야죠.

335 今日の飲み代はいくら?
오늘 술값은 얼마?

336 今日は割り勘だって。
오늘은 각자 부담이래.

337 嫌なことは飲んで忘れよう!
나쁜 일은 마셔서 잊어버리자!

338 そんな恥ずかしいこと、とても素面じゃ言えないよ。
그런 부끄러운 이야기, 맨정신으론 말 못해요.

339 酒を飲んだんだから、飲酒運転はやめろよ。
술을 마셨으니 음주운전은 하지 마. (남자가 쓰는 말)

340 昨日は記憶がなくなるまで飲んだよ。
어제는 기억이 없어질 때까지 마셨어.

341 酒屋でお酒をいっぱい買って、うちで飲もう。
술 전문점에서 술을 잔뜩 사가지고, 집에 가서 마시자.

342 あいつ、昨日悪酔いして、女の子に絡んでいただろ?
그 녀석 어제 고약하게 취해서 여자에게 치근덕댔지? (남자가 쓰는 말)

343 彼女は酒が弱い体質だから、飲むとすぐに顔が赤くなるんだ。
그녀는 술에 약한 체질이라, 마시면 바로 얼굴이 빨개져.

그냥 보기만 하는 거예요!

no.3 자랑거리 美容 (びよう) 미용

- 顔を洗う (かお あら) 얼굴을 씻다

- 肌タイプ (はだ) 피부타입

- 混合肌 (こんごうはだ) 중성피부

- オイリー肌 (はだ) 지성피부

- 乾燥肌 (かんそうはだ) 건성피부

- 化粧水をつける (けしょうすい) 스킨을 바르다

- 敏感肌 (びんかんはだ) 민감성 피부

- UVカット・日焼け止め (ひや ど) 자외선 차단제

- ベースを塗る (ぬ) 베이스를 바르다

- 肌のキメ (はだ) 피부결

- 乳液をつける (にゅうえき) 로션을 바르다

- コンシーラーを塗る (ぬ) 컨실러를 바르다

- ファンデーションを塗る (ぬ) 파운데이션을 바르다

- リキッドファンデーション 리퀴드 파운데이션

- 眉毛をかく (まゆげ) 눈썹을 그리다

- ファンデーションがムラになる 파운데이션이 뭉치다

- アイシャドーを入れる・アイシャドーを塗る (い ぬ) 아이섀도를 바르다

- アイライナー 아이라이너

> アイシャドーを塗る(ぬ)보다는 アイシャドーを入れる(い)를 주로 사용한다.

no.3 자랑거리 美容(びよう)

- ウォータープルーフ 워터프루프 (물기나 땀에 잘 지워지지 않는 화장품)

- 化粧(けしょう)ののり 화장이 먹힌 정도
- 化粧崩(けしょうくず)れする 화장이 들뜨다
- 化粧(けしょう)ののりが良(い)い 화장이 잘 먹다
- 化粧(けしょう)ののりが悪(わる)い 화장이 잘 먹지 않다

- 化粧(けしょう)がのらない 화장이 잘 되지 않다
- コットン 솜
- 保湿(ほしつ)クリームを塗(ぬ)る 보습 크림을 바르다

- チークをつける 볼터치를 하다
- ファンデーション・ファンデ 파운데이션
- パウダーファンデーション 파우더 파운데이션
- パウダーをつける 파우더를 바르다

- メイクを落(お)とす 화장을 지우다
- メイク落(お)とし 클렌징크림 (오일/로션)
- ルージュをひく 루즈를 바르다
- 口紅(くちべに)を塗(ぬ)る 립스틱을 바르다

no.3 자랑거리 美容 미용

- アイメイク 눈화장
- マスカラを塗る 마스카라를 바르다
- 美白 미백
- アイブロー 아이브로우

- 厚塗りする 화장을 진하게 하다
- コットンパック 솜에 화장수를 스며들게 해서 팩을 하는 것

- もちもち 탱글탱글 (탄력있는 피부)
  > もちもち는 떡처럼 잘 늘어나고 부드러운 찰진 느낌을 나타내는 말로, 피부 외에도 겉은 단단하지만, 안은 말랑말랑한 빵을 표현할 때나 씹는 느낌이 쫄깃쫄깃할 때 사용한다.

- かさかさ 까칠까칠
  > かさかさ는 윤기가 없이 까칠한 모양이나 물기가 없어 퍼석한 모양을 나타내는 말로, '입술이 까칠까칠하다'는 唇がかさかさする, '발꿈치가 까칠까칠하다'는 かかとがかさかさする, '건조해서 피부가 까칠까칠하다'는 乾燥して肌がかさかさする 등으로 표현한다.

- アイラインをひく 아이라인을 그리다
- くまができる 다크서클이 생기다

- くすみ 얼굴이 거무스름하고 칙칙함 (피로, 담배, 수면부족 등에 의해 검게 보이는 것)

- にきび跡 여드름 자국
- にきび 여드름

- シミ 기미, 검버섯 (나이가 들어서 생긴 검버섯이나 햇볕에 타서 점처럼 검게 된 것)
- 厚化粧 진한 화장
- ナチュラルメイク 네츄얼 메이크

no.3 자랑거리 美容(びよう)

- Tゾーン　T존 (이마와 코 부분)
- Uゾーン　U존 (볼과 턱 부분)
- つけまつげ　붙임 눈썹
- すっぴん　맨얼굴
- 日焼(ひや)けサロン・日(ひ)サロ　선텐전문점
- 足(あし)がむくむ　다리가 붓다
- 毛穴(けあな)　땀구멍
- むくむ　부어 오르다
- 指(ゆび)がむくむ　손가락이 붓다
- 靴(くつ)ずれ　구두에 쓸려 생긴 상처
- 化粧直(けしょうなお)し　화장을 고치는 것
- あぶらとり紙(がみ)　기름종이
- 歯並(はなら)び　치열
- カラーコンタクト・カラコン　칼라렌즈
- 除光液(じょこうえき)　아세톤
- マニキュアを塗(ぬ)る　매니큐어를 바르다
- メンズ化粧品(けしょうひん)　남성용 화장품

> マニキュアがとれる 보다는 マニキュアが剥(は)がれる를 주로 사용한다.

- マニキュアが剥(は)がれる・マニキュアがとれる　매니큐어가 벗겨지다

no.3 자랑거리 美容(びよう) 미용

344 お風呂からあがったら、すぐに化粧水をつけてから、乳液をつけます。
목욕이 끝나면, 바로 스킨을 바르고 나서, 로션을 바릅니다.

345 化粧水をつけるときは、手でつけるのではなく、コットンで染み込ませるように、つけたほうがいいよ。
스킨을 바를 때는 손으로 바르는 것이 아니라, 화장솜으로 (피부에) 스며들도록 바르는 것이 좋아.

> 染み込む 스며들다, 배어들다

346 化粧水の後は乳液をつけて、保湿クリームを塗って。
스킨 다음엔 로션을 바르고 보습크림을 발라.

347 Tゾーンは油が多いんだけど、Uゾーンは乾燥する混合肌タイプなんだ。
T존은 기름이 많지만, U존은 건조한 복합성 타입이야.

348 UVカット効果のあるメークベースを塗る。
자외선 차단 효과가 있는 메이크업 베이스를 바르다.

349 メークベースを塗ると、ヨレや崩れを防いで化粧ののりもよくなるから、使ったほうがいいよ。
메이크업 베이스를 바르면, 뭉침이나 들뜨는 것을 방지해서 화장이 잘 되기 때문에 사용하는 것이 좋아.

> よれる 비틀리다, 꼬이다   崩れる 흐트러지다

350 冬は乾燥がひどいので、毎晩コットンパックをしてます。
겨울에는 심하게 건조하기 때문에, 매일 밤 솜팩을 하고 있어요.

351 肌の調子がいいと化粧ののりもいいんだよね。
피부 상태가 좋으면 화장도 잘 먹지?

352 コンシーラーを使って、しみをかくす。
컨실러를 사용해서, 기미를 감추다.

353 ベースの色は自分の肌色タイプの対比色を選んだほうがいいんだって。
베이스 색은 자신의 피부톤과 대비되는 색을 고르면 좋대.

no.3 자랑거리　美容(びよう)

354 A : リキッドファンデーションは、べたつくからあまり好きじゃない。
B : そう？　私(わたし)はパウダーファンデーションは乾燥(かんそう)してしまうから、リキッドファンデーションのほうが好(す)きだけどな。
A : 리퀴드 파운데이션은 끈적거려서, 별로 안 좋아해.
B : 그래? 나는 파우더 파운데이션은 건조해져서, 리퀴드 파운데이션 쪽이 좋던데.

べたつく　끈적거리다

355 ファンデーションがムラにならないように、少(すこ)しずつ伸(の)ばすように塗(ぬ)ったほうがいいんだって。
파운데이션이 뭉치지 않게 조금씩 펴듯이 바르는 것이 좋대.

356 小鼻周(こばなまわ)りは厚塗(あつぬ)りすると化粧崩(けしょうくず)れをしやすいので、厚塗(あつぬ)りしないほうがいいよ。
콧망울 근처는 두껍게 바르면 화장이 들뜨기 쉬우니까, 두껍게 안 바르는 것이 좋아.

357 ファンデーションを塗(ぬ)ったあとパウダーをつけると、化粧崩(けしょうくず)れしにくく、キメの整(ととの)った肌(はだ)になります。
파운데이션을 바른 후 파우더를 바르면, 화장이 들뜨지 않고 피부결이 고르게 정리됩니다.

358 ファンデーションをスポンジで伸(の)ばすように塗(ぬ)る。
파운데이션을 스펀지로 펴 듯이 바른다.

359 眉毛(まゆげ)をカットして整(ととの)えておくと、眉毛(まゆげ)をかきやすいよ。
눈썹을 자르고 정리해 두면, 눈썹을 그리기 쉬워.

360 眉毛(まゆげ)の下(した)の産毛(うぶげ)を抜(ぬ)いておいたほうがいいよ。
눈썹 밑에 솜털을 뽑아 두는 것이 좋아.

361 汗(あせ)をかいても落(お)ちないアイブローがあるらしいよ。
땀을 흘려도 지워지지 않는 아이브로우가 있는 것 같아.

362 夏(なつ)になるとブルーなどの涼(すず)しげなブルーのアイシャドーを使(つか)いたくなるね。
여름이 되면 블루 등의 시원한 블루 아이섀도를 사용하고 싶어져.

363 アイシャドーは瞼(まぶた)のきわに濃(こ)い色(いろ)を、目尻(めじり)と目頭(めがしら)に薄(うす)い色(いろ)を伸(の)ばすように入(い)れる。
아이섀도는 눈꺼풀 가장자리에는 진한 색을, 눈꼬리와 눈과 코 사이는 옅은 색을 펴 바른다.

364 アイシャドーブラシを使(つか)うと、うまく入(い)れることができるよ。
아이섀도 브러시를 사용하면, 잘 칠할 수가 있어.

no.3 자랑거리 美容(びよう) 미용

365 アイラインを引くと、目が大きく見えるから、絶対に引いたほうがいいよ。
아이라인을 그리면 눈이 커 보이니까, 꼭 그리는 것이 좋아.

366 アイライナーはリキッドタイプとペンシルタイプがあるけど、どっちの方がいいかな？
아이라이너는 리퀴드타입과 펜슬타입이 있는데, 어느 쪽이 좋을까?

367 マスカラを塗るのと塗らないのじゃ、目の大きさがぜんぜん違うよ。
마스카라를 바르고 안 바르고에 따라 눈의 크기가 전혀 달라.

368 マスカラが目に入って痛い。
마스카라가 눈에 들어가 아파.

369 繊維入りのマスカラがあるんだけど、かなりまつげが長く見えるらしいよ。
섬유가 들어간 마스카라가 있는데, 속눈썹이 꽤 길어 보이는 것 같아.

370 アイメイクが落ちて、目の周りがパンダのようになることがあるの。どうすればいいのかな？
눈화장이 지워져 눈 주위가 팬더처럼 될 때가 있어. 어쩌면 좋을까?

371 チークを塗ると顔が明るくなるので、私はよく使います。
볼터치를 하면 얼굴이 환해져서, 난 자주 사용해요.

372 チークは大きめのブラシでつけると、自然につけることができる。
볼터치는 큼직한 블러시를 사용하면, 자연스럽게 바를 수가 있어.

373 リップブラシで唇の輪郭をとる。
립블러시로 입술의 윤곽을 그린다.

374 口紅を塗り終わったら1回ティッシュでおさえると、自然な仕上がりになります。
입술을 바른 후 한 번 티슈로 누르면, 자연스럽게 완성이 됩니다.

375 リップグロスをつけると、ふっくらした唇になる。
립클로즈를 바르면 부드럽게 부푼 입술이 된다.

ふっくら 부드럽게 부푼 모양

376 アイメイクを落とす時は、専用のクリーナーを使ったほうがいいですよ。
눈화장을 지울 때는 전용 클리너를 사용하는 것이 좋아요.

377 水に強いウォータープルーフの化粧品が多くなったので、メイク落としは重要だ。
물에 강한 워터프루프 화장품이 많아져서, 화장을 지우는 것이 중요하다.

no.3 자랑거리 **美容**

378 コットンにアイメイクキャップリムーバーをたっぷり含ませ、目を閉じてしばらくコットンを置き、汚れをなじませてから軽くふき取ると無理なく汚れが落とせるみたいだよ。
솜에 눈화장 전용 리무버를 듬뿍 묻혀, 눈을 감고 잠시 솜을 올려두어 화장 때가 잘 배게 한 다음에 가볍게 닦아주면, 무리 없이 화장 때를 지울 수 있다는 것 같아.

> なじむ 잘 배다   ふき取る 닦아내다, 훔쳐내다

379 口紅を落とすときは、マッサージをするようにメイク落としを十分になじませてください。
입술을 지울 때는 마사지를 하는 것처럼 클렌징을 충분히 스며들게 해 주세요.

380 マニキュアが剥がれてきたから、除光液で一度全部落としてから、また綺麗に塗りなおさなきゃ。
매니큐어가 벗겨졌으니까, 아세톤으로 한 번 전부 지우고, 다시 예쁘게 발라야지.

381 パーマもかけて、カラーもしたから、髪が傷んじゃった。
파마도 하고 염색도 했더니, 머리가 상했어.

382 美容院でトリートメントしたら、すごくつやつやになった。
미용실에서 트리트먼트를 했더니, 굉장히 매끈매끈해졌어.

383 髪もとかさず、ボサボサな頭のまま、ごみを出しに行ったら、近所の人に会っちゃって恥ずかしかった。
머리도 빗지 않고 부스스한 머리로 쓰레기를 버리러 갔는데, 이웃집 사람을 만나서 창피했어.

384 髪が傷んで、枝毛まであるから、ばっさり短く切ろうと思って。
머리가 상하고 갈라진 머리까지 있어서, 싹둑 짧게 자르려고 해.

> ばっさり 싹둑 (단 칼에 베는 모양)

385 私の髪ってねこっ毛だから、ボリュームがなくて、セットしにくいの。
내 머리는 참머리라서, 볼륨이 없어 세팅이 어려워.

386 くせっ毛で、髪がうねっちゃうから、ストパーかけたんだ。
곱슬머리라서 머리가 구불구불하니까, 스트레이트 파마를 했어.

387 数カ月前にカラーしたんだけど、髪が伸びてきて、根元がプリンになってきちゃったから、また美容院に行って染めないと。
몇 개월 전에 염색했는데, 머리가 길어지면서 머리속 부분이 검게 되어, 다시 미용실에 가서 물들여야 해.

388 お母さん、最近白髪が増えてきたね。
엄마, 요즘 흰 머리가 늘었네.

no.3 자랑거리 美容 미용

389 このパックをすると、次の日の朝、驚くほど肌がもちもちして、化粧のノリが全然違うんだよね。
이 팩을 하면, 다음 날 아침 놀랄 정도로 피부가 탄력있어 지고, 화장도 먹는 게 정말 달라.

390 にきびの跡が気になるんですけど、いい化粧水、ないですかね？
여드름 자국이 신경 쓰이는데, 좋은 스킨이 없을까요?

391 この化粧水、美白に効果ありなんだってよ。
이 스킨, 미백에 효과가 있대.

392 寝不足だからか、眼の下にくまができちゃって、化粧しても隠せないんだよね。
잠이 부족해서인지 눈 밑에 다크서클이 생겨서, 화장으로도 감출 수가 없어.

393 女の子なのに、唇がカサカサしてたら恥ずかしいから、必ずリップクリームを持ち歩くようにしてるの。
여자인데 입술이 거칠거칠하면 창피하니까, 반드시 립크림을 가지고 다니려고 해.

394 いまどき日焼けサロンに行って、黒くしてる人なんていないよね。
요즘 세상에 선텐전문점에 가서 검게 하는 사람은 없지.

395 若い女の子の間で、つけまつげが流行ってるんだって。
젊은 여자들 사이에 붙임 눈썹이 유행하고 있대.

396 デートするときは、厚化粧よりもナチュラルメイクの方が、男受けがいいよ。
데이트할 때는 진한 화장보다도 자연스러운 화장 쪽이 남자에게 잘 먹혀.

397 すっぴんで出かけるなんて、考えられない。
맨얼굴로 나간다는 건, 생각할 수도 없어.

398 立ち仕事だから、足がむくんじゃって、ブーツが入らない。
서서 하는 일이라, 다리가 부어서 부츠가 들어가지 않아.

399 おでこがてかっちゃって気になるんだけど、脂取り紙もってない？
이마가 번들거려 신경 쓰이는데, 기름종이 가진 거 없어?

> てかる 반질반질하다, 번질거리다

400 お昼ご飯を食べた後は、必ず化粧直しをしてから会社に戻ります。
점심을 먹은 후에는 반드시 화장을 고치고 나서 회사로 돌아갑니다.

no.3 자랑거리 **美容**

401	新しい靴を買ったんだけど、靴ずれしちゃって、すごく痛い。
	새 신발을 샀는데, 뒤꿈치가 쓸려 굉장히 아파.
402	年をとるにつれ、毛穴が開いてきた気がするなぁ。
	나이가 듦에 따라, 땀구멍이 넓어진 것 같은 느낌이 들어.
403	私、歯並びが悪くて、気になるんだよね。
	난, 이가 가지런하지 않아 신경 쓰여.
404	ブラウンのカラーコンタクトに変えてみたんだけど、似合う?
	브라운 칼라 콘택트로 바꿔봤는데, 어울려?
405	かかとがかさかさしてるから、恥ずかしくて、夏でもサンダルが履けないの。
	발 뒤꿈치가 까칠까칠해, 창피해서 여름에도 샌들을 신을 수가 없어.
406	紫外線にあたると、シミができるから、外に出るときは、絶対に日焼け止めクリームを塗らないとだめだよ。
	자외선에 닿으면 기미가 생기니까, 밖에 나갈 때는 무슨 일이 있어도 자외선 차단 크림을 바르지 않으면 안 돼.
407	自分に合うファンデーションを探すのは、なかなか難しい。
	자신에게 맞는 파운데이션을 찾는 것은 꽤 어렵다.
408	指がむくんで指輪が入らない。
	손가락이 부어서 반지가 안 들어가.
409	最近は、男の子も、眉毛を整える子が多いし、メンズ化粧品を使う子も増えているんだって。
	요즘은 남자도 눈썹을 정리하는 사람이 많고, 남성용 화장품을 사용하는 남자도 많아졌대.

no.3 자랑거리
美容院・美容室 미용실 ・ 理髪店・床屋・散髪屋 이발소

- 髪をセットする・整える 머리를 하다

- ショートカット 숏컷
- カット 컷

- パーマをかける 파마를 하다
- ストレートパーマ・ストパ 스트레이트 파마

- ストレート 스트레이트
- ストパをかける 스트레이트 파마를 하다

- トリートメント 트리트먼트

- カラー・毛染め 염색

- カラーをする 염색을 하다

- ブローする 드라이 하다
- ドライヤで乾かす 드라이어로 말리다

- スポーツ刈り 스포츠 머리
- 五分刈り 머리를 5부(15mm) 길이로 깎은 머리

- 坊主・丸刈り 까까머리, 대머리
- デジパ・デジタルパーマ 디지털 파마

- パンチパーマ 펀치파마 (짧은 머리에 웨이브를 한 남자머리)

- シャンプー台 샴푸 대

no.3 자랑거리 **美容院・理髪店** (びよういん・りはつてん)

- スタイリスト・美容師(びようし) 미용사
- アシスタント・美容師の見習い(びようし の みならい) 어시스턴트
- カットモデル 컷 모델
- トップスタイリスト 톱 스타일리스트
- ヘアカタログ 헤어 카탈로그
- シャギーを入(い)れる 샤기컷을 하다
- レイヤーを入(い)れる 레이어드컷을 하다
- アップ 업시킴 (올리는 머리 모양)
- ボリュームをつける 볼륨감을 주다
- ハゲ 대머리
- おかっぱ 단발머리
- ポニーテール 포니테일, 말총머리 (어린 말의 꼬리 모양으로 머리를 묶은 모양)
- オンザまゆげ・on the 眉毛(まゆげ) 뱅 스타일 (눈썹 라인 위로 정리한 앞머리)
- バーコード頭(あたま) 바코드 머리 (정수리 부분의 허전함을 옆머리를 끌어당겨 감춘 머리, 그 모양이 꼭 바코드 모양 같은 데서 온 말)
- カッパハゲ 정수리 부분의 머리가 없는 것 (상상의 동물인 カッパ가 정수리 부분의 머리가 없는 것에서 생긴 말)

no.3 자랑거리
美容院・美容室 미용실 ・ 理髪店・床屋・散髪屋 이발소

- ジャンボカット 맥가이버 머리
- かつら 가발
- 長さを揃える 길이를 정리하다
- 髪を整える 머리를 다듬다 
- 髪をすく 머리를 층을 내다
- 前髪 앞머리 
- 横髪 옆머리 
- くせ毛・天然パーマ・天パ 곱슬머리  
- もみあげ 귀밑머리
- 後ろ髪 뒷머리
- 髪がうねる 머리가 구불구불 거리다
- 剛毛 뻣뻣한 머리 
- 枝毛 갈라진 모발, 머리끝이 갈라진 것 
- ねこっ毛 부드럽고 차분한 머리
- 眉剃り・眉カット 눈썹 손질 
- 白髪 흰머리 
- 若白髪 새치
- 襟足 목덜미에 난 머리
- つやつや 반질반질 (머리에 윤기가 나는 모양) 
- さらさら 보슬보슬, 찰랑찰랑 (머리카락이 가늘고 부드러운 모양)

no.3 자랑거리 　美容院・理髪店

- 髭を剃る 면도하다
- 髭剃り 면도, 면도기
- プリン 염색 후 머리가 길어서 검게 변한 머리 끝부분

- 髪の毛が痛む 머릿결이 상하다
- 髪がつやつやになる 머리가 윤기 있게 되다

- イメチェン・イメージチェンジ 이미지 체인지

410	イメチェンしたいから、パーマをかけようかな。
	이미지 체인지 하고 싶은데, 파마라도 할까 봐.
411	前髪を少しだけ切ってください。
	앞머리를 조금만 잘라 주세요.
412	長さを変えずにシャギーだけ入れてください。
	길이는 그대로 두고 샤기만 넣어 주세요.
413	髪の量が多いので、すいて少なくしてください。
	머리 숱이 많아서 그런데, 층을 내서 가볍게 해 주세요.
414	枝毛の部分だけ切ってください。
	상한 부분만 잘라 주세요.
415	(切抜きの雑誌を見せながら)こんな風にしてください。
	(잘라온 잡지를 보여주면서) 이런 모양으로 해 주세요.

no.3 자랑거리 美容院・美容室 미용실 ・ 理髪店・床屋・散髪屋 이발소

416 今の髪型のまま、全体的に短くしてください。
지금 머리모양 그대로, 전체적으로 짧게 잘라 주세요.

417 髪が伸びて、プリンになっちゃったところだけカラーしてください。
머리가 길어 새로 난 부분만 염색해 주세요.

418 もみあげは、伸ばしてるので切らないでください。
귀밑머리는 기르거니까 자르지 말아 주세요.

419 結婚式に出席するので、髪をアップにしてください。
결혼식에 가야 하니까, 머리를 올려 주세요.

420 後ろ髪は伸ばしてるので、揃えるだけにしてください。
뒷 머리는 기르고 있으니까, 정리만 해 주세요.

421 シャンプー台に移動してください。
샴푸 대로 이동해 주세요.

422 野球部だから、坊主にしないといけないんです。
야구부라서, 머리를 다 밀어야 돼요.

423 ショートカットの女の子も、ボーイッシュでかわいらしいよね。
숏컷한 여자애도 남자 같아서(보이시해서) 귀엽지.

424 最近は、デジパが流行ってるよね。
요즘은 디지털 파마가 유행하지.

425 カットとカラーで1万円以上かかった。
컷과 염색해서 만 엔 이상 들었어.

426 人気のある美容師さんを指名すると、トップスタイリスト料金が別途かかる場合がある。
인기가 있는 미용사를 지명하면, 톱 스타일리스트 요금이 별도로 드는 경우가 있어.

427 剛毛だから、セットするのが毎朝大変なんです。
뻣뻣한 머리라서 매일 아침 머리 하는 것이 힘들어요.

428 カットモデルになってくれませんか。
컷 모델이 되어 주지 않겠어요?

no.3 자랑거리 **美容院·理髪店** (びよういん·りはつてん)

429 なりたい髪型(かみがた)がある場合(ばあい)は、ヘアカタログを切(き)り抜(ぬ)いて持(も)って行(い)くといいよ。
하고 싶은 머리모양이 있는 경우는 헤어 카탈로그를 잘라서 가져 가면 좋아.

430 美容院(びよういん)のトリートメントは、市販(しはん)のものとは、やっぱり効果(こうか)が違(ちが)うよね。
미용실의 트리트먼트는 시판하는 것과 비교하면, 역시 효과가 다르네.

431 シャギーやレイヤーを入(い)れると、髪(かみ)が少(すく)なく、まとまって見(み)える。
샤기나 레이어드를 하면, 머리숱이 적어서 정리되어 보여.

> **まとまる** 정리되다, 정돈되다

432 アシスタントの子(こ)は、まだ経験(けいけん)が浅(あさ)いから、接客(せっきゃく)もまだまだだね。
어시스턴트는 아직 경험이 부족하니까, 손님 접대도 한참 멀었네.

433 くせ毛(げ)だから、さらさらストレートの髪(かみ)に憧(あこが)れるんだ。
곱슬머리라 찰랑찰랑한 곧은 머리가 부러워.

434 ストレートパーマって高(たか)いけど、朝(あさ)のセットがすごく楽(らく)になるよ！
스트레이트 파마는 비싸긴 하지만, 아침에 머리 하는 것이 매우 편해져!

435 床屋(とこや)でスポーツ刈(が)りにしてもらった。
이발소에서 스포츠 머리로 깎았어.

436 いまどきパンチパーマかけるなんて、暴力団(ぼうりょくだん)の人(ひと)だけだよね。
요즘 시대에 펀치파마를 하다니, 폭력단 소속일 거야.

no.3 자랑거리 ショッピング 쇼핑

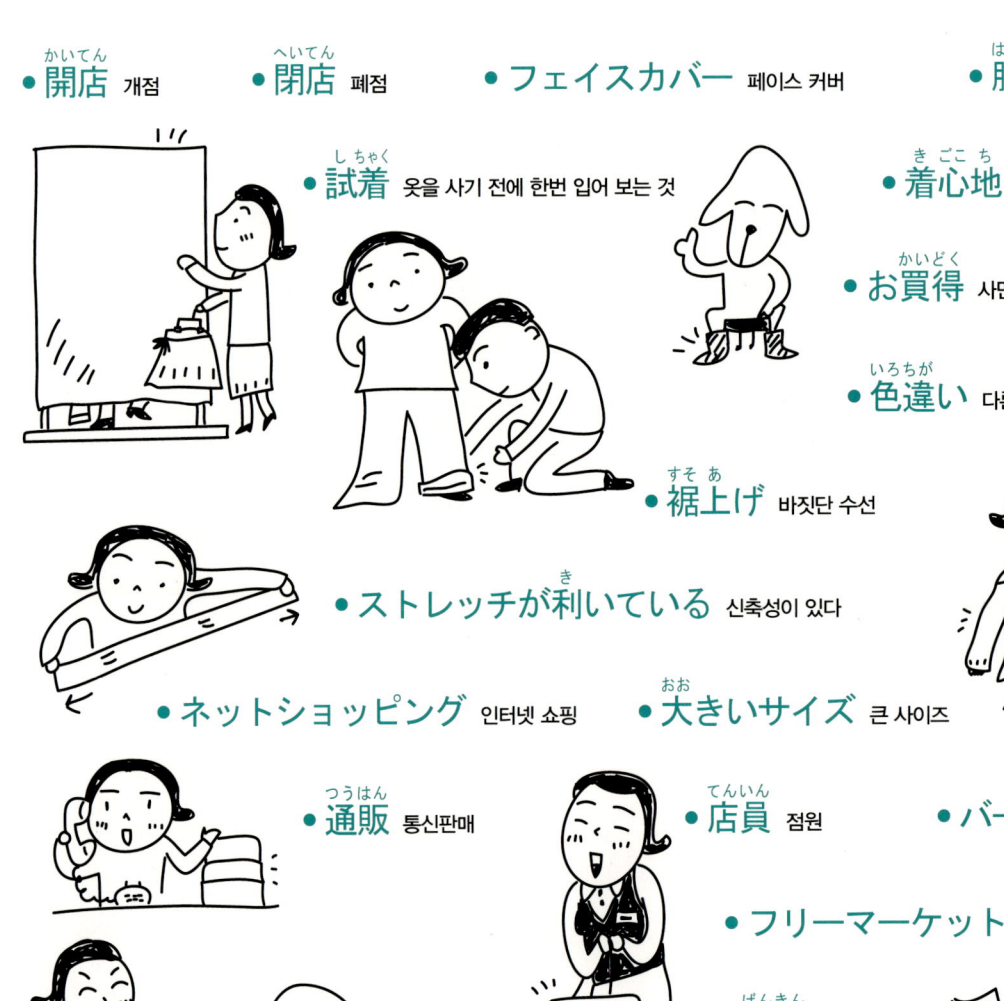

- 開店 개점
- 閉店 폐점
- フェイスカバー 페이스 커버
- 肌触り 촉감
- 試着 옷을 사기 전에 한번 입어 보는 것
- 着心地 착용감
- お買得 사면 이득이 되는 것
- 色違い 다른 색상
- 裾上げ 바짓단 수선
- ストレッチが利いている 신축성이 있다
- ネットショッピング 인터넷 쇼핑
- 大きいサイズ 큰 사이즈
- 通販 통신판매
- 店員 점원
- バーゲン 바겐
- フリーマーケット 벼룩시장
- 現金 현금
- 押し売り 강매
- 現金払い 현금 결제
- 目移りする 여기저기 시선이 가다

no.3 자랑거리 ショッピング

- ストレート・ストレートのズボン 일자 바지
- ブーツカット・ブーツカットのズボン 부츠컷 바지

- 掘り出し物 뜻밖에 찾은 싸고 좋은 물건
- １，０００円均一 1000엔 균일가
- 食事中 식사 중
- 衝動買い 충동구매
- 試着する 한번 입어 보다

- 値上げ 가격 인상
- 値下げ 가격 인하
- 安っぽい 싸구려로 보이다
- 買い物三昧 쇼핑 삼매경
- 売りつくし 떨이 (다 파는 것)

- 買い物上手 쇼핑을 잘 하는 것
- お会計 계산
- 売り切れ 매진

- 包装する 포장하다
- 売りつくしセール 막판 세일
- 現金で払う 현금으로 결제하다
- 催し物 행사품
- ブランド物 브랜드 상품
- ノーブランド 노브랜드

no.3 자랑거리 ショッピング 쇼핑

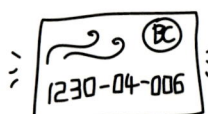
- クレジットカード・カード 신용카드
- カード切る 카드를 쓰다
- カードの支払い 카드 결제
- 一括 일시불
- 分割 분할
- 返品 반품
- 2回払い 2개월 분할
- 返品する 반품하다
- デビットカード 직불카드
- 取り替える 바꾸다
- 取り替え 교환

- 着回しがきく 활용해서 입을 수 있다
- 皺になる 구겨지다
- スケスケ 속이 훤히 들여다 보이는 것, 내용물이 보이는 것 (얇거나 투명해서 반대쪽이나 안쪽이 잘 보이는 모양)

- ピチピチ 꽉 끼는 것
- 皺がつく 구김이 가다
- 失礼致します 실례하겠습니다
- またどうぞお越しください 또 오세요

- いらっしゃいませ 어서 오십시오
- ありがとうございました 감사합니다
- 少々お待ちくださいませ 잠깐만 기다려 주세요
- お待たせしました 오래 기다리셨습니다

no.3 자랑거리　ショッピング

437	このスカートの色違いは、何色がありますか？
	이 스커트의 다른 색은 어떤 색이 있나요?

438	これより大きいサイズはありますか？
	이것보다 큰 사이즈는 있나요?

439	小さいサイズのコーナーはどこですか？
	작은 사이즈의 코너는 어디인가요?

440	このシャツも試着できますか？
	이 셔츠도 입어 볼 수 있나요?

441	試着しないで買うのはやめた方がいいよ。
	입어 보지 않고 사는 행동은 하지 않는 것이 좋아요.

442	このスカートに合うジャケットはないですか？
	이 스커트에 어울리는 자켓은 없나요?

443	ちょっと安くすることはできますか？
	조금 싸게 할 수 있나요?

444	白いパンツだと、スケスケになって困るよ。
	하얀 바지라면, 안이 비쳐서 곤란해요.

445	店員は頭から足までのセットで買わせようとするよね。
	점원은 머리에서 발끝까지 세트로 사게 하려들어.

446	試着したのに、入らないとき、恥ずかしくて言い出しにくいよね。
	입어 보았는데 들어 가지 않을 땐, 창피해서 말하기가 힘들지.

447	このカーディガン、二の腕がピチピチだったので買わなかった。
	이 가디건, 팔뚝이 꽉 껴서 안 샀어.

448	自分が買った服が、バーゲンになっていると、ショックだよね。
	자기가 산 옷이 세일을 하고 있으면 충격이지.

449	今年の流行りは、レース物らしいよ。
	올해 유행은 레이스 달린 것이래.

no.3 자랑거리 ショッピング 쇼핑

450 店員が着ている服がかわいくて、買ってしまうことがあるよね。
점원이 입고 있는 옷이 예뻐서, 사버리는 일이 있지.

451 店員に押し売りされて買ってしまったけど、気に入らないから返品しようかな。
점원에게 강매를 당해 샀는데, 마음에 안 드니까 반품해 버릴까?

452 サイズは同じでもブランドによって違うから、試着した方がいいよ。
사이즈가 같아도 브랜드에 따라 다르니까 입어 보는 것이 좋아.

453 「最後の一点です」と言われると、買ってしまうよね。
'마지막 하나입니다'라고 하면, 사버리게 되지.

454 フリーマーケットは朝一番に行くと、掘り出し物が見つかる。
벼룩시장은 아침에 제일 먼저 가면, 뜻밖의 좋은 물건을 발견한다.

455 一回でいいから、値段を見ないで、思う存分買い物をしてみたい。
한 번이라도 좋으니까, 가격을 보지 않고 마음껏 쇼핑해 보고 싶어.

456 当店では返品はお受けすることができません。申し訳ございませんが、ほかの商品とお取り替えをしていただいても、よろしいですか？
저희 매장에서는 반품은 받지 않습니다. 죄송합니다만, 다른 상품과 교환을 해 드려도 괜찮으십니까?

457 ファンデーションがつかないように、フェイスカバーを使ってください。
파운데이션이 묻지 않게, 페이스 커버를 사용해 주세요.

458 お客様の雰囲気にとても合っていますよ。
손님의 분위기에 매우 잘 맞아요.

459 セットでお買い求めいただいた方がお得ですよ。
세트로 구매하시는 것이 이득이에요.

460 お会計はこちらで承ります。
계산은 이쪽에서 해 드리겠습니다.

461 このズボンはストレッチが利いているので、立ったりしゃがんだりがラクチンです。
이 바지는 신축성이 있어서, 앉고 서기가 편합니다.

> **ラクチン** 편하다, 楽의 회화체

no.3 자랑거리 ショッピング

462 朝10時に開店し、夜8時に閉店します。
아침 10시에 개점해서, 밤 8시에 폐점합니다.

463 こちらの商品は人気商品ですので、お早めにお買い求めいただかないと、すぐに売り切れてしまいますよ。
이 상품은 인기 상품이므로, 빨리 구입하지 않으시면, 곧 매진될 거예요.

464 閉店のため、売りつくしセールをしております。
폐점할 시간이 되어서 막판 세일을 하고 있습니다.

465 さらにお値下げをしてお買得になっています。
한층 더 가격 인하하여, 싸게 살 수 있게 되었습니다.

466 明日からセールが始まるけど、朝一番で行かないと、いい服はないかなぁ。
내일부터 세일이 시작되는데, 아침 일찍 안 가면 좋은 옷이 없을까?

467 セールは初めは30％オフだけど、最後の方は80％オフになるよ。だから、もう少し待った方がいいんじゃない？
세일은 처음에는 30%지만, 마지막쯤에는 80%가 돼. 그러니까, 좀 더 기다리는 것이 좋지 않아?

468 買い物はストレス解消になるよね。
쇼핑은 스트레스 해소가 되네.

469 かわいいものがいっぱいあって、目移りしちゃう。
예쁜 것이 많아서, 여기저기 시선이 가 버려.

470 この服は何にでも合うので、着回しがきくよ。
이 옷은 어떤 곳에도 어울리니까, 활용해서 입을 수 있어.

471 忙しい人には、ネットショッピングが便利だよね。
바쁜 사람에게는 인터넷 쇼핑이 편리하지.

472 今現金があまりないから、カードで払おう。
지금 현금이 별로 없으니까, 카드로 내야지.

473 1,000円均一コーナーがあるよ。行ってみよう！
1,000엔 균일 코너가 있어. 가 보자!

no.3 자랑거리 ショッピング 쇼핑

474 安い物を見ると、衝動買いをしてしまう。
싼 물건을 보면, 충동 구매를 해 버린다.

475 プレゼントなので、包装していただけますか?
선물이니까, 포장해 주시겠습니까?

476 これ、3,000円だって。お買得じゃない?
이거 3,000엔이래. 싸지 않니?

477 私、高いブランドものよりも、ノーブランドの方がいいや。
나는 비싼 브랜드보다도 노브랜드가 좋아.

478 安くてかわいいものを見つけるのがうまいね。買い物上手だね。
싸고 예쁜 것을 잘 찾네. 쇼핑을 잘 하는구나.

479 韓国では、買い物三昧だったよ。
한국에서는 쇼핑 삼매경이었어.

480 もう少し値下げをしてくれればいいのに…。
좀 더 싸게 해 주면 좋을텐데….

481 A: 私に合うサイズは何サイズですか?
B: そうですね、お客様でしたら、Sサイズでいいと思います。
A: 나에게 맞는 사이즈는 어떤 사이즈예요?
B: 글쎄요. 손님이라면 S사이즈가 괜찮습니다.

482 この服肌触りがいいから、着ていて気持ちいいの。
이 옷 촉감이 좋아서, 입으니까 기분이 좋아.

483 この服軽くて、着心地がいいんだ。
이 옷 가볍고 착용감이 좋다.

484 女性服売り場で待っている男の人って、かわいそうだよね。
여성복 매장에서 기다리고 있는 남자는 불쌍하지.

485 どうして女性はショッピングがそんなにも好きなのだろうか?
어째서 여자들은 쇼핑이 그렇게 좋은 걸까?

no.3 자랑거리 **ショッピング**

486
ビーズがついている服はかわいいけど、着たり脱いだりするときにひっかかるから、買わないんだ。
구슬이 달려 있는 옷은 예쁘지만, 입고 벗을 때 걸리니까 안 사.

487
A：この服どう？
B：安っぽく見えるから、買うのをやめた方がいいんじゃない？
A：이 옷 어때?
B：싸구려 같아 보이니까, 안 사는 것이 좋지 않을까?

488
このサイズだと肩幅がきついので、もう少し大きいサイズはありますか？
이 사이즈는 어깨 품이 꽉 끼는데, 좀 더 큰 사이즈가 있나요?

489
このズボンは私には裾が長いので、裾上げをしてもらわなくちゃ。
이 바지는 나에게는 기장이 기니까, 바지단을 줄여 달라고 해야 해.

490
この服は素材が綿だから、皺がつきやすいよ。
이 옷은 소재가 면이라서, 구김이 잘 가.

no.3 자랑거리 ファッション 패션

- 衣替え(ころもが) 동복, 하복 등으로 계절에 따라 옷을 바꿔 입거나 옷장 정리를 하는 것
- ブランド 브랜드
- ばばシャツ 내복

  할머니(おばあちゃん·ばば)가 입는 셔츠 같다고 하여 여자들이 겨울에 입는 두꺼운 내의를 ばばシャツ라고 한다.

- ジャージ 트레이닝복
- アパレル 기성복
- ジーパン・ジーンズ 청바지
- ヒール 하이힐
- ファー 모피
- ニット帽(ぼう) 니트 모자
- 水玉(みずたま) 물방울무늬
- ボーダー 줄무늬

no.3 자랑거리　ファッション

- 花柄(はながら) 꽃무늬
- ネイルサロン 네일아트 숍
- ワックス 왁스
- 着(き)こなし 옷을 입는 것, 옷을 맵시 있게 입는 것
- めかしこむ 멋을 부리다
- 膨張色(ぼうちょうしょく) (흰색과 같이) 팽창되어 보이는 색
- 着膨(きぶく)れ 옷을 껴입어 뚱뚱해진 것

- 着(き)たきり雀(すずめ) 단벌 신사 (늘 같은 옷만 입고 있는 것)

no.3 자랑거리 ファッション 패션

491 もうすぐ春になるから、衣替えをしないとね。
이제 곧 봄이 되니까, 춘추복으로 갈아입어야지.

492 洋服が多すぎて、クローゼットに入りきらなくて困ってるの。
옷이 너무 많아서, 벽장에 안 들어가 곤란해.

> クローゼット 벽장

493 今年の春の流行りは、ボーダー、水玉、花柄らしいよ。
올 봄의 유행은 줄무늬, 물방울, 꽃무늬래.

494 高校を卒業したら、ピアスの穴を開けたいな。
고등학교를 졸업하면, 귀를 뚫고 싶어.

495 今日、すごく寒いから、実はばばシャツを着てるんだ。
오늘 너무 추워서, 사실은 내복을 입었어.

496 白は膨張色だから、気をつけないと太って見えるよ。
흰색은 팽창되어 보이는 색이라서, 조심하지 않으면 뚱뚱해 보여.

497 寒くて、たくさん洋服を着てきたから、着膨れしちゃったな。
추워서 옷을 많이 껴입고 왔더니, 뚱뚱해졌네.

498 私の友達、アパレル系の商社で働いてるんだ。
내 친구는 기성복 업계의 무역회사에서 일하고 있어.

499 ショップの店員さんって、おしゃれだから、着こなしを真似したいよね。
매장의 점원은 멋쟁이라, 옷입은 대로 따라하고 싶어져.

> ショップの店員 옷을 파는 가게의 점원

500 あの子、さすが、モデルだけあってブランドの服を、さりげなく着こなしてるね。
저 애, 역시 모델이라서 브랜드 옷을 맵시 있게 잘 입었네.

501 うちのお兄ちゃん、いつもはジャージばっかり着てるのに、今日はデートだからって、めかしこんで出かけたよ。
우리 형, 언제나 운동복만 입고 있는데, 오늘은 데이트라서 한껏 모양을 내고 나갔어.

no.3 자랑거리 **ファッション**

502 あの子、セーターとジーパンに、ニット帽をかぶってるだけなのに、おしゃれに見えるのは、センスがある証拠だね。
저 애, 스웨터와 청바지에 니트 모자를 쓰고 있을 뿐인데, 세련되게 보이는 것은 센스가 있다는 증거지.

503 通販の下着は、安いし、可愛いデザインが多いよ。
통신판매의 속옷은 싸고 예쁜 디자인이 많아.

504 いい女は、爪先まで気を使わないといけないと思って、2週間に1度、ネイルサロンに通ってるの。
멋진 여자는 손톱까지 신경 써야 한다고 생각해서, 2주에 1번, 네일아트 숍에 다니고 있어.

505 会社に行くときは、足が疲れないように、ヒールの低めの靴を履いて行くようにしてるんだ。
회사에 갈 때에는 발이 피곤하지 않게, 낮은 굽의 구두를 신고 가려고 하고 있어.

506 最近の若い男の子は、ワックスで髪をたてて、セットしてる子が多いね。
요즘 젊은 남자는 왁스로 머리를 세워 셋팅하는 애들이 많네.

507 今年の秋冬のファッションショーでは、ファーを使った洋服が多かったから、ファーのものが絶対流行するだろうね。
올해 추동 패션쇼에서는 모피를 사용한 옷이 많았으니까, 모피가 분명 유행할 거야.

508 急遽、出張に行くことになって、荷物が準備できなかったから、着替えもなくて、3日間着たきり雀で過ごしたよ。
갑자기 출장 가게 되어, 짐을 준비하지 못해서, 갈아 입을 옷도 없이 사흘 동안 단벌 신사로 지냈어.

no.3 자랑거리 お金 돈

円 엔화 (えん)

- **万円** 만 엔
  - ▶ 앞면 福沢諭吉 후쿠자와 유키치 (게이오 대학의 설립자. 메이지 유신의 주역을 가르치고 선진 문물의 도입을 주장한 인물로 교육, 문학계에 업적을 많이 세운 인물)
  - ▶ 뒷면 雉 꿩 (일본의 국조)

  > 만 엔에 후쿠자와 유키치의 그림이 있어 万円札を出すとき(만 엔 짜리를 낼 때) 福沢諭吉を出す란 표현을 써서 '큰 돈을 낸다'는 의미로 쓰기도 한다.

- **五千円** 오천 엔
  - ▶ 앞면 樋口一葉 히구치 이치요 (메이지 시대 여류 소설가. 대표작으로 丈比べ(키재기) 등. 2004년에 신권이 발행되면서 변경되었으며, 그 이전에는 메이지 시대의 교육자이며, 후에 국제연맹에서 활약한 新渡戸稲造의 초상이 있었음)
  - ▶ 뒷면 富士山 후지산

- **二千円** 이천 엔
  - ▶ 앞면 守礼門 슈레이몬 (沖縄(오키나와)의 首里城의 第2 坊門(제2의 방문))
  - ▶ 뒷면 紫式部 무라사키 시키부 (源氏物語의 작가. 2000년을 기념으로 발행되었는데, 통용은 잘 안 되고 행운을 가져다 준다고 하여 기념으로 가지고 있는 경우가 많음)

- **千円** 천 엔
  - ▶ 앞면 野口英世 노구치 히데요 (박사 노구치로 알려진 세균학자로 전신마비로 고통받는 환자의 뇌 속에서 매독을 일으키는 병원체인 트레포네마 팔리둠을 처음으로 발견한 사람. 2004년에 신권이 발행되면서 변경되었으며, 그 이전에는 心(마음), 坊ちゃん(도련님) 등으로 유명한 메이지 시대의 소설가인 夏目漱石의 초상이 있었음)
  - ▶ 뒷면 丹頂鶴 두루미 (국가 천연기념물)

- **五百円** 오백 엔 ▶ 앞면 桐 오동나무
- **百円** 백 엔 ▶ 앞면 桜 벚꽃
- **五十円** 오십 엔 ▶ 앞면 菊 국화
- **十円** 십 엔 ▶ 앞면 平等院鳳凰堂 평등원 봉황당
- **五円** 오 엔 ▶ 앞면 稲 벼
- **一円** 일 엔 ▶ 앞면 若木 묘목

no.3 자랑거리 お金(かね)

- 紙幣(しへい) 지폐
- 小銭(こぜに)・細(こま)かいお金(かね) 잔돈
- 札束(さつたば) 돈다발
- 収支(しゅうし) 수지
- 赤字(あかじ)になる 적자가 나다
- 損(そん)をする 손해를 보다
- 収入(しゅうにゅう)が少(すく)ない 수입이 적다
- 支出(ししゅつ) 지출
- 付(つ)け 외상
- 倒産(とうさん) 도산
- 収入(しゅうにゅう) 수입
- 黒字(くろじ)になる 흑자가 나다
- 収入(しゅうにゅう)が多(おお)い 수입이 많다
- 立(た)て替(か)える 대금을 대신 치르다
- 給料(きゅうりょう)・月給(げっきゅう) 급여, 월급
- 交通費込(こうつうひこ)み 교통비 포함
- 破産(はさん) 파산
- 交通費別途支給(こうつうひべっとしきゅう) 교통비 별도 지급
- お金(かね)が減(へ)る 돈이 줄다
- お金(かね)が増(ふ)える 돈이 늘다
- お金(かね)をなくす・お金(かね)を失(うしな)う 돈을 잃다
- お金(かね)でお金(かね)を儲(もう)ける 돈으로 돈을 벌다
- お金(かね)を貸(か)す (타인에게) 돈을 빌려주다
- お金(かね)を借(か)りる (타인에게서) 돈을 빌리다
- お金(かね)を渡(わた)す 돈을 건네주다
- お金(かね)を稼(かせ)ぐ 돈을 벌다
- お金(かね)を返(かえ)す 돈을 돌려주다

no.3 자랑거리 お金 돈

- お金を出す 돈을 내다
- お金が切れる 돈이 떨어지다
- お金を払う 돈을 내다
- お金を使う 돈을 쓰다
- お金を貯める 돈을 모으다
- お金を落とす 돈을 떨어뜨리다
- お金を拾う 돈을 줍다
- お金をかける 돈을 걸다
- お金をもうける 돈을 따다
- お金がかかる 돈이 들다
- お金に振り回される 돈에 휘둘리다
- お金で解決する 돈으로 해결하다

- 財布の紐をしめる・節約する 절약하다
- お金と相談する (돈에 여유가 있는지 없는지) 돈과 상담하다
- お金に悩む 돈에 고민하다
- 財布と相談する 지갑과 상담하다

> お金に困る는 '돈이 없어서 생활하기 힘들 경우'에, お金に悩む는 '돈에 시달려서 힘들어 하는 경우'에 사용한다.

- 財産をなくす・財産を失う 재산을 잃다
- お金になる 돈이 되다
- お金に困る 돈이 없어서 생활에 어려움을 겪다

no.3 자랑거리 お金(かね)

- お金(かね)に泣(な)く　돈에 울다
- お金(かね)にうるさい人(ひと)　돈에 철저한 사람

- お金(かね)に笑(わら)う・お金(かね)に勝(か)つ　돈에 웃다
- 財布(さいふ)の紐(ひも)が堅(かた)い　돈을 잘 쓰지 않는다
- 地獄(じごく)の沙汰(さた)も金次第(かねしだい)　유전무죄 무전유죄 (지옥으로 보내고 안 보내는 재판에도 돈이 작용한다는 말로, 돈만 있으면 뭐든 된다는 말)

- 金(かね)の切目(きれめ)が縁(えん)の切目(きれめ)　돈이 떨어지면 인연도 끝이 난다
- 財布(さいふ)の紐(ひも)をゆるめる　돈을 조금 쓰다
- 成金(なりきん)　벼락부자
- 財布(さいふ)の紐(ひも)を握(にぎ)る　경제권을 잡다
- お金(かね)持(も)ち　부자
- セレブ　부자

> 원래는 영어의 celebrity에서 온 말로 '유명인'이라는 뜻으로 사용되다가, 요즘에는 주로 '부자'라는 뜻으로 쓰인다. '부유한 생활'은 セレブな生活(せいかつ)라고 한다.

- なけなしのお金(かね)　거의 없는 돈, 있을까 말까한 돈

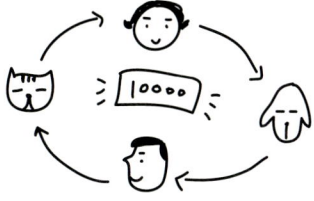

- 金(かね)は天下(てんか)の回(まわ)りもの　돈은 돌고 도는 것이다
- どんぶり勘定(かんじょう)　주먹구구 (수지 계산을 제대로 하지 않고 무계획적으로 돈을 지불하는 것)

no.3 자랑거리 お金 돈

- 1円を馬鹿にしたら1円に馬鹿にされる　1엔을 우습게 보면 1엔에게 바보취급 당한다
- 1円を笑う者は1円に泣く　1엔을 우습게 생각하는 사람은 1엔 때문에 운다
- 金が物を言う　돈이 사람을 말한다
- 稼ぐに追い付く貧乏なし　늘 열심히 일하는 자에겐 가난이 없다
- ありったけのお金　가지고 있는 돈의 전부

509	どうせならお金になることをしよう。 이왕이면 돈이 되는 것을 하자.
510	お金を貸す人はお金を返してもらいたくても言えなくて困る場合がある。 돈을 빌려 준 사람은 돈을 돌려 받고 싶어도 말하기 곤란할 경우가 있어.
511	稼いでも稼いでもお金が貯まらない。 벌어도 벌어도 돈이 모이지 않아.
512	大抵のことはお金で解決できる。 대부분의 일은 돈으로 해결할 수 있어.

no.3 자랑거리 お金（かね）

513 たまには財布の紐をゆるめて思い切り遊ぶのも良い。
가끔은 지갑을 열어 마음껏 노는 것도 좋아.

514 お金に困っている人を助けたい。
돈이 어려운 사람을 도와 주고 싶어.

515 お金を拾ったら交番に届けよう。
돈을 주으면 경찰서에 신고하자.

516 服にたくさんお金をかけるのはあまり良くない。
옷에 돈을 많이 들이는 것은 그다지 좋지 않아.

517 最近はいつもお金を払ってばかりだ。
요즘 언제나 돈을 내기만 한다.

518 お金が欲しいと思ったら、お金を稼ぐことを考えてください。
돈이 필요하다면, 돈을 벌 생각을 하세요.

519 簡単にお金を増やす方法なんて無い。
간단히 돈을 늘리는 방법이란 없다.

520 ありったけのお金を海外旅行に使ってしまった。
있는 돈 전부를 해외여행에 써 버렸다.

521 ギャンブルをする人は勝った時だけ人に話す。
도박을 하는 사람은 이겼을 때만 남에게 말한다.

522 昨日、買い物をたくさんしてお金がなくなった。
어제 쇼핑을 많이 해서 돈을 다 썼다.

523 お金と相談して決めます。
돈과 상담하고 결정하겠습니다.

no. 4 느낌거리 모두들 고마워~

とんがり帽子 고깔모자

まだ食べちゃだめ！
아직 먹으면 안돼!

ありがとう！
고마워!

バースデーケーキ 생일 케이크

誕生日カード 생일카드

no.4 느낌거리 喧嘩(けんか) 싸움

- 喧嘩(けんか)をする 싸움을 하다
- 絡(から)む 시비를 걸다
- 喧嘩(けんか)を仕掛(しか)ける 싸움을 걸다, 시비를 걸다
- 絡(から)んでくる 시비를 걸어오다
- 喧嘩(けんか)を売(う)る 시비를 걸다 (즉 내가 싸움을 거는 말이나 행동을 하는 것)
- 喧嘩(けんか)を買(か)う 싸움을 하다 (상대가 싸움을 걸어온 것에 맞서 싸우는 것)
- 言(い)いあいをする・言(い)い争(あらそ)いをする 말다툼을 하다
- 口喧嘩(くちげんか)をする 말싸움을 하다
- 悪口(わるぐち)を言(い)う 욕을 하다
- ののしりあう 큰소리로 욕을 하며 말다툼하다
- 陰口(かげぐち)をたたく 험담을 하다
- 手(て)を出(だ)す 손을 대다
- かかってこい 공격해, 어서 덤벼
- 飛(と)び蹴(げ)りをくらわす 날아 차기를 날리다
- むかつく・腹(はら)が立(た)つ・ムカムカする・かっとなる 화나다
- 暴力(ぼうりょく)を振(ふ)るう 폭력을 쓰다
- かかっていく 덤벼들다

no.4 느낌거리 **喧嘩(けんか)**

- グーで殴(なぐ)る 주먹으로 때리다
- どつく (주먹 따위를) 세게 내지르다
- 馬鹿(ばか)にする 바보 취급하다, 무시하다, 깔보다
- 絶交(ぜっこう)する 절교하다
- 縁(えん)を切(き)る・絶縁(ぜつえん)する 연을 끊다, 절연하다
- 怒鳴(どな)り込(こ)んでいく 항의하러 가다
- 平手打(ひらてう)ち 손바닥으로 (따귀 같은 걸) 치는 것

- 詫(わ)びを入(い)れる 공손히 사죄하다
- 喧嘩腰(けんかごし) 싸움을 걸려는 말투나 행동, 시비조

- 謝罪(しゃざい)する・詫(わ)びる 사죄하다
- 言(い)い方(かた)がむかつく 말투가 화가 나다
- 喧嘩早(けんかばや)い 툭하면 싸운다
- 謝(あやま)る 사과하다

- 仲直(なかなお)りする 화해하다
- 許(ゆる)す 용서하다
- 陰湿(いんしつ)ないじめ (몰래 하는) 집단 따돌림
- 陰(かげ)でこそこそ言(い)う 뒤에서 소곤소곤 말하다
- いじめる 괴롭히다

- 常(つね)に喧嘩腰(けんかごし)で質問(しつもん)をしてくる人(ひと) 항상 시비조로 묻는 사람
- 口(くち)を利(き)く 말하다, 중재하다
- 気(き)が知(し)れない 무슨 생각을 하고 있는지 모르겠다

口を利くには '주선하다'라는 의미도 있다.
Ex) 知(し)り合(あ)いに口(くち)を利(き)いてもらって就職(しゅうしょく)できた。
아는 사람이 주선해줘서 취직할 수 있었다.

no.4 느낄거리 喧嘩 싸움

- 素手でやる 맨손으로 싸우다
- 気にくわない・気に入らない 맘에 들지 않는다

- 当時のことを持ち出す 당시의 일을 끄집어내다
- 気に触る 말투나 행동이 신경을 거슬린다, 불쾌하다
- 喧嘩両成敗 싸움을 한 당사자는 잘잘못을 떠나 모두 처벌함

---

524 昨日妹とどんな番組を見るかで喧嘩した。
어제 여동생이랑 어떤 방송을 볼 것인지로 싸웠어.

525 売られた喧嘩は買わずにはいられない。
시비 걸어온 싸움은 상대할 수밖에 없다.

526 私の兄は、非常に喧嘩早いので、家族みんなが困っている。
우리 형은 툭하면 싸워서, 가족 모두가 곤혹스러워 한다.

527 喧嘩をする時、先に手を出した方が負け。
싸움을 할 때, 먼저 폭력을 쓴 사람이 진 거다.

528 「夫婦喧嘩は犬も食わない」っていうじゃない。
'부부싸움은 칼로 물 베기'라고 하잖아.

> 夫婦喧嘩は犬も食わない '무엇이든 가리지 않고 먹는 개조차도 입을 대지 않는다'란 뜻으로, 아무도 상대하지 않는 것을 비유한 말

529 学校では陰湿ないじめがたびたび行われる。
학교에서는 몰래하는 집단 따돌림이 가끔 일어난다.

530 隠れて、陰でこそこそ言うなんて最低だ。
뒤에 숨어서 험담하다니 저질이야.

no.4 느낌거리 **喧嘩(けんか)**

531 「うちの子どもがいじめられた」と、両親が学校に怒鳴り込んできた。
'우리아이가 집단 따돌림 당했다'며 보호자가 학교에 따지러 왔다.

532 喧嘩をするなら、素手でやれ！
싸움을 하려면, 맨손으로 싸워라!

533 彼女の言い分が、あまりにもバカバカしくて怒る気にもならなかった。
그녀의 주장이 너무나도 터무니 없어서 화낼 마음도 들지 않았다.

> **言い分** (불평, 불만, 변명으로) 주장하고 싶은 말, 할 말

534 些細なことで大きな喧嘩をするなんて、バカバカしい。
사소한 일로 큰 싸움을 하다니 어이가 없다.

535 喧嘩両成敗なんだから、お互いに謝りなさい！
누가 잘했든 싸움은 나쁘니까, 서로 사과하도록 해.

536 今になって、当時のことを持ち出すなんて卑怯だ！
이제 와서 그때 일을 끄집어내다니 비겁해!

537 喧嘩して暴力を振るう人の気が知れない。
싸우고 폭력을 휘두르는 사람의 마음 도대체 알 수가 없어.

538 あいつの態度が全く気にくわない。
저 녀석의 태도가 도대체 맘에 들지 않아.

539 その言い方がむかつくと言われ、ショックを受けた。
그 말투가 짜증난다는 말을 들어서 충격을 받았다.

540 彼氏と喧嘩して以来、彼とは口も利いていない。
남자친구와 싸운 이후, 그와는 말도 하고 있지 않아.

541 母と喧嘩をしていたが、父が口を利いてくれて、母と仲直りができた。
어머니와 싸웠지만, 아버지께서 중재해 주셔서 어머니랑 화해할 수 있었다.

542 あのカップルは、いつも喧嘩してるけど、喧嘩するほど仲が良いって言うから、心配しなくても大丈夫だよ。
저 커플은 항상 싸우지만, 싸운 만큼 사이가 좋다는 말도 있으니까, 걱정하지 않아도 괜찮아.

no.4 感情 감정

- 嬉しい 기쁘다
- 幸せだ 행복하다
- 喜ぶ 기뻐하다
- 楽しい 즐겁다
- おもしろい 재미있다
- 愛しい 사랑스럽다
- 好む 좋아하다
- 恐い 무섭다
- 恐ろしい 두렵다
- つまらない 따분하다
- どきどきする 두근두근 거리다 (심한 운동, 불안, 공포, 놀람 등으로 심장이 두근거리는 것)
- うんざりする 진절머리나다
- わくわくする 마음이 설레다 (기대 등으로 마음이 설레는 것)
- やるせない 안타깝다, 마음을 달랠 길 없다
- 恥ずかしい 부끄럽다
- 恥じらう 부끄러워하다
- いらいらする・苛立つ (일이 뜻대로 안 되어) 초조해 지다, 안절부절 못하다

no.4 느낄거리 　感情(かんじょう)

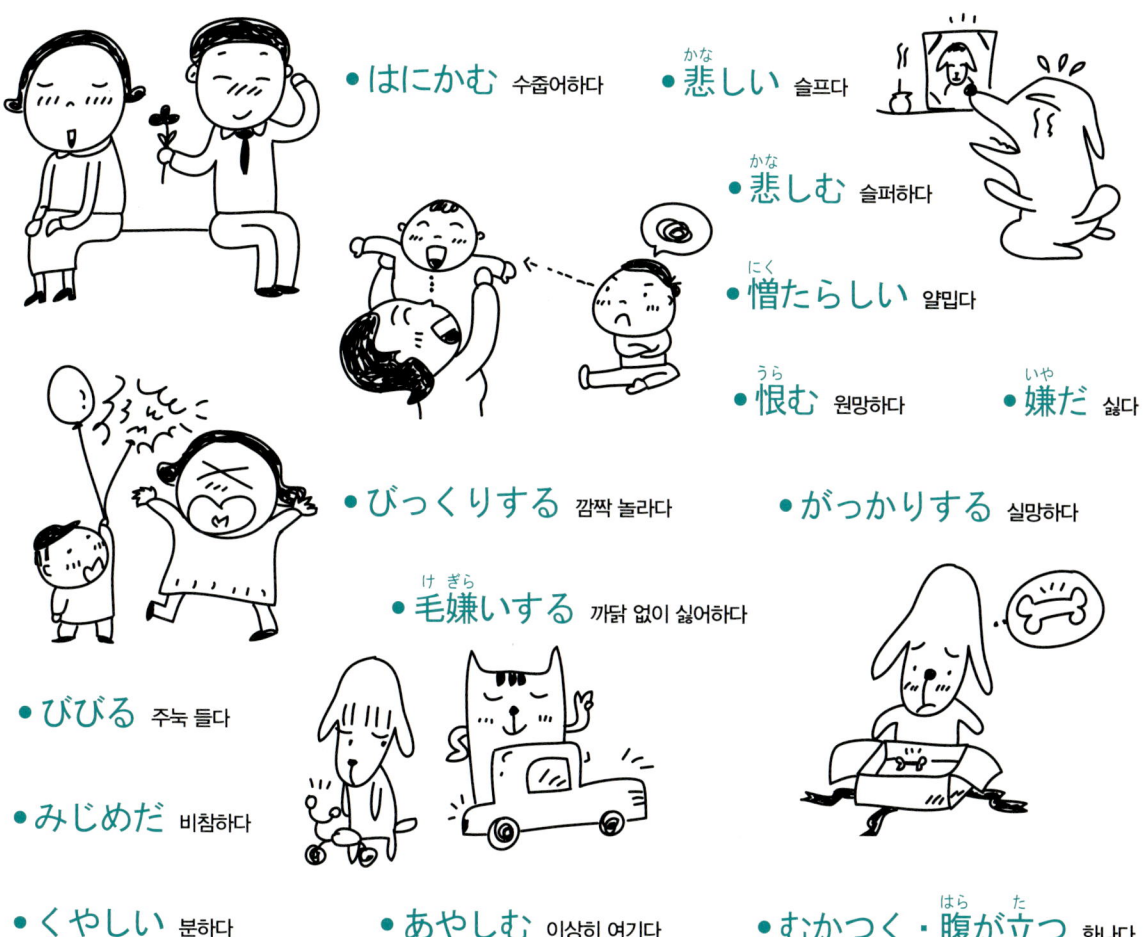

- はにかむ　수줍어하다
- 悲(かな)しい　슬프다
- 悲(かな)しむ　슬퍼하다
- 憎(にく)たらしい　얄밉다
- 恨(うら)む　원망하다
- 嫌(いや)だ　싫다
- びっくりする　깜짝 놀라다
- がっかりする　실망하다
- 毛嫌(けぎら)いする　까닭 없이 싫어하다
- びびる　주눅 들다
- みじめだ　비참하다
- くやしい　분하다
- あやしむ　이상히 여기다
- むかつく・腹(はら)が立(た)つ　화나다

no.4 느낌거리 感情 (かんじょう) 감정

543 仕事でも家庭でもストレスが溜って怒りが爆発しそうだよ。
회사에서도 집에서도 스트레스가 쌓여 화가 폭발할 것 같아.

544 将来のことを考えると、誰でも不安や恐れを抱くのだから、心配しないでも大丈夫だよ。
장래 일을 생각하면 누구라도 불안이나 공포를 느끼니까, 걱정하지 않아도 괜찮아.

抱く (마음에) 품다

545 私は感情移入しやすいので、映画を見て泣くことも多い。
나는 감정이입을 쉽게 해서, 영화를 보고 운 적도 많다.

546 女性は感情的だから、すぐ怒ると言う人が多いけど、男性でも感情的な人は多い。
여성은 감정적이라 금방 화를 낸다고 하는 사람이 많지만, 남자도 감정적인 사람은 많다.

547 大好きなあの人と付き合えることになった。死ぬほど嬉しい。
그토록 좋아하던 그와 사귀게 되었다. 죽을 만큼 기쁘다.

548 あの映画見た？ おもしろいからぜひ見てね。
저 영화 봤어? 재미있으니까 꼭 봐.

549 A：毎日を楽しく過ごすために、何か特別にしていることはありますか？
B：私はストレスを溜めないようにしています。
A : 매일 즐겁게 보내기 위해서, 뭔가 특별하게 하는 것이 있나요?
B : 나는 스트레스가 쌓이지 않게 하고 있어요.

550 子どもを育てるということは大変だけど、楽しいことも多い。
아이를 키운다는 것은 힘들지만, 기쁠 때도 많다.

551 年をとってからできた子どもなので余計に愛しい。
나이가 들어 얻은 아이라 더욱 사랑스럽다.

余計に 더욱, 한층

552 応援してたチームが０：１で負けたの。絶対に負けたくない試合だったから、ものすごく悔しいよ。
응원했던 팀이 0:1로 졌어. 절대로 지고 싶지 않은 시합이어서 굉장히 분해.

553 私、あの人、本当に嫌い。顔を見るだけでむかついてくる。
나, 저 사람, 정말 싫어. 얼굴을 보는 것만으로 화가 나.

554 嫌な上司がいても、仕事だから我慢しなければいけないね。
싫은 상사가 있어도, 일이라 참고 하지 않으면 안 되지.

no.4 느낌거리 ○ **感情**

555 私の友だちが小学校の時の先生と結婚したんだって。びっくりだよ。
내 친구가 초등학교 때의 선생님과 결혼했대. 놀랐어.

556 この前、人がたくさんいる交差点でこけちゃった。すごく恥ずかしかった。
저번에 사람이 많이 있는 교차로에서 넘어져 버렸어. 너무 창피했어.

こける 쓰러지다, 넘어지다

557 片想いの彼には彼女がいるから、告白することができないの。このやるせない気持ちどうしたらいいの？
짝사랑하는 그에게는 여자친구가 있어서 고백할 수가 없어. 이 안타까운 심정을 어쩌면 좋아?

558 わがままを言う子どもは、憎たらしくもあるけれど、愛しくもある。
버릇없는 말을 하는 아이는 밉기도 하지만, 사랑스럽기도 해.

559 遅刻しそうなときに、なかなか電車が来なくていらいらする。
지각할 것 같을 때에, 좀처럼 전철이 오지 않아서 안절부절 못하다.

560 昨日ホラー映画を見たんだけど、すごく怖くて声も出なかったよ。
어제 공포영화를 봤는데, 너무 무서운 나머지 소리도 못 질렀어.

561 私、お化け屋敷は嫌いなんだけど、恐いもの見たさで行っちゃうんだよね。
나는 도깨비집을 싫어하는데, 무서우니까 오히려 호기심이 발동해서 가게 된다니까.

お化け屋敷 도깨비집 **恐いもの見たさ** 무서운 것은 오히려 호기심을 자극하여 보고 싶어진다는 말

562 彼氏には振られるし、仕事は辞めさせられるし、夏風邪は引くし、私ってなんでこんなに惨めなの？
애인에게는 차이지, 직장에서는 짤리지, 한 여름인데 감기에 걸리지, 나는 왜 이렇게 되는 일이 없냐.

563 私はしょっぱいものより辛いものを好みます。
나는 짠 것보다 매운 것을 좋아해요.

しょっぱい 짜다

564 優勝することができてとても喜んでました。
우승하게 돼서 매우 기뻤었요.

no.4 느낄거리 感情(かんじょう) 감정

565 頬(ほお)を赤(あか)らめて恥(は)じらう姿(すがた)がとてもかわいらしいね。
볼을 붉히며 부끄러워하는 모습이 너무 귀여워 보여.
赤(あか)らめる 붉히다

566 好(す)きな人(ひと)と目(め)が合(あ)ったので、はにかんでうつむいてしまった。
좋아하는 사람과 눈이 마주쳐, 부끄러움에 고개를 숙이고 말았어.
うつむく 고개를 숙이다

567 彼(かれ)と彼女(かのじょ)は付(つ)き合(あ)っているんじゃないかとあやしんでいる。
그 남자와 그 여자가 사귀고 있지 않나 의심이 돼.

568 彼(かれ)、お誕生日(たんじょうび)パーティーに呼(よ)んでもらえなかったことを恨(うら)んでいたよ。
그 남자, 생일 파티에 초대받지 못했다고 원망하더라.

569 梅雨時(つゆどき)は毎日毎日(まいにちまいにち)雨(あめ)が降(ふ)るので、うんざりするよね。
장마 때는 매일 같이 비가 내려서, 지긋지긋하지?

570 私(わたし)はすぐに仕事(しごと)に飽(あ)きてしまうので、長続(ながつづ)きしない。
나는 금방 일에 싫증을 내버려서, 길게 못 가.
長続(ながつづ)きする 오래 가다

571 相手(あいて)のチームは強(つよ)そうだ。でも、ここでびびっては負(ま)けだ。強気(つよき)でいけ！
상대는 강한 팀이다. 그렇다고, 여기서 주눅 들면 진다. 적극적으로 밀어붙여!
強気(つよき) 강경함, 적극적임

572 そんなふうに漢字(かんじ)を毛嫌(けぎら)いしないで、とりあえずやってみてください。
그런 식으로 한자를 무조건 싫어하지 말고, 일단 부딪쳐 보세요.

573 急(きゅう)な事故(じこ)で旦那(だんな)さんに先立(さきだ)たれて、彼女(かのじょ)はうつ病(びょう)にかかってるそうだよ。
갑작스런 사고로 남편이 먼저 떠난 후, 그녀는 우울증에 빠졌다고 해.
先立(さきだ)つ 먼저 죽다

574 ラーメンが美味(おい)しいと有名(ゆうめい)な店(みせ)に行(い)ったんだけど、あまり美味(おい)しくなくてがっかりしたよ。
라면이 맛있기로 유명한 가게에 갔는데, 그다지 맛있지 않아 실망했어.

no.4 느낄거리 **感情(かんじょう)**

575 大勢(おおぜい)の人(ひと)の前(まえ)で発表(はっぴょう)をしなくてはならないので、どきどきした。
많은 사람 앞에서 발표를 해야만 해서 떨렸다.

576 試験(しけん)の前(まえ)にぜんぜん勉強(べんきょう)をしなかったのに、９０点(きゅうじゅってん)も取(と)れたのにはびっくりした。
시험보기 전에 전혀 공부를 안 했는데도, 90점이나 맞은 것에 놀랬다.

577 明日(あした)から初(はじ)めての海外旅行(かいがいりょこう)に行(い)くので、わくわくする。
내일부터 처음으로 해외여행을 가게 되어 마음이 설렌다.

578 感情表現(かんじょうひょうげん)が苦手(にがて)な人(ひと)は誤解(ごかい)されやすい。
감정표현이 서툰 사람은 오해 받기 쉽다.

no.4 性格 (せいかく) 성격

- 恥ずかしがり屋(は や)　부끄러움을 잘 타는 사람
- 思いやりがある人(おも ひと)　배려심이 있는 사람
- ルーズな人(ひと)　개념이 없는 사람

- おしゃべり　수다쟁이
- 朗らかな人(ほが ひと)　명랑한 사람
- 家族思いな人(か ぞく おも ひと)　가족을 생각하는 사람

- 時間にルーズな人(じ かん ひと)　시간 개념이 없는 사람

> '돈에 개념이 없는 사람'은 お金にルーズな人(かね ひと) 혹은 お金にだらしない人(かね ひと)라고 한다.

- 厭味な人(いやみ ひと)　불쾌감을 주는 사람

> '불쾌감을 주는 말투'는 厭味ったらしい言い方(いや い かた)라고 한다.

- サバサバしてる人(ひと)　시원시원한 사람

> '시원한 성격의 사람'은 サバサバした性格(せいかく)라고 한다.

- ネチネチしてる人(ひと)　성격이나 말투가 끈덕지고 시원하지 못한 사람

> '끈덕지게 불평을 하다'는 ネチネチ文句を言う(もんく い).
> '끈질기게 푸념을 하다'는 ネチネチ愚痴を言う(ぐ ち い)라고 한다.

- 気難しい人(き むずか ひと)　깐깐한 사람, 까다로운 사람
- 我儘な人(わがまま ひと)　버릇없는 사람

- 天真爛漫な人(てんしんらんまん ひと)　천진난만한 사람
- 自分勝手な人(じ ぶんかって ひと)　제멋대로 구는 사람
- 横柄な人(おうへい ひと)　거만한 사람

no.4 느낌거리 **性格(せいかく)**

- 面倒(めんどう)くさがり・面倒(めんどう)くさがり屋(や) 몹시 귀찮아하는 사람
- おっちょこちょい 촐랑이, 덜렁이
- 我(が)が強(つよ)い人(ひと) 고집이 센 사람
- 神経質(しんけいしつ)な人(ひと) 신경질적인 사람
- 引(ひ)っ込(こ)み思案(じあん)な人(ひと) 매사에 소극적인 사람
- マイナス思考(しこう)の人(ひと) 마이너스 사고적인 사람

- プラス思考(しこう)の人(ひと) 플러스 사고적인 사람

- 気(き)が利(き)く人(ひと) 눈치가 빠른 사람
- 熱(ねっ)しやすく冷(さ)めやすい人(ひと) 금방 뜨거워졌다 쉽게 식었다 하는 사람
- 優柔不断(ゆうじゅうふだん)な人(ひと) 우유부단한 사람
- せっかちな人(ひと) 성급한 사람, 조급한 사람

- へこむ・落(お)ち込(こ)む 침울해하다
- 小心者(しょうしんもの)・臆病(おくびょう)な人(ひと)・気(き)の小(ちい)さい人(ひと) 소심한 사람

  '걸핏하면 침울해하는 성격'은 へこみやすい性格(せいかく)라고 하며, 젊은 사람들 사이에서 쓰는 말이다.

- 好奇心旺盛(こうきしんおうせい)な人(ひと) 호기심 많은 사람

  '호기심 많은 성격'은 好奇心旺盛(こうきしんおうせい)な性格(せいかく)라고 한다.

- プライドが高(たか)い人(ひと) 프라이드가 강한 사람
- 三日坊主(みっかぼうず) (작심삼일이란 말에서) 곧 싫증을 내서 오래 계속하지 못하는 사람
- 大雑把(おおざっぱ)な人(ひと) 대충대충인 사람

no.4 느낄거리 性格(せいかく) 성격

- 心配症(しんぱいしょう) 걱정이 많은 사람
- 八方美人(はっぽうびじん) 누구에게나 좋게 대하는 사람 (좋지 않은 뉘앙스로 씀)
- 笑い上戸(わらいじょうご)な人(ひと) 잘 웃는 사람
- 負けず嫌(まけずぎら)いな人(ひと) 지기 싫어하는 사람
- 冗談通(じょうだんつう)じない人(ひと) 농담이 안 통하는 사람
- 生意気(なまいき)な人(ひと) 건방진 사람

'거만한 성격'은 横柄(おうへい)な 性格(せいかく)라고 하며, 상사에 대해 쓰는 경우가 많다.

- 太(ふと)っ腹(ばら)な人(ひと) 통이 큰 사람, 대범한 사람

- 飽(あ)きっぽい人(ひと) 금방 싫증을 내는 사람

'금방 싫증을 내는 성격'은 飽(あ)きっぽい性格(せいかく)라고 한다.

- お調子者(ちょうしもの) 가벼운 사람 (조금만 띄워주면 금새 우쭐해지는 사람)
- 竹(たけ)を割(わ)ったような性格(せいかく) 맺고 끊음이 분명한 성격

- 自己(じこ)チューな人(ひと)・自己中心的(じこちゅうしんてき)な人(ひと) 자기중심적인 사람 (젊은 사람들 사이에서 쓰임)

- 気分屋(きぶんや) 기분파
- 几帳面(きちょうめん)な人(ひと) 꼼꼼한 사람
- 粘(ねば)り強(づよ)い人(ひと) 끈기 있는 사람
- 計画的(けいかくてき)な人(ひと) 계획적인 사람
- 飽(あ)きやすい人(ひと) 끈기 없는 사람

no.4 느낌거리 **性格**(せいかく)

- あけっぴろげな人(ひと)　노골적인 사람, 개방적인 사람

- たくましい人(ひと)　늠름한 사람
- 心(こころ)が広(ひろ)い人(ひと)　마음이 넓은 사람
- さっぱりした人(ひと)・あっさりした人(ひと)　담백한 사람, 깔끔한 사람
- 大胆(だいたん)な人(ひと)　대담한 사람
- 責任感(せきにんかん)が強(つよ)い人(ひと)　책임감이 강한 사람
- 一途(いちず)な人(ひと)　외골수인 사람

'외골수인 성격'은 一途(いちず)な性格(せいかく)라고 한다.

- おおざっぱな人(ひと)・大(おお)まかな人(ひと)・粗雑(そざつ)な人(ひと)　대충대충인 사람
- おっとりしている人(ひと)　대범하고 까다롭지 않은 사람

- なんでも屋(や)　만물박사
- 慈悲深(じひぶか)い人(ひと)　자비심이 넓은 사람

- 態度(たいど)がでかい　건방지다, 무례하다
- 度胸(どきょう)のいい人(ひと)　간 큰 사람
- うそつき　거짓말쟁이

- 口数多(くちかずおお)い人(ひと)　말이 많은 사람
- かわいい人(ひと)　귀여운 사람

'귀엽게 생긴 사람'은 かわいらしい人(ひと), '귀엽지 않는 사람' かわいらしくない人(ひと)라고 한다.

- 感情(かんじょう)の起伏(きふく)が激(はげ)しい人(ひと)　감정의 기복이 심한 사람

no.4 느낌거리 性格(せいかく) 성격

- ぶりっ子(こ) 공주병에 걸린 여자
- つまらない人(ひと)・ユーモアのない人(ひと) 재미없는 사람
- けちな人(ひと) 구두쇠
- 無口(むくち)な人(ひと) 말수가 적은 사람, 과묵한 사람

- 世渡(よわた)り上手(じょうず)な人(ひと) 처세에 능한 사람
- みみっちい人(ひと) 좀스런 사람

- 田舎(いなか)っぽい人(ひと)・ださい人(ひと)・やぼったい人(ひと) 촌스러운 사람

- さびしがり屋(や) 외로움을 타는 사람

- 上品(じょうひん)な人(ひと)・優雅(ゆうが)な人(ひと) 우아한 사람
- せこい人(ひと) 치사한 사람
- 親切(しんせつ)な人(ひと) 친절한 사람

- 元気(げんき)がない人(ひと) 힘없는 사람
- ほらふき・大(おお)げさに言(い)う人(ひと)・オオボラ 허풍 떠는 사람, 허풍쟁이
- 落(お)ち着(つ)いた人(ひと) 침착한 사람

- 元気(げんき)な人(ひと) 활기찬 사람
- 冷(つめ)たい人(ひと) 차가운 사람
- 繊細(せんさい)な人(ひと) 섬세한 사람

- 人見知(ひとみし)りが激(はげ)しい人(ひと) 낯을 많이 가리는 사람
- 積極的(せっきょくてき)な人(ひと) 적극적인 사람

no.4 느낄거리 ● 性格(せいかく)

● 喜怒哀楽の激しい人 희로애락 감정 기복이 큰 사람

● 融通が利く人 융통성이 있는 사람

● 臆病な人 겁이 많은 사람　● 腰抜け 겁쟁이, 겁보　● 静かな人 조용한 사람

● たかり屋 사람 등치는 사람　● 無計画な人 즉흥적인 사람

● 見えっ張りな人 허영심이 많은 사람

● ワンパク坊主 장난만 좋아하는 아이

● 常識のない人 상식이 없는 사람

● のんびり屋 느긋한 사람, 태평스러운 사람　● ごますり 아부하는 사람

● やさしい人 상냥한 사람　● がんばり屋 억척이

● ひねくれた性格 삐뚤어진 성격　● 天然・天然呆けな人 천성적으로 웃긴 사람

● ねちねちした人 질긴 사람, 물고 늘어지는 사람

● ちゃっかり屋 깍쟁이, 뻔뻔한 사람

no.4 느낄거리 性(せいかく)格 성격

- わからず屋(や) 벽창호
- 図々(ずうず)しい人(ひと) 뻔뻔한 사람
- 明(あか)るい人(ひと) 밝은 사람
- 社交的(しゃこうてき)だ 사교적이다

- 思(おも)いやりがある人(ひと) 배려가 깊은 사람
- 真面目(まじめ)な人(ひと) 성실한 사람
- こわい人(ひと) 무서운 사람
- 不真面目(ふまじめ)な人(ひと) 불성실한 사람

- 面白(おもしろ)い人(ひと)・ユーモアのある人(ひと) 재미있는 사람
- 不親切(ふしんせつ)な人(ひと) 불친절한 사람

- 食(く)いしん坊(ぼう) 먹을 것을 좋아하는 사람
- 短気(たんき)な人(ひと) 성급한 사람

- 消極的(しょうきょくてき)な人(ひと)・控(ひか)えめな人(ひと) 소극적인 사람
- 照(て)れ屋(や) 수줍음을 타는 사람

- 厄介者(やっかいもの) 애물단지, 말썽꾸러기
- いじわるな人(ひと) 심술궂은 사람

- おせっかいな人(ひと) 쓸데없는 참견이 많은 사람, 공연히 참견하는 사람

no.4 느낌거리 **性格**(せいかく)

- きもい人(ひと) 역겨운 사람

- 無謀(むぼう)な人(ひと)・無鉄砲(むてっぽう)な人(ひと) 무모한 사람, 무대포인 사람

- うるさい人(ひと)・やかましい人(ひと)・良(よ)く喋(しゃべ)る人(ひと) 시끄러운 사람

- 素直(すなお)な人(ひと) 순진한 사람, 온순한 사람

- だらしない人(ひと) (마음가짐이나 태도가) 칠칠치 못한 사람

- おとなしい人(ひと) 얌전한 사람

- 意地汚(いじきたな)い人(ひと) 억지 부리는 사람

- 正直(しょうじき)な人(ひと) 정직한 사람

- 暗(くら)い人(ひと) 어두운 사람

- 落(お)ち着(つ)きのない人(ひと)・あわただしい人(ひと) 어수선한 사람

- 頑固(がんこ)な人(ひと)・融通(ゆうずう)が利(き)かない人(ひと)・頭(あたま)が固(かた)い人(ひと) 완고한 사람

no.4 느낄거리 性格(せいかく) 성격

579 私(わたし)は人見知(ひとみし)りするので、初(はじ)めて会(あ)った人(ひと)とは、あまりしゃべれないんです。
나는 낯을 가려서, 처음 만나는 사람과는 그다지 말하지 않아요.

580 あの人(ひと)は、恥(は)ずかしがり屋(や)だから、あまり自分(じぶん)から話(はな)しかけない。
저 사람은 부끄러움을 잘 타는 사람이라, 그다지 자기 먼저 말을 걸지 않아.

581 僕(ぼく)の彼女(かのじょ)は、おしゃべりで、デートしている間(あいだ)、ずっとしゃべってるんだ。
내 여자친구는 수다쟁이라, 데이트하는 동안 계속 수다를 떨어.

582 あの人(ひと)って、普段(ふだん)は無口(むくち)だけど、お酒(さけ)を飲(の)むと、よくしゃべるようになるよ。
저 사람은 평소에는 과묵한데, 술을 먹으면 말을 잘해.

583 あの子(こ)は、優(やさ)しくて、思(おも)いやりがあるから、友達(ともだち)に好(す)かれてるよね。
저 애는 상냥하고 배려심이 있어서, 친구들이 좋아하지.

584 彼(かれ)は、お金(かね)にも時間(じかん)にもルーズだから、友達(ともだち)からも信頼(しんらい)されなくなっている。
그는 돈에도 시간에도 개념이 없어, 친구들로부터도 신뢰받지 못하고 있어.

585 私(わたし)の父(ちち)は、真面目(まじめ)で家族思(かぞくおも)いですが、頑固(がんこ)なところがあって、少(すこ)し困(こま)ります。
우리 아빠는 성실해서 가족 생각이 우선이지만, 완고한 면이 있어서 좀 곤란합니다.

586 姉(あね)はサバサバとした性格(せいかく)なので、女友達(おんなともだち)からも人気(にんき)があって、よく友達(ともだち)の相談(そうだん)にものっています。
언니는 시원시원한 성격으로, 여자친구들로부터 인기가 있어, 친구들의 상담도 잘 들어 줍니다.

587 あの子(こ)は、あまりしゃべらないし、大人(おとな)しい性格(せいかく)みたいだね。
저 애는 그다지 말도 않고, 어른스러운 성격 같네.

588 会社(かいしゃ)の先輩(せんぱい)が、ネチネチと文句(もんく)を言(い)う厭味(いやみ)な人(ひと)だから、ストレスが溜(た)まる！
회사 선배가 물고 늘어지면서 불평을 하는 불쾌감을 주는 사람이라 스트레스가 쌓여!

589 あの子(こ)は明(あか)るくて、朗(ほが)らかで、天真爛漫(てんしんらんまん)な良(よ)い子(こ)だね。
저 애는 밝고 명랑하고 천진난만한 좋은 애네.

590 私(わたし)の祖父(そふ)は、気難(きむずか)しい人(ひと)なので、祖母(そぼ)は随分(ずいぶん)と苦労(くろう)したそうです。
우리 할아버지께서는 까다로운 분이라, 할머니께서 꽤나 힘드셨다고 하십니다.

591 彼女(かのじょ)は、見(み)かけによらず我(が)が強(つよ)いので、自分(じぶん)の意見(いけん)を曲(ま)げません。
그녀는 보기와는 다르게 고집이 세서 자신의 의지를 굽히지 않아요.

no.4 느낄거리 **性格(せいかく)**

592 あの人は、自分勝手な性格なので、周りにいる人にも我儘だと言われ、友達ができないようです。
저 사람은 제멋대로인 성격으로, 주위 사람에게도 건방지단 소리를 들어 친구가 안 생기는 듯해요.

593 私、へこみやすい性格だから、ちょっとしたことで、すぐに落ち込んじゃうんだよね。
난 쉽게 침울해지는 성격으로, 조그만 일로 금방 의기소침해진다니까.

594 おっちょこちょいだから、すぐに忘れものしたり、物を無くしたりしちゃうんだよね。
촐랑대서 금방 뭐 놓고 온다거나 물건을 잃어버린다니까.

595 せっかちだから、せっかくきれいにマニキュアを塗っても、完全に乾ききる前に動いちゃって、ぐちゃってなっちゃうんだよね。
성급해서 모처럼 예쁘게 매니큐어를 발라도, 완전하게 마르기 전에 움직여버려 엉망이 되어 버린다니까.

> ぐちゃ 엉망이 된 모양

596 兄は、好奇心旺盛なので、いろいろな所に旅行に行っては、珍しい体験をして帰ってきます。
형은 호기심 왕성한 성격으로, 여러 군데 여행을 가서는 신기한 체험을 하고 돌아 와요.

597 母は心配症なので、夜の９時を過ぎても家に帰らないと、すぐに携帯に電話してきます。
엄마는 걱정이 많아서, 밤 9시가 넘었는데도 집에 가지 않으면 바로 휴대전화로 전화가 옵니다.

598 彼は引っ込み思案な性格なので、リーダーには向いてないよ。
그는 매사에 소극적인 성격이라 리더엔 적합하지 않아.

599 私は面倒くさがり屋なので、掃除や洗濯をすぐにさぼっちゃうんだ。
난 귀찮은 일은 딱 질색이라, 청소나 빨래를 쉬이 미루게 돼.

> さぼる 게을리하다

600 マイナス思考に考えるよりも、プラス思考に考えた方が、状況が良くなってくるよ。
마이너스적인 사고를 갖는 것보다 플러스적인 사고를 하는 편이 상황에 도움이 돼.

601 あの子って、何事にも熱しやすく冷めやすいから、彼氏もころころ変わるんだろうね。
저 애는 어떤 일에도 금방 뜨거워졌다 쉽게 식으니까, 남자친구도 잘 바꿀 거야.

602 神経質な人は、ストレスを溜めやすいから、病気になる可能性が高いらしいよ。
신경질적인 사람은 스트레스가 쌓이기 쉬워, 병이 될 가능성이 높은 것 같아.

no.4 느낌거리 性格(せいかく) 성격

603 あいつは小心者だから、好きな子をデートに誘うこともできないんだ。
저 녀석은 소심해서, 좋아하는 애에게 데이트 하자고도 못해.

604 私の彼氏、優柔不断だから、いつもどこに行くか、なかなか決まらなくて、イライラする。
내 남자친구는 우유부단해서, 항상 어디에 갈지 좀처럼 결정하지 못해서 짜증나.

605 あの人は、仕事もできるうえに、よく気が利くので、上司に気に入られている。
저 사람은 일도 잘하는 데다 눈치도 상당히 빨라서, 상사가 맘에 들어 해.

606 私、笑い上戸だから、くだらないことでも笑っちゃうんだよね。
난 웃는 버릇이 있어서 시시한 것에도 웃게 돼.

> くだらない 시시하다, 하찮다

607 あの人のこと、あんまりからかわない方がいいよ。冗談通じないんだから。
저 사람, 그리 놀리지 않는 게 좋아. 농담이 안 통하는 사람이니까.

608 あの子、八方美人だから、誰にでもいい顔するんだよね。
저 애는 팔방미인이라, 누구한테나 좋은 얼굴을 한다니까.

609 負けず嫌いだから、どんなことでも負けるのは嫌なんだ。
지기 싫어하는 성격이라, 어떤 일이라도 지기 싫어.

610 彼はプライドが高いから、自分の弱いところを絶対人には見せない。
그는 프라이드가 강해서, 자신의 약점을 절대 다른 사람에게 보이지 않아.

611 弟はお調子者だから、おだてられると、すぐにいい気になっちゃうんだよね。
남동생은 가벼운 놈이라 치켜세워주면, 금방 좋아라 한다니까.

612 部長っていつでも全部奢ってくれて、太っ腹だよね。
부장님께서는 항상 전부 사주시고, 통이 크시다니까.

613 私は大雑把だから、細かい作業は苦手なんだ。
난 대충대충하는 성격이라, 세밀한 작업은 잘 못해.

614 あの子って、自己チューだから、みんなに嫌われるんだよね。
저 애는 자기중심적이라, 모두가 싫어하는 거야.

615 私は、飽きっぽい性格なので、何か始めても、三日坊主で終わってしまいます。
나는 금방 싫증을 내는 성격이라, 뭔가를 시작해도 작심삼일로 끝나버려요.

no.4 느낄거리 **性格**^{せいかく}

616 新入生のくせに態度がでかいと、先輩に怒られた。
신입생인 주제에 태도가 건방지다고 선배에게 혼났다.

617 彼は責任感が強いから、与えられた仕事は、最後まできっちりやる。
그는 책임감이 강해서, 주어진 일은 끝까지 꼭 한다.

618 ひどい嘘をついたのに許してくれるなんて、心が広い人だね。
심한 거짓말을 했는데도 용서해 주다니, 마음이 넓은 분이시구나.

619 母は、慈悲深い人で、困っている人がいると、ほっておけない性格だ。
어머니는 자비심이 넓은 사람으로, 곤란한 사람이 있으면, 그대로 내버려 두지 못하는 성격이야.

620 彼女は、一途なので、ずっと一人の人を想い続けている。
그녀는 외골수라 쭉 한 사람을 좋아하고 있어.

621 テストの点数が悪くて、へこんだ。
시험 점수가 나빠서 우울해.

622 彼、性格が明るいのが気に入ったの。
그 사람, 성격이 밝아서 맘에 들었어.

139

no.4 느낌거리 音楽(おんがく) 음악

- 音楽を聴く 음악을 듣다
- 音楽鑑賞をする 음악감상을 하다
- 音楽の才能 음악적 재능
- 歌を聴く 노래를 듣다
- 生で聴く 생음악으로 듣다
- 音痴 음치
- CDを聴く CD를 듣다

- 楽器を演奏する 악기를 연주하다
- 楽器を弾く 악기를 켜다
- 楽器を練習する 악기를 연습하다
- 楽器を習う 악기를 배우다

- 音楽に魅了される 음악에 매료되다
- 音楽にひたる 음악에 빠지다

- 歌を歌う 노래를 부르다
- 難聴になる 난청이 되다
- がらがら声 껄껄한 쉰 목소리
- 歌声 노랫소리

no.4 느낄거리
音楽（おんがく）

- はまる　빠지다
- 音（おと）を小（ちい）さくする・ボリュームを下（さ）げる　소리를 작게 하다・볼륨을 낮추다
- 音（おと）を大（おお）きくする・ボリュームを上（あ）げる　소리를 크게 하다・볼륨을 높이다
- 詩（し）を書（か）く・作詞（さくし）する　시를 쓰다・작사하다
- 歌詞（かし）が心（こころ）にしみる　가사가 마음에 스며들다
- 歌詞（かし）が頭（あたま）に残（のこ）る　가사가 머리에 남다
- ぱくり　베끼는 것, 표절
- 曲（きょく）を書（か）く・作曲（さっきょく）する　곡을 쓰다・작곡하다
- 曲（きょく）が流（なが）れる　곡이 흐르다
- メロディーをつける　멜로디를 붙이다

- 新譜（しんぷ）を買（か）う　새 악보를 사다
- 鼻唄（はなうた）を歌（うた）う　콧노래를 부르다
- 趣味（しゅみ）がかたよる　취미가 한쪽으로 치우치다
- 鼻唄（はなうた）が出（で）る　콧노래가 나오다

141

no.4 느낄거리 音楽 음악

623 私の趣味は、音楽を聴くことです。
나의 취미는 음악감상입니다.

624 私、小さい時からピアノを習ってるの。
난 어렸을 때부터 피아노를 배우고 있어.

625 私の父がピアノにはまってから、１０年近く経った。
나의 아버지께서 피아노에 빠진지 10년 가까이 지났다.

626 週末は音楽にひたって、ゆっくりするのが好きだ。
주말은 음악에 빠져 푹 쉬는 것을 좋아해.

627 ジャズに魅了されてしまってから、ジャズのＣＤしか買わなくなった。
재즈에 매료된 후부터는 재즈 CD만 사게 되었어.

628 彼は音楽の趣味がかたよっていて、クラシック音楽しか聴きません。
그는 음악의 취미가 한쪽으로 치우쳐서, 클래식 음악만 들어요.

629 一日中頭のなかでこの曲が回っている。
하루 종일 머리 속에 이 곡만 뱅뱅 돌아.

630 彼女は音痴だけど、カラオケが大好きだ。
그녀는 음치이지만, 노래방을 아주 좋아해.

631 大きな音で音楽を聴いていると、難聴になりますよ。
큰 소리로 음악을 들으면, 난청이 돼요.

632 彼の音楽の才能は母親ゆずりだ。
그의 음악적 재능은 엄마에게서 물려 받았어.

633 この歌の歌詞は心にしみて、聞く度に涙が出る。
이 노래의 가사는 마음에 스며 들어, 들을 때마다 눈물이 나.

634 幼いころ歌った歌の歌詞が、まだ頭に残っている。
어렸을 때 불렀던 노래 가사가 아직도 머리 속에 남아 있어.

635 音楽を生で聴けるコンサートは最高だ!
음악을 생으로 들을 수 있는 콘서트는 최고야!

no.4 느낌거리 **音楽**

636 今日は、新譜の発売日だ。
오늘은 새 레코드 발매일이야.

637 スーパーマーケットに行くと、毎回同じ曲が流れている。
슈퍼마켓에 가면, 매번 같은 곡이 흘러 나와.

638 この曲は、なんだか昔の曲のぱくりみたいで嫌だ。
이 곡은 왠지 옛 곡의 표절 같아서 싫어.

639 湯船につかると、いつも鼻唄を歌ってしまう。
욕조에 잠기면, 언제나 콧노래를 부르게 돼.

640 あの歌手は、歌声がすばらしい。
저 가수는 노랫소리가 멋지다.

641 大きな声で歌を歌いすぎて、がらがら声になってしまった。
큰 소리로 너무 노래를 불러서, 껄껄한 쉰 목소리가 되어 버렸다.

저와 결혼해 주실래요?

no.5 큰일거리

no.5 큰일거리 結婚 결혼

- 結納 약혼
- 結納品 약혼의 표시로 양가에서 교환하는 금품
- 婚約する 약혼하다
- 結納を交わす 약혼식 금품을 교환하다
- 結婚相手 결혼상대
- 結納金 약혼의 표시로 양가에서 교환하는 금품
- 電撃結婚 전격결혼, 갑작스런 결혼
- 恋愛結婚 연애결혼

- 見合い結婚 중매결혼
- プロポーズ 프러포즈
- 結婚式場 결혼식장
- 結婚式 결혼식

- 結婚式を挙げる 결혼식을 올리다
- 花婿・新郎 신랑
- 日取りを決める 날짜를 정하다
- 花嫁・新婦 신부
- 結婚式場を押さえる 결혼식장을 잡다
- ウエディングドレス 웨딩드레스
- 嫁をもらう 신부를 얻다
- 身を固める 장가가다, 가정을 꾸미다

no.5 큰일거리 結婚(けっこん)

- 神前式(しんぜんしき) 신사에서 올리는 결혼식
- 教会式(きょうかいしき) 교회에서 올리는 결혼식

> 특별히 기독교인이 아닌 경우에도 교회에서 결혼하고 싶어 하는 사람이 많아서, 호텔 안이라든지 예식장 안에 단지, 결혼식만을 위한 교회가 따로 마련되어 있는 경우도 많다.

- 仏前式(ぶつぜんしき) 절에서 올리는 결혼식

- 人前式(じんぜんしき) 신에게 결혼을 맹세하지 않고 가족이나 친한 친구들 앞에서 결혼을 맹세하는 결혼식

> ひとまえしき라고도 하는데, 특별히 종교를 가지고 있지 않은 경우에도 편리하며 立会人(たちあいにん)(참관인)의 진행으로 식이 거행되는 것이 특징이다.

- 結婚(けっこん)して○○経(た)つ 결혼해서 ○○지나다

- ブーケ 부케

> 우리나라에서는 '부케를 받으면 半年以内(はんとしいない)에 結婚(けっこん)하지 않으면, 一生結婚(いっしょうけっこん)できない。もしくは3年(さんねん)まで結婚(けっこん)できない。(부케를 받으면 6개월 안에 결혼하지 못하면, 평생 결혼 못한다. 혹은 3년까지 결혼 못한다.)'고 말하지만, 일본에서는 'ブーケをもらうと次(つぎ)の花嫁(はなよめ)になれる。(부케를 받으면 다음에 신부가 될 수 있다.)'라고 한다.

- 結婚指輪(けっこんゆびわ) 결혼반지
- お色直(いろなお)し 신부가 웨딩드레스를 벗고 다른 옷으로 갈아입는 것

- 披露宴(ひろうえん) 피로연
- 身内(みうち) 일가, 친척, 집안
- 家事(かじ) 가사, 집안일
- 結婚(けっこん)は人生(じんせい)の墓場(はかば) 결혼은 인생의 묘지

no.5 큰일거리 結婚 けっこん 결혼

- 角隠し つのかくし 일본식 결혼식 때 신부가 머리에 쓰는 흰 천

일본에서는 질투를 하면 머리에 뿔이 나서 도깨비가 된다고 알려져 있는데, 여자는 질투를 잘하기 때문에 이 뿔을 감추기 위해 머리에 쓰고 절에 참배하러 갔다는 것에서 유래되었다고 한다.

- 白無垢 しろむく 일본 전통 결혼식에서 입는 하얀 신부복
- 打ち掛け うちかけ 일본 전통 결혼식에서 입는 옷 중 하나로 오비(띠)를 묶지 않고 입는 소매가 긴 신부복

- できちゃった結婚・できちゃった婚 けっこん・こん 아이가 생겨서 하는 결혼
- 旧姓 きゅうせい 결혼 전의 성

일본에서는 결혼하면 남편 성을 따르는 것이 보통이다.

- 御祝儀を包む・お祝い金を包む ごしゅうぎをつつむ・おいわいきんをつつむ 축의금을 넣다
- のし袋 ぶくろ 축의금 등을 넣는 のし가 인쇄된 봉지

- 初婚 しょこん 초혼
- 新婚旅行・ハネムーン しんこんりょこう 신혼여행
- 再婚 さいこん 재혼
- バツイチ 한 번 이혼한 것
- 同居 どうきょ 동거

그야말로 말 그대로 한 집에서 같이 사는 것을 말한다. 예를 들면, 결혼해서 부모님과 같이 살면 同居どうきょ라고 한다. 단, 결혼 전에 같이 사는 것은 同居どうきょ라고 하지 않고 同棲どうせい라고 한다.

no.5 큰일거리 ○ 結婚(けっこん)

- 晩婚(ばんこん) 만혼

- 熟年離婚(じゅくねんりこん) 황혼이혼

- 相手の両親(あいてのりょうしん) 상대의 양친

- 嫁に行く(よめにいく) 시집가다

- 別居(べっきょ) 별거

- 白馬に乗った王子様(はくばにのったおうじさま) 백마 탄 왕자님

- 共働き・共稼ぎ(ともばたら・ともかせぎ) 맞벌이

- 寿退社(ことぶきたいしゃ) 축복퇴사 (결혼을 이유로 퇴사하는 것)

- マリッジブルー(marriage blue) 매리지 블루

  결혼 전에 갑자기 불안이 엄습해 우울해지는 것을 말한다.

no.5 큰일거리 結婚 결혼

642
A：昨日、彼にプロポーズされたのよ。
B：わぁ！ おめでとう！！！

A : 어제, 그에게 프러포즈 받았어.
B : 와! 축하해!!!

643
A：ついに１０年間付き合ってきた彼と婚約したの。
B：そうか。いつか、いつか、とは思っていたけど、とうとうしたんだね。

A : 드디어 10년간 사귄 그와 약혼했어.
B : 그렇구나. 언젠가는, 언젠가는, 하고 생각했었는데, 결국 했구나.

644
A：結婚する事になったんでしょ？ で、日取りはいつなの？
B：えっと、６月の最後の日曜日なの。

A : 결혼하게 됐다고? 그럼, 날짜는 언제야?
B : 음, 6월의 마지막 일요일이야.

645
A：私たち、そろそろ結婚の日取りを決めた方がいいと思うんだけど…。
B：そうだな。そしたら、俺たちが付き合い出した日にしよう。

A : 우리들, 슬슬 결혼 날짜를 정하는 것이 좋을 것 같은데….
B : 그지. 그럼, 우리들이 사귀기 시작한 날로 하자.

646
A：来週結婚式なのに、彼女元気ないよね。
B：いわゆる、マリッジブルーってやつでしょ。

A : 다음 주 결혼식인데, 여자친구가 힘이 없네.
B : 소위, 매리지 블루란 거겠지.

647
A：今日の結婚式、良かったよな。
B：そうよね。花嫁さんと、花婿さんが本当にうれしそうだったわよね。

A : 오늘 결혼식, 좋았지?
B : 맞아. 신부와 신랑이 정말 즐거워 보이더라.

648
A：ウエディングドレス、どんなの着るの？
B：私は、おかあさんが着たドレスをリメイクして着るつもり。

A : 웨딩드레스, 어떤 거 입어?
B : 나는 엄마가 입었던 드레스를 리폼해서 입을 예정이야.

no.5 큰일거리 結婚

649
A : やっぱり結婚式は日本の伝統に従うべきだよ。
B : 私、あの角隠しをつけるのが恥ずかしいから、嫌だわ。

A : 역시 결혼식은 일본 전통을 따라야 하는 법이야.
B : 난, 그 츠노카쿠시를 쓰는 것이 부끄러워서 싫어.

650
A : 結婚式はどんなスタイルでやりたい?
B : 私は何と言っても神前式がいいわ。

A : 결혼식은 어떤 스타일로 하고 싶어?
B : 나는 뭐니 뭐니 해도 신전식이 좋아.

651
A : 私たち、お寺で結婚式をする事にしたの。
B : そうなんだ。仏前式もいいかもね。

A : 우리들, 절에서 결혼식을 하기로 했어.
B : 그렇구나. 불전식도 괜찮겠네.

652
A : やっぱり結婚するときは教会式がいいな。
B : そうね。教会で結婚するのって憧れるよね。

A : 역시 결혼할 때는 교회식이 좋아 보여.
B : 그지. 교회에서 결혼하는 건 누구나 꿈꾸는 일이지.

653
A : 私たち、宗教とは関係なく結婚式をしましょう。
B : そしたら、人前式だな。ちょっと詳しいことは調べてみるよ。

A : 우리들 종교와는 관계없이 결혼식 올리자.
B : 그럼 인전식이네. 좀 자세한 것은 찾아볼게.

654
A : あんないい旦那さんとどこで知り合ったんですか?
B : 私たちは、見合い結婚なのよ。

A : 저렇게 좋은 남편과 어디서 알게 됐어요?
B : 우리들은 중매결혼했어요.

655
A : あなたも、３０過ぎたし、そろそろ結婚のこと考えたらどう?
B : それはそうだけど、やっぱり結婚は恋愛結婚が良いから…。まずは彼氏探さないと。

A : 너도 30이 넘었고, 슬슬 결혼을 생각하는 게 어때?
B : 그건 그렇지만, 역시 결혼은 연애결혼이 좋으니까…. 먼저 남자친구를 찾아야겠지.

151

no.5 큰일거리 結婚 결혼

656
A : この前、友達の結婚式で、ブーケ取ったの！
B : 私なんて、もう３回も取ったのに、まだ結婚できてないよ。

A : 일전에 친구의 결혼식에서 부케 받았어!
B : 난 벌써 3번이나 받았는데, 아직 결혼 못했잖아.

657
A : あなたたち、披露宴はどこでする事にしたの？
B : 披露宴は、思った以上に出費がかかるから、私たちはやらないことにしたのよ。

A : 너희들, 피로연은 어디서 하기로 했어?
B : 피로연은 생각보다 비용이 들어서 우린 하지 않기로 했어.

658
A : 結婚指輪って給料の３ヶ月分なんだって。
B : そうなんだ。結構高いものなんだね。

A : 결혼반진 월급의 3개월 분이래.
B : 그렇구나. 꽤 비싼 거구나.

659
A : 一般的な結納品って何でしょうね。
B : そうですね、やっぱりダイヤモンドの指輪じゃないですか？

A : 일반적인 약혼식 금품에는 뭐가 있을까요?
B : 글쎄요, 역시 다이아몬드 반지가 아닐까요?

660
A : 結納金ってどれくらい包めばいいのかしら。
B : まぁ、一般的には５０から１００万円ぐらいらしいですよ。

A : 약혼식 때 주는 돈은 어느 정도 넣으면 좋을까요?
B : 글쎄, 일반적으로는 50부터 100만 엔 정도 같아요.

661
A : 昨日結婚式に行ってきたんだけど、花嫁さん３回もお色直ししたんだよ。
B : ３回はかなり多いね。

A : 어제 결혼식에 갔다왔는데, 신부가 세 번이나 옷을 갈아 입었잖아.
B : 세 번은 좀 심했다.

662
A : 私、小さい頃から、ドレスよりも白無垢を着るのが夢だったの。
B : そうなんだ。今時珍しいね。

A : 난, 어렸을 때부터 드레스보다는 시로무쿠를 입는 것이 꿈이었어.
B : 그랬구나. 요즘 세상에 특이하구나.

no.5 큰일거리　結婚(けっこん)

663
A : 彼女が着た打ち掛けは、本当に綺麗だったなぁ。
B : だって、あれってレンタルなのに５０万円だったんだってさ。

A : 그녀가 입은 우치카케는 정말 예쁘더라.
B : 그건 말이지, 그게 렌털인데도 50만 엔이었대.

664
A : 新婚旅行でヨーロッパに１０日間行ってきたんですよ。
B : わぁいいですね。私も、そういう話を聞くと早く結婚したくなりますよ。

A : 신혼여행으로 유럽에 열흘간 다녀왔어요.
B : 와~ 좋았겠어요. 나도 그런 말을 들으면 빨리 결혼하고 싶어져요.

665
A : 最近は、できちゃった結婚する人が多いよな。
B : うん。俺のところも、実はできちゃった結婚だよ。

A : 요즘은 애기 갖고 결혼하는 사람이 많지?
B : 응. 우리도 실은 혼수품 장만해서 결혼했어.

666
A : ○○ちゃんの結婚式、御祝儀いくら包むつもり？
B : 私は、一応３万円包もうと思ってる。

A : OO 씨의 결혼식, 축의금 얼마 넣을 생각이야?
B : 나는 일단 3만 엔 넣을까 생각해.

667
A : 最近、のし袋の種類もたくさんあるよね。
B : そうなのよ。だからかわいいので出さないといけない気がして…。

A : 요즘, 축의금 봉투 종류도 많아졌지.
B : 그렇지. 그래서 귀여운 것으로 내놓지 않으면 안 될 것 같은 느낌이 들어서….

668
A : 結婚したら、親と同居してほしいんだけど…。
B : 結婚してすぐから同居は嫌よ！

A : 결혼하면 부모님과 같이 살았으면 하는데….
B : 결혼해서 곧바로 같이 사는 건 싫어!

669
A : ○○さん、５０才で初婚ですって。
B : え！信じられない。あんないい人が５０才まで一人でいたなんてね。

A : OO 씨, 50살인데 초혼이래.
B : 정말? 믿어지지 않아. 그렇게 좋은 사람이 50살까지 혼자 있었다니.

no.5 큰일거리 結婚 결혼

670
A : 一度結婚に失敗してるから、再婚するのは勇気が要るな。
B : そうか。そりゃ、結婚するのも慎重になるか。

A : 한 번 결혼에 실패했기 때문에, 재혼을 하기엔 용기가 필요해.
B : 그렇구나. 그럼, 결혼하는 것도 신중해 지겠다.

671
A : そんなに男っぽく振る舞ってると、お嫁に行けませんよ！
B : 結婚する年齢になったら、女らしくするもん。

A : 그렇게 남자처럼 행동하면 시집 못 가!
B : 결혼할 나이가 되면 여자답게 행동할 거야!

672
A : もう４０になるんだから、そろそろ嫁をもらいなさい。
B : 僕だって、そうしようと思ってるんだけど、なかなかうまくはいかないんだよ。

A : 벌써 40이 되고 하니까 슬슬 부인을 얻어야지.
B : 저도 그렇게 생각하고 있지만, 좀처럼 잘 되질 않아요.

673
A : とうとう家の息子も身を固める決心をしたみたいで。
B : そうですか。それはおめでとうございます。

A : 드디어 우리 아들도 장가갈 결심을 한 것 같아요.
B : 그래요? 그건 정말 축하드립니다.

674
A : 私は、白馬に乗った王子様を待ってるの。
B : また、子供みたいなこと言って…。そんなの待ってたらおばあさんになっちゃうよ。

A : 난 백마 탄 왕자님을 기다려.
B : 또, 어린애 같은 말을 하고…. 그런 걸 기다리다간 할머니가 될 걸.

675
A : 何で結婚が延期になっちゃったの？
B : 実は、相手の両親が反対をしていて…。

A : 왜 결혼이 연기됐어?
B : 실은, 상대 부모님이 반대하셔서….

676
A : 結婚したら、仕事をやめて家事をしてくれる？
B : え？ 私絶対嫌よ！ 家事は分担してくれないと嫌よ。

A : 결혼하면 일 그만두고 집안 일만 해줄래!
B : 뭐? 나 절대로 싫어! 집안 일은 분담해주지 않으면 싫어.

no.5 큰일거리 **結婚**

677
A : さっき、ニュースで見たんだけど驚いちゃった。
B : 私も。女優の○○とお笑い芸人が電撃結婚でしょ。

A : 아까 뉴스에서 봤는데 놀랐어.
B : 나도. 여배우 OO와 개그맨이 갑자기 결혼한다지?

678
A : 結婚するならどんな人が良い？
B : そうねぇ。結婚相手にするなら、高学歴、高収入、高身長が良いかな。

A : 결혼한다면 어떤 사람이 좋아?
B : 글쎄. 결혼상대로는 고학력에 고수입, 키도 큰 사람이 좋겠지.

679
A : 結納するのって、結構大変なのかな？
B : そうね、今は簡単に済ませることが多いと思うよ。

A : 약혼하는 거, 정말 힘들까?
B : 글쎄, 지금은 간단하게 끝내는 것이 많을 걸.

680
A : 最近結納を交わさずに結婚する人も増えてるんですって。
B : そうなんですか。でも、自分の時はきっちりしたいですね。

A : 요즘 약혼식을 올리지 않고 결혼하는 사람도 늘었다고 하대.
B : 그래요? 그래도, 전 다 하고 싶어요.

> **きっちり** 빈틈이 없는 모양

681
A : 結婚するときは、やっぱり結婚式をしたいな。
B : 女の子だったら、みんなそう思ってるはずよね。

A : 결혼하게 되면, 역시 결혼식을 하고 싶어.
B : 여자라면 모두 그렇게 생각할 거야.

682
A : お金がかかるからと言っても、結婚式は挙げた方がいいんじゃないの？
B : うん。一応、お金がたまったらしようと考えてるよ。

A : 돈이 든다고 해도, 결혼식은 올리는 것이 좋지 않아?
B : 응. 일단 돈이 모이면 하려고 생각하고 있어.

683
A : 思ったよりも、結婚式場に払う金額が高かったよ。
B : そうだったんだ。結婚するのって、お金がかかるのね。

A : 생각보다 결혼식장에 내는 금액이 비쌌어.
B : 그랬구나. 결혼하는 건 정말 돈이 많이 드는구나.

no.5 큰일거리 結婚(けっこん) 결혼

684
A : やっぱり、6月(ろくがつ)に結婚式場(けっこんしきじょう)を押(お)さえるのは難(むずか)しいな。
B : みんな6月(ろくがつ)の花嫁(はなよめ)に憧(あこが)れるのね。

A : 역시, 6월에 결혼식장을 잡는 것은 어렵네.
B : 모두 6월의 신부를 꿈꾸니까.

685
A : 結婚(けっこん)なんてしないほうがいいよ。人生(じんせい)の墓場(はかば)だよ。
B : 私(わたし)は、経験(けいけん)したことがないので、それは分(わ)からないですね。

A : 결혼 따윈 하지 않는 것이 좋아. 인생의 묘지야.
B : 난 경험한 적이 없어서, 그건 모르겠는데요.

686
A : 最近身内(さいきんみうち)だけで結婚式(けっこんしき)をする人(ひと)が増(ふ)えてるらしいよ。
B : みんな忙(いそが)しいから、簡単(かんたん)に済(す)ませたいんだね。

A : 요즘 친족끼리만 모여서 결혼식을 하는 사람이 늘고 있는 것 같아.
B : 모두 바쁘니까, 간단하게 끝내고 싶어하는 거지.

687
A : 鈴木(すずき)さんの旧姓(きゅうせい)ってなんですか?
B : 結婚(けっこん)する前(まえ)は、田中(たなか)だったのよ。

A : 스즈키 씨의 결혼 전 성은 뭐였어요?
B : 결혼하기 전에는 다나카였어요.

688
A : 私(わたし)たち忙(いそが)しくて、結婚(けっこん)してからも別居(べっきょ)してるんですよ。
B : 最近(さいきん)、Aさん達(たち)のような夫婦(ふうふ)が増(ふ)えているらしいですよ。

A : 우리들은 바빠서 결혼해서도 별거하고 있어요.
B : 요즘 A 씨들과 같은 부부가 늘고 있는 것 같아요.

689
A : 私(わたし)、こう見(み)えてもバツイチなのよ。
B : え! Aさんの若(わか)さでバツイチなんですか?

A : 전, 이래 봬도 이혼했어요.
B : 넷! A 씨 같이 젊은 분께서 이혼하신 분이라고요?

690
A : 結婚(けっこん)しても、一人(ひとり)の収入(しゅうにゅう)だと、生活(せいかつ)が厳(きび)しいですよね。
B : そうなんですよ。だから、私(わたし)のところも共働(ともばたら)きなんです。

A : 결혼해서 한 명 수입으로는 생활이 어렵지요.
B : 맞아요. 그래서 우리도 맞벌이를 해요.

no.5 큰일거리 **結婚(けっこん)**

691
A : Bさんのところは、結婚してどれくらい経ちました？
B : うちは、結婚して３年経ちましたけど、まだラブラブですよ。

A : B 씨네는 결혼한지 얼마나 됐어요?
B : 우린 결혼한지 3년이 지났는데, 아직도 깨가 쏟아져요.

692
A : 私、夫が定年を機に離婚したんです。
B : 今、流行りの熟年離婚じゃないですか。

A : 전, 남편이 정년 퇴임할 때 이혼했습니다.
B : 지금 유행하는 황혼이혼이군요.

693
A : 最近は、女性でも晩婚の方が増えましたね。
B : そうですね。女性も男性と同じように仕事をするようになりましたから。

A : 요즘은 여성도 나이가 들어 결혼하는 분이 늘었죠?
B : 네. 여성도 남성도 동일하게 일을 하게 됐으니까요.

694
A : 社会に出て５年経つから、そろそろ寿退社でもしたいな。
B : そしたら、早く彼氏でも探しなさいよ。

A : 회사 다닌 지 5년이나 되었으니, 이제 슬슬 축복퇴사라도 하고 싶다.
B : 그럼, 빨리 남자친구라도 찾아.

no.5 큰일거리 妊娠 にんしん 임신

- 赤ちゃんができた・妊娠した 임신했다
- つわり 입덧
- 助産院 조산원
- 助産師 조산사
- 妊娠〇か月 임신 0개월
- 妊娠検査薬 임신테스트기
- 陽性 양성
- 陰性 음성
- おめでた 경사 (おめでたいことの공손한 말. 결혼, 임신, 출산 등의 경사)
- 初産 초산
- 産婦人科病院 산부인과병원
- お産 출산, 분만
- 妊婦健診・妊婦定期健康診断 임신검진
- 妊娠線 임신선
- 妊娠初期 임신초기
- 里帰り出産 친정집에 가서 출산하는 것
- 妊娠中期 임신중기
- 超音波検査 초음파 검사
- 妊娠後期 임신후기
- 安定期 안정기
- 臨月 막달
- 母体 모체
- 出産予定日 출산예정일
- 経産婦 경산부 (아이를 낳은 적이 있는 여성)

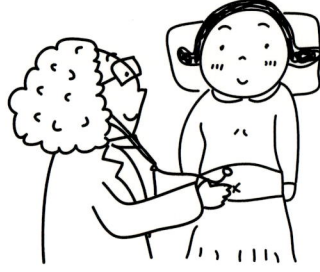

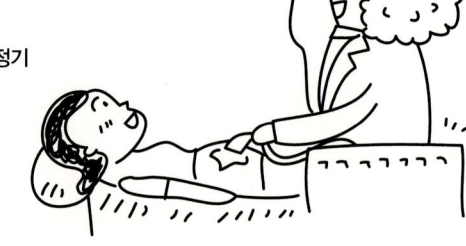

no.5 큰일거리 **妊娠**(にんしん)

- 高齢出産(こうれいしゅっさん) 고령출산
- 妊婦(にんぷ)・妊婦(にんぷ)さん 임부
- 胎児(たいじ) 태아
- 計画分娩(けいかくぶんべん) 계획분만

> 사전에 예정일을 정하거나, 예정일이 지나도 진통이 오지 않아, 陣痛促進剤(じんつうそくしんざい)(진통촉진제)를 맞아 분만하는 誘導分娩(ゆうどうぶんべん)・誘発分娩(ゆうはつぶんべん)(유도분만)도 이에 해당한다.

- 羊水(ようすい) 양수
- 産道(さんどう) 산도
- 自然分娩(しぜんぶんべん) 자연분만
- 無痛分娩(むつうぶんべん) 무통분만
- 帝王切開(ていおうせっかい) 제왕절개
- 破水(はすい) 파수 (양수가 터져 흘러 나오는 것)
- 陣痛(じんつう) 진통
- おしるし 이슬 (출산징후로 분홍색의 분비물이 나오는 것)
- 立会い出産(たちあいしゅっさん) 가족분만
- 分娩室(ぶんべんしつ) 분만실
- 分娩(ぶんべん) 분만
- いきむ 숨을 들이켜 배에 힘을 주다
- 安産(あんざん) 순산
- 難産(なんざん) 난산
- 逆子(さかご) 거꾸로 있는 태아
- 胎動(たいどう) 태동
- 流産(りゅうざん) 유산
- 早産(そうざん) 조산
- 切迫流産(せっぱくりゅうざん) 절박유산 (유산이 막 시작된 상태나 시작하려고 하는 상태)
- 出産祝い(しゅっさんいわい) 출산축하
- 育児休暇(いくじきゅうか) 육아휴직
- 産休(さんきゅう)・出産休暇(しゅっさんきゅうか) 출산휴가

no.5 큰일거리 妊娠 にんしん 임신

- むくみ 부종 (부어 오름)
- へその緒(お) 탯줄
- 未熟児(みじゅくじ) 미숙아
- こむらがえり 쥐 (심한 통증이 따르는 장딴지의 경련)
- 排卵日(はいらんび) 배란일
- お腹の張り(なかのはり) 배가 뭉침
- おりもの 분비물
- 悪露(おろ) 오로
- 腹帯・腹帯(ふくたい・はらおび) 복대
- マタニティースポーツ 임신체조
- 母親学級(ははおやがっきゅう) 임신, 출산, 육아교실
- 母子手帳(ぼしてちょう) 모자수첩

일본에서는 임신 5개월째 안정기에 접어 들면 帯祝(おびいわい)라고 하여, 戌の日(いぬのひ)(술의 날)을 택하여 가까운 친지들끼리 모여 축하하고 腹帯(はらおび)를 선물하며 순산을 기원한다.

- 妊娠中毒症(にんしんちゅうどくしょう) 임신중독증
- 産褥期(さんじょくき) 산욕기
- 後陣痛(あとじんつう) 후진통
- 立ちくらみ(たちくらみ) 일어설 때 나는 현기증
- 胎教(たいきょう) 태교

해산한 다음에 2~3일 동안 가끔 오는 진통. 임신으로 커진 자궁이 줄어들면서 생긴다.

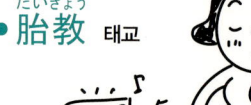

- 新生児(しんせいじ) 신생아
- 母乳(ぼにゅう) 모유

- 授乳(じゅにゅう) 수유
- 授乳服(じゅにゅうふく) 수유복
- マタニティードレス 임부복
- 初乳(しょにゅう) 초유
- マタニティーブルー 출산우울증 (출산 후 산모가 느끼는 우울증)
- 産気づく(さんけづく) 지금이라도 당장 아이가 나올 것 같이 진통이 느껴지다. 출산 징후가 나타나다

no.5 큰일거리 **妊娠**(にんしん)

695 赤(あか)ちゃんができたみたい。
아기가 생긴 것 같아.

696 私(わたし)、今(いま)妊娠(にんしん)3か月(げつ)なの。
나, 지금 임신 3개월이야.

697 妊娠検査薬(にんしんけんさやく)で陽性反応(ようせいはんのう)が出(で)たから、今度(こんど)産婦人科(さんふじんか)でちゃんと診(み)てもらうつもりなの。
임신테스트로 양성반응이 나와서, 이번에 산부인과에서 확실하게 검진 받을 예정이야.

698 産婦人科(さんふじんか)に行(い)って、超音波検査(ちょうおんぱけんさ)したんだ。
산부인과에 가서 초음파 검사를 받았어.

699 予定日(よていび)は、6月末(ろくがつまつ)です。
예정일은 6월 말입니다.

700 奥(おく)さん、おめでたなんだって? お前(まえ)もとうとう父親(ちちおや)になるんだな。
와이프, 좋은 소식 있다고 하대? 너도 드디어 아빠가 되는구나.

701 最近(さいきん)は里帰(さとがえ)り出産(しゅっさん)を受(う)け入(い)れてくれない病院(びょういん)が増(ふ)えていて困(こま)るわ。
요즘은 친정 집에 가서 출산을 하려고 해도 받아들여주지 않는 병원이 늘어서 곤란해.

702 妊娠初期(にんしんしょき)はつわりがひどくて食欲(しょくよく)がなかったんだけど、安定期(あんていき)に入(はい)ってからは食欲(しょくよく)も出(で)てきた。
임신초기는 입덧이 심해서 식욕이 없었는데, 안정기에 들어서면서는 식욕도 생겼어.

703 つわりもおさまって、そろそろ安定期(あんていき)なんじゃない? 食(た)べたいものどんどん食(た)べてね。
입덧도 가라앉았으니 슬슬 안정기지 않아? 먹고 싶은 거 많이 먹어.

704 最近(さいきん)は晩婚化(ばんこんか)が進(すす)んで高齢出産(こうれいしゅっさん)が増(ふ)えているらしいよ。
요즘은 결혼이 늦어서, 고령출산이 늘고 있는 것 같아.

705 昨日(きのう)の昼間(ひるま)におしるしがあって夜中(よなか)に陣痛(じんつう)が始(はじ)まったんだって。朝(あさ)にはもう生(う)まれたというから安産(あんざん)と言(い)えるかもしれないね。
어제 낮에 이슬이 비치더니 밤중에 진통이 시작됐대. 아침에는 벌써 태어났다고 하니 순산이라고 할 수 있을지 모르겠네.

706 できれば、旦那(だんな)に立会(たちあ)い出産(しゅっさん)してもらいたいんだよね。
가능하면 남편에게 가족분만을 해 달라고 하고 싶어.

161

no.5 큰일거리 妊娠 임신

707 立会い出産をあんなに望んでいたのに、いざお産が始まるとすぐに気を失ってしまったらしいよ、あの旦那さん。
가족분만을 그렇게 바라고 있었는데, 정작 분만이 시작되자 바로 정신을 잃어버렸다나 봐, 저 남편.

> いざ 막상, 정작

708 出産祝いのお返しは何がいいかしら？
출산축하의 답례는 무엇이 좋을까?

709 妊娠中期に入ったから、そろそろマタニティースポーツを始めてみよう。
임신중기에 들어섰으니, 슬슬 임신체조를 시작해볼까?

710 最近のマタニティードレスって、おしゃれなものも増えたよね。
요즘 임부복은 세련된 것도 늘었지.

711 妊婦検診には母子手帳と診察券、保険証を忘れずに。
임산부 진찰 시에는 모자수첩과 진찰권, 보험증을 잊지 마시길.

712 母子手帳は、妊娠中から出産後まで、子供の成長を記録してあるものだから、大事にとっておいて、子供が大きくなったら、見せてあげるといいよ。
모자수첩은 임신 때부터 출산 후까지 아이의 성장을 기록해 두는 것이니까, 소중하게 보관했다가 아이가 컸을 때 보여주면 좋아.

713 あ、今赤ちゃんがお腹を蹴った。近頃は胎動を感じられるようになって、ますます赤ちゃんが愛しくなってきたわ。
아, 지금 아이가 배를 찼어. 요즘은 태동을 느끼게 되어 더욱 더 아이가 사랑스럽게 느껴져.

714 昨日初めて、胎動を感じて、感動しちゃった！
어제 처음으로 태동을 느껴서 감동했어!

715 あんまりたくさん食べて、太っちゃうと、妊娠中毒症になるから、気をつけた方がいいよ。
너무 많이 먹어서 뚱뚱해지면, 임신중독증에 걸리니까 조심하는 것이 좋아.

716 ママのマタニティーブルーの解消にはパパの協力が欠かせない。
엄마의 출산우울증 해소에는 아빠의 협력이 꼭 필요해.

717 出先で急に産気づいてしまった場合は、救急車を呼びましょう。
외출 지에서 갑자기 진통이 느껴질 때는 구급차를 부르세요.

> 出先 외출한 곳, 행선지, 출장지

718 臨月に入ると頻繁にお腹が張ってくる。
막달에 들어서면 자주 배가 땡겨.

no.5 큰일거리 **妊娠(にんしん)**

719	うちの母親、今でも私のへその緒大事に持ってるんだって。
	우리 엄마, 지금까지도 내 탯줄을 소중하게 가지고 있대.
720	妊娠中は毎日胎教のためにクラッシック音楽を聴いていたのよ。
	임신 중에는 매일 태교를 위해 클래식 음악을 들었단다.
721	逆子のままだと、帝王切開しないといけないから、早く元の位置に戻ってくれるといいんだけど。
	애가 계속 거꾸로 있으면, 제왕절개를 하지 않으면 안 되니까, 빨리 원 위치로 돌아와 주면 좋은데.
722	妊娠して急に太ると妊娠線ができるから注意しなくちゃ。
	임신해서 갑자기 뚱뚱해지면, 임신선이 생기니까 주의해야지.
723	出産後どんどん太っちゃって…、これって産後太りかしら？ 母乳育児は体重が減るって嘘だったみたい。
	출산 후 점점 살이 쪘어…, 이건 출산 후 찌는 살? 모유 수유하면 체중이 준다는 말은 거짓말인 것 같아.
724	切迫流産を防ぐためには、絶対安静が必要なんですって。
	유산을 막기 위해서는, 절대 안정이 필요하대.
725	陣痛がきたら、何分おきに陣痛がくるか、確認してください。
	진통이 오면, 몇 분 간격으로 진통이 오는지 확인하세요.
726	早産で、子供が未熟児だったから心配してたんだけど、すくすく育っています。
	조산으로 아이가 미숙아여서 걱정했는데, 쑥쑥 자라고 있어요.
727	出産予定日を1週間過ぎても生まれる気配がなかったので、結局帝王切開で出産したんです。
	출산예정일을 1주일 지나서도 나올 기미가 안 보여서, 결국 제왕절개로 낳아요.
728	最近は、男性も産休がとれる会社が増えてきたよね。
	요즘에는 남자도 산휴를 받는 회사가 늘었지.
729	妊娠線ってなかなか消えないし、気になるよね。
	임신선은 좀처럼 없어지지 않아, 신경 쓰여.
730	日本では、へその緒を、記念にとっておく人が多いんですよ。
	일본에서는 탯줄을 기념으로 보관하는 사람이 많아요.

no.5 큰일거리 赤ちゃん 아이・育児 육아

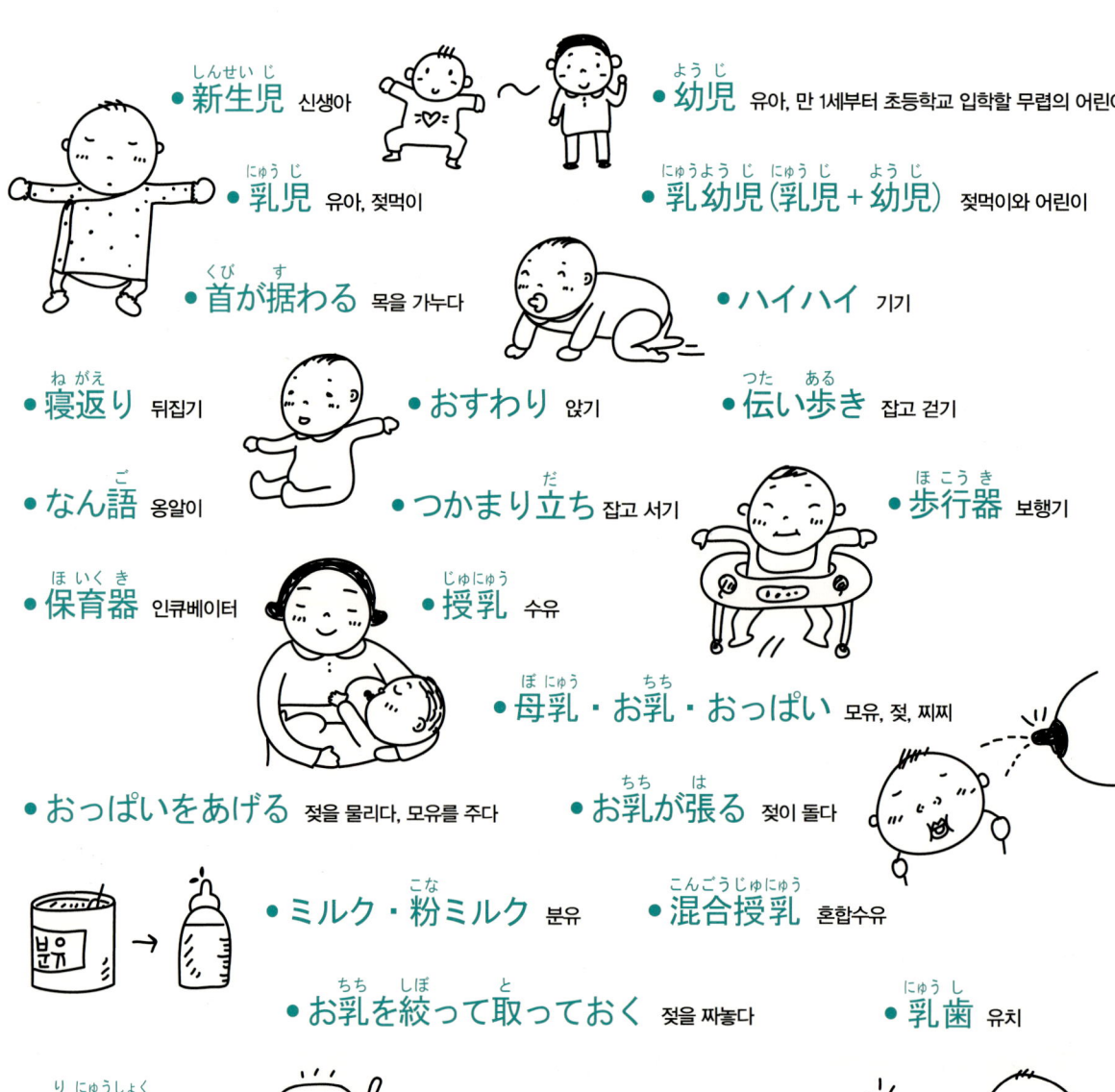

- 新生児 신생아
- 幼児 유아, 만 1세부터 초등학교 입학할 무렵의 어린아이
- 乳児 유아, 젖먹이
- 乳幼児(乳児＋幼児) 젖먹이와 어린이
- 首が据わる 목을 가누다
- ハイハイ 기기
- 寝返り 뒤집기
- おすわり 앉기
- 伝い歩き 잡고 걷기
- なん語 옹알이
- つかまり立ち 잡고 서기
- 歩行器 보행기
- 保育器 인큐베이터
- 授乳 수유
- 母乳・お乳・おっぱい 모유, 젖, 찌찌
- おっぱいをあげる 젖을 물리다, 모유를 주다
- お乳が張る 젖이 돌다
- ミルク・粉ミルク 분유
- 混合授乳 혼합수유
- お乳を絞って取っておく 젖을 짜놓다
- 乳歯 유치
- 離乳食 이유식
- おしゃぶり 공갈 젖꼭지
- 原始反射 원시반사 (아이가 손바닥에 손을 넣으면 꼭 쥐거나 하는 것)

no.5 큰일거리 **赤ちゃん・育児**

- うんこ・うんち 똥 (うんちが좀 더 귀여운 느낌)
- うんちした 응아했다
- おしっこをもらした 오줌을 쌌다

- 紙おむつ 종이 기저귀
- おしめ 기저귀
- おしめを取り替える 기저귀를 갈아주다
- 子守唄 자장가

- ベビーカー 유모차
- ○ヶ月検診 0개월 검진
- 乳児湿疹 유아습진
- 育児休業 육아휴직
- あおむけ寝 똑바로 천정을 보고 자는 것
- 育児・子育て 육아

- うつぶせ寝 엎드려서 자는 것
- たて抱っこ 서서 안는 것
- チャイルドシート 차 시트
- よこ抱っこ 옆으로 안는 것
- おむつかぶれ 기저귀 발진
- おんぶ紐 포대기

- ベビースリング 베이비 슬링

- 人見知り 낯가림
- 哺乳瓶 젖병
- よだれかけ 침받이

no.5 큰일거리 赤ちゃん 아이・育児 육아

- 夜泣き　아이가 밤중에 우는 것
- 後追い　엄마가 움직이면 따라 오면서 우는 것
- たそがれ泣き　아이가 해질 무렵에 우는 것
- 過保護　과보호
- 抱き癖がつく　아이가 안아 주지 않으면 잠들지 않거나 보채거나 하는 버릇이 생기다

- かんしゃくをおこす　짜증을 내다
- 赤ちゃんをあやす　아이를 달래다
- しつけ　예의범절을 가르침

- 手づかみ食べ　손으로 먹는 것
- 遊び食べ　놀면서 먹는 것
- 卒乳・断乳　모유나 분유를 끊음
- おまる　아기변기
- トイレトレーニング　배소변가리기 훈련

- おねしょ・おもらし　야뇨 (아이들이 자면서 오줌을 싸는 것)
- おむつがはずれる　기저귀를 떼다
- 赤ちゃんがえり　동생이 생겨서 독차지했던 엄마의 사랑을 뺏겼다고 생각하고 어리광을 부리는 것

- ベビーサイン　베이비사인, 아이가 말하기 전에 몸동작이나 손동작으로 의사소통하는 것
- 育児ノイローゼ　육아 노이로제

no.5 큰일거리 **赤ちゃん・育児**

- 予防接種 예방 접종
- 蒙古斑 몽고반점
- 未熟児 미숙아
- 餅踏み 아이의 돌 때 떡을 찌어 그것을 발로 밟게 하는 행사
- お食い初め 백일잔치

- 出産内祝い 출산을 가족이 축하하는 것
- 初節句 그 아이가 태어나서 처음 맞는 명절
- お七夜 태어난 지 7일째 되는 날에 아이의 이름을 짓고 가족이나 친지가 모여 아이의 건강을 기원하는 행사
- お宮参り 남아는 32일째, 여아는 33일째 神社(신사)에 가서 조상에게 아이가 한 가족이 되었음을 알리고 아이의 건강과 행복을 기원하는 행사
- 誕生餅 만 1살 생일을 축하하는 떡 (1살까지 무사하게 성장한 것을 축하함과 동시에 앞으로도 건강하게 자라주기를 기원하는 행사)
- 公園デビュー 아이와 엄마가 친구를 만들기 위해 공원에 처음으로 데리고 가는 것
- ママ友 아이와 같은 나이 또래의 엄마를 사귀는 것

no.5 큰일거리 赤ちゃん 아이・育児 육아

731 うつぶせ寝は、乳幼児突然死症候群の原因のひとつとされています。
엎드려 자는 것은 유아 돌연사 증후군의 원인 중 하나입니다.

732 内祝いの品を何にしようか主人と話し合っているところです。
집안 축하 행사의 선물을 무엇으로 할까 남편과 상의하고 있던 참입니다.

733 子どもの夜泣きがあまりにひどくて毎晩睡眠不足なんです。
아이가 밤에 너무 울어서 매일 밤 수면 부족입니다.

734 ベビーサインができるようになると、赤ちゃんとの意思疎通が容易になると言われています。
베이비 사인을 할 수 있게 되면, 아기와 의사소통이 쉬워진다고 합니다.

735 抱き癖がつくからとあまり赤ちゃんを抱っこしない方がいいという人もいるが、気にせずに抱っこしてあげた方がいいよ。
안아줘야 하는 버릇이 생기니까, 아기를 안지 않는 것이 좋다는 사람도 있지만, 신경쓰지 말고 안아 주는 것이 좋아요.

736 首が完全にすわったら、もうおんぶをしても大丈夫。
목을 완전히 가누면, 이제 업어도 괜찮아.

737 1歳の誕生日を前に、よちよち歩きができるようになった。
돌 전에 아장아장 걸을 수 있게 되었다.

738 そろそろ離乳食を始める時期です。まずは果汁を与えてみましょう。
슬슬 이유식을 시작할 시기입니다. 먼저 과즙을 먹여 보세요.

739 私は無理に断乳するより、こどもに任せて自然に卒乳できるようにしたいと思っています。
나는 무리하게 젖을 끊는 것보다, 아이에게 맡겨 자연스럽게 끊을 수 있게 하고 싶어요.

740 赤ちゃんが初めての寝返りに成功した瞬間をビデオカメラに残しておこう。
아기가 처음으로 뒤집기에 성공한 순간을 비디오 카메라에 남겨 놓자.

741 どの赤ちゃんよりもうちの子が一番かわいいなんて、あなた、親ばかもいいところね。
어느 아기보다도 우리 아이가 제일 예쁘다니, 당신도 팔불출이네요.

742 赤ちゃんの肌はデリケートだから、おむつかぶれには気をつけてね。
아기의 피부는 예민하기 때문에, 기저귀 발진에 조심해.

no.5 큰일거리 **赤ちゃん・育児**

743	ハイハイできるようなったら家中を動き回るから、怪我や誤飲には十分注意しましょう。
	기어 다닐 수 있게 되면 온 집안을 돌아 다니니까, 다치거나 집어 삼키는 것을 조심하세요.
744	赤ちゃんは生まれたばかりの頃、まだおっぱいが上手に飲めません。
	아기는 막 태어났을 때는 아직 젖을 잘 빨지 못합니다.
745	育児のストレスはママ友とのおしゃべりで発散しています。
	육아 스트레스는 같은 또래 엄마 친구들과 수다로 발산하고 있습니다.
746	餅踏みは誕生餅、一升餅、一生餅、祝い餅、ころばせ餅、力餅、踏み餅など、地方によってさまざまな呼び方があるようです。
	모치후미는 생일떡, 한되떡, 일생떡, 축하떡, 떨어뜨리는 떡, 힘떡, 밟는 떡 등 지방에 따라 다양한 명칭이 있는 것 같습니다.
747	赤ちゃんにミルクを飲ませた後は、必ずゲップをさせましょう。
	아기에게 분유를 먹인 후에는 반드시 트림을 시키세요.
748	使った後の哺乳瓶はきちんと消毒しておかなければいけないよ。
	사용한 후의 젖병은 깨끗하게 소독해 두어야 해요.
749	赤ちゃんをあやすにはガラガラが一番だ。
	아기를 달랠 때는 딸랑이가 제일이야.
750	妹ができてからお姉ちゃんの赤ちゃんがえりが始まったようだ。
	동생이 생기고 나서 언니의 어리광이 시작 된 것 같다.
751	赤ちゃんの寝顔を見ていると、育児の疲れなどふっ飛びます。
	아기의 자는 모습을 보고 있으면, 육아의 피곤함이 없어집니다.
752	週末のおむつがえはパパの担当よ。
	주말 기저귀 당번은 아빠예요.
753	A：こんど保健所に予防接種を受けに行かなくちゃ。 B：母子手帳を忘れずにね。
	A：이번에 보건소에 예방접종을 받으러 가야해. B：아기수첩을 잊지 마.

> ふっ飛ぶ ① 휙 날라가다 ② 싹 없어지다

no.5 큰일거리 葬式(そうしき) 장례식

- 弔問(ちょうもん)をうける 조문을 받다
- (お)通夜(つや) 초상집에서의 밤샘
- 冥福(めいふく)を祈(いの)る 명복을 빌다
- ろうそくをともす 초에 불을 켜다

- 喪主(もしゅ) 상주
- 遺族(いぞく) 유족, 유가족
- 故人(こじん)を偲(しの)ぶ 고인을 그리워하다
- 記帳(きちょう)する 기장하다
- お悔(く)やみに行(い)く 문상하러 가다

- 合掌(がっしょう)する 합장하다
- 告別式(こくべつしき) 영결식
- お焼香(しょうこう)をする 분향하다

- ふくさ 비단보
- 弔電(ちょうでん)を打(う)つ 조전
- お香典(こうでん)の袋(ふくろ) 부조금 봉투

- 香典(こうでん) 조의금

弔電(ちょうでん)の例(れい) (조전의 예)
① 謹(つつし)んで哀悼(あいとう)の意(い)を表(あらわ)します。
삼가 명복의 뜻을 전합니다.
② ご逝去(せいきょ)を悼(いた)み、謹(つつし)んでお悔(くや)みを申(もう)し上(あ)げます。
돌아가셨다는 소식을 듣고 삼가 애도를 표합니다.

お焼香(しょうこう)の仕方(しかた) (분향하는 방법)
① 돌아가신 분의 사진을 보고 두 손을 모은다.
② 오른손으로 향을 조금 집는다.
③ 오른손을 이마 높이까지 든다.
④ 향로에 향을 떨어뜨린다.
⑤ 다시 한 번 손을 모으고 기원한다.

- 供花(きょうか) 부처 또는 죽은 이에게 꽃을 올림

no.5 큰일거리 **葬式(そうしき)**

- お悔(く)やみに行(い)く 문상하러 가다

  お悔(く)やみの言葉(ことば) (애도의 말)
  ① 世話役(せわやく)、ご愁傷(しゅうしょう)さまです。 고생이 많으십니다, 얼마나 애통하세요.
  ② この度(たび)は、ご愁傷(しゅうしょう)さまでした。 이번에 얼마나 애통하십니까.
  ③ この度(たび)は、本当(ほんとう)にお気(き)の毒(どく)でした。 이번에는 정말 안되셨어요.
  ④ この度(たび)は、本当(ほんとう)に大変(たいへん)なことでした。 이번에 정말 힘드셨겠어요.
  ⑤ どうぞ、お力落(ちからお)としのないように。 아무쪼록 낙담하지 마세요.
  ⑥ どうぞ、元気(げんき)を出(だ)してください。 아무쪼록 힘 내세요.
  ⑦ どうぞ、お気持(きも)ちを確(たし)かに。 아무쪼록 마음 단단히 잡수세요.

- 線香(せんこう)をあげる 향불을 피우다

- 霊前(れいぜん) 영전 (죽은 이의 영혼을 모신 곳의 앞)
- 焼香(しょうこう)をすませる 분향을 마치다
- 四十九日(しじゅうくにち) 49제
- 祭壇(さいだん)に捧(ささ)げる 제단에 바치다
- 喪服(もふく)を着(き)る 상복을 입다
- 火葬場(かそうば) 화장터
- 遺骨(いこつ)を拾(ひろ)う 유골을 수습하다
- お棺(かん) 관
- 出棺(しゅっかん) 출관

- 骨壷(こつつぼ) 화장한 뼈를 담는 항아리
- 霊柩車(れいきゅうしゃ) 영구차

- 数珠(じゅず) 염주
- 土葬(どそう) 토장, 매장
- 墓石(はかいし) 묘석, 묘비
- 戒名(かいみょう) 계명 (불문에 들어간 사람에게 주는 이름)
- 神式(しんしき)(神道(しんとう)) 신전식 장례식
- 仏壇(ぶつだん) 불단
- 仏式(ぶっしき) 불식, 불교식
- キリスト教式(きょうしき) 기독교식 장례식

no.5 큰일거리 葬式 장례식

754 不幸の知らせを聞いて、あわてて駆け付けた。
돌아가셨다는 소식을 듣고 서둘러 달려 왔다.

755 この度は突然のことで、ご愁傷さまでございます。
이번 갑작스런 일로 얼마나 애통하십니까?

756 どうぞ、お力落としなさいませんように。
부디 낙담하지 마시길 바랍니다.

757 故人の冥福をお祈り致します。
고인의 명복을 빕니다.

758 祭壇の前で合掌した後に、焼香をします。
제단 앞에서 합장한 후에 향을 피웁니다.

759 ご逝去の知らせに接し、「謹んでお悔やみ申しあげます」という弔電を打った。
돌아가셨다는 소식을 듣고, '삼가 애도를 표합니다'라고 전보를 쳤다.

> 逝去 서거 (돌아가심)

760 香典は、両親5万～10万円、兄弟5万円、友人5千円といったところです。
조의금은 양친은 5만 엔~10만 엔, 형제는 5만 엔, 친구는 5천 엔 정도입니다.

761 香典はふくさに包んで持参するのがマナーです。
조의금은 비단보에 싸서 가져가는 것이 예의입니다.

> 持参する 지참하다, 가져가다

762 男性の正式な喪服は黒のスーツに黒のネクタイと靴です。
남성의 정식 상복은 검은 양복에 검은 넥타이와 구두입니다.

763 まず霊前に進み、遺族に一礼した後、祭壇の手前で再び一礼して線香をあげます。
먼저 영전 앞으로 가서 유족에게 인사한 후, 제단 앞에 다시 한 번 절을 하고 향불을 피웁니다.

764 弔問客が霊前に供花をする。
조문객이 영전에 꽃을 올린다.

765 午前中に訪問して焼香をすませた。
오전 중에 방문해서 분향을 마쳤다.

no.5 큰일거리 **葬式**(そうしき)

766	叔父(おじ)の葬式(そうしき)は仏式(ぶっしき)でとりおこなわれた。

큰 아버지의 장례식은 불교식으로 치러졌다.

とりおこなう 행하다, 거행하다

767	午前(ごぜん)に出棺(しゅっかん)して、火葬場(かそうば)に向(む)かった。

오전에 출관하여 화장터로 향했다.

768	祖母(そぼ)の遺骨(いこつ)は骨壺(こつぼ)に入(い)れられた。

할머니의 유골은 항아리에 넣어졌다.

769	お通夜(つや)のために親族(しんぞく)と知人(ちじん)が集(あつ)まった。

밤샘을 위해 친족과 지인이 모였다.

no.5 큰일거리 病気・病 병

- 風邪をひく 감기에 걸리다
- 風邪を移す 감기를 옮기다
- インフルエンザ 독감
- 夏風邪 여름감기
- 熱がある 열이 있다

- 吐く 토하다
- 風邪をこじらす 감기를 키우다, 감기를 악화시키다
- 吐き気がする 구토가 나다
- 頭がキーンとする 머리가 띵하다

- 頭が痛い 머리가 아프다
- 頭痛持ち 가끔 두통을 앓고 있는 사람
- 頭ががんがんする 머리가 지끈지끈 아프다

- 気分が悪くなる 기분이 나빠지다, 속이 나쁘다

- 咳が出る 기침이 나오다
- 体がだるい 몸이 나른하다
- 寒気がする 한기가 들다

気分が悪い와 気持ちが悪い는 같은 의미로 쓰일 때도 있고, 다른 의미로 쓰일 때도 있다. 気分が悪い는 기본적으로 嫌なこと 言われたとき(싫은 말을 듣게 됐을 때) 쓰는 것이 보통이고, 二日酔い(숙취)로 속이 좋지 않을 때도 쓴다. 반면, 気持ちが悪い는 食べすぎ(과식), 飲みすぎ(과음), 油っぽいもの食べて(기름진 것을 먹고), 吐き気がするとき(구토를 할 때), へびとかを見たとき(뱀 등을 봤을 때) 등에 쓴다. 또 車酔い(차멀미), 乗り物酔い(놀이기구를 타다 나는 멀미)에는 둘 다 사용 가능하다.

- 体調が悪くなる 몸 상태가 나쁘다
- 中耳炎になる 중이염에 걸리다

no.5 큰일거리 **病気・病**

- 喉が痛い 목이 아프다
- 喉が腫れる 목이 붓다
- お腹が下る 배탈이 나다
- 下痢をする 설사를 하다
- お腹が張る 배에 가스가 차서 빵빵하다

- 扁桃腺が腫れる 편도선이 붓다
- 鼻づまり 코 막힘
- 鼻水が出る 콧물이 나오다
- 胃がもたれる 체하다, 위가 더부룩하다

- 吹き出物 뾰루지, 여드름
- かさぶた 부스럼 딱지
- 水ぶくれ 물집

- 骨を折る 뼈가 부러지다
- じんましん 두드러기

- 肩が凝る 어깨가 뭉치다
- 肩が張る 어깨가 뻐근하다
- 寝込む 병으로 몸져눕다

- さかむけ・ささくれ 손거스러미
- あかぎれ 손과 발의 피부가 트는 것
- うつ・うつ病 우울증
- 肌がただれる 피부가 짓무르다
- 肌がヒリヒリする 피부가 따끔따끔하다

no.5 큰일거리 病気・病 병

- 鮫肌（さめはだ） 거친 피부
- 肌がかぶれる（はだ） 피부가 가렵고 빨개지다, 피부에 염증이 나다
- 舌やけどする（した） 혀를 데이다
- 痒い（かゆ） 가렵다
- 膝を擦りむく（ひざ・す） 무릎이 까지다
- 舌苔がつく（ぜったい） 혓바늘이 돋다
- 遠視（えんし） 원시
- 乱視（らんし） 난시
- 近視（きんし） 근시
- 老眼（ろうがん） 노안
- 結膜炎（けつまくえん） 결막염
- 目薬（めぐすり） 안약
- 目が赤い（め・あか） 눈이 빨갛다
- 目が腫れる（め・は） 눈이 붓다
- 目やにが出る（め・で） 눈곱이 나오다
- 目が乾く（め・かわ） 눈이 건조하다
- 親知らず（おやし） 사랑니
- 虫歯（むしば） 썩은 이
- 瞼が腫れる（まぶた・は） 눈꺼풀이 붓다
- 歯科矯正（しかきょうせい） 치아교정
- 歯周病（ししゅうびょう） 치주염
- 口内炎（こうないえん） 구강염
- 歯の痛み（は・いた） 치통
- 歯が痛い（は・いた） 이가 아프다
- 歯がずきずきと痛い（は・いた） 이가 욱신욱신 쑤시다
- 歯茎が腫れる（はぐき・は） 잇몸이 붓다

no.5 큰일거리 病気・病(びょうき・やまい)

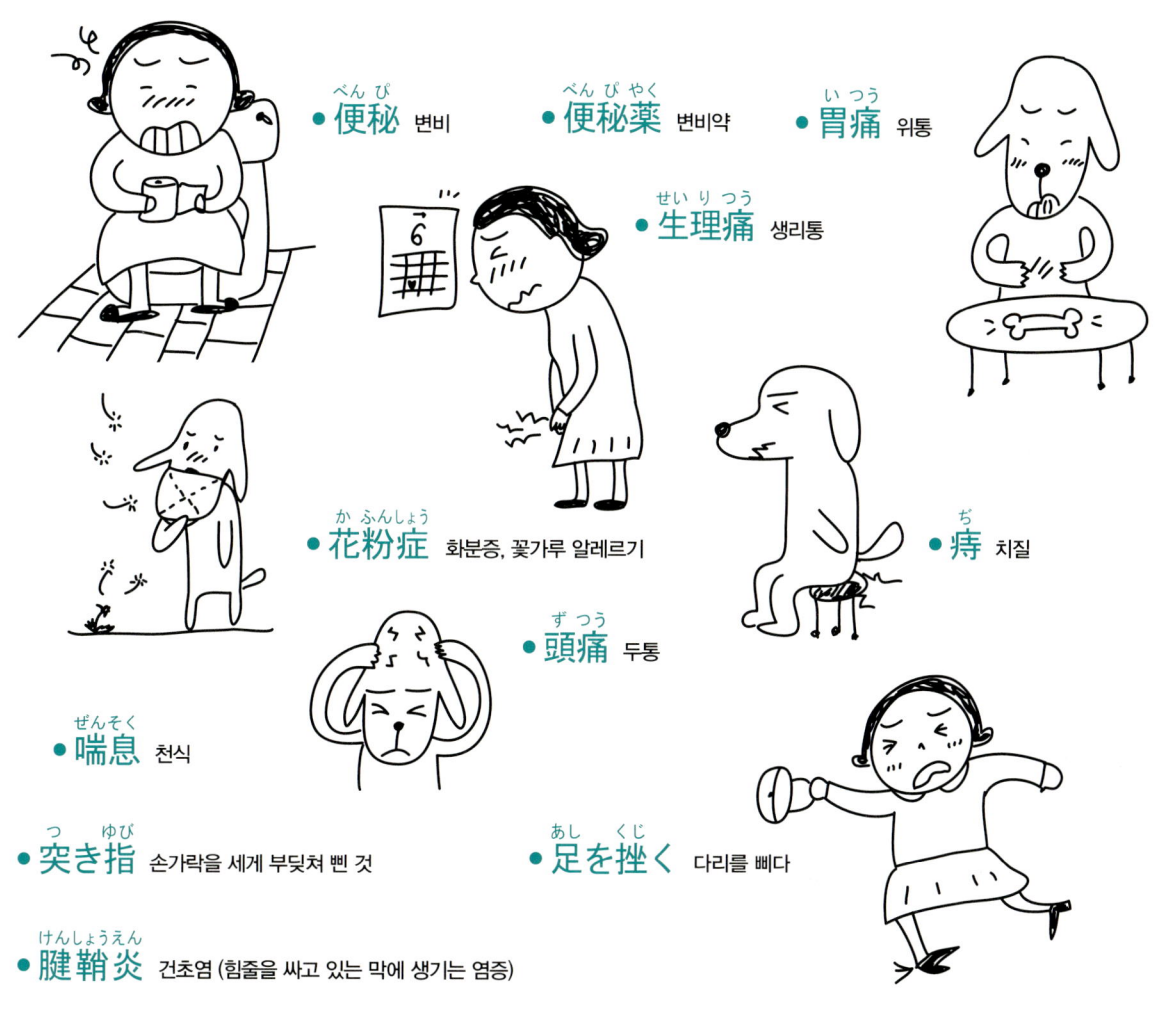

- 便秘(べんぴ) 변비
- 便秘薬(べんぴやく) 변비약
- 胃痛(いつう) 위통
- 生理痛(せいりつう) 생리통
- 花粉症(かふんしょう) 화분증, 꽃가루 알레르기
- 痔(ぢ) 치질
- 頭痛(ずつう) 두통
- 喘息(ぜんそく) 천식
- 突き指(つきゆび) 손가락을 세게 부딪쳐 삔 것
- 足を挫く(あしをくじく) 다리를 삐다
- 腱鞘炎(けんしょうえん) 건초염 (힘줄을 싸고 있는 막에 생기는 염증)
- 新型(しんがた)インフルエンザ 신종플루

no.5 큰일거리 病気・病 병

770 病気にならないように、普段から食事には気をつけている。
병에 걸리지 않게, 평소에 식사에 신경쓰고 있어.

771 「病は気から」ていうじゃない。気持ち次第よ。
'병은 마음으로부터'라고 하잖아. 마음 먹기 나름이야.

772 風邪をひいて、昨日から寝込んでいる。
감기에 걸려 어제부터 몸져 누웠어.

773 夏風邪は馬鹿しかひかないというけど、本当かな？
여름 감기는 바보들이나 걸린다고 하던데, 정말일까?

774 まだ熱があったのに会社に行ったら、風邪をこじらした。
아직 열이 있었는데, 회사에 출근해서 감기를 키웠다.

775 昨日から喉が痛くて、声を出すのがつらいんだ。
어제부터 목이 아파서, 소리를 내는 것이 힘들어.

776 喉が真っ赤に腫れているので、声が出せない。
목이 빨갛게 부어 있어서, 소리가 나오지 않아.

777 風邪予防のために、うがいをしなさい。
감기예방을 위해 물로 입을 헹구거라.

> **うがいをする** 입 안을 물 또는 うがい薬(가글)로 헹궈내다

778 咳が出るなら、マスクをしないと、ほかの人に風邪を移すわよ。
기침이 나올 때 마스크를 하지 않으면, 다른 사람에게 감기를 옮겨.

> **マスクをする** 마스크를 하다

779 なんだか寒気がするけど、風邪でもひいたかな。
왠지 한기가 드는데, 감기라도 걸린 걸까?

780 誰かに叩かれたみたいに、頭ががんがんするよ。
누군가에게 얻어 맞은 것처럼, 머리가 지끈지끈 아파.

781 アイスを一気に食べたら、頭にキーンときた。
아이스크림을 단번에 먹었더니, 머리가 찡하고 아팠다.

782 私は頭痛持ちだから、いつも薬を持ち歩いているんだ。
나는 두통을 앓고 있어서, 항상 약을 가지고 다녀.

no.5 큰일거리 **病気・病**

783	変な物を食べたのかな。なんだか吐気がするよ。
	이상한 것을 먹었나? 왠지 토할 것 같아.

784	お菓子の食べ過ぎで、気持ちが悪い。
	과자를 너무 많이 먹어, 속이 이상해.

785	最近、牛乳を飲むとお腹が下るようになった。
	요즘 우유를 마시면 배탈이 나.

786	ガスがたまってお腹が張る。
	가스가 차서 배가 빵빵해.

787	私は便秘だから、1週間出ないときもあるよ。
	나는 변비라, 1주일이나 화장실을 못 갈 때도 있어.

788	咳が出るので、呼吸が苦しい。
	기침이 나와서, 숨쉬기가 힘들어.

789	転んで膝を擦りむいて、かさぶたができた。
	넘어져서 무릎이 까져서, 딱지가 생겼어.

790	日焼けのしすぎで、肌がヒリヒリするよ。
	햇볕에 너무 그을려 피부가 따끔따끔해.

791	アトピーの薬を塗ったら、肌がただれた。
	아토피 약을 발랐더니, 피부가 짓물렀어.

792	化粧品で肌がかぶれた。
	화장품 때문에 피부에 빨갛게 염증이 생겼어.

793	二十歳を過ぎたら、にきびじゃなくて、吹き出物というんだよ。
	20살이 넘으면 여드름이라고 하지 않고, 뽀루지라고 하는 거야.

794	にきびは青春のシンボルっていうじゃない?
	여드름은 청춘의 심볼이라고 하지 않니?

795	シミの原因は日焼けなんですって。夏は気をつけなくちゃ。
	기미의 원인은 햇볕에 그을리는 것이래. 여름에는 조심해야지.

no.5 큰일거리 病気・病 병

796 朝起きて鏡の中の自分の顔に小ジワを発見した。
아침에 일어나 본 거울 속의 내 얼굴에서 잔주름을 발견했다.

797 遠視の人は老眼になりやすい。
원시인 사람은 노안이 되기 쉽다.

798 A：最近新聞を読むとき、離して読まないと見えないんだよ。
B：それは、きっと老眼だね。
A : 요즘 신문을 읽을 때, 거리를 두고 읽지 않으면 안 읽혀져.
B : 그건 아마 노안이라 그럴 거야.

799 ものが二重に見えるんだけど、乱視かな？
사물이 이중으로 보이는데, 난시일까?

800 目が赤く腫れているけど、病院に行った方がいいんじゃない？
눈이 빨갛게 충혈되었는데, 병원에 가는 것이 좋지 않아?

801 目やにが出るんだけど、結膜炎かな？
눈곱이 생기는데, 결막염일까?

802 目がよく乾くので、目薬が必要だ。
눈이 자주 건조해져서, 안약이 필요해.

803 瞼が腫れているので、何かと思ったら、ものもらいだった。
눈꺼풀이 부어 있어서, 뭔가 했더니 다래끼였다.

804 鼻づまりのせいで、息ができない。
코가 막혀서 숨을 쉴 수가 없어.

805 頭がのぼせて、鼻血が出た。
머리가 멍해지고 코피가 났어.

806 うつは自分では気付かないらしいから、怖いよね。
우울증은 자신은 잘 느끼지 못해서 무섭지.

807 あいつ、うつ病で会社を休んでいるらしいぜ。
그 녀석, 우울증으로 회사를 쉬고 있다는 것 같아. (남자가 쓰는 말)

no.5 큰일거리 **病気・病**

808	歯並びが悪いから、矯正をしようと思う。

치아가 고르지 못해서, 교정을 하려고 해.

809	親知らずを抜くと、1週間くらいは腫れて痛むようだ。

사랑니를 빼면, 1주일 정도 붓고 아프다는 것 같다.

810	虫歯にならないよう、ごはんを食べた後に歯を磨きましょう。

충치가 생기지 않게, 밥을 먹은 후에는 양치질을 합시다.

811	歯茎が腫れているんだけど、歯周病かな?

잇몸이 부었는데, 치주염일까?

812	口の中に大きな口内炎ができて、うまくものが食べられない。

입 안에 큰 염증이 생겨, 뭘 잘 먹을 수 없어.

813	コーヒーがあつくて、舌をやけどした。

커피가 뜨거워서 혀를 데였어.

814	昨日、夜遅くにたくさん食べたからか、胃がもたれて、なんだか気持ち悪い。

어제 밤늦게 많이 먹어서인지, 위가 더부룩하고 왠지 기분이 안 좋아.

815	花粉症のため、鼻水と涙が止まらない。

꽃가루 알레르기 때문에, 콧물과 눈물이 멈추지 않아.

816	花粉症の薬は強いから、すぐ眠くなる。

꽃가루 알레르기 약은 강해서 바로 졸려.

817	喘息の症状とは発作的にゼイゼイ、ヒューヒュー、息が苦しくなることです。

천식 증상이란 발작적으로 씩씩, 휴휴하며 숨이 가빠지거나 숨쉬기가 괴롭게 되는 것입니다.

> ゼイゼイ 쌕쌕, 씩씩 (고통스런 소리를 내며 숨을 쉬는 모양)
> ヒューヒュー 휴휴 (원래는 바람이 심하게 부는 모양이나 돌이나 탄환 등이 바람을 뚫고 지나가는 소리를 나타냄)

818	バスケットボールをしていたら、足を挫いたようだ。

농구를 하다가 다리를 접질려버린 것 같다.

no.5 큰일거리 病気・病 병

819 足を挫いたので、足をひきずっている。
다리를 접질려서, 다리를 질질 끌고 있다.

> ひきずる 질질 끌다

820 右の人指し指を突き指したので、字が書けない。
오른쪽의 검지 손가락을 세게 부딪쳐서 글씨를 쓸 수 없다.

> 손가락을 가리키는 말
> 親指 엄지　人差し指 검지　中指 중지　薬指 약지　小指 새끼

821 ギターの弾きすぎで、腱鞘炎になった。
기타를 너무 쳐서, 건초염에 걸렸어.

822 卵を食べて、じんましんが出る人もいる。
달걀을 먹고 두드러기가 나는 사람도 있다.

823 痔は暖めるといいらしいよ。
치질은 따뜻하게 하면 좋대.

824 生理の前は、腰が重かったり、胸が張ったりする。
생리 전에는 허리가 무겁거나 가슴이 빵빵해지기도 한다.

825 私は生理痛が重いから、毎月生理の時はバファリンを飲むの。
나는 생리통이 심해서, 매달 생리할 때는 바파린(약이름)을 먹어.

no.5 큰일거리 **病気・病**
びょうき やまい

ちょっと一休み！
ひと やす
좀 쉬어가요!

no.6 내 필통 어디 갔지?

일거리

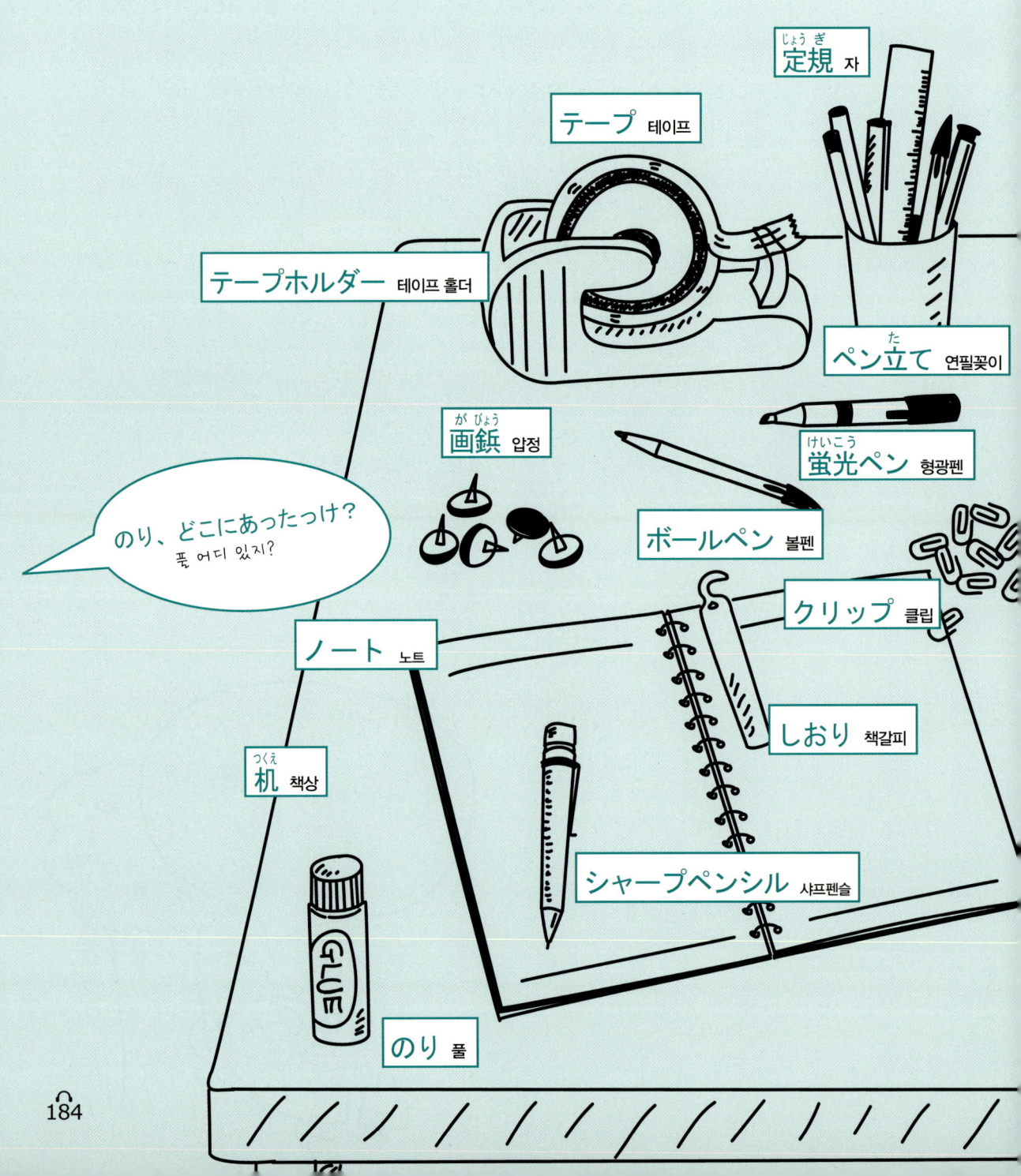

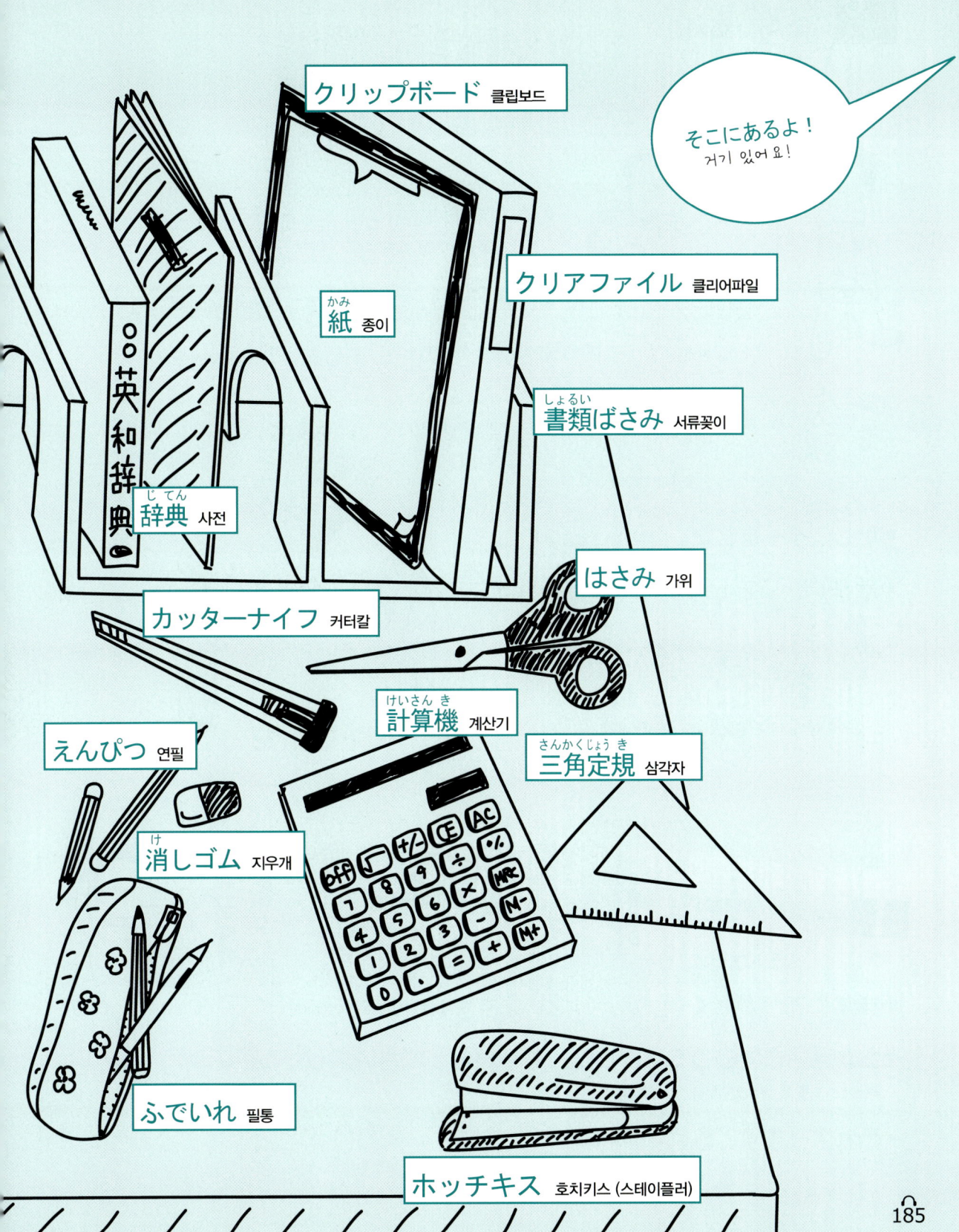

no.6 会社 (かいしゃ) 회사
일거리

挨拶(あいさつ) 인사

- いつもお世話(せわ)になっております。
  항상 신세 많이 지고 있습니다.
- ご無沙汰(ぶさた)しております。 오랜만입니다.
- お待(ま)たせいたしました。 오래 기다리셨습니다.

承知(しょうち) 승낙

- かしこまりました。 (겸손하게) 알겠습니다.
- 承知(しょうち)いたしました。 (보다 정중하게) 알겠습니다.
- 承(うけたまわ)りました。 (상대방의 뜻을 잘 받들어) 알겠습니다.
- それで結構(けっこう)でございます。
  그것으로 되었습니다 (괜찮습니다, 충분합니다).

感謝(かんしゃ) 감사

- 非常(ひじょう)にありがたく(うれしく)思(おも)います。 정말 감사하게 생각합니다.
- おかげさまで○○できました。ありがとうございました。
  덕분에 ○○을 할 수 있었습니다. 감사합니다.
- 恐(おそ)れ入(い)ります。 황송합니다 (감사합니다).

no.6 일거리 **会社**

謝罪 사죄

- 失礼いたしました。 실례했습니다.
- ご迷惑をおかけしました。 신세를 졌습니다.
- 大変申し訳ございませんでした。 대단히 죄송합니다.
- (気が付きませんで / 到りませんで) 申し訳ございません。
  (눈치 채지 못해서 / 부족해서) 죄송합니다.

依頼 의뢰

- お手数ですが(恐れ入りますが)、〇〇していただけますか？
  귀찮으시겠지만(송구스럽지만), ○○해 주시겠습니까?
- 申し訳ありませんが、〇〇をお願いいたします。
  죄송하지만, ○○을 부탁드립니다.

質問 질문

- 少々お伺いしたいことがあるのですが…。
  조금 여쭤 보고 싶은 것이 있습니다만….
- どのようなご用件でしょうか？ 무슨 용건이십니까?

no.6 일거리 会社(かいしゃ) 회사

確認(かくにん) 확인

- もう一度(いちど)おっしゃっていただけますか。
  다시 한 번 말씀해 주시겠습니까?
- これでいかがでしょうか(よろしいでしょうか)？
  이것으로 어떠십니까 (좋으십니까)?

断(ことわ)る 거절하다

残念(ざんねん)ですが○○いたしかねます

- (非常(ひじょう)に / 誠(まこと)に)残念(ざんねん)ですが、○○いたしかねます。
  (정말로 / 참으로) 유감이지만, ○○할 수 없습니다.
- (あいにくですが)私(わたし)の一存(いちぞん)では決(き)めかねますので、上司(じょうし)と相談(そうだん)してからご連絡(れんらく)いたします。
  (공교롭게도) 저 혼자만의 생각으로는 결정할 수 없음으로, 상사와 상의해서 연락드리겠습니다.

答(こた)えられない 대답할 수 없다

わかりかねますが・・・

- わかりかねますが…。 모르겠습니다만 ….
- 存(ぞん)じませんので、お答(こた)えいたしかねますが…。 잘 모르므로, 대답하기가 어렵습니다만 ….

反論(はんろん) 반론

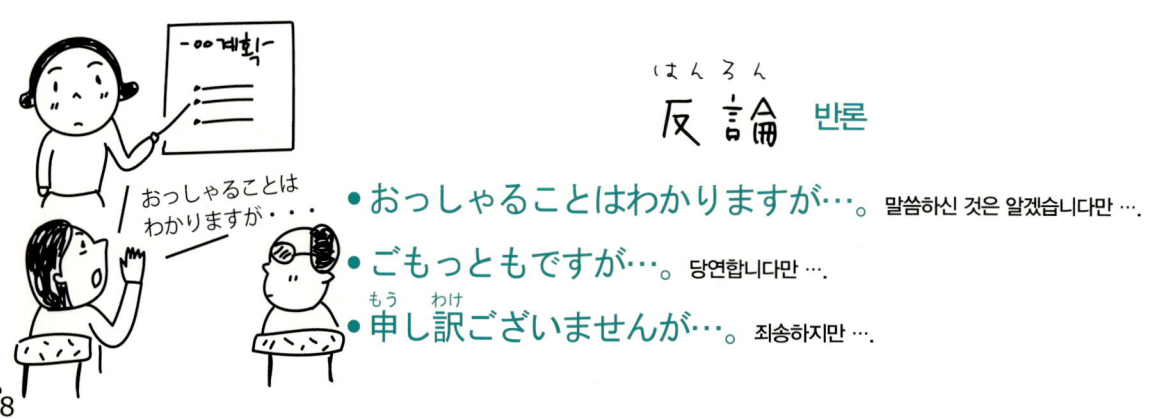
おっしゃることはわかりますが・・・

- おっしゃることはわかりますが…。 말씀하신 것은 알겠습니다만 ….
- ごもっともですが…。 당연합니다만 ….
- 申(もう)し訳(わけ)ございませんが…。 죄송하지만 ….

no.6 일거리 ○ **会社**

826
A : はい。〇〇会社でございます。
B : いつもお世話になっております。
〇〇会社の〇〇ですが、〇〇課長はいらっしゃいますか？

A : 네. ○○회사입니다.
B : 수고하십니다. (언제나 신세지고 있습니다.)
○○회사의 ○○입니다만, ○○ 과장님 계십니까?

827
A : 〇〇部長、ご無沙汰しております。
最近は海外出張が多く、会社に来る機会がございませんでした。
B : 〇〇さん、久しぶりだね。元気だったかい？

A : ○○ 부장님, 오랜만입니다.
요즘은 해외출장이 많아서, 회사에 올 기회가 없었습니다.
B : ○○ 씨, 오랜만이야. 잘 있었나?

828
A : 明日までにこの見積書を作成しといてくれないか？
B : はい、かしこまりました。(承知いたしました。)

A : 내일까지 이 견적서를 작성해 주겠나?
B : 네. 알겠습니다.

829
A : 〇〇の注文をお願いします。
B : 〇〇おひとつですね。かしこまりました。ご注文を承りました。
お届け日がわかりましたら、こちらからご連絡させていただきます。

A : ○○의 주문을 부탁합니다.
B : ○○ 하나 말씀이지요? 알겠습니다. 주문 잘 받았습니다.
도착하는 날짜가 정해지면 이쪽에서 연락드리겠습니다.

830
A : 会議を今週の金曜日にしようと思っているんですが、大丈夫ですか？
B : はい、それで結構でございます。

A : 회의를 이번 주 금요일에 하려고 하는데, 괜찮습니까?
B : 네, 괜찮습니다.

831
A : 新製品の完成おめでとうございます。
B : おかげさまで、どうにか新製品を完成させることができました。
非常にありがたく思っております。

A : 신제품 완성을 축하드립니다.
B : 덕분에 겨우 신제품을 완성할 수 있었습니다. 정말로 고맙게 생각하고 있습니다.

no.6 会社 회사

832
A：○○の発売日はいつですか？
B：当社の製品ではないものの発売日はわかりかねますが…。

A：○○의 발매일은 언제입니까?
B：당사의 제품이 아닌 것의 발매일은 알 수가 없는데요….

833
A：○○の契約書を作って部長に提出しておいたよ。
B：恐れ入ります。

A：○○의 계약서를 만들어 부장님에게 제출해 뒀어.
B：감사합니다.

834
A：お客様がいらっしゃっていたのに、お茶もお出ししないで、何をしているんだ！
B：気が付きませんで申し訳ございませんでした。

A：손님이 오셨는데, 차도 내 오지 않고 뭐 하고 있나!
B：몰랐습니다. 죄송합니다.

835
A：先ほどのメール、誤字がありまして大変ご迷惑をおかけしました。
「○○」ではなく「◇◇」の誤りでした。
B：そうですか。承知いたしました。

A：아까 메일에 오자가 있어서 죄송합니다. '○○'이 아니고 '◇◇'입니다.
B：그렇습니까? 잘 알겠습니다.

836
A：○○の注文をお願いしたいのですが。
B：申し訳ございませんが、お電話でのご注文を承っておりません。
大変お手数ですが、直接店舗へお越しいただけますでしょうか？

A：○○의 주문을 부탁하고 싶은데요.
B：죄송합니다만, 전화로 주문을 받지 않습니다.
힘드시겠지만, 직접 점포로 오실 수 있으시겠습니까?

837
A：はい、○○会社でございます。
B：先ほどお電話いたしました、○○と申します。
申し訳ありませんが、見積書の郵送をお願いいたします。

A：네, ○○회사입니다.
B：방금 전 전화 한 ○○라고 합니다.
죄송합니다만, 견적서 우송을 부탁드립니다.

no.6 일거리 会社

838
A : はい、〇〇会社でございます。
B : もしもし。〇〇のことで少々お伺いしたいことがあるのですが。
A : どのようなご用件でしょうか？
B : 先日ご連絡いただきました商品の納期のことなのですが。

A : 네. ○○회사입니다.
B : 여보세요. ○○의 일로 조금 물어 보고 싶은 것이 있는데요.
A : 무슨 일로 그러십니까?
B : 얼마 전 연락 받은 상품의 납기에 관한 것 입니다만.

839
A : 少しお電話が遠いようですので、もう一度おっしゃっていただけますか？
B : あっ、そうですか？

A : 전화가 잘 안 들리는데, 다시 한 번 말씀해 주시겠습니까?
B : 아, 그렇습니까?

840
A : ご指摘いただいた点を、修正して参りました。こちらでいかがでしょうか？
B : そうですね。これで大丈夫です。

A : 지적해 주신 점을 수정해 왔습니다. 이것으로 어떻습니까?
B : 음…. 이것으로 괜찮습니다.

841
A : お力になれず残念ですが、ご回答いたしかねます。
B : どうしてですか？
A : ただいま特許申請をしておりますので。

A : 힘이 되어 드리지 못해 유감이지만, 답을 해 드릴 수 없습니다.
B : 왜 그렇습니까?
A : 지금 특허 신청을 하고 있어서입니다.

842
A : 〇〇の納期なのですが、来週の月曜日ではなく、今週の金曜日に変えていただくことはできますか？
B : あいにくですが、私の一存では決めかねますので、上司と相談してからご連絡いたします。

A : ○○의 납기입니다만, 다음주 월요일이 아닌, 이번 주 금요일로 바꿔 주실 수 있습니까?
B : 유감이지만, 저 혼자 결정할 수 없으니, 상사와 의논해서 연락드리겠습니다.

no.6 일거리 コンピューター 컴퓨터

- パソコンをつける・パソコンを立ち上げる・パソコンの電源を入れる 컴퓨터를 켜다

- パソコンを使う 컴퓨터를 사용하다

- マウスを使う 마우스를 사용하다

- キーボードを打つ 키보드를 치다
- クリックする 클릭하다

- パソコンを切る 컴퓨터를 끄다
- ウェブカメラ 화상카메라

- インターネットにアクセスする 인터넷 접속하다

- プロバイダー 프로바이더, 인터넷의 서비스 접속 제공 회사

- 壁紙 바탕화면
- サーバーがダウンする 서버가 다운되다

- ペーストする 잘라서 붙여넣기 하다
- バグる・かたまる 먹통이 되다

- ウイルスに侵される・ウィルスに感染する 바이러스에 걸리다, 바이러스에 감염되다

- ウィルスチェックする 바이러스 체크하다

- ハッカーに侵入される 해커에게 침입 당하다

no.6 일거리 コンピューター

- CDを焼く　CD를 굽다
- カキコ・カキカキ・書き込み　게시판에 써 놓은 문장
- パソコンを再起動する　컴퓨터를 재부팅 하다
- 小文字　작은 글자
- 大文字　큰 글자
- パソコンを終了させる　컴퓨터를 종료하다
- 印刷プレビュー　인쇄 미리 보기

- 白黒印刷　흑백인쇄
- 見本作り　견본 만들기
- プリントアウトする・印刷する　프린트하다

> 印刷する 보다는 プリントアウトする 를 더 많이 쓴다.

- 縦印刷　세로방향인쇄
- 横印刷　가로방향인쇄
- 保存する・セーブする　저장하다
- チャットする　채팅을 하다
- 電磁波　전자파
- ハンドルネーム　닉네임

- コピーする　복사하다
- 過去ログ　과거기록 (이전에 써놓은 글)
- 上書きする　덮어쓰다
- 圧縮する　압축하다
- スレ・レス　댓글

> '댓글을 달다'는 スレッドを立てる, '게시판에서 두 사람이 이야기를 주고 받고 있는데, 옆에서 다른 사람이 대화에 끼어 드는 것'은 横レス라고 하며, '진지하게 댓글을 다는 것'은 マジレス라고 한다.

- 貼り付ける　붙여 넣다
- 解凍する　압축을 풀다
- 訂正する　수정하다
- 削除する　삭제하다

no.6 コンピューター 컴퓨터

843 会社に出社したら、まずパソコンを立ち上げる。
회사에 출근하면, 먼저 컴퓨터를 켠다.

844 ダウンロードしたら、パソコンがウイルスに侵されてしまった。
다운로드 했더니, 컴퓨터가 바이러스에 감염되어 버렸다.

845 ハッカーに侵入され、個人情報が流出した。
해커에게 침입 당해, 개인정보가 유출됐다.

846 パソコンがバグっちゃったよ。再起動させないとダメだな。
컴퓨터가 먹통이 됐어. 재부팅 안 하면 안 되겠어.

847 パソコン立ち上げても、知らないうちに落ちるんだよね。
컴퓨터를 켜도 모르는 사이에 꺼진다니까.

848 パソコンがかたまっちゃったら、再起動してみるといいよ。
컴퓨터가 멈춰 버리면, 재가동을 해봐.

849 パソコンを毎日使ってるから、電磁波をかなり浴びているはずだ。
컴퓨터를 매일 사용해서, 전자파를 꽤 쏘였을 것이다.

850 私の壁紙は、私の家の犬の写真です。
내 바탕화면은 우리 집 강아지 사진이에요.

851 その解答については、過去ログをご参照ください。
그 해답에 대해서는 이전에 써놓은 글을 참고하세요.

852 最近、パソコンの調子が悪くてさ、そろそろ新しいの買おうかと思ってるんだ。
요즘 컴퓨터 상태가 안 좋아서, 슬슬 새로 사려고 생각해.

853 備考欄に入力しとくよ。
비고란에 입력해 놓을 게.

854 今はウェブカメラもあるから、パソコンを使って顔を見ながら話すこともできて、便利だよね。
지금은 화상 카메라도 있으니까, 컴퓨터를 사용하여 얼굴을 보면서 이야기할 수도 있어 편리하지.

no.6 일거리 **コンピューター**

855 たまにすごく安いパソコン売ってるけど、指定のプロバイダーと契約しないといけないことが多いから、よく確認した方がいいよ。
가끔 굉장히 싼 컴퓨터를 파는데, 지정된 인터넷 접속 회사와 계약을 하지 않으면 안 될 때가 많으니까, 잘 확인 하는 것이 좋아.

856 流行りの曲をダウンロードして聞いてます。
유행하는 곡을 다운로드 해서 듣고 있어요.

857 人気ドラマについてレスを立てていたら、「横レス失礼します」といって書き込みがあった。
인기 드라마에 대한 댓글을 달고 있었는데, '껴듬 실례해요'하며 들어 왔어.

858 今、友達に頼まれて韓国ドラマのCDを焼いているんだ。
지금, 친구에게 부탁 받아 한국 드라마 CD를 굽고 있어.

859 学生の時、レポートはほとんどネットで探した文をコピーして貼り付けてただけだったよ。
학생 때, 리포트는 거의 인터넷에서 찾은 문장을 복사해서 덧붙이기만 했어.

860 ウィルスにかかる可能性があるから、よく分からないアドレスはクリックしない方がいいよ。
바이러스에 걸릴 가능성이 있으니까, 잘 모르는 주소는 클릭하지 않는 것이 좋아.

861 ミニホームページで新しい彼氏の写真をのせたら、女友達からのスレがいっぱいついたんだ。
미니 홈페이지에 새로운 남자친구의 사진을 올렸더니, 여자친구들의 댓글이 엄청 달렸어.

no.6 電子メール 전자 메일

- アドレスを入力する 주소를 입력하다
- パスワードを入力する 패스워드를 입력하다
- 内容を入力する 내용을 입력하다
- メールを開く 메일을 열다
- 返信 답장
- メールチェックする 메일 체크하다
- メールを送る 메일을 보내다
- ファイルを添付する 파일을 첨부하다
- 件名 메일 제목
- Eメールが送り返される E메일이 되돌아오다
- 文字化けする 글씨가 깨지다
- ブラインドタッチ 블라인드 터치 (자판을 보지 않고 타이핑 하는 것)
- いたずらメール 장난 메일
- 未読メール 안 읽은 메일
- メル友・メール友達 메일 친구
- 私用メール 사적인 메일
- 改行 행을 바꿈
- 筆まめ 편지나 글을 부지런히 씀
- 筆不精 편지나 글쓰기를 귀찮아함
- ダウンロードする 다운로드 하다
- データが消える 데이터가 날아가다
- 顔文字 이모티콘

no.6 일거리　電子メール

no.6 電子メール 전자 메일

862 電子メールがあるから、留学していても家族や友達とこまめに連絡できるし、あまり寂しくないよ。
전자 메일이 있어서, 유학 중이어도 가족이나 친구들과 자주 연락할 수 있어, 그다지 외롭지 않아.

> こまめに 바지런히

863 添付されていた書類が開けなかったので、もう一度送ってもらえますか。
첨부된 서류가 열리지 않았는데, 다시 한 번 보내 주시겠습니까?

864 届いたメールが文字化けしてるんだけど、どうしたらいいのかな。
도착한 메일의 문자가 깨졌는데, 어떻게 하면 좋지?

865 日本語のメールはいつも文字化けしてしまって読めない。
일본어 메일은 항상 깨져서 읽을 수가 없어.

866 メールを送っても、戻ってきちゃうんだけど、アドレスはこれで合ってる?
메일을 보내도 다시 되돌아 오는데, 주소가 이게 맞아?

867 返信はできるだけ早くするようにしています。
답장은 될 수 있으면 빨리 하려고 합니다.

868 ブラインドタッチができないから、書類を作るのにも時間がかかるんだよね。
블라인드 터치를 못해서, 서류를 만드는 것에도 시간이 걸려.

869 お忙しいとは思いますが、お返事お待ちしております。
바쁘실 줄 압니다만, 답장 기다리고 있겠습니다.

870 最近迷惑メールが多いから、アドレス変えようかな。
요즘 스팸 메일이 많으니까, 주소를 바꿔버릴까?

871 パスワードを入力しないといけないんだけど、パスワードを忘れちゃった。
비밀번호를 입력해야 하는데, 비밀번호를 잊어버렸어.

872 忙しくてメールチェックをしないでいたら、未読メールがたまっちゃった。
바빠서 메일 체크를 안 했더니, 읽지 않은 메일이 쌓였어.

873 メル友と今度、会ってみることにしたんだ。
메일 친구와 이번에 만나 보기로 했어.

no.6 일거리 **電子メール**

874 私の彼氏は、元々はメル友だった。
내 남자친구는 원래는 메일친구였어.

875 知らない送信元からの添付ファイルを開くと、ウィルスに感染する可能性があるから、気をつけた方がいいよ。
모르는 수신 주소의 첨부 파일을 열면 바이러스에 감염될 가능성이 있으니까, 조심하는 게 좋아.

876 圧縮ファイルで送られてきた文章は解凍しないと読めない。
압축파일로 보낸 문장은 압축을 풀지 않으면 읽을 수 없어.

877 会社で私用メールをしてる人って多いよね。
회사에서 사적인 메일을 하고 있는 사람이 많지.

878 改行を全然してない文は読みにくい。
개행을 전혀 하지 않는 문장은 읽기 어려워.

879 あの子は筆まめだから、よくメールをくれる。
저 사람은 쓰길 좋아하는 사람이라 메일을 자주 보내줘.

880 件名を書かないと、迷惑メールだと勘違いされるかもしれないよ。
제목을 쓰지 않으면, 스팸 메일이라고 오해할 지도 몰라.

881 友達にメールを出すときには、顔文字をたくさん使う。
친구에게 메일을 보낼 때는 이모티콘을 많이 사용해.

no.6 일거리 コピー 복사・プリント 프린트・ファックス 팩스

コピー 복사

- コピーする・コピーを取る 복사를 하다
- コピー用紙 복사 용지
- ○○部コピーをする・コピーを取る ○○부 복사하다
- 白黒コピー 흑백복사
- ○○枚コピーをする・コピーを取る ○○매 복사하다
- カラーコピー 칼라복사
- 用紙がない 용지가 없다
- 用紙が入っていない 용지가 들어 있지 않다
- 手差しで紙を入れる 손으로 종이를 넣다
- 用紙を足す 용지를 꺼내다
- 用紙を補充する 용지를 보충하다(넣다)
- 紙詰り 용지가 걸림
- 両面コピー 양면 카피
- トナーが切れる 토너가 떨어지다
- トナーを交換する 토너를 교환하다
- 片側刷り・片面刷り 한 면 복사
- ミスプリ・ミスプリント 잘못 복사
- 両面刷り・両面印刷 양면 인쇄

> 両面印刷를 더 자주 사용한다.

- 自動コピー 자동복사
- コピー濃度 복사 농도

no.6 일거리　コピー・プリント・ファックス

- メンテする（maintenance）　유지하다
- コピー原本（げんぽん）　복사 원본
- 薄（うす）く　흐리게 (하다)
- 縮小（しゅくしょう）コピー　축소 복사
- 拡大（かくだい）コピー　확대 복사
- 濃（こ）く　진하게 (하다)

プリント　프린트

- わらばん紙（し）　(볏짚이나 밀짚 등을 원료로 사용한) 질이 좋지 않은 종이
- 裏紙（うらがみ）　이면지, 인쇄한 용지를 재활용하는 종이
- 厚紙（あつがみ）　두꺼운 종이
- 薄紙（うすがみ）　얇은 종이
- 再生紙（さいせいし）　재생지

- ～をリサイクルする　～을 재활용하다

ファックス　팩스

- ファックスを送（おく）る　팩스를 보내다
- ファックスを受（う）け取（と）る　팩스를 받다

no.6 일거리 コピー 복사・プリント 프린트・ファックス 팩스

882 この資料を１００部コピー取ってください。
이 자료를 100부 복사해 주세요.

883 これ全部コピーしといてほしいんだけど…。
이거 전부 복사해 줬으면 하는데….

884 白黒の片面刷りでよろしいでしょうか？
흑백으로 한쪽 면으로 하면 되나요?

885 コピーが終わったら、僕のデスクの上に置いといてよ。
복사가 끝나면, 내 책상 위에 놓아줘.

886 分厚い本は、コピーが取りずらい。
두꺼운 책은 복사하기 어려워.

887 片側刷りは、用紙がもったいない。
한 면 복사는 용지가 아까워.

888 古いコピー機はよく紙詰りが起こる。
오래된 복사기는 종이가 잘 걸린다.

889 Ａ４のコピー用紙が無くなったから、補充しておいて。
A4 복사용지가 떨어졌으니까 채워둬.

890 両面印刷するときには、手差しで用紙を入れないといけない。
양면복사를 할 때에는 손으로 용지를 넣어주지 않으면 안 돼.

891 たくさんコピーしてしまった後にミスプリが発見された。
많이 복사해버린 후에 잘못 복사한 것이 발견되었다.

892 会社別に分けて、ファイルに入れといて。
회사별로 나눠 파일에 넣어둬.

893 これ、ページ順に整理して。
이거, 페이지 순으로 정리해.

894 この資料、ここにいる人数分コピーして持ってきてください。
이 자료, 여기 있는 인원수대로 복사해서 가져오세요.

no.6 일거리　コピー・プリント・ファックス

895	2枚だけ出てきたところで、用紙切れしてしまったんですが…。
	2장 나왔을 쯤에 용지가 떨어져 버렸는데요….

896	授業で必要なプリントを３０枚コピーした。
	수업에 필요한 프린트를 30장 복사했다.

897	ファックスで送ってもらっていいですか?
	팩스로 보내 주시겠어요?

898	これ、早くファックスで送って。
	이거, 빨리 팩스로 보내줘.

899	ファックスの使い方を教えてもらえますか。
	팩스 어떻게 보내는지 알려 주시겠어요?

900	ファックスが届いたか確認して、届いてなかったならもう一度送って。
	팩스 받았는지 확인해 보고, 안 받았다고 하면 다시 보내줘.

901	ファックスが届いたか確認してもらっていいですか?
	팩스가 도착했는지 확인해 주시겠어요?

902	ファックス送ったので、確認お願いします。
	팩스 보냈는데, 확인 좀 부탁드릴게요.

903	ファックス送ったので、着信確認お願いします。
	팩스 보냈는데, 도착 확인 부탁드릴게요.

904	用紙が詰ってしまったので、もう一度送っていただけますか?
	용지가 걸려서 그러는데, 다시 보내 주시겠어요?

no.6 教育 교육

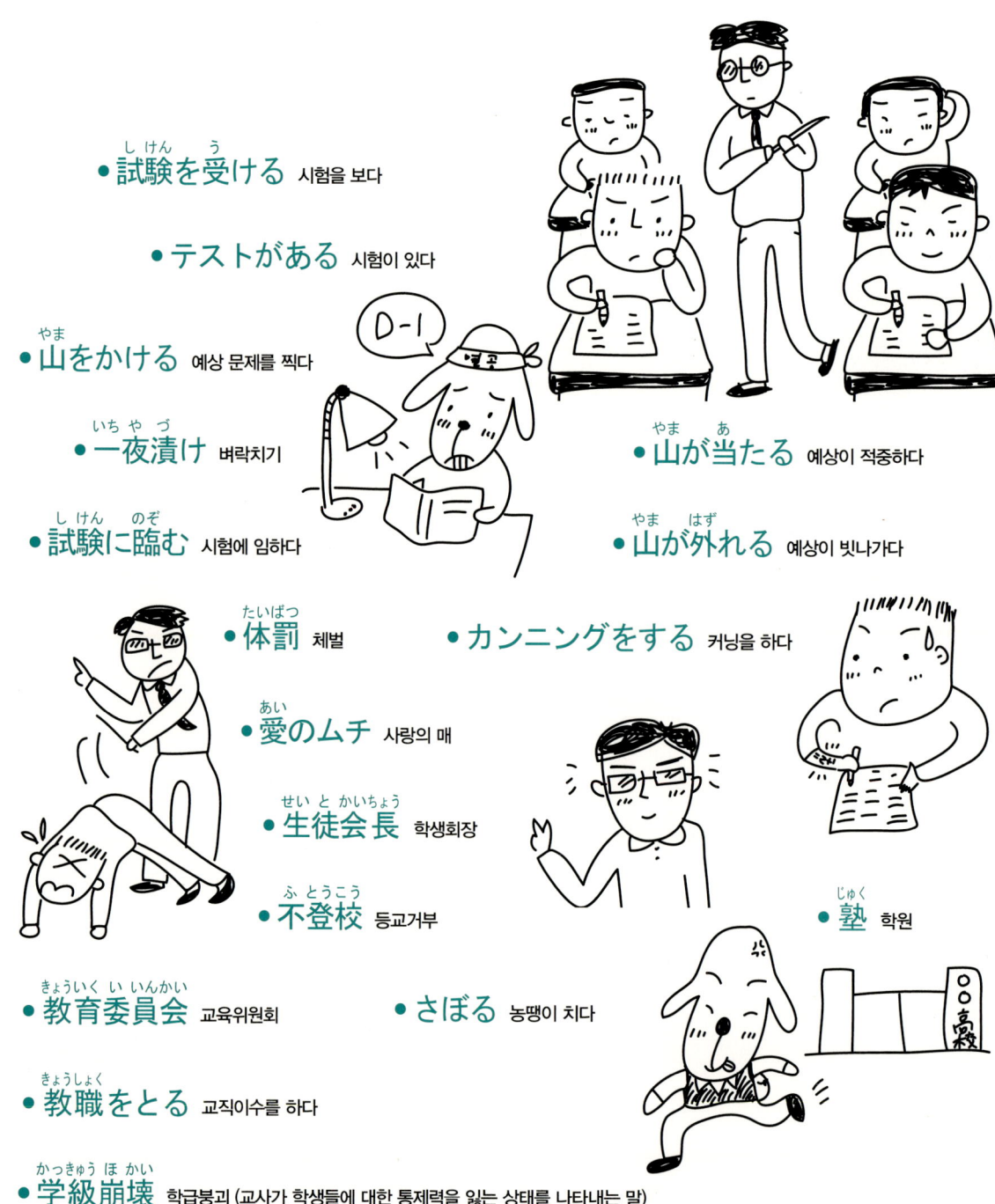

- 試験を受ける 시험을 보다
- テストがある 시험이 있다
- 山をかける 예상 문제를 찍다
- 一夜漬け 벼락치기
- 試験に臨む 시험에 임하다
- 山が当たる 예상이 적중하다
- 山が外れる 예상이 빗나가다
- 体罰 체벌
- カンニングをする 커닝을 하다
- 愛のムチ 사랑의 매
- 生徒会長 학생회장
- 不登校 등교거부
- 塾 학원
- 教育委員会 교육위원회
- さぼる 농땡이 치다
- 教職をとる 교직이수를 하다
- 学級崩壊 학급붕괴 (교사가 학생들에 대한 통제력을 잃는 상태를 나타내는 말)

no.6 일거리 **教育(きょういく)**

- **ゆとり教育(きょういく)** 일본 국가에서 현 교육의 일방적인 지식 전달을 비판하면서 스스로 학습하고 스스로 생각하는 교육을 지양한다는 平成(へいせい) 8년 7월에 만든 교육 방침, 유토리 교육

- **モンスターペアレンツ(monster parents)** 몬스터 페어런츠 ('괴물 부모'란 학교에 자기 자식을 위해 상식에 어긋나는 요구, 예를 들면, '우리 아기 좋아하는 음식만 급식에 내줬으면 좋겠다' '우리 아이를 괴롭히는 아이를 다른 반으로 옮기거나 전학시켜 라'라는 등을 요구하는 보호자를 가리키는 말)

- **クラス分(わ)け** 반 배정
- **フリースクール** 자유학교

- **校則(こうそく)** 규칙
- **いじめ** 왕따
- **部活(ぶかつ)** 동아리 활동

- **学級委員長(かっきゅういいんちょう)** 학급위원장
- **センター試験(しけん)** 수능시험

- **パンキョー・一般科目(いっぱんかもく)の授業(じゅぎょう)** 일반교양과목 수업 (대학생이 쓰는 말)

- **時間割(じかんわり)** 시간표
- **通信簿(つうしんぼ)・通信表(つうしんひょう)** 성적표

- **家庭内暴力(かていないぼうりょく)** 가정 내 폭력

- **生涯教育(しょうがいきょういく)** 평생교육

- **落(お)ちこぼれ** 뒤떨어지는 학생

- **熱血教師(ねっけつきょうし)** 열성적인 교사
- **教育(きょういく)ママ** 아이의 교육에 열성적인 엄마 (치맛바람)

no.6 教育 교육

905 一夜漬けで勉強してテストを受けたけど、やっぱり全然できなかったよ。
벼락치기로 공부해 시험을 봤지만, 역시 완전 망쳤어.

906 朝ご飯をしっかり食べて、試験に臨みなさい。
아침밥을 챙겨먹고, 시험을 봐야지.

907 カンニングしたのが先生にばれて、こっぴどく怒られた。
컨닝 한 것을 선생님에게 들켜서, 호되게 혼났다.

> こっぴどい 지독하다, 호되다

908 成績順にクラス分けがあるんだけど、上のクラスに入りたいな。
성적순으로 반 배정을 하는데, 윗반에 올라가고 싶어.

909 先生の注意を全く聞かずに騒ぎまくる生徒のせいで、授業ができない「学級崩壊」が問題になっている。
선생님의 주의를 전혀 듣지 않고 떠들어 대는 학생들 때문에 수업을 할 수 없는 '학급붕괴'가 문제가 되고 있다.

910 あの子は勉強もできて、友達にも優しいから、いつも学級委員長に推薦されている。
저 애는 공부도 잘하고 친구들에게도 상냥해서, 항상 학급위원장에 추천된다.

911 責任感が強くて、リーダーシップがある人が、生徒会長をやるものだ。
책임감이 강하고 리더십이 있는 사람이 학생회장을 하는 것이야.

912 学校が終わったら、塾に行って勉強する子供がほとんどだ。
학교가 끝나면 학원에 가서 공부하는 어린이가 대부분이다.

913 大学の時、パンキョーはいつもさぼってたな。
대학교 때, 일반 교양은 언제나 땡땡이 쳤는데.

914 教育委員会は数年前までは、ゆとり教育が必要だと言っていたのに、今はゆとり教育は見直した方がいいという意見に変わっている。
교육위원회는 수년 전까지는 여유교육이 필요하다고 말했으면서, 지금은 여유교육은 재검토 하는 것이 좋다고 하는 의견으로 바뀌고 있다.

> 見直す 다시 보다, 재점검하다

915 昔は、悪いことをしたら、バケツを持って廊下に立たされたけど、もし今そんなことしたら、体罰だって言われるんだろうね。
옛날에는 나쁜 일을 하면 양동이를 들고 복도에 서 있게 했는데, 만약 지금 그런 짓을 하면 체벌이라고 말하겠지.

教育

916 いじめられて、不登校になってしまった子供が通うためのフリースクールが増えているらしい。
괴롭힘 당해서 학교에 갈 수 없게 된 아이가 다니기 위한 자유학교가 늘고 있는 것 같아.

917 多少の体罰は「愛のムチ」だという意見も一理あるよね。
약간의 체벌은 '사랑의 매'라고 하는 의견도 일리가 있지.

918 最近は、モンスターペアレンツっていう常識はずれの親が増えてるらしいね。
요즘 몬스터 페어런츠란 몰상식한 부모가 늘고 있다는 것 같아.

919 高校生の時は勉強よりも、部活を頑張ってたな。
고등학교 때는 공부보다 동아리 활동을 열심히 했는데.

920 少子化だから、教職をとっても、教師になれないみたいだよ。
저 출산화로 교직 이수를 해도 교사가 될 수 없다고 해.

> 少子化 저 출산화 (출생률의 저하로 인해 자녀의 수가 줄어드는 현상)

921 国立大学に入るためには、まずセンター試験を受けないとね。
국립대학에 들어 가기 위해서는 먼저 수능시험을 봐지.

922 夏休みや冬休みは嬉しいけど、その前に通信簿をもらわないといけないのが、いつも憂鬱だったな。
여름방학이나 겨울방학은 좋긴 한데, 그 전에 성적표를 받아야 하기 때문에 항상 우울했어.

923 家庭内暴力が問題になってるけど、地域全体で問題に取り組んでいかないと、なかなか解決しないだろうね。
가정 내 폭력이 문제가 되고 있는데, 지역전체가 문제를 해결해 나가지 않으면 좀처럼 해결되지 않을 거야.

> 取り組む 맞붙다, 몰두하다

924 校則を破ると、停学になる場合もある。
교칙을 어기면, 정학을 맞는 경우도 있다.

## no.7 길거리
파란 불이다, 건너자!

あおしんごう か わた
青信号に変わったから、渡ろう。
파란불로 바뀌었으니까, 건너자.

は～い！
예!

てい りゅうじょ
停留所 정류장

バス 버스

タクシー 택시

の ば
タクシー乗り場 택시 승차장

ま
ちょっと待ってくださーい。
좀 기다려 주세요.

ち か てつ いりぐち
地下鉄入口 지하철 입구

マンホール 맨홀

ほ どうきょう
歩道橋 육교

208

no.7 병원
病院 (びょういん)

- 再診 (さいしん) 재진
- 初診 (しょしん) 초진
- 健康保険証 (けんこうほけんしょう) 건강보험증
- 問診表 (もんしんひょう) 문진표
- 治療 (ちりょう) 치료

- 自費診療 (じひしんりょう) 자비진료
- 外来診療 (がいらいしんりょう) 외래진료
- 診断書 (しんだんしょ) 진단서

- アレルギー 알레르기
- 診察 (しんさつ) 진찰
- 内科 (ないか) 내과

- 処方箋 (しょほうせん) 처방전

- 外科 (げか) 외과
- 耳鼻咽喉科 (じびいんこうか) 이비인후과
- 歯科 (しか) 치과

- 整形外科 (せいけいげか) 정형외과 또는 성형외과
- 歯医者 (はいしゃ) 치과의사

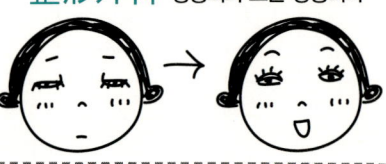

- 整形手術 (せいけいしゅじゅつ) 성형수술

> 일본에서는 예뻐지기 위해서 하는 성형수술(成形手術)을 정형수술(整形手術)이라고 한다.

- 一日分 (いちにちぶん) 하루분
- 二日分 (ふつかぶん) 이틀분
- 三日分 (みっかぶん) 3일분

no.7 길거리 ○ 病院(びょういん)

- 救急センター 응급실
- 精神科 정신과
- 待ち時間 대기 시간
- 症状 증상
- 産婦人科 산부인과
- 救急車 구급차
- 体温計 체온계

- 熱を計る 열을 재다
- 小児科 소아과
- ○度○分 ~도 ~부

우리나라에서는 감기로 병원을 찾을 때 엉덩이에 주사를 놓는 경우가 흔하지만, 일본에서는 이런 경우가 드물다. 일본의 병원에 가서 주사를 맞는다고 바지를 내리고 엉덩이를 보여줬다가는 성추행범으로 망신을 당할 지도 모르니 주의하는 것이 좋다.

- 副作用 부작용
- 熱さまシート 열시트 (열이 날 때 이마에 붙이는 시트)
- 平熱 정상체온 (건강할 때의 사람 체온)

- サロンパス 파스 (근육통에 붙이는 파스)
- 薬 약
- 安静にする 안정을 취하다
- 食後 식후

- やぶ医者 돌팔이 의사
- 医療チーム 의료진

no.7 길거리 病院 병원

925 この病院に来るのは初めてなのですが、どうすればいいですか?
이 병원엔 처음 왔는데, 어떻게 하면 되나요?

926 この問診表に必要なことを記入してください。
이 문진표에 필요한 것을 작성해 주세요.

927 初診の受付は2番カウンターで行っています。
초진 접수는 2번 카운터에서 하고 있어요.

928 再診の受付は3番カウンターで行っています。
재진 접수는 3번 카운터에서 하고 있어요.

929 健康保険証はお持ちですか?
보험증은 가지고 계시나요?

930 健康保険証をお持ちでないと、自費診療になりますが、よろしいですか?
보험증이 없으면, 자비진료가 되는데, 괜찮으세요?

931 外来診療は9時から3時までです。
외래 진료는 9시부터 3시까지예요.

932 熱を計りますので、この体温計を脇の下にはさんでください。
열을 잴 거니까, 이 체온계를 겨드랑이 밑에 끼우세요.

933 名前を呼ばれたら、1番の部屋に入ってください。
이름을 부르면, 1번 방으로 들어 가세요.

934 お名前が呼ばれるまで、ここで待っていてください。
이름을 부를 때까지, 이곳에서 기다리세요.

935 待ち時間はどれくらいですか?
기다리는 시간은 어느 정도인가요?

936 待っている間に気分が悪くなったら、おっしゃってください。
기다리는 동안 불편하시면, 말하세요.

937 症状はどうですか?
증상은 어땠나요?

no.7 길거리 · 病院

938	昨日から熱があるので、頭がくらくらします。
	어제부터 열이 있어서, 머리가 어질어질해요.

939	A : どんな症状がありますか？ B : 吐き気がします。
	A : 어떤 증상이 있나요? B : 구토가 나요.

940	気持ちが悪いので、トイレで吐いてきました。
	속이 불편해서, 화장실에서 토하고 왔어요.

941	治療をお願いします。
	치료를 부탁합니다.

942	私は〇〇に対してアレルギーがあります。
	저는 00에 대한 알레르기가 있어요.

私は〇〇アレルギーです。 저는 00알레르기예요.

943	今、他に違う治療を受けています。
	지금 다른 치료를 받고 있어요.

944	今、〇〇の薬を飲んでいます。
	지금 00약을 먹고 있어요.

945	薬だけほしいのですが、できますか？
	약만 원하는데, 가능한가요?

946	診察を受けないと、処方箋を出すことはできません。
	진찰을 받지 않으면, 처방전을 낼 수가 없어요.

947	診断書を書いてください。
	진단서를 써 주세요.

948	A : 今日はどうなさいましたか？ B : 頭が割れるように痛いです。
	A : 오늘은 어디가 아파 오셨나요? B : 머리가 깨질 것 같이 아파요.

no.7 길거리 病院(びょういん) 병원

949 風邪(かぜ)をひいたみたいで咳(せき)がでます。
감기에 걸렸는지 기침이 나요.

950 A：熱(ねつ)はありますか？
B：はい、３８度５分(さんじゅうはちどごぶ)あります。
A：열은 있나요?
B：네, 38.5예요.

951 A：平熱(へいねつ)は何度(なんど)ですか？
B：３６度(さんじゅうろくど)です。
A：평소 열은 몇 도였나요?
B：36도요.

952 ２、３日前(にさんにちまえ)から体(からだ)がだるいんです。
2, 3일 전부터 몸이 나른해요.

953 喉(のど)も痛(いた)いです。扁桃腺(へんとうせん)が腫(は)れているかもしれません。
목도 아파요. 편도선이 부은 것 같아요.

954 薬(くすり)を３日分(みっかぶん)出(だ)しておきますので、朝(あさ)と夜(よる)、食後(しょくご)に飲(の)んでください。
약을 3일분 지어 줄 테니, 아침과 저녁 식후에 드세요.

955 今日(きょう)会社(かいしゃ)に行(い)ったら、体調(たいちょう)が悪(わる)くなりました。
오늘 회사에 갔는데, 몸 상태가 나빠졌어요.

956 風邪(かぜ)をこじらせると、大変(たいへん)な病気(びょうき)になることもあるので、気(き)をつけてください。
감기를 키우면 큰 병이 될 수도 있으니, 주의하세요.

957 症状(しょうじょう)が落(お)ち着(つ)くまで安静(あんせい)にしていてください。
증세가 호전될 때까지 안정을 취하세요.

958 薬(くすり)の副作用(ふくさよう)で困(こま)ったことはありますか？
약의 부작용으로 고생한 적이 있나요?

959 現在治療中(げんざいちりょうちゅう)の病気(びょうき)はありますか？
현재 치료중인 병이 있나요?

no.7 길거리 **病院**

960 私は花粉症なので目が痒くなり、鼻水がでます。
나는 꽃가루 알레르기여서, 눈이 가렵고 콧물이 나요.

961 夏なのに寒気がするのは、おかしいですよね？ 風邪でもひいたのかな？
여름인데 한기가 드는 게 이상하죠? 감기라도 걸린 걸까?

962 歯がズキズキと痛いんだけど、虫歯かな？
이가 욱신욱신 쑤시는데, 충치일까?

963 階段から落ちて骨を折りました。
계단에서 넘어져서 뼈가 부러졌어요.

964 おなかが下って、下痢をしています。
배탈이 나서 설사를 해요.

no.7 길거리 | 電車 전철 · 汽車 기차

- **切符**(きっぷ) 표
- **定期券**(ていきけん) 정기권 (직장인들에게 유리한 표로, 출발지와 도착지, 사용기간이 적혀 있어 그 구간에서는 몇 번이고 왕복해도 상관없다. 만약 신주쿠 역에서 우에노 역까지 한 달짜리 정기권을 끊으면, 신주쿠 역에서 우에노 역까지 마음대로 다닐 수 있는 것이다. 단, 우에노 역을 넘어가는 경우라면, 출발지부터의 요금 전부를 지불해야 함으로 유의해야 한다.)

- **Suica (Super Urban Intelligent Card・スイカ)**
  JR 東日本(ひがしにほん)에서 개발한 교통카드 Suica (Super Urban Intelligent Card・スイカ)

  > Suica는 すいか(수박)을 영어식으로 바꿔놓은 것으로 지하철에서 이용 가능한 교통카드의 일종이다.

- **PASMO (pasmo・バスモ)** 겸용카드

  > 버스도 이용가능 하다는 バスも(버스도)를 영어로 바꾼 이름이다. 말 그대로 지하철 뿐만 아니라 버스도 이용할 수 있고, 충전해서 사용할 수 있다.

- **満員電車**(まんいんでんしゃ) 만원전철
- **乗車率**(じょうしゃりつ) 승차율
- **0番線**(ばんせん) 0호선
- **始発**(しはつ) 첫차
- **改札口**(かいさつぐち) 개찰구
- **0両**(りょう) 0량
- **終電**(しゅうでん) 막차

막차 11:40 다음열차없음

- **吊り棚**(つりだな) 선반
- **吊革**(つりかわ) 손잡이
- **終電がなくなる**(しゅうでん) 막차가 끊기다
- **手すり**(て) 난간
- **終電を逃す**(しゅうでん のが) 막차를 놓치다

no.7 길거리 **電車・汽車** (でんしゃ・きしゃ)

- **女性専用車両** (じょせいせんようしゃりょう) 여성전용차량
- **中吊り広告** (なかづりこうこく) 전철 천정에 매단 광고
- **ホーム** 플랫폼
- **痴漢** (ちかん) 치한
- **乗り越す** (のりこす) 지나치다
- **寝過ごす** (ねすごす) 졸다 지나치다

- **乗り換える** (のりかえる) 갈아타다
- **乗継が悪い** (のりつぎがわるい) 갈아타기가 불편하다
- **乗継が良い** (のりつぎがいい) 갈아타기가 편하다
- **乗り間違える** (のりまちがえる) 잘못 타다

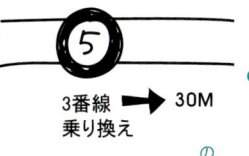

- **運転見合わせ** (うんてんみあわせ) 운행 취소
- **時刻表** (じこくひょう) 시간표

- **整列乗車** (せいれつじょうしゃ) 줄 서서 승차하는 것
- **ラッシュ** 러시
- **帰省ラッシュ** (きせいラッシュ) 귀성 러시
- **通勤ラッシュ** (つうきんラッシュ) 통근 러시
- **帰国ラッシュ** (きこくラッシュ) 귀국 러시
- **ラッシュアワー** 러시아워

no.7 길거리 電車 전철 · 汽車 기차

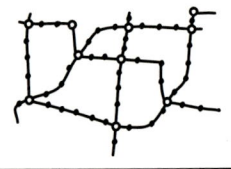

- 路線情報 노선정보
- 特急 특급
- 準特急 준특급
- 快速 쾌속
- 振替乗車 대체승차 (열차 고장 등으로 다른 차로 바꿔 타는 것)

- 寝台列車・ブルートレイン 침대열차
- 各駅停車 완행열차
- 急行 급행
- グリーン席 그린석 (특실)
- 優先席 우선석
- シルバーシート 실버석 (경로석)
- 駆け込み乗車 뛰어 들어 승차함
- 白線の内側 흰색 선 안쪽
- 踏切が下がる 차단기가 내려가다
- 踏切が上がる 차단기가 올라가다

no.7 길거리 **電車・汽車**

965	新宿で降りなきゃいけないのに、寝過ごして東京まで来ちゃったよ。 신주쿠(역)에서 내려야 되는데 졸아서 도쿄(역)까지 와버렸어.
966	特急や準特急などがあるから、乗り間違えないように気を付けてください。 특급이나 준특급 등이 있으니까, 잘못 타지 않게 주의하세요.
967	この電車は乗車券のほかに特急券も必要です。 이 전철은 승차권 외에 특급권도 필요합니다.
968	新幹線のグリーン席に乗ってみたいね。 신간선의 특실에 타 보고 싶네.
969	最近、寝台列車がなくなってきてしまって、さみしいね。 요즘 침대열차가 없어져서, 서운하네.
970	毎朝、満員電車で通勤するのは、本当に憂鬱だ。 매일 아침 만원전철로 통근하는 것은 정말로 우울하다.
971	定期券は、改札の横の窓口で買えるよ。 정기권은 개찰구 옆에 있는 창구에서 살 수 있어.
972	suicaがあれば、いちいち切符を買わなくていいから、便利だよ。 Suica가 있으면, 일일이 표를 사지 않아도 되니까, 편리해.
973	この先カーブのため、電車が揺れますので、お立ちの方は吊革や手すりにおつかまり下さい。 이제 곧 커브라서, 전철이 흔들리니까, 서 계신 분은 손잡이나 봉을 잡아 주세요.
974	金曜の終電は乗車率２００％っていうくらいに混んでるよね。 금요일 마지막 전철은 승차율 200퍼센트라 할 정도로 혼잡하지.
975	満員電車の中はすることがないから、中吊り広告を読んでいる。 만원전철 안에서는 할 일이 없어서, 전철 안에 붙은 광고를 읽는다.
976	整列乗車にご協力ください。 줄서기 승차에 협조해 주세요.
977	痴漢にあったら、勇気を出して、周りの人に言わないとだめだよ。 치한을 만나면 용기를 내서 주위 사람에게 말해야 돼.

no.7 길거리 — 電車 전철 · 汽車 기차

978 女性専用車両は、たいてい一番後ろにあるから利用しづらい。
여성전용차량은 대부분 제일 뒤에 있어서 이용하기가 힘들다.

979 終電を逃しちゃったから、始発で帰るしかない。
막차를 놓쳐서, 첫차로 갈 수 밖에 없다.

980 シルバーシートの近くでは、携帯の電源を切らないとだめだよ。
경로석 근처에서는 휴대전화 전원을 꺼야 하는 거야.

981 乗継が悪くて、遅刻してしまった。
갈아타기가 복잡해서 지각해 버렸다.

982 吊り棚に置いておいた荷物をうっかり忘れてきてしまった。
선반 위에 놓아 둔 짐을 깜빡 잊고 놓고 왔다.

983 今度の中央線は2番ホームから発車します。
이번 츄오센(중앙선)은 2번 홈에서 발차합니다.

984 ネットで路線情報を見れば、料金も乗換駅も全部調べられるよ。
인터넷에서 노선 정보를 보면, 요금도 환승역도 전부 조사할 수 있어.

985 人身事故が発生したため、運転を見合わせておりますので、振替乗車をご利用ください。
인명사고가 발생해서 운행을 할 수 없사오니, 다른 차량을 이용해 주세요.

986 駆け込み乗車は危ないので、おやめください。
전철을 급하게 뛰어들어 타는 것은 위험하므로, 삼가해 주세요.

987 電車が参りますので、白線の内側までお下がりください。
전철이 들어 오고 있으니, 흰색 선 안쪽까지 물러나 주세요.

988 踏切が下がったら、絶対に線路に入ってはいけません。
철로 차단 봉이 내려 가면, 절대로 선로에 들어가지 마십시오.

989 都会の電車は10両くらいあるけど、田舎の電車は2両くらいしかないよね。
도시의 전철은 10량 정도지만, 시골의 전철은 2량 정도 밖에 안되지.

990 ラッシュの時間は避けて、出掛けよう。
혼잡시간은 피해서 나가자.

no.7 길거리 **電車・汽車**

991	時刻表で時間を確認してみよう。

시간표로 시간을 확인해 보자.

992	帰省ラッシュのピークは、１３日の午後になりそうです。

귀성 러시의 피크는 13일 오후가 될 것 같습니다.

993	最近では、電車で席を譲る人が少なくなってきている。

최근에는 전철에서 자리를 양보하는 사람이 점점 줄어들었다.

994	各駅停車に乗って、行き当たりばったりの旅に出かけるのもいいものです。

완행열차를 타고 무작정 여행하는 것도 좋습니다.

行き当たりばったり 맹목적 행동

no.7 銀行 은행
길거리 ぎんこう

- 通帳 (つうちょう) 통장
- キャッシュカード 현금카드
- 積み立て (つみたて) 적립, 적립금
- 積み立てる (つみたてる) 적립하다
- 普通預金 (ふつうよきん) 보통예금
- お引出し (おひきだし) 출금
- 定額預金 (ていがくよきん) 정액예금
- 振り込む (ふりこむ) 입금하다
- 窓口 (まどぐち) 창구
- 暗証番号 (あんしょうばんごう) 비밀번호
- 振込・お預入れ (ふりこみ・おあずけいれ) 입금
- お払込み (おはらいこみ) 납입
- 定期預金 (ていきよきん) 정기예금
- お金を下ろす (おかねをおろす) 돈을 인출하다
- 積立預金 (つみたてよきん) 적립예금
- クレジットカード 신용카드
- お振替え・口座振替 (おふりかえ・こうざふりかえ) 계좌이체
- テレホンバンキング 텔레폰 뱅킹
- 記帳する (きちょうする) 통장정리하다

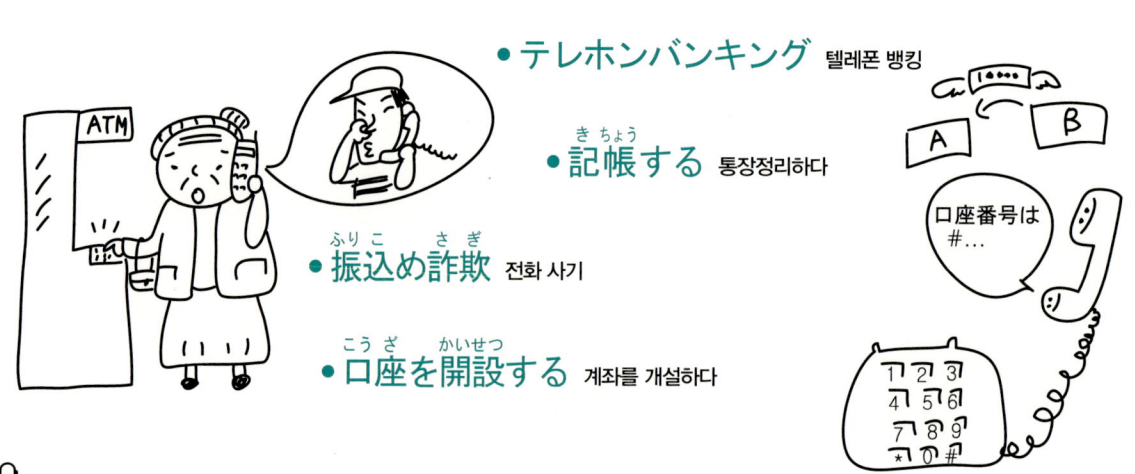

- 振込め詐欺 (ふりこめさぎ) 전화 사기
- 口座を開設する (こうざをかいせつする) 계좌를 개설하다

no.7 길거리 **銀行**
ぎんこう

- ネットバンキング 인터넷 뱅크
- 口座（こうざ） 계좌
- 手数料（てすうりょう） 수수료
- 送金（そうきん） 송금
- 金利（きんり） 금리
- 為替レート（かわせ） 환시세, 환율
- 公定歩合（こうていぶあい） 공정 금리, 공정 이율
- 為替（かわせ） 외환
- 残高（ざんだか） 잔고

995	すいません、こちらで通帳を作りたいのですが。
	저기요, 여기서 통장을 만들고 싶은데요.
996	通帳を作る時には、印鑑と身分証明証が必要です。
	통장을 만들 때는 인감과 신분증명서가 필요합니다.
997	暗証番号は、誕生日など分かりやすいものにしてはいけません。
	비밀번호는 생일 등 알기 쉬운 것으로 하면 안 됩니다.
998	定期預金や定額預金など、いろいろ種類があるので、窓口で相談してみるといいですよ。
	정기예금이나 정액예금 등 여러 종류가 있으니까, 창구에서 상담해 보면 좋아요.
999	振込先の口座を確認して、間違えのないように振り込んで下さい。
	입금 할 계좌를 확인하고, 틀리지 않게 넣으세요.

no.7 길거리 銀行 은행

1000 振込め詐欺にご注意ください。
(돈을 입금 하라는) 전화 사기에 주의하세요.

1001 週末にＡＴＭでお金をおろすと、手数料がかかる。
주말에 ATM에서 돈을 찾으면 수수료가 붙는다.

1002 昨日、通帳に記帳してみたら、残高が０円になっていた。
어제 통장정리를 해보니, 잔고가 0엔이 되어 있었다.

1003 金利が低いから、銀行に預けてても意味がないね。
금리가 낮아서, 은행에 맡겨도 의미가 없네.

1004 最近はネットバンキングを利用する人が増えたよね。
요즘은 인터넷 뱅킹을 이용하는 사람이 많아졌지.

1005 日本から海外の銀行に送金すると、時間もかかるし、手数料も高い。
일본에서 해외은행에 송금하면, 시간도 걸리고 수수료도 비싸다.

1006 アメリカで勉強している娘に為替で送金した。
미국에서 공부하고 있는 딸에게 외환으로 송금했다.

1007 為替レートの急激な変化で、円の価値が上がった。
환율 시세의 급격한 변화로, 엔의 가치가 올라갔다.

1008 結婚の準備のために、毎月少しずつ積み立てている。
결혼준비를 위해서 매월 조금씩 적금하고 있다.

1009 国内景気の回復のため、日銀は公定歩合の引き下げを決めた。
국내 경기의 회복을 위해, 일본 은행은 공정금리를 내리기로 했다.

1010 忙しいので、口座振込みはいつもテレホンバンキングを使っている。
바빠서 계좌입금은 언제나 폰뱅킹을 이용하고 있다.

no.7 길거리 　銀行(ぎんこう)

ちょっと一休(ひとやす)み！
좀 쉬어가요!

no.7 길거리
郵便局 우체국 · 宅配 택배

- 切手 우표
- 記念切手 기념우표
- 郵便番号 우편번호
- 官製はがき 관제엽서
- 往復はがき 왕복엽서
- はがき 엽서
- 定形外封書 규격 외 봉투
- 年賀はがき・年賀状 연하장
- 封筒 봉투

> 일본 연하장에는 번호가 붙어 있어서 매해 1월 15일 경 추첨을 통해 1등~5등까지 선물을 준다. 1등 선물로는 デジタルハイビジョン液晶テレビ(디지털 하이비전 액정 텔레비전), マッサージチェア(마사지 체어), 旅館(여관)이나 ホテル(호텔) 숙박권 등이 주어진다.

- 定型封書 규격봉투 (일반 편지봉투)
- 郵便書簡・ミニレター 봉함엽서 (편지지와 봉투를 겸한 것으로 두 번 접으면 엽서 크기가 됨)

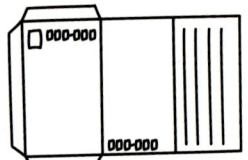

- 国際封筒 국제봉투
- 速達 속달
- ゆうパック 우편상자
- 必着 필착 (반드시 도착해야 함)
- 書留 등기
- 残高証明 잔고증명
- 現金書留 현금등기 (현금을 등기우편에 넣어 보내는 것)
- 航空便 항공편
- 船便 배편
- 不在配達通知 부재 배달 통지

no.7 길거리

郵便局・宅配

- ポスト 우체통
- 郵便屋さん 우체부
- 郵貯・郵便貯金 우체국 예금
- 梱包する 짐을 꾸리다, 박스에 넣어서 포장하다

1011 日本の郵便局では手紙や小包を送るだけではなく、貯金や送金などのサービスもしている。
일본의 우체국에서는 편지나 소포를 보내는 것뿐 아니라, 예금이나 송금 등의 서비스도 하고 있다.

1012 明日までの必着だから、速達で送らないといけない。
내일까지 반드시 도착해야 하니까, 속달로 보내야 한다.

1013 大事な書類は書留で送った方がいいよ。
중요한 서류는 등기로 부치는 것이 좋아.

1014 現金を送るなら、現金書留で送らないとだめだよ。
현금을 보내려면, 현금등기로 보내야 해요.

1015 残高証明書は、前日までのものしか発行してもらえません。
잔고증명서는 전 날까지의 것 밖에 발행해 주지 않습니다.

1016 官製はがき5枚と往復はがき10枚ください。
관제엽서 5장과 왕복엽서 10장 주세요.

1017 はがきには５０円切手を、手紙には８０円切手を貼らないといけません。
엽서에는 50엔짜리 우표를, 편지에는 80엔짜리 우표를 붙여야 합니다.

no.7 길거리 郵便局 우체국 · 宅配 택배

1018 このはがき、ポストに出しておいて。
이 엽서 우체통에 넣어 줘.

1019 季節ごとに記念切手が発売されるが、これを集めるコレクターも多い。
계절마다 기념우표가 발매 되는데, 이것을 수집하는 수집가도 많다.

1020 郵便番号は必ず書かないといけないよ。
우편번호는 반드시 써야 해.

1021 郵便屋さんは、いつも午後2時頃にくる。
우체부 아저씨는 언제나 오후 2시경에 온다.

1022 郵貯は、利子は低いけど、潰れる心配がないから安心だね。
우체국 예금은 이자는 낮지만, 파산할 염려가 없어서 안심이야.

1023 海外に荷物を送る場合、航空便は高いけど、船便なら時間はかかるけど安いよ。
해외에 짐을 보낼 경우, 항공편은 비싸지만, 배편은 시간은 걸려도 저렴해.

1024 郵便局から、年金を支払うこともできる。
우체국에서 연금을 낼 수도 있다.

1025 A : 郵便局から不在配達通知が来たよ。
B : じゃあ、早く郵便局に取りに行かなくちゃ。
A : 우체국에서 부재 배달 통지가 왔어.
B : 그럼, 빨리 우체국에 가지러 가야겠네.

1026 A : 最近はEメールを使うので、手紙を出す人が減ったね。
B : そうね。でも、手紙をもらったほうが誠意が感じられて嬉しいよね。
A : 요즘은 이메일을 쓰니까, 편지를 쓰는 사람이 줄어 들었어.
B : 맞아. 하지만, 편지를 받는 게 성의가 느껴져 기쁜데.

1027 毎年、1月15日に年賀はがきの当選が発表される。
매년 1월 15일에 연하장 당선이 발표된다.

1028 必要な生活品を梱包して宅急便で送った。
필요한 생활품을 포장해서 끈으로 묶어 택배로 보냈다.

no.7 길거리　**郵便局・宅配** (ゆうびんきょく・たくはい)

ちょっと一休み！(ひとやす)
좀 쉬어가요！

no.7 길거리 文房具 문방구

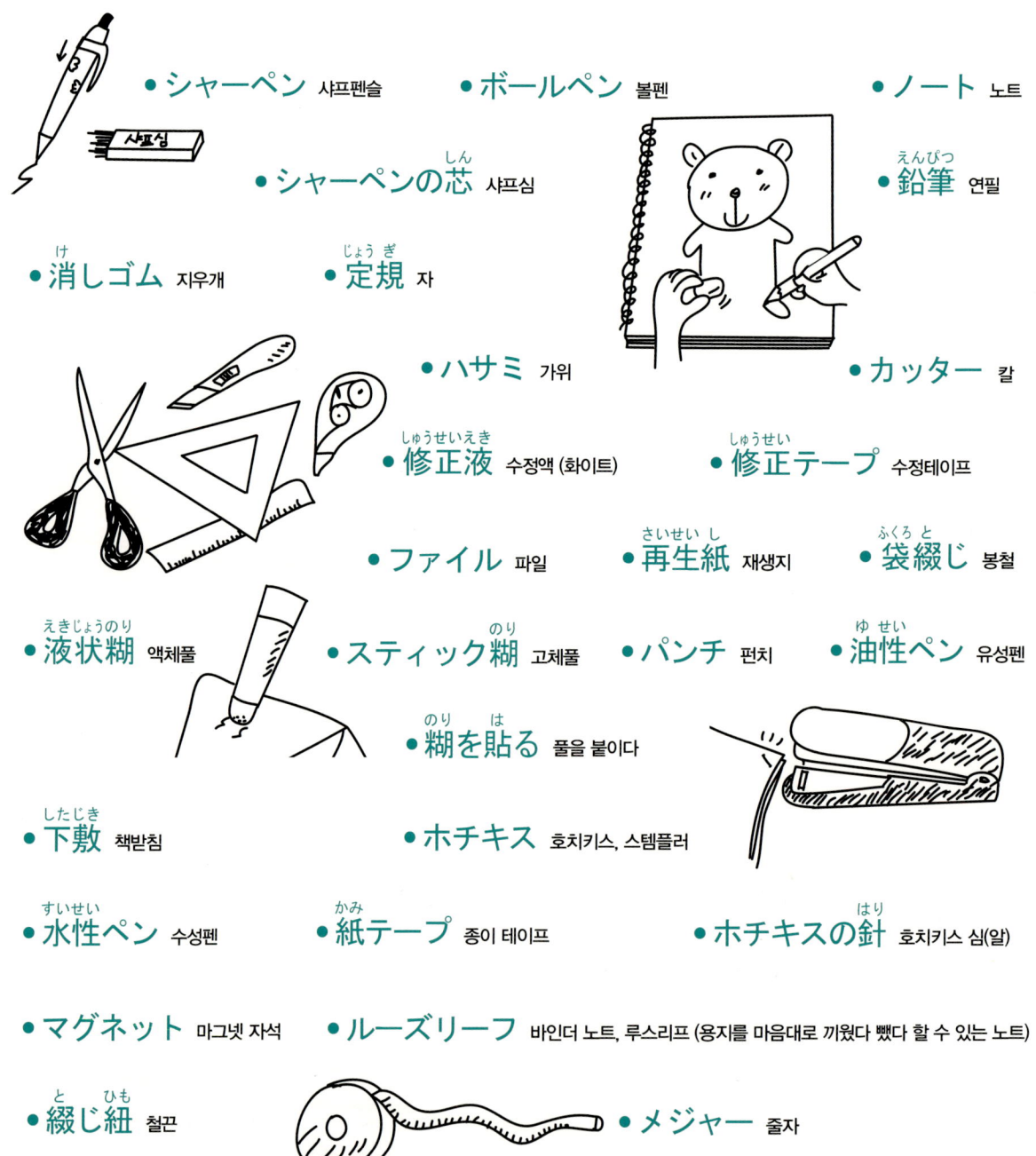

- シャーペン 샤프펜슬
- ボールペン 볼펜
- ノート 노트
- シャーペンの芯 샤프심
- 鉛筆 연필
- 消しゴム 지우개
- 定規 자
- ハサミ 가위
- カッター 칼
- 修正液 수정액 (화이트)
- 修正テープ 수정테이프
- ファイル 파일
- 再生紙 재생지
- 袋綴じ 봉철
- 液状糊 액체풀
- スティック糊 고체풀
- パンチ 펀치
- 油性ペン 유성펜
- 糊を貼る 풀을 붙이다
- 下敷 책받침
- ホチキス 호치키스, 스템플러
- 水性ペン 수성펜
- 紙テープ 종이 테이프
- ホチキスの針 호치키스 심(알)
- マグネット 마그넷 자석
- ルーズリーフ 바인더 노트, 루스리프 (용지를 마음대로 끼웠다 뺐다 할 수 있는 노트)
- 綴じ紐 철끈
- メジャー 줄자

no.7 길거리　文房具(ぶんぼうぐ)

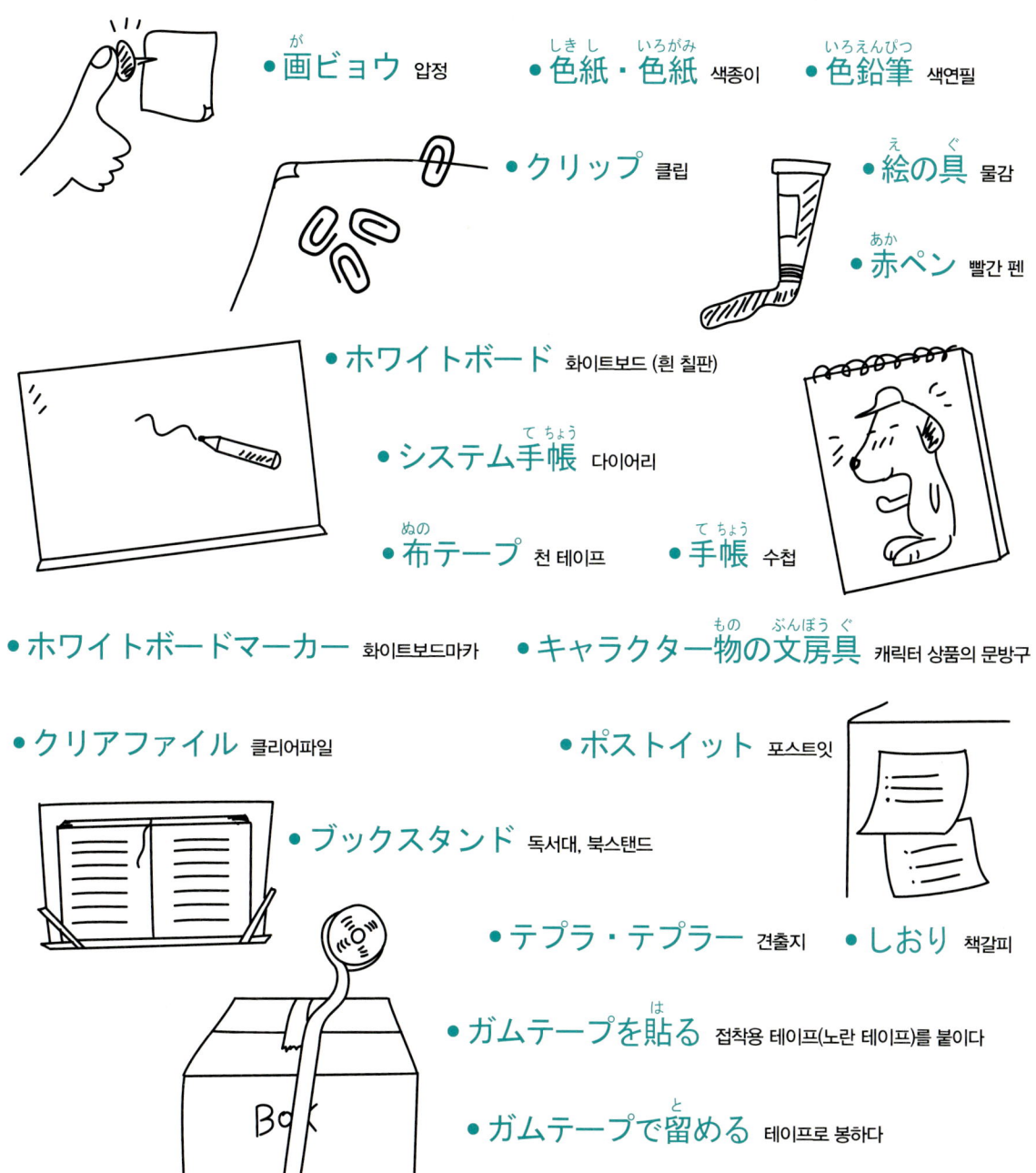

- 画(が)ビョウ　압정
- 色紙(しきし)・色紙(いろがみ)　색종이
- 色鉛筆(いろえんぴつ)　색연필
- クリップ　클립
- 絵(え)の具(ぐ)　물감
- 赤(あか)ペン　빨간 펜
- ホワイトボード　화이트보드 (흰 칠판)
- システム手帳(てちょう)　다이어리
- 布(ぬの)テープ　천 테이프
- 手帳(てちょう)　수첩
- ホワイトボードマーカー　화이트보드마카
- キャラクター物(もの)の文房具(ぶんぼうぐ)　캐릭터 상품의 문방구
- クリアファイル　클리어파일
- ポストイット　포스트잇
- ブックスタンド　독서대, 북스탠드
- テプラ・テプラー　견출지
- しおり　책갈피
- ガムテープを貼(は)る　접착용 테이프(노란 테이프)를 붙이다
- ガムテープで留(と)める　테이프로 봉하다

no.7 길거리 文房具 문방구
ぶんぼうぐ

- テプラを作る 테이프 라벨을 만들다
- クリップで留める 클립으로 철하다
- クリアファイルに挟む 클리어파일에 끼우다
- ホチキスを留める 호치키스를 박다
- 書類を綴じる 서류를 철하다

  가로로 철하면 横綴じ, 세로로 철하면 縦綴じ라고 한다.

- 画ビョウで留める 압정을 눌러 박다 (꽂다)
- パンチで穴を開ける 펀치로 구멍을 뚫다
- 書類を挟む 서류를 끼워 넣다
- メジャーで測る 줄자로 재다
- 綴じ紐で綴じる 끈으로 책을 묶어서 제본하다

1029	修正液は乾くのを待たないといけないけど、修正テープは待たなくていいので、楽だ。 수정액은 마르는 것을 기다려야만 하는데, 수정테이프는 기다리지 않아도 돼서 편하다.
1030	私は筆圧が強いから、シャーペンの芯をよく折ってしまう。 나는 쓸 때 힘을 너무 줘서, 샤프심이 잘 부러진다.
1031	滑り止めのあるボールペンって書きやすいよね。 미끄럼 방지가 있는 볼펜은 쓰기가 쉽구나.

筆圧が強い 글을 쓸 때 누르는 힘이 강하다

no.7 길거리 | **文房具**

1032	たくさん書いても疲れないボールペンが欲しい。
	오래써도 아프지 않는 볼펜을 갖고 싶어.

1033	このファイルは太いから、書類をたくさん挟むことができます。
	이 파일은 두툼해서, 서류를 많이 끼울 수 있습니다.

1034	付箋に書いて手帳に貼っておけば、忘れないよ。
	쪽지에 써서 수첩에 붙여 두면, 잊어버리지 않을 거야.

1035	その封筒、糊を貼っておいて。
	그 봉투, 풀을 붙여둬.

1036	一回くっつけてもはがせる糊があるらしいよ。
	한 번 붙였다가 떼어 낼 수 있는 풀이 있다는 것 같아.

1037	環境保護のため、再生紙を使おう。
	환경보호를 위해 재생지를 사용하자.

1038	このノートに線を引いておいてください。
	이 노트에 선을 그어 두세요.

1039	このハサミは切れがいいね。
	이 가위는 잘 잘리네.

1040	ボールペンの出が悪くて、字が書きにくい。
	볼펜이 잘 안 나와서 글씨 쓰기가 어렵다.

1041	最近は印鑑つきのボールペンがあるよ。
	요즘은 도장이 달린 볼펜이 있어요.

1042	消せるボールペンがあったら、便利なのに。
	지워지는 볼펜이 있으면, 편리할 텐데.

1043	この書類を袋綴じにしておいてください。
	이 서류를 끈으로 묶어 제본해 주세요.

1044	液状糊より、スティック糊のほうが早く乾くから、使いやすい。
	액체풀보다 고체풀이 빨리 말라, 쓰기 편해.

no.7 길거리 — 文房具 문방구

1045 この書類、パンチで穴開けて、閉じ紐で綴じておいてください。
이 서류, 펀치로 구멍을 뚫어서, 철끈으로 묶어주세요.

1046 この紙は薄くて、油性ペンで書くと下に写るから、水性ペンで書いてください。
이 종이는 얇아서 유성펜으로 쓰면 뒷장에 비치니까, 수성펜으로 쓰도록 하세요.

1047 ルーズリーフは出し入れが便利だからいいね。
바인더 노트는 넣고 빼기가 편해서 좋네.

1048 ファイルに表紙をつけておいて。
파일에 표지를 달아둬.

1049 最近は鉛筆ではなく、シャープペンシルを使う人が多い。
요즘에는 연필이 아닌 샤프펜슬을 사용하는 사람이 많다.

1050 この鉛筆、鉛筆削りで削ろう。
이 연필, 연필 깎기로 깎자.

1051 わかりやすいように、インデックスをつけておいて。
알기 쉽도록 인덱스를 달아 둬.

1052 ホチキスの針がなくなったから、補充しなくちゃ。
호치키스 심이 떨어져서 넣어야 해.

1053 使った量がわかるボールペンはいいよね。
사용한 양을 알 수 있는 볼펜은 편리하네.

1054 この紙を画ビョウで留めておいて。
이 종이를 압정으로 꽂아 둬.

1055 名刺を名刺ファイルフォルダーに入れておいて。
명함을 명함집에 넣어 둬.

1056 プリンターのインクがなくなったから、インクカートリッジを換えておいて。
프린터 잉크가 떨어졌으니까, 잉크카트리지를 교체해 줘.

1057 メジャーでこの長さを計ってください。
줄자로 이 길이를 재 주세요.

no.7 길거리 **文房具(ぶんぼうぐ)**

1058 この紙(かみ)は量(りょう)が多(おお)いから、このクリップじゃとまらないよ。
이 종이는 양이 많아서, 이 클립으로 끼울 수 없어.

1059 大事(だいじ)な言葉(ことば)は赤(あか)ペンでチェックしてください。
중요한 단어는 빨간 펜으로 체크해 주세요.

1060 ホワイトボードは光(ひかり)が反射(はんしゃ)して見(み)にくい。
화이트보드는 빛이 반사되어 보기 힘들어.

1061 マグネットでホワイトボードに貼(は)っておいてください。
자석으로 화이트보드에 붙여 두세요.

1062 忘(わす)れないように手帳(てちょう)にメモっておかないと。
잊어버리지 않도록 수첩에 메모해 둬야지.

1063 中身(なかみ)が見(み)えるクリアファイルは便利(べんり)です。
안이 들여다보이는 클리어파일은 편리해요.

1064 キティちゃんなどのキャラクター物(もの)はかわいいけど、ちょっと使(つか)いにくいよね。
키티 같은 캐릭터 용품은 귀엽긴 한데, 좀 쓰기 불편하지?

1065 下敷(したじき)を敷(し)いて書(か)かないと、下(した)に写(うつ)ってしまうよ。
책받침을 받치고 쓰지 않으면, 뒷장에 자국이 남아버려.

1066 紙(かみ)テープより布(ぬの)テープがはがしやすくて便利(べんり)です。
종이테이프보다 천테이프가 떼기 쉬워서 편리해요.

1067 ブックスタンドを使(つか)えば、本(ほん)が倒(たお)れなくてすむからいいよ。
독서대를 사용하면, 책이 쓰러지지 않아서 좋아.

1068 テプラで表紙(ひょうし)を作(つく)って貼(は)っておいてください。
견출지로 표지를 만들어 붙여 둬.

no.7 길거리 住宅(じゅうたく) 주택

- 家賃(やちん) 집세
- 前家賃(まえやちん) 선납 집세 (다음 달분의 집세)
- 礼金(れいきん) 사례금
  집주인에게 사례하는 돈으로 보통 집세의 1, 2개월 분 정도를 준다.
- 敷金(しききん) 보증금
  집주인에게 맡기는 돈으로 기본적으로는 집을 나올 때 돌려 받게 되어 있으나, 방을 더럽히거나 훼손했거나 하면 수리하는 데 쓰이므로 전액을 돌려 받을 수는 없다.
- 印鑑(いんかん) 인감
- 保証人(ほしょうにん) 보증인
- 日当(ひあ)たり 일조 (햇볕이 내리 쬠)
- ○沿線(えんせん) ○연선, ○역세권 (철로나 신간선의 도로를 따라 있는 곳이나 지역)
- 1(いっ)か月分(げつぶん)・一月分(ひとつきぶん) 한 달분
- 2(に)か月分(げつぶん)・二月分(ふたつきぶん) 두 달분
- 3(さん)か月分(げつぶん) 세 달분
- マンション 맨션
- アパート 아파트
  2층 이하의 공동주택을 アパート, 3층 이상의 공동주택은 マンション이라고 부른다. 우리나라의 아파트는 일본에서는 맨션에 가깝다. 아파트는 콘크리트 건물이 아닌 목조건물에 욕실이나 화장실, 부엌을 공동으로 사용해야 하는 경우도 있다.
- 南向(みなみむ)き 남향
- 木造(もくぞう) 목조
- 一戸建(いっこだ)て 단독주택
- 交通(こうつう)の便(べん) 교통편
- 徒歩(とほ)○分(ふん) 도보 ○분
- 徒歩圏内(とほけんない) 도보권 내
- 相場(そうば) 시세, 시가
- 駅(えき)からの距離(きょり) 역에서의 거리
- 新築(しんちく) 신축
- 最寄駅(もよりえき) 가장 가까운 역, 근처 역
- 都心(としん) 도심
- 物件(ぶっけん) 물건, 건물
- 間(ま) 칸 (방을 세는 단위)
  間는 '방'이란 뜻도 가지고 있다. 안방은 奥(おく)の間(ま), 거실은 居間(いま) 거실, 응접실은 応接間(おうせつま), 가족이 모여 차를 마시거나 식사하는 방은 茶(ちゃ)の間(ま)하고 한다.

no.7 길거리 ○ 住宅

- 角部屋 코너 방, 코너 집

  맨션이나 아파트 등 건물의 양쪽 모서리에 있는 집이나 방을 말한다. 中部屋(사이에 있는 집)보다 창이 많아 환기가 잘되고 소음이 덜하다고 해서 가격이 비싸다고 한다.

- ○年契約 ○년 계약

- 間取り 방의 구조

- 築○年 건축 된지 ○년

  보통 2년 계약. 1년이 지나고 더 살고 싶은 경우에는 계약변경을 해야 한다. 이때는 契約更新料(계약갱신료)가 붙는다.

- バス・トイレ別 샤워실과 화장실 분리
- シャワー付き 방에 욕실이 딸려 있음
- ユニットバス 세면기, 욕조, 변기 등이 하나의 공간에 있는 것, 유니트바스
- トイレとお風呂が一緒 화장실과 욕실이 같이 있음
- ワンルーム 원룸 (방이 하나인 아파트)
- ロフト 다락방
- オートロック 자동잠금장치
- 宅配ボックス付きマンション 택배박스가 설치된 맨션

  일본에서는 2000년도 이후 共働き(맞벌이 부부)가 증가하면서 낮에 택배 물품을 수령할 수 없는 사람들을 위해 대부분의 신축 맨션에 택배박스를 설치하였다. 이 택배박스는 택배원이 4桁(4자릿수)의 비밀번호를 입력하여 받는 사람에게 번호를 전달하여 받게 하는 다이얼 방식과 미리 전달한 전자 카드 등으로 열 수 있게 한 전자식 등이 있다.

- フローリング 판자로 된 마루
- 鉄筋コンクリート 철근 콘크리트

- 畳 다타미
- 畳 장 (다타미를 세는 단위)
- ○LDK ○은 部屋の数(방의 수)를, L은 リビング(거실)을, D는 ダイニング(식당), K는 キッチン(부엌)을 말함. 2LK라고 하면, 방 2, 거실 1, 부엌 1에 식당은 없는 집을 말함

no.7 住宅 주택
길거리 じゅうたく

1069 すみません、この駅の近くでアパートを探しているんですが。
미안합니다만, 이 역 근처에 아파트를 찾고 있는데요.

1070 駅から徒歩１０分以内の物件を探しています。
역에서 도보 10분 이내의 건물을 찾고 있습니다.

1071 渋谷まで３０分ぐらいのところを探しています。
ふろとトイレがついて、６万円ぐらいのはありますか。
시부야까지 30분 정도의 곳을 찾고 있습니다. 목욕탕과 화장실이 있고, 6만 엔 정도 하는 곳이 있습니까?

1072 ６畳１間に台所、トイレつきだったらあるよ。
다다미 6장 크기의 방 1칸에 부엌, 화장실 딸린 곳이라면 있어요.

1073 ちょうどいい物件がございます。６畳の和室で台所がついています。
딱 좋은 건물이 있습니다. 다다미 6장의 방으로 부엌이 딸려 있습니다.

1074 敷金と礼金は家賃の１か月分です。
보증금과 사례금이 1개월 집세의 한 달분입니다.

1075 都心から３０分ぐらい離れると、家賃もだいぶ安くなるよ。
도심에서 30분 정도 떨어지면, 집세도 꽤 싸져요.

1076 日当たりが良い部屋がいいので、東向きか、できれば南向きの部屋がいいです。
햇볕이 잘 드는 집이 좋으니까, 동향이든지 될 수 있으면 남향 집이 좋습니다.

1077 バス・トイレは絶対に別じゃないと嫌です。
샤워실과 화장실은 절대로 분리가 안 되어 있으면 싫습니다.

1078 一人で住むから、間取りは、１ＤＫぐらいで十分なんだ。
혼자서 사니까 방 구조는 1DK 정도로 충분해.

1079 引っ越しの日が決まったら、電気・ガス・水道のそれぞれの会社に連絡しなければいけないよ。
이사 날짜가 정해지면 전기, 가스, 수도, 각각의 회사에 연락해야 해요.

1080 アパートを契約する時には、必ず保証人のサインが必要です。
아파트를 계약할 때는 반드시 보증인의 사인이 필요합니다.

no.7 길거리
住宅(じゅうたく)

1081 引(ひ)っ越(こ)しの時(とき)は、まず敷金(しききん)・礼金(れいきん)がかかるから、お金(かね)がないと引(ひ)っ越(こ)しできないよ。
이사할 때는 먼저 보증금, 사례금이 필요하니까, 돈이 없으면 이사할 수 없어요.

1082 オートロックがあると、安心(あんしん)でいいですね。
자동잠금장치가 있으면, 안심이 되서 좋네요.

1083 家(いえ)にあまりいないから、宅配(たくはい)ボックスがあると便利(べんり)だな。
집에 별로 없으니까, 택배박스가 있으면 편리하겠네.

1084 うちは車(くるま)がないから、駅(えき)から徒歩圏内(とほけんない)が希望(きぼう)なんです。
우리는 차가 없으니까, 역에서 도보권 내가 좋겠습니다.

1085 中央線沿線(ちゅうおうせんえんせん)は、家賃(やちん)が高(たか)いよ。
츄오센 역세권은 집세가 비싸요.

1086 ロフトがあって、フローリングの部屋(へや)に住(す)んでみたいな。
다락이 있고 마루가 있는 집에서 살고 싶어.

1087 子供(こども)の頃(ころ)は、貧乏(びんぼう)だったので、６畳一間(ろくじょうひとま)に、家族３人(かぞくさんにん)で住(す)んでました。
어릴 때는 가난했기 때문에, 다타미 6장 크기의 방 1칸에 가족 세 사람이 살았습니다.

1088 一人暮(ひとりぐ)らし用(よう)のアパートって、ユニットバスが多(おお)いよね。
독신생활용 아파트는 세면기, 욕조, 변기가 일체형인 구조가 많지요.

1089 アパートやマンションに住(す)む場合(ばあい)は、たいてい管理費(かんりひ)を毎月(まいつき)払(はら)わないといけません。
아파트나 맨션에 사는 경우는 대부분 관리비를 매월 내야 합니다.

1090 今(いま)住(す)んでるアパートが、築(ちく)１０年(じゅうねん)で少(すこ)し古(ふる)いから、今度(こんど)は新築(しんちく)のアパートに住(す)んでみたいな。
지금 살고 있는 아파트는 지은 지 10년이나 되어 조금 낡았으니, 이번에는 신축아파트에 살아 보고 싶구나.

1091 アパートは、だいたい２年契約(にねんけいやく)が多(おお)いよね。
아파트는 대개 2년 계약이 많지.

1092 角部屋(かどべや)は、少(すこ)し家賃(やちん)が高(たか)い場合(ばあい)があるから、確認(かくにん)した方(ほう)がいいよ。
코너집은 조금 집세가 비싼 경우가 있으니까, 확인하는 것이 좋아.

1093 最近(さいきん)は、木造(もくぞう)アパートは少(すく)なくなってきたよね。
요즘 목조 아파트는 적어지고 있지.

no.8 하늘거리 天気 날씨
てんき

- 春一番 (はるいちばん) 봄바람 (입춘 후 처음으로 부는 강한 강풍)
- 小春日和 (こはるびより) 봄처럼 따뜻한 날씨 (초겨울의 따뜻한 날씨)
- お花見日和 (はなみびより) 꽃구경 하기에 좋은 따뜻한 날씨
- 入道雲 (にゅうどうぐも) 뭉게구름, 소나기 구름

- 夕立ち・にわか雨 (ゆうだち・にわかあめ) 소나기
- 通り雨 (とおりあめ) 지나가는 비 (내렸다가 금세 멈추는 비)
- 天気が下り坂 (てんきがくだざか) 날씨가 나빠지는 것

> 주로 天気予報(てんきよほう)(일기예보)에서 사용하며, 날씨가 좋아지는 것을 天気が上り坂(のぼざか)라고는 하지 않는다.

- 梅雨 (つゆ) 장마
- 梅雨入り (つゆいり) 장마철로 접어듦
- 梅雨明け (つゆあけ) 장마가 끝남

- 天気雨 (てんきあめ) 여우비, 호랑이 장가간 날, 여우가 시집간 날 (볕이 나 있는데 내리는 비)
- 雨宿り (あまやどり) 비를 피함
- 濃霧 (のうむ) 짙은 안개

no.8 하늘거리 **天気** てんき

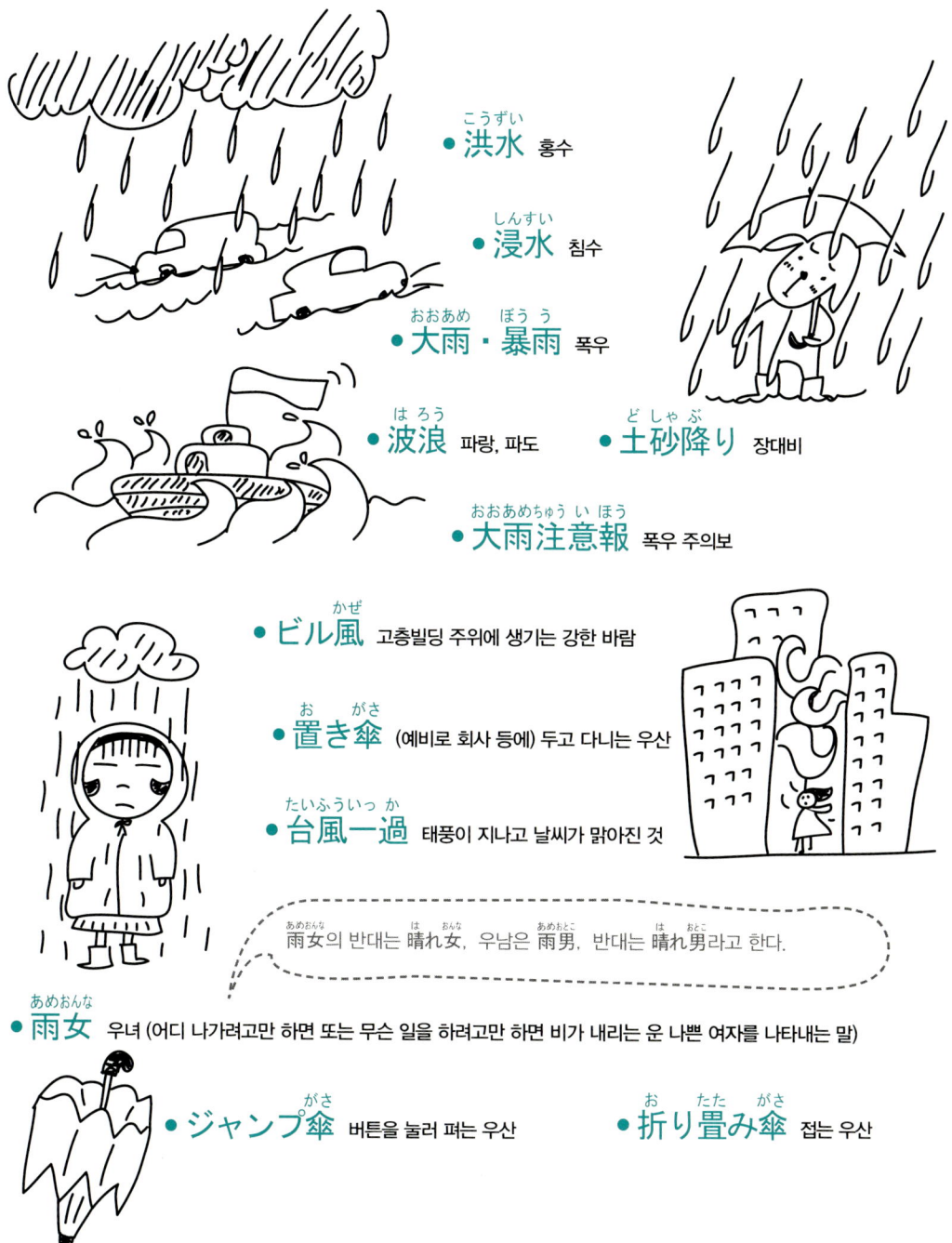

- 洪水(こうずい) 홍수
- 浸水(しんすい) 침수
- 大雨(おおあめ)・暴雨(ぼうう) 폭우
- 波浪(はろう) 파랑, 파도
- 土砂降(どしゃぶ)り 장대비
- 大雨注意報(おおあめちゅういほう) 폭우 주의보
- ビル風(かぜ) 고층빌딩 주위에 생기는 강한 바람
- 置(お)き傘(がさ) (예비로 회사 등에) 두고 다니는 우산
- 台風一過(たいふういっか) 태풍이 지나고 날씨가 맑아진 것

雨女(あめおんな)의 반대는 晴(は)れ女(おんな), 우남은 雨男(あめおとこ), 반대는 晴(は)れ男(おとこ)라고 한다.

- 雨女(あめおんな) 우녀 (어디 나가려고만 하면 또는 무슨 일을 하려고만 하면 비가 내리는 운 나쁜 여자를 나타내는 말)
- ジャンプ傘(がさ) 버튼을 눌러 펴는 우산
- 折(お)り畳(たた)み傘(がさ) 접는 우산

no.8 하늘거리 天気(てんき) 날씨

- 相合傘(あいあいがさ) 남녀가 하나의 우산을 같이 쓰는 것
- 日傘(ひがさ) 양산
- 異常気象(いじょうきしょう) 이상현상
- 夏(なつ)バテ 더위 먹음
- 真夏日(まなつび) 최고기온이 30도 넘은 날
- 猛暑(もうしょ) 맹서 (몹시 심한 더위)
- 陽射(ひざ)しが強(つよ)い 햇볕이 강하다
- 熱帯夜(ねったいや) 열대야
- 日射病(にっしゃびょう) 일사병
- 残暑(ざんしょ)が厳(きび)しい 늦더위가 심하다
- 冷夏(れいか) 냉하 (평년 기온보다 낮은 여름)
- 暖冬(だんとう) 난동 (평년 기온보다 기온이 높은 겨울)
- うららか 날씨가 화창함
- 木枯(こが)らし 늦가을부터 초겨울에 걸쳐 부는 건조하고 찬 바람
- 人恋(ひとこい)しい季節(きせつ) 왠지 모르게 외로워서 누군가 만나고 싶어지는 계절

no.8 하늘거리 **天気**(てんき)

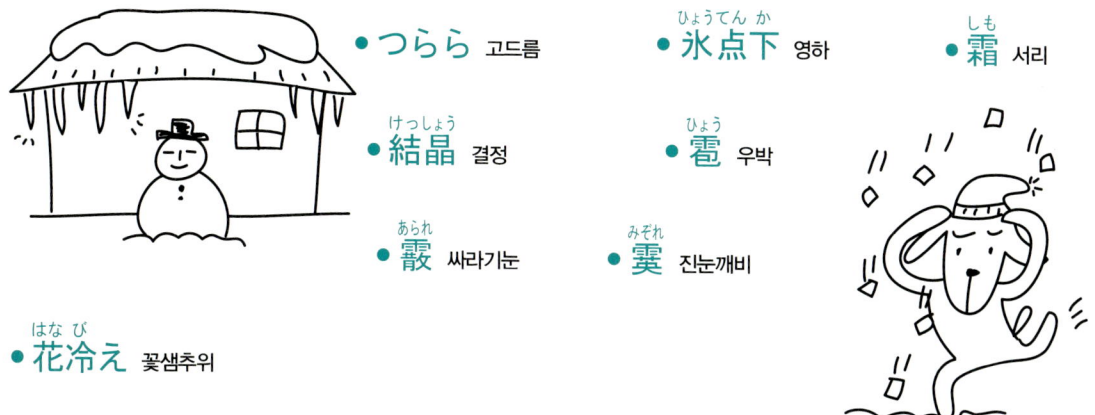

- つらら 고드름
- 氷点下(ひょうてんか) 영하
- 霜(しも) 서리
- 結晶(けっしょう) 결정
- 雹(ひょう) 우박
- 霰(あられ) 싸라기눈
- 霙(みぞれ) 진눈깨비
- 花冷(はなび)え 꽃샘추위

1094	今朝(けさ)は氷点下(ひょうてんか)まで気温(きおん)が下(さ)がり、霜(しも)がおりて、つららもできていた。
	오늘 아침은 영하까지 기온이 내려가 서리가 내리고 고드름도 생겼어.
1095	そろそろ春一番(はるいちばん)が吹(ふ)く時期(じき)だね。
	슬슬 봄바람이 불 시기네.
1096	寒(さむ)さが和(やわ)らいできて、小春日和(こはるびより)の日(ひ)が続(つづ)いてるね。
	추위도 누그러지고 봄처럼 따뜻한 날씨가 이어지고 있네.
1097	今週末(こんしゅうまつ)は天気(てんき)もよさそうだし、桜(さくら)も満開(まんかい)になるみたいだから、絶好(ぜっこう)のお花見日和(はなみびより)だね。
	이번 주말은 날씨도 좋고 벚꽃도 만개했다고 하니까, 꽃구경하기에 더없이 좋은 날씨네.
1098	梅雨入(つゆい)りしたのか、最近(さいきん)は雨(あめ)が降(ふ)ったりやんだりする天気(てんき)ばかりだ。
	장마철에 들어선 걸까, 요즘은 비가 내렸다 그쳤다 하는 날씨뿐이다.

和(やわ)らぐ 누그러지다

絶好(ぜっこう) 절호

no.8 하늘거리 天気 날씨

1099 梅雨明けは例年通り、7月中旬ごろかな。
장마가 끝나는 것은 예년처럼 7월 중순쯤일까?

1100 雲一つない快晴で気持ちまで晴れ晴れするね！
구름 한 점 없이 쾌청한 날씨로 기분까지 맑아지네!

> 晴れ晴れ 맑게 갠 모양

1101 入道雲を見ると、夏だなって感じがするね。
뭉게구름을 보면, 여름이구나 하는 느낌이 들지?

1102 地球温暖化で異常気象になってるから心配だ。
지구온난화로 이상기온 현상이 나타나서 걱정이야.

1103 「女心と山の空」っていうけど、本当に山は天気が変わりやすいなぁ。
'여심과 산 하늘'이라고 하는데, 산은 정말 기온의 변덕이 심하구나.

1104 真夏日が続いてるから、日射病にならないように、こまめに水分補給をしたほうがいいよ。
한 여름 더위가 계속되고 있으므로, 일사병에 걸리지 않게 부지런히 수분섭취를 하는 것이 좋아.

> こまめ 성실하고 바지런히 일하는 모양

1105 天気雨が降ったあとは、虹が出る可能性が高いらしいよ。
여우비가 내린 후에는 무지개가 질 가능성이 높다고 해.

1106 通り雨だから、すぐやむだろうし、ちょっとそこで雨宿りしていこう。
지나는 비라서 곧 그칠 테니까, 거기서 좀 비를 피하다 가자.

1107 夕立が降るかもしれないから、折り畳み傘を持って行った方がいいよ。
소나기가 내릴지도 모르니까, 접는 우산을 가져 가는 것이 좋아.

1108 ビル風が強くて、看板が倒れちゃってるね。
건물바람이 강해서 간판이 쓰러져 있네.

1109 私、雨女だから、どっか行こうとすると、必ず雨が降るんだよね。
난 우녀라서 어디 가려고만 하면, 꼭 비가 온다니까.

1110 天気は下り坂なので、お帰りが遅い方は傘を持ってお出かけください。
날씨가 나빠지므로, 귀가가 늦는 분은 우산을 가지고 외출하세요.

no.8 하늘거리 ● 天気(てんき)

1111 帰(かえ)りに雨(あめ)が降(ふ)ってる時(とき)のために、会社(かいしゃ)のロッカーに置(お)き傘(がさ)してるんだ。
귀가 시 비가 내릴 때를 대비해 회사 로커에 예비우산을 두고 다녀.

1112 台風一過(たいふういっか)で、よく晴(は)れていますが、波(なみ)はまだ高(たか)いので、海水浴(かいすいよく)をする場合(ばあい)は注意(ちゅうい)してください。
태풍이 지나서 맑게 개었지만, 파도는 아직 높으니까, 해수욕을 할 경우에는 주의하세요.

1113 熱帯夜(ねったいや)が続(つづ)いて、寝不足(ねぶそく)だよ。
열대야가 계속되어, 잠이 부족해.

1114 大雨注意報(おおあめちゅういほう)が出(だ)されてるから、気(き)を付(つ)けてください。
호우주의보가 내려졌으니까, 주의하세요.

1115 昨日(きのう)からの大雨(おおあめ)で、家(いえ)が浸水(しんすい)してしまった。
어제부터 비가 많이 내려서, 집이 침수돼 버렸어.

1116 冷夏(れいか)の次(つぎ)の年(とし)は猛暑(もうしょ)だっていわれてるよね。
평년 기온보다 낮은 여름 날씨의 다음 해는 심한 더위가 온다고 하지.

1117 毎日(まいにち)暑(あつ)くて、夏(なつ)バテ気味(ぎみ)なんだ。
매일 더워서 더위 먹기 일보 직전이야.

1118 陽射(ひざ)しが強(つよ)いから、帽子(ぼうし)をかぶったり、日傘(ひがさ)をさしたりしてます。
햇볕이 강해서 모자를 쓰거나 양산을 쓰고 있어요.

1119 9月(くがつ)に入(はい)ったのに、まだまだ残暑(ざんしょ)が厳(きび)しいね。
9월에 들어섰는데, 아직까지 늦더위가 기승을 부리네.

1120 木枯(こが)らしが吹(ふ)いて、なんだか人恋(ひとこい)しい季節(きせつ)になってきたね。
늦가을 바람이 부는 것이 괜스레 사람이 그리워지는 계절이 됐구나.

no.8 하늘거리 天災 (てんさい) 천재

- 火事 (かじ) 화재
- 火の用心 (ひようじん) 불조심
- 放火 (ほうか) 방화
- 放火犯 (ほうかはん) 방화범
- マグニチュード 마그니튜드 (지진의 크기를 결정하는 기준)
- 地盤が緩む (じばんがゆるむ) 지면이 흔들리다
- 震度○ (しんど) 진도○ (지진의 강도)
- 非常食 (ひじょうしょく) 비상식량
- 避難訓練 (ひなんくんれん) 피난훈련

- 火山が噴火する (かざんがふんかする) 화산이 분화하다
- 火の元 (ひのもと) 화재를 일으킬만한 것이 있는 곳, 불을 사용하는 곳
- 避難命令 (ひなんめいれい) 피난명령
- 津波 (つなみ) 해일 
- 地震保険 (じしんほけん) 지진보험
- 大地震 (だいじしん) 대지진
- 震源地 (しんげんち) 진원지
- 緊急地震速報 (きんきゅうじしんそくほう) 긴급지진속보
- 耐震性 (たいしんせい) 내진성 (지진 등의 진동에 잘 견디는 것)
- 停電 (ていでん) 정전

no.8 하늘거리 **天災**

- 懐中電灯　손전등

- 土砂崩れ　산사태

- 防災頭巾　방재모, 방재두건 (지진 발생시 머리를 보호하기 위해 만들어진 두건)

- 雷　천둥, 벼락

- 台風の目　태풍의 눈

- 雷が落ちる　벼락이 떨어지다

- 台風○号　태풍 ○호

- 雷がゴロゴロする　우르릉 쾅쾅 천둥소리가 나다

- 霧が濃い　안개가 진하다

- 霧が発生する　안개가 발생하다

- 暴風波浪警報　폭풍파랑경보

- 竜巻が起こる　회오리바람이 일다

1121　冬は乾燥して火事が起こりやすいから、火の用心しないとだめだよ！
겨울은 건조해서 화재가 나기 쉬우니까, 불조심 안 하면 안 돼!

1122　近所の家が放火されたんだけど、まだ放火犯が捕まってないから、怖いね。
근처의 집에 불이 났었는데, 아직 방화범이 잡히지 않아서, 무서워.

1123　下町は、古い木造の家が多いから、火事が起こったら、大きな被害が出るだろうね。
시타마치는 오래된 목조 건물로 된 집이 많아서, 화재가 발생하면 많은 피해가 날 거야.

下町　사타마치 (도쿄의 아사쿠사 방면)

no.8 天災 (てんさい) 천재 (하늘거리)

1124 日本は地震が多いから、耐震性のある建物を建てないといけない。
일본은 지진이 많으므로, 지진에 견딜 수 있는 건물을 지어야 한다.

1125 地震による津波の影響はありません。
지진에 의한 해일의 영향은 없습니다.

1126 地震保険に加入したいけど、保険料が高いんだよね。
지진보험에 가입하고 싶지만, 보험료가 비싸네.

1127 大地震によって、家やビルが崩壊してしまった。
대지진으로 집과 빌딩이 붕괴되어 버렸다.

1128 地震が起きたら、まず火の元をとめ、机の下にもぐって、揺れが収まるのを待ちましょう。
지진이 일어나면 먼저 가스 불이나 전깃불 등의 화재를 일으킬만한 곳을 점검하고, 책상 밑에 들어가서 흔들림이 진정되는 것을 기다립시다.

1129 夜中に地震が起きた時に備えて、枕もとに懐中電灯を置いておいた方がいい。
한 밤중에 지진이 일어났을 때를 대비해, 베개 옆에 손전등을 놓아 두는 것이 좋아.

> 備える 대비하다

1130 震度5以上の揺れがくるときは、テレビやラジオで緊急地震速報が流れる。
진도 5 이상 흔들릴 때는 텔레비전이나 라디오로 긴급지진속보가 나온다.

1131 火山が噴火する恐れがあるため、避難命令が出された。
화산이 분화할 우려가 있기 때문에, 피난명령이 내려졌다.

1132 ゴロゴロっと雷が鳴って、停電になったので、とても怖かった。
우르르 쾅하고 천둥이 치고 정전이 되었기 때문에, 너무 무서웠어.

1133 近所の木に雷が落ちて、木が倒れてしまった。
근처의 나무에 벼락이 떨어져, 나무가 쓰러져 버렸다.

1134 アメリカで竜巻が起こったというニュースを見た。
미국에서 회오리바람이 일어났다는 뉴스를 봤다.

1135 震源地は東海の方らしい。
진원지는 동해 쪽인 것 같다.

no.8 하늘거리 **天災**

1136 マグニチュード7なら、かなり大きい揺れだっただろうね。
마그니튜드 7이라면 상당히 많이 흔들렸겠네요.

1137 大地震が起こったときのために、かんぱんなど非常食を用意しておかないといけないよ。
대지진이 났을 때를 대비해 건빵 등 비상식품을 준비해 둬야 해.

1138 小学生の時は、学校の椅子に防災頭巾をかけていた。
초등학교 때는 학교 의자에 방재모를 걸어 두었다.

1139 9月1日は東京大震災が起こった日だから、学校や会社で避難訓練が行われる。
9월 1일은 도쿄대지진이 일어난 날이라서, 학교나 회사에서 피난훈련이 있다.

1140 台風がきてるので、暴風波浪警報が出された。
태풍이 와서 폭풍파랑경보가 나왔다.

1141 台風7号は、スピードをゆるめて、北上しています。
태풍 7호는 느리게 북상하고 있습니다.

1142 今、この地域は台風の目に入っているため、一時的に風が弱まっています。
지금, 이 지역은 태풍의 눈에 들어와 있기 때문에, 일시적으로 바람이 약해져 있습니다.

1143 大雨のせいで、洪水が起こって、川が氾濫しそうです。
폭우로 인해 홍수가 나서 강이 범람할 것 같습니다.

1144 台風で地盤が緩んで、土砂崩れが起きる可能性があるため、通行止めになっています。
태풍으로 지반이 흔들려 토사붕괴가 일어날 가능성이 있기 때문에, 통행금지 되었습니다.

1145 悪天候や事故で電車が遅れて学校や会社に遅れそうな場合、駅の窓口で遅延証明証をもらうといいよ。
악천후나 사고로 전철이 늦어져서 학교나 회사에 늦을 것 같은 경우, 역 창구에서 지연증명증을 받으면 돼.

1146 明日の朝は霧が発生するので、運転にはご注意ください。
내일 아침은 안개가 발생하기 때문에, 운전에 주의하세요.

no.8 하늘거리 春 봄

no.8 하늘거리 春(はる)

1147 来週はもう卒業式だね。卒業式が終わったらすぐに入学式だし。春は出会いと別れの季節だね。
다음 주에 벌써 졸업식이네. 졸업식이 끝나면 바로 입학식이고. 봄은 만남과 헤어짐의 계절이구나.

1148 今年の春からうちの子供が幼稚園に通うの。明日は、入園式があるのよ。
올해 봄부터 우리 아이가 유치원에 다니게 됐어. 내일은 유치원 입학식이 있어.

1149 A：うちの大学、最近人が増えたよね。
B：新入生が増えたからじゃない？
A：우리 대학, 요즘 사람이 늘었지?
B：신입생이 늘어서 그런 거 아냐?

1150 新歓コンパでアル中になる人が多いよね。
신입생 환영 파티로 알코올 중독이 된 사람이 많지.

アル中・アルコール中毒 알코올 중독

1151 新入社員は初々しくてかわいいよね。
신입사원은 앳되고 순진해서 귀엽지.

初々しい 앳되고 순진하다

1152 春にマスクをしている人を見ると、花粉症なんだなと思うよ。
봄에 마스크를 하고 있는 사람을 보면, 꽃가루 알레르기인 사람이구나 하고 생각해.

1153 A：春は竹の子の季節だね。
B：竹の子ごはんが食べたい！
A：봄은 죽순의 계절이지.
B：죽순밥 먹고 싶어!

1154 A：最近、何だかやる気がでないんだ。
B：大丈夫？ 5月病じゃない？
A：요즘 왠지 의욕이 없네.
B：괜찮아? 5월병 아니야?

1155 A：今度の旅行どこに行こうか？
B：春だから、いちご狩りはどう？
A：이번 여행 어디로 갈까?
B：봄이니까, 딸기 따러 가면 어때?

no.8 하늘거리 夏(なつ) 여름

- 夏休(なつやす)み 여름방학
- 海水浴(かいすいよく) 해수욕
- 蚊(か)に刺(さ)される 모기에 물리다
- 蚊取(かと)り線香(せんこう) 모기향
- キャンプ 캠프
- 蚊取(かと)り線香(せんこう)をたく 모기향을 피우다
- お神輿(みこし) 신을 모신 가마
- 花火大会(はなびたいかい) 불꽃대회
- お祭(まつ)り 축제
- お神輿(みこし)を担(かつ)ぐ 가마를 메다
- 金魚(きんぎょ)すくい 금붕어 낚기
- 浴衣(ゆかた)を着(き)る 유카타를 입다
- 浴衣(ゆかた) 유카타 (여름에 가볍게 입는 기모노)
- 屋台(やたい) 포장마차
- 水(みず)あめ 물사탕
- そうめん 소면
- やきそば 야키소바 (메밀국수를 양념을 하여 볶은 것)
- 冷(ひ)やし中華(ちゅうか) 냉소바, 중국식 냉면
- わた飴(あめ) 솜사탕
- リンゴあめ 사과사탕

no.8 하늘거리 夏(なつ)

- たこやき 다코야키 (문어빵)

- 夏(なつ)ばて 더위 먹는 것

- 夏(なつ)ばてをする 더위를 먹다

- 高校野球(こうこうやきゅう) 고교야구

- かき氷(ごおり) 빙수

- 怪談(かいだん) 괴담

- 甲子園球場(こうしえんきゅうじょう) 고시엔 구장 (고교야구가 열리는 야구장이름, 兵庫県(ひょうごけん) 西宮市(にしのみやし) 소재)

- 暑中見舞い(しょちゅうみまい) 여름 문안인사 (편지나 물품)

- お中元(ちゅうげん) 백중날의 선물

- 残暑見舞い(ざんしょみまい) 입추가 지나서도 늦더위가 기승을 부릴 때 하는 문안인사 (편지나 물품)

1156 明日(あした)から夏休(なつやす)みだー。何(なに)をして遊(あそ)ぼう？
내일부터 여름방학이다. 뭐하고 놀까?

1157 ７月(しちがつ)８月(はちがつ)は毎週(まいしゅう)のように、どこかで祭(まつ)りがあるね。
7, 8월은 매주같이 어디에선가 축제가 있지.

1158 小(ちい)さいときはよくお神輿(みこし)を担(かつ)いだけど、大人(おとな)になるとそういう機会(きかい)がなくなるよね。
어렸을 때는 오미코시(가마)를 자주 짊어졌는데, 어른이 되고선 그럴 기회가 없어지네.

1159 家(いえ)の近所(きんじょ)の公園(こうえん)で盆踊(ぼんおど)りがあるみたいだから、浴衣(ゆかた)を着(き)て遊(あそ)びに行(い)かない？
집 근처 공원에서 봉오도리가 있을 것 같으니까, 유카타를 입고 놀러 가지 않을래?

no.8 夏 여름

1160 来週の日曜日、家族と海水浴場へ行こうと思っているんだ。
다음 주 일요일에 가족과 해수욕장에 가려고 해.

1161 蚊取り線香を使う家も少なくなってきたね。
모기향을 사용하는 집도 적어졌네.

1162 夏はイベントがいっぱいあるね。祭りに、花火大会に、盆踊りに。
여름은 이벤트가 많네. 축제에, 불꽃놀이대회에, 봉오도리에.

1163 お祭りや花火大会のときは、道に屋台がたくさん出て、いろいろと食べたくなっちゃう。
축제나 불꽃놀이 때는 길가에 노점상이 많이 나와서, 여러 가지 먹고 싶어져.

1164 かき氷を食べると頭がキーンと痛くなるよ。
빙수를 먹으면, 머리가 찡하고 아프게 돼요.

1165 高校野球の決勝戦、今年はどことどこ?
고교야구의 결승전, 올해는 어디하고 어디야?

1166 今日は暑いから涼しい物を食べたいな。冷やし中華か、そばか、そうめんがいいかな? デザートはかき氷!
오늘은 더우니까 시원한 것을 먹고 싶어. 차가운 중화요리? 소바? 소면이 좋을까? 디저트는 빙수!

1167 梅雨が終わると、一気に暑い夏が来るよね。
장마가 끝나면, 금방 더운 여름이 오지.

1168 日焼けするから、ちゃんと日焼け止めを塗ったほうがいいよ。
햇볕에 타니까, 충분히 자외선 차단제(썬 크림)를 바르는 것이 좋아.

1169 日頃お世話になっている部長に、お中元を送ろうと思います。
평소 신세졌던 부장님에게 백중선물을 보낼까 합니다.

1170 暑中見舞を出そうと思っていたら、残暑見舞いの季節になってしまった。
여름 문안을 하려고 했더니, 늦더위 문안을 드리는 계절이 되어버렸다.

1171 夏の終りは台風が多く、大きな被害が出る。
여름의 끝 무렵은 태풍이 많아 큰 피해가 난다.

no.8 하늘거리 夏 なつ

1172
A : 花火大会の日は、屋台も出るし、お祭りのような雰囲気だよね。
B : そうだね。夏の一大イベントだからね。

A : 불꽃축제 날은 포장마차도 나오고, 축제 같은 분위기가 들지?
B : 맞아. 여름의 가장 큰 이벤트니까.

1173
A : お祭りに行ったら、金魚すくいもしたいし、わた飴や水あめも食べたいね。
B : やきそばや、たこやきも食べたいよね！

A : 축제에 가면 금붕어 낚기도 하고 싶고, 솜사탕이랑 물사탕도 먹고 싶어.
B : 야키소바랑 다코야키도 먹고 싶다!

1174
A : 最近は、迎え火や送り火を、玄関先で焚く家も少なくなってきた。
B : 田舎の方に行くと、まだまだやってる家が多いよ。

A : 요즘은 무카에비(조상을 맞이 하는 불)나 오쿠리비(조상을 배웅하는 불)를 현관 앞에 피우는 집도 줄었지.
B : 시골 쪽에 가면, 아직 하고 있는 집도 많아.

1175
A : 最近何も食べたくないんだ。
B : 夏ばてじゃない？ 大丈夫？

A : 요즘 아무것도 먹고 싶지 않아.
B : 더위 먹은 거 아니야? 괜찮아?

1176
A : 夏になると、必ずＴＶで誰かしら怪談をしているよね。
B : 涼しくなるからでしょ。

A : 여름이 되면, 꼭 텔레비전에서 누군가 괴담을 하더라.
B : 시원해지니까 그러지.

1177
A : 夏休みにどこに行くの？
B : 友達とキャンプに行く予定。

A : 여름방학에 어디 가?
B : 친구와 캠프에 갈 거야.

1178
A : 今年のお盆休みは実家に帰ろうかなと思っているんだ。
B : 帰省ラッシュに巻き込まれないように注意してね。

A : 이번 오봉 휴가는 친정에 가려고 해.
B : 귀성 차량 혼잡 시간에 걸리지 않게 조심해.

no.8 하늘거리 秋(あき) 가을

- 食欲(しょくよく)の秋(あき) 가을은 식욕의 계절
- 芸術(げいじゅつ)の秋(あき) 가을은 예술의 계절
- 読書(どくしょ)の秋(あき) 가을은 독서의 계절 
- うろこ雲(ぐも) 비늘구름
- 運動(うんどう)の秋(あき) 가을은 운동의 계절  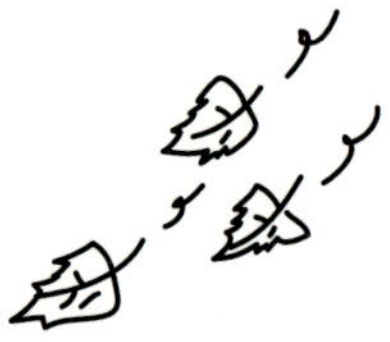
- 落(お)ち葉(ば) 낙엽
- 運動会(うんどうかい) 운동회
- 遠足(えんそく) 소풍
- 紅葉(もみじ) 단풍
- 紅葉狩(もみじが)り 단풍구경 
- コオロギ 귀뚜라미  

秋(あき)の美味(おい)しい食(た)べ物(もの) 가을의 맛있는 음식

- さつまいも 고구마
- 秋刀魚(さんま) 꽁치
- くり 밤
- かき 굴

no.8 하늘거리 秋(あき)

1179
A: うろこ雲が広がって、きれいな秋空だね。
B: うん。うろこ雲を見ると、秋って感じがするよね。
A: 비늘구름이 펼쳐져, 예쁜 가을하늘이네.
B: 응. 비늘구름을 보면, 가을이구나 하는 느낌이 들어.

1180
A: 秋になると食欲旺盛になる。
B: 食欲の秋だもん。
A: 가을이 되면 식욕이 왕성해져.
B: 식욕의 계절이잖아.

1181
秋といえば、食欲の秋、読書の秋、芸術の秋とよくいいます。
가을은 식욕의 계절, 독서의 계절, 예술의 계절이라고 자주 말합니다.

1182
来週の日曜日は、子供の運動会があるんです。
다음 주 일요일은 아이의 운동회가 있습니다.

1183
紅葉狩りをしに、ドライブに行こうか。
단풍구경 하러, 드라이브 갈까?

1184
コオロギの鳴き声が聞こえる。秋だね。
귀뚜라미의 우는 소리가 들리네. 가을이구나.

1185
京都の嵐山の紅葉は本当にきれいだから、一見の価値ありだよ。
교토 아라시산의 단풍은 정말 예쁘니까, 한번 볼만한 가치가 있어.

1186
明日は中秋の名月だから、月を見ながら団子を食べるのはどう?
내일은 중추명월(음력 팔월 보름의 밝은 달)이니까, 달 구경 하면서 경단 먹는 것이 어때?

1187
敬老の日に、おじいさんとおばあさんに何を送ろう。
경로의 날에 할아버지와 할머니께 뭘 보내지?

1188
今年のお彼岸には、お墓参りに行こうと思います。
금년 피안에는 성묘를 가려고 합니다.

1189
明日子供が幼稚園で、いも掘りに行くんだって。
내일 아이가 유치원에서 고구마 캐러 간대.

1190
最近運動不足だし、運動の秋という事だし、何か運動を始めようかと思います。
요즘 운동 부족이기도 하고, 가을은 운동의 계절이기도 해서 뭔가 운동을 시작하려고 합니다.

no.8 冬 겨울
ふゆ
하늘거리

- ホッカイロ　일회용 손 난로 (겨울에 몸을 따뜻하게 해주는 白元(はくげん)의 제품 이름)

- こたつ　고타츠, 전기 탁자 (일본의 실내 난방기구의 하나로 탁자 밑으로는 전기가 들어오고, 위에는 이불을 씌우고 그 아래 다리를 넣어 따뜻하게 함.)

- 雪(ゆき)が降(ふ)る　눈이 내리다

- 霜(しも)が降(ふ)る　서리가 내리다

- 雪(ゆき)だるまを作(つく)る　눈사람을 만들다

- 雪合戦(ゆきがっせん)をする　눈싸움을 하다

- 冬将軍(ふゆしょうぐん)　동장군

- 雪(ゆき)かき　눈을 치우는 것

- 雪像(せつぞう)　설상 (얼음조각)

- 木枯(こが)らし　늦가을부터 초겨울에 걸쳐 부는 건조하고 찬 바람

- 札幌雪祭(さっぽろゆきまつ)り　삿포로 눈축제

260

no.8 하늘거리 冬(ふゆ)

- かまくら 눈집 (눈으로 지은 집. 秋田(あきた) 현에서 음력 1월 15일에 어린이들이 하는 행사로 눈으로 집을 지어 제단을 만드는 일)
- 鍋(なべ) 전골
- 熱燗(あつかん) 뜨겁게 해서 마시는 정종
- マフラーを巻(ま)く 머플러를 두르다
- 手(て)がかじかむ 손이 곱아지다
- 鍋奉行(なべぶぎょう) 전골을 먹을 때 재료를 넣는 순서나 불 조절, 심지어 먹는 타이밍까지 지시하지 않으면 직성이 풀리지 않는 사람을 나타내는 말
- 重(かさ)ね着(ぎ)をする 껴입다
- 手袋(てぶくろ)をはめる 장갑을 끼다
- スキー 스키
- 温泉(おんせん) 온천
- スノボ・スノーボード 스노보드

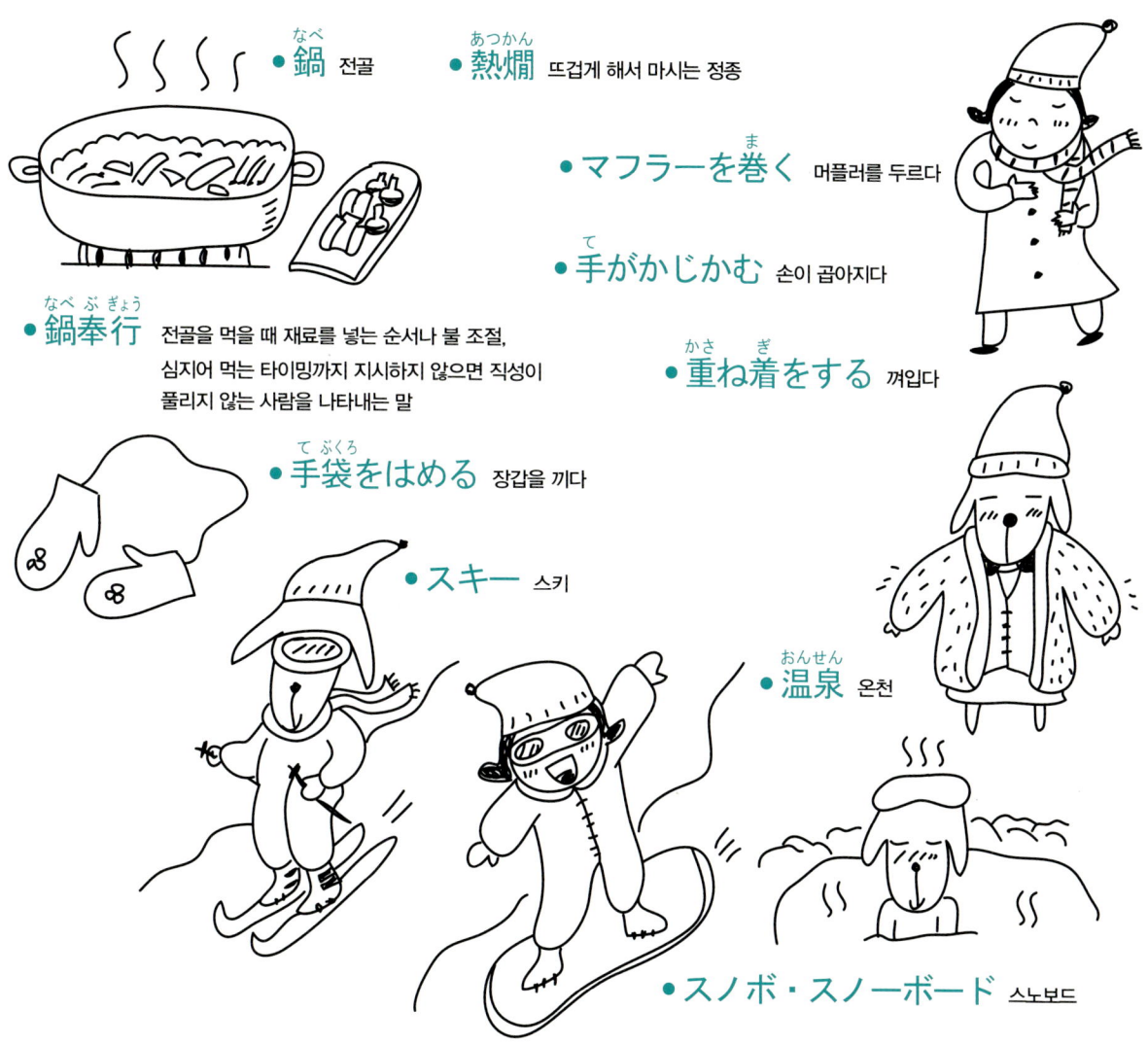

no.8 冬 겨울

1191 今度うちで鍋パーティーをするから、遊びに来てね。
언제 우리 집에서 전골파티 할 거니까, 놀러 와.

1192 来週3連休だから、スノボに行かない？
다음 주 3일 쉬니까, 스노보드 타러 안 갈래?

1193 雪を見ながら温泉に入りたいなぁ。
눈을 보면서 온천에 들어가고 싶네.

1194 雪像を見に、来週札幌雪祭りに行きます。
설상을 보러, 다음 주 삿포로 눈축제에 가요.

1195 今日は特に寒いと思ったら、雪が降ってきたよ。
오늘은 유난히 춥다 했더니, 눈이 내리기 시작했어.

1196 小さいときは雪が降ると、よく雪合戦をして遊びました。
어렸을 때는 눈이 내리면, 자주 눈싸움을 하고 놀았어요.

1197 ホッカイロは冬の必需品だよね。
손 난로는 겨울의 필수품이지.

1198 寒くなったので、もうそろそろこたつを出そうかな。
추워졌으니까, 이제 슬슬 고타츠를 꺼내볼까?

1199 手袋をしないと、寒くて手がかじかみます。
장갑을 끼지 않으면, 추워서 손이 곱아요.

1200 今日は北風が強くて寒くなるみたいだから、マフラーを巻いて出かけなさい！
오늘은 북풍이 강해서 추워지는 것 같으니까, 머플러를 하고 나가!

1201 寒い日には熱燗でいっぱいやりたくなるよ。
추운 날에는 아츠캉(따뜻하게 데운 정종) 한 잔 먹고 싶어져.

1202 寒くなってくると鍋が食べたくなる。
추워지면 전골이 먹고 싶어져.

1203 ナベさんって鍋のことに詳しいね。さすが鍋奉行！
나베 씨는 전골에 대해 잘 아네. 역시 나베(전골) 전문가야!

no.8 하늘거리 **冬**(ふゆ)

1204 今日(きょう)は寒(さむ)いから重(かさ)ね着(ぎ)をしてきたよ。
오늘은 추워서 껴입고 왔어.

1205 冬(ふゆ)は乾燥(かんそう)していて肌(はだ)がカサカサになるので、クリームが欠(か)かせない。
겨울은 건조해서 피부가 버석버석하게 되니까, 크림은 필수야.

1206 今日(きょう)は雪(ゆき)がたくさん降(ふ)ったので、かまくらをつくったよ。
오늘은 눈이 많이 내려서, 눈집을 만들었어.

1207 雪(ゆき)が降(ふ)ったから、子供(こども)たちが雪(ゆき)だるまを作(つく)ったり、雪合戦(ゆきがっせん)をして遊(あそ)んでいるね。
눈이 내리니까, 아이들이 눈사람을 만들거나 눈싸움을 하고 놀고 있네.

1208 今日(きょう)は木枯(こが)らしが吹(ふ)いたので、とても寒(さむ)いね。
오늘은 초겨울 찬바람이 불어와서, 아주 춥다.

1209 朝起(あさお)きて外(そと)を見(み)てみると、真(ま)っ白(しろ)に霜(しも)が降(お)りていた。
아침에 일어나 밖을 보니, 새하얀 서리가 내려 있었어.

1210 雪(ゆき)が多(おお)い地方(ちほう)では毎日(まいにち)雪(ゆき)かきをしなければならない。
눈이 많은 지방에서는 매일 눈을 치우지 않으면 안 돼.

1211 A：天気予報(てんきよほう)で「冬将軍(ふゆしょうぐん)がやってきた」といっていたよ。
B：どうりで寒(さむ)いわけだ。
A: 일기예보에서 '동장군이 왔다'고 하더라.
B: 그래서 추운 거였구나.

no.9 힘 빼고 편하게 던져!
놀거리

三塁(さんるい) 3루

こちらは東京(とうきょう)ドームです。
阪神対巨人(はんしんたいきょじん)。
9回(きゅうかい)の表(おもて)に同点(どうてん)ホームランを打(う)たれ、9回裏(きゅうかいうら)を迎(むか)えました。
2死満塁(にしまんるい)、ツーストライク、スリーボール。
3対3(さんたいさん)の同点(どうてん)。
いよいよこの最後(さいご)の1球(いっきゅう)で勝負(しょうぶ)が決(き)まります。

여기는 도쿄 돔입니다.
한신 대 쿄진.
9회 초에 동점 홈런을 맞고, 이제 9회 말을 맞이했습니다.
2사 말루, 2스트라이크 3볼.
점수는 3 대 3.
이 마지막 한 구에 승부가 결정됩니다.

no.9 놀거리 デート 데이트

- 初恋(はつこい) 첫사랑
- 片思い(かたおもい) 짝사랑
- 愛に目がくらむ(あいにめがくらむ) 사랑에 눈이 멀다
- 家まで送る(いえまでおくる) 집까지 데려다 주다
- 両思い(りょうおもい) 둘 다 좋아하는 것
- ラブラブ 러브러브 (서로가 너무 좋아하는 모습)
- 二股をかける(ふたまたをかける) 양다리를 걸치다
- 付き合う(つきあう) 사귀다
- 仕返し(しかえし) 복수
- いちゃいちゃする・いちゃつく 남녀가 애정행각을 벌이다
- 失恋(しつれん) 실연
- 別れ(わかれ) 이별
- ふられる 퇴짜맞다
- 一目ぼれする(ひとめぼれする) 첫눈에 반하다
- 相合傘(あいあいがさ) 남녀가 하나의 우산을 같이 쓰는 것

no.9 놀거리　デート

- 人妻(ひとづま) 유부녀
- デートスポット 데이트하기에 적당한 장소

'가벼운 여자'는 軽(かる)い女(おんな), '가벼운 남자'는 軽(かる)い男(おとこ)라고 한다.
엉덩이가 가벼운 여자, 즉 '헤픈 여자'는 尻軽女(しりがるおんな)라고 한다.

- 軽(かる)い (이성에게) 가볍다
- 恋(こい)バナ・恋愛(れんあい)の話(はなし) 연애 이야기
- ヒモ男(おとこ) 여자를 물주로 생각하는 남자
- 相性(あいしょう) 궁합
- 手(て)を組(く)む 팔짱 끼다
- 抱(だ)きしめる 껴안다
- 手(て)をつなぐ 손잡다
- 肩(かた)を抱(だ)く 어깨를 감싸다
- お洒落(しゃれ)する・おめかしする 멋을 부리다, 치장을 하다, 모양을 내다

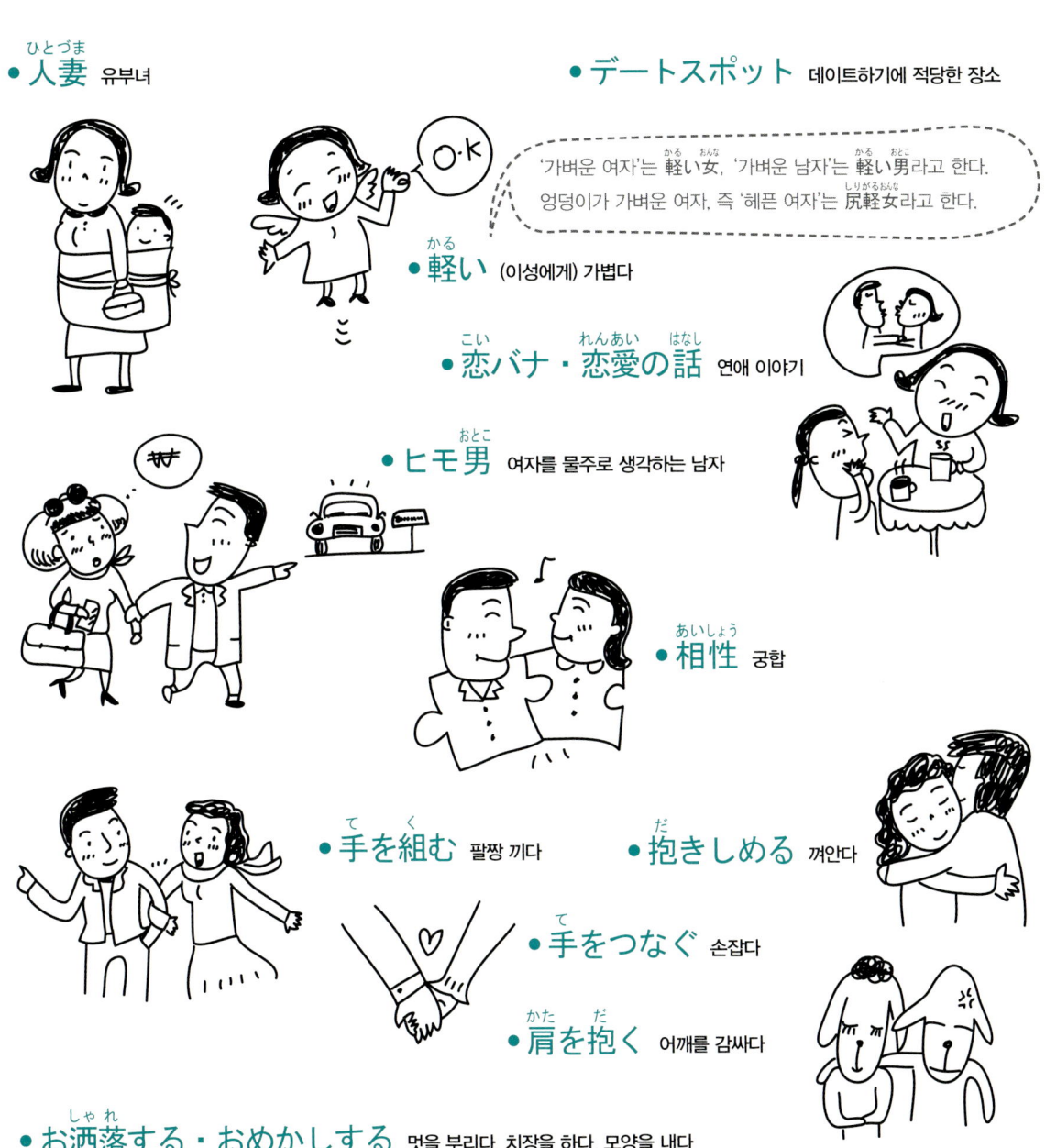

デート 데이트

- 遠距離・遠距離恋愛 (えんきょり・えんきょりれんあい) 원거리 연애
- 気になる人 (きになるひと) 마음에 들어 하는 사람 
- 口説く (くどく) 꼬시다, 설득하다, 호소하다
- 告白する (こくはく) 고백하다 
- 浮気をする (うわき) 바람 피우다 
- 心が浮つく (こころがうわつく) 바람들다
- 割り勘・折半 (わりかん・せっぱん) 더치페이  
- 一途 (いちず) 일편단심 (한 사람만 좋아하는 마음)
- バカップル 주위에서 질릴 정도로 사이가 좋은 커플을 가리키는 말
- ヨリを戻す (もどす) (예전에 만나던 애인과) 다시 만나다, 관계를 회복하다

no.9 놀거리 ● デート

● 束縛する 속박하다

● 惚気る 남편, 아내, 애인 이야기를 주책없이 늘어놓다

● 惚気 남편, 아내, 애인 이야기를 주책없이 늘어놓음

● ナンパする (남자가 여자를) 헌팅하다

여자 입장에서는 ナンパされる(헌팅 당하다). 여자가 남자를 헌팅 하는 경우는 逆ナンパする(역 헌팅하다)라고 쓴다. 줄여서 逆ナン이라고도 한다.

● 口説かれる 넘어오다, 설득 당하다

● 恋愛体質 연애체질 (항상 연애하는 사람)

● 重い (무겁다는 의미에서) 부담을 느끼다

● マメ 자상한 사람 (연락을 자주 한다거나 기념일을 잘 챙겨주는 사람)

no.9 デート 데이트
놀거리

1212
A: 最近、きれいになったね。恋してるんじゃない？
B: 実は彼氏ができたんですよ。

A: 요즘 예뻐졌다. 연애하는 거 아니야?
B: 사실은 남자친구 생겼어.

1213
A: 片思いって切ないよね。
B: でも、一番楽しいときでもあるよね。

A: 짝사랑은 서글퍼.
B: 그래도 가장 즐거운 때일 수도 있어.

1214
A: 彼氏と別れたんだって？
B: うん。あいつ、二股かけてたんだよ！信じられない！

A: 남자친구와 헤어졌다고?
B: 응. 그 자식, 양다리 걸친 거 있지! 믿기지 않아!

1215
A: あの子、なんであんなにお酒飲んでるの？
B: 失恋したんだって。

A: 저 앤, 왜 저렇게 술을 마시는 거야?
B: 실연 당했대.

1216
A: 気になってた人がいたんだけど、結婚してるんだって。
B: 人妻かぁ。そりゃあ、あきらめるしかないね。

A: 마음에 둔 사람이 있었는데, 결혼한 사람이래.
B: 유부녀라~. 그럼, 포기할 수 밖에 없지.

1217
A: すっごいかっこいい人がいたの！一目ぼれしちゃった！
B: ちゃんと中身を見てから好きにならないと、痛い目みるよ。

A: 정말 멋진 사람이 있어! 첫눈에 반해버렸어!
B: 정신 차리고 내면을 본 후에 좋아하지 않으면, 상처받게 돼.

1218
A: 最近、彼が忙しいからって、デートもしてくれないし、メールもくれないんだ。ふられちゃうのかな。
B: きっと忙しいだけだよ。

A: 요즘, 남자친구가 바쁘다고 데이트도 하지 않고, 메일도 보내지 않아. 차이는 걸까?
B: 아마 바빠서 그런 걸 거야.

no.9 놀거리　デート

1219
A : 浮気（うわき）したら、絶対（ぜったい）許（ゆる）さないからね！
B : 分（わ）かってるよ。浮気（うわき）なんてしないよ。
A : 바람 피우면, 절대 용서하지 않을 거야!
B : 알아. 바람 같은 거 안 피워.

1220
A : あの二人（ふたり）、ずっと一緒（いっしょ）にいて、ほんとラブラブだよね。
B : ちょっとうざいくらいだよねぇ。
A : 저 두 사람, 계속 사귀는 거 보면 정말 죽고 못사는 것 같아.
B : 약간 거슬릴 정도지.

うざい・うっとうしい 거추장스럽다

1221
A : 街中（まちなか）でいちゃいちゃしてるカップルっていらつくよね。
B : 自分（じぶん）も恋人（こいびと）ができたら、そうするくせに。
A : 길거리에서 애정행각 벌이는 커플을 보면 짜증나.
B : 너도 애인 생기면, 그렇게 할 거면서.

1222
A : 私（わたし）の彼（かれ）って、いつもデートのあとに家（いえ）まで送（おく）ってくれて、本当（ほんとう）に優（やさ）しいんだ。
B : それって、普通（ふつう）のことじゃない？
A : 내 남자친구는 항상 데이트 끝나고 집까지 바래다주거든, 정말 자상하단 말야.
B : 다들 그렇게 하지 않나?

1223
A : 明日（あした）、あの子（こ）とデートなんだって？
B : うん、どっかいいデートスポットないかなぁ。
A : 내일 저 애랑 데이트 한다며?
B : 응, 어디 데이트 할만한 좋은 장소 없을까?

1224
A : 思（おも）い切（き）って告白（こくはく）したら、OKしてもらえたんだ！
B : よかったね！ついに付（つ）き合（あ）えることになったんだねー。
A : 큰맘 먹고 고백했더니, 승낙했어!
B : 잘 됐다! 결국 사귀게 됐구나.

1225
A : 彼（かれ）、人前（ひとまえ）で手（て）をつなぐのが嫌（きら）いなんだって。
B : ふーん、手（て）ぐらいつないでくれてもいいのにね。
A : 내 남자친구는 사람들 앞에서 손을 잡는 것이 싫대.
B : 왜 그럴까? 손 정도 잡아주면 좋을 텐데.

no.9 놀거리 デート 데이트

1226
A : おめかしして、どこに行くの？
B : 気になってた彼に、デートに誘われたんだ。

A : 예쁘게 치장하고 어디가?
B : 괜찮다고 생각했던 남자에게 데이트 신청 받았어.

1227
A : 彼が転勤することになっちゃったんだ。
B : じゃあ、遠距離になっちゃうってこと？ 辛いね。

A : 남자친구가 전근가게 됐어.
B : 그럼, 원거리 연애가 되겠네? 힘들겠다.

1228
A : ここは俺が奢るよ。
B : いいよ、いいよ。割り勘にしようよ。

A : 여기는 내가 낼게.
B : 아니야, 아니야. 반반씩 내자.

1229
A : 俺、あの子と付き合うことになったんだ。
B : マジで？ どうやって口説き落としたんだよ！

A : 나, 저 애랑 사귀기로 했어.
B : 정말? 어떻게 꼬셔서 넘어오게 한 거야?

1230
A : なんで、彼氏と別れたの？
B : 女友達と遊びに行くのも嫌がるくらい、束縛する人で、嫌になって別れちゃった。

A : 왜 남자친구랑 헤어졌어?
B : 여자친구끼리 놀러 가는 것도 꺼려할 정도로, 구속하는 사람이라 싫어져서 헤어졌어.

1231
A : 初恋の人のことが今でも忘れられないんだ。
B : 今でも好きなの？ 一途だね。

A : 첫사랑이 지금까지도 잊혀지지 않아.
B : 지금까지도 좋아? 일편단심이구나.

1232
A : 女の子だけで恋バナするのって楽しいよね！
B : 恋バナだけで一晩語れるよね。

A : 여자들끼리 연애얘기 하는 건 즐겁지?
B : 연애얘기만으로도 밤 새도록 할 수 있지.

no.9 놀거리 デート

1233
A：私の彼って、一日三回は電話くれるんだ。
B：へー、まめな彼氏だね。

A：내 남자친구는 하루에 세 번은 전화해.
B：정말? 자상한 남자친구로구나.

1234
A：あのカップル、二人してお互いの自慢ばっかりするんだよね。
B：バカップルだよねー。

A：저 커플, 둘이서 서로 자랑만 하더라.
B：바보커플이라 그래.

1235
A：彼って、優しいし、かっこいいし、あんな完璧な人に初めて会ったよ。
B：分かった、分かった。のろけ話は耳にたこができるほど聞いたよ。

A：내 남자친구 친절하지, 멋있지, 이런 완벽한 사람은 처음 만나.
B：알았어, 알았어. 남자친구 자랑은 질리도록 들었다.

> 耳にたこができる (똑 같은 말을 들어) 귀에 못이 박이다

1236
A：あの子、また新しい彼氏ができたんだって。
B：もう新しい彼氏? 本当にあの子って恋愛体質だよね。

A：저 앤, 또 새로운 남자가 생겼대.
B：또 새로운 남자? 정말 저 애는 연애체질이구나.

1237
A：元彼とヨリ戻すことにしたんだ。
B：えー! あんな浮気男とまた付き合うの?

A：예전 남자친구와 다시 사귀기로 했어.
B：뭐야! 그런 바람둥이와 다시 사귄다고?

1238
A：あの人、けっこうかっこいいのに、どうしてデートの誘い断るの?
B：だって、なんか軽そうじゃん。私軽い男って嫌いなんだよね。

A：저 사람, 꽤 멋있는 편인데, 왜 데이트 신청을 거절해?
B：왜냐면, 왠지 가벼운 것 같잖아. 난 가벼운 남자 싫거든.

1239
A：クリスマスに手作りのマフラーあげようかな。
B：手作りって、なんか重いからやめたほうがいいよ。

A：크리스마스에 직접 만든 머플러를 줄까?
B：수제라면, 좀 부담스러우니까 그만 두는 것이 좋아.

no.9 놀거리 映画 _{えいが} 영화

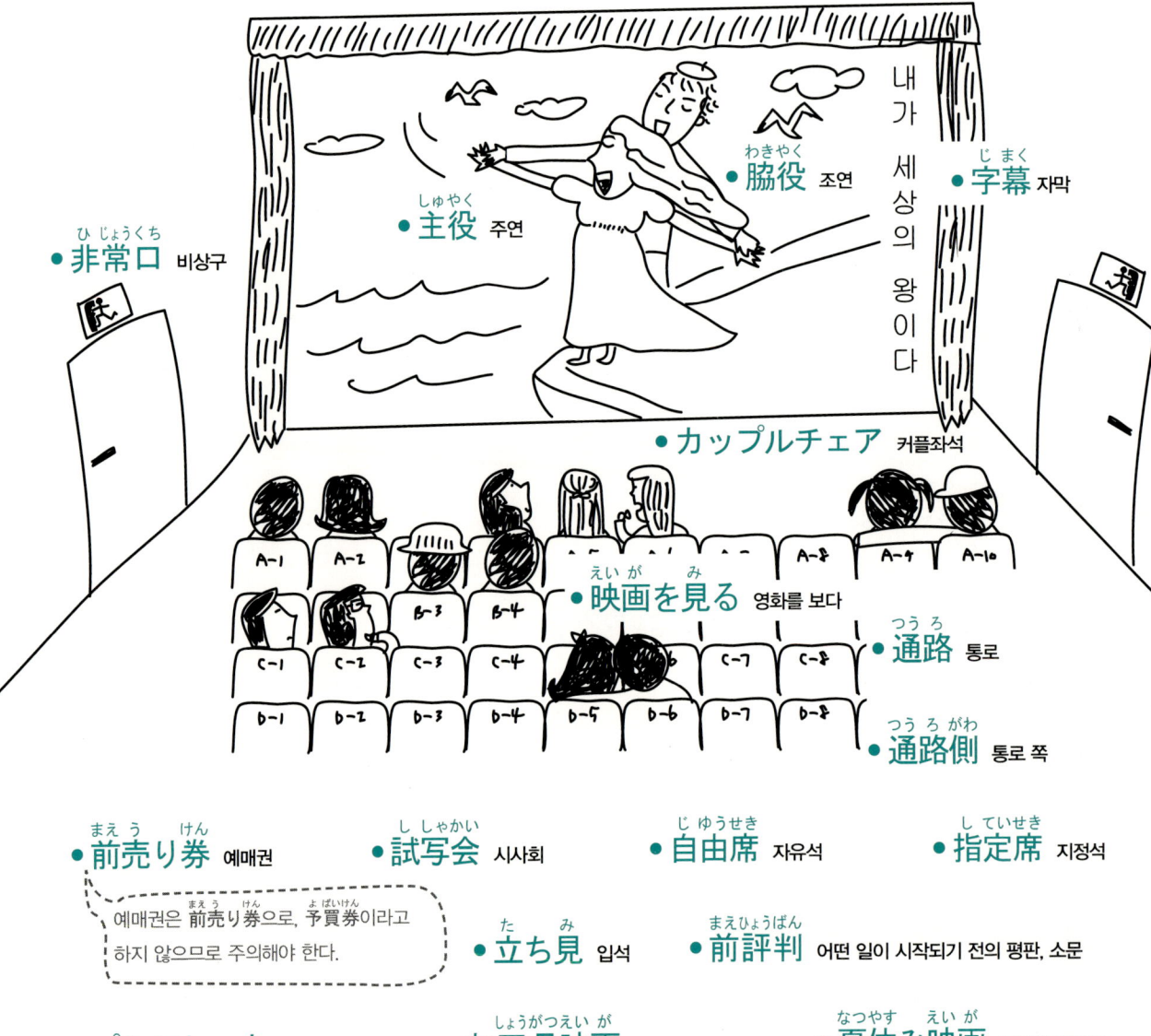

no.9 놀거리 **映画** (えいが)

- レディースデイ　레이디스데이 (주 1회 여성이 싸게 볼 수 있는 날)
- チケット　티켓, 영화표
- 演技 (えんぎ)　연기
- ポップコーン　팝콘
- 試写会 (ししゃかい) のチケットをもらう　시사회 티켓이 생기다
- ただ券 (けん)　무료 티켓 (공짜표)
- 配給会社 (はいきゅうかいしゃ)　배급사
- 上映 (じょうえい) スケジュール　영화 상영 스케줄
- 入場 (にゅうじょう) が始 (はじ) まる　입장이 시작되다
- 原作 (げんさく)　원작
- 映画化 (えいがか)　영화화
- 携帯 (けいたい) マナーモード　휴대폰 매너모드
- 公開初日 (こうかいしょにち)　개봉 첫날
- 公開 (こうかい)　개봉
- 上映 (じょうえい)　상영
- 観客動員数 (かんきゃくどういんすう)　관객동원 수
- 女優 (じょゆう)　여배우
- 超大作 (ちょうたいさく)　블록버스터
- 舞台挨拶 (ぶたいあいさつ)　무대인사
- ハリウッド映画 (えいが)　헐리웃 영화

no.9 놀거리 映画(えいが) 영화

- ヒューマン映画(えいが) 휴먼 영화
- 2本立(にほんだ)て 동시 상영
- 俳優(はいゆう) 남자배우
- 予告編(よこくへん) 예고편
- 大(だい)ヒット 대히트
- アクション映画(えいが) 액션 영화
- 子役(こやく) 아역
- ホラー映画(えいが) 호러 영화
- 恋愛映画(れんあいえいが) 로맨틱 영화
- セリフ・台詞(せりふ) 대사
- レイトショー 심야영화
- ノミネート作品(さくひん) 노미네이트 작품
- 監督(かんとく) 감독
- ~部門(ぶもん) ~부문
- アカデミー賞(しょう) 아카데미상
- 興行収入(こうぎょうしゅうにゅう) 흥행수입
- ノミネート 노미네이트
- ロングラン上映(じょうえい) 롱런 상영, 장기 상영

no.9 놀거리 ● 映画

1240　A：今日、映画を見に行かない？
　　　B：何か面白い映画あるかな？

　　　A：오늘 영화 보러 갈래?
　　　B：뭐 재미있는 영화 있어?

1241　A：最近人気がある映画知らない？
　　　B：○○、おもしろいって言っていたよ。

　　　A：요즘 재미있는 영화 알아?
　　　B：○○가 재미있다고 하더라.

1242　A：ラブストーリー、大人二枚ください。
　　　B：ラブストーリーですね。2時半からの回でよろしいですか。

　　　A：러브스토리, 성인 둘 주세요.
　　　B：러브스토리 말이세요? 2시 30분 걸로 괜찮으세요?

1243　A：お席は○○と◇◇のあたりがあいていますが、どちらになさいますか？
　　　B：◇◇にしてください。

　　　A：좌석은 ○○과 ◇◇ 쪽이 비어 있는데, 어느 쪽으로 하시겠어요?
　　　B：◇◇로 해 주세요.

1244　A：席はどの辺にする？
　　　B：後ろの真ん中の席がいいな。前のほうだと首がつかれるんだもん。

　　　A：좌석은 어느 쪽으로 할까?
　　　B：뒤쪽의 제일 가운데 좌석이 좋아. 앞쪽은 목이 아프니까.

1245　A：すいません、この席空いていますか？
　　　B：はい。空いています。

　　　A：죄송한데, 이 자리 비어 있나요?
　　　B：네. 비어 있어요.

> 우리나라에서는 '여기 자리 있나요?' '네, 있어요.'라고 말하지만 일본에서는 이런식으로 자리가 비어 있는지를 묻는다.

1246　映画の前売り券もらったから、一緒に見に行かない？

　　　영화 예매권이 생겼는데, 함께 보러 갈래?

1247　人気がある映画だから、チケットがもう売り切れちゃって、立ち見しか残ってないんだって。

　　　인기 있는 영화라 영화표가 벌써 매진돼서, 입석밖에 남지 않았대.

no.9 놀거리 映画 영화

1248 スクリーンの前の席は、首が痛くなるから嫌だな。
스크린 앞 좌석은 목이 아파서 싫어.

1249 前評判がいい映画だから、楽しみにしてたのに、期待しすぎたのか、あまり面白くなかった。
평판이 좋은 영화라서 기대했는데, 기대를 너무 많이 했는지 그다지 재미있지는 않았어.

1250 今年のお正月映画はどんなのがあるんだろう。
올해 설 개봉영화는 어떤 것이 있을까?

1251 この映画は、興行収入が５０億円を超え、観客動員数も４００万人超える大ヒット作品です。
이 영화는 흥행수입이 50억 엔을 넘고, 관객동원수도 400만 명이 넘는 대히트 작품이에요.

1252 もうすぐ話題のハリウッドの超大作映画が公開されるから、公開初日に見に行かなくちゃ！
이제 곧 화제의 헐리웃 블록버스터가 개봉되니까, 개봉 첫날에 보러 가야지!

1253 公開初日には、舞台挨拶も行われた。
개봉 첫날에는 무대 인사도 행해졌다.

1254 アクション映画や、ホラー映画は好きですが、恋愛映画や、ヒューマン映画はあまり好きじゃないんです。
액션 영화나 호러 영화는 좋아하지만, 멜로 영화나 휴먼 영화는 그다지 좋아하지 않습니다.

1255 だいたい、どこの映画館も水曜日がレディースデイで、女性は1000円で見ることができる。
대부분 어느 영화관이나 수요일은 레이디 데이로, 여성은 1000엔으로 볼 수 있어.

1256 映画の試写会に当たったんだ！
영화 시사회에 당첨됐어!

1257 映画の上映スケジュールをネットで確認してから映画館に行こうよ。
영화 상영 스케줄을 인터넷으로 확인한 후에 영화관에 가자.

1258 映画の上映中の出入りはできるだけ控えてほしいよね。
영화 상영 중에 출입은 될 수 있으면 자제해 주면 좋을텐데.

1259 面白くなかったから途中で少し寝ちゃったよ。
재미 없어서 중간에 잠깐 졸았어.

no.9 놀거리 **映画**

1260 好きな俳優が出てるから、映画のパンフレットも買いたいな。
좋아하는 배우가 나와서 영화 팸플릿을 사고 싶어.

1261 小説が映画化されることが多いけど、だいたいは原作の方がおもしろいよね。
소설이 영화화되는 경우가 많지만, 대부분은 원작이 더 재미있지.

1262 予告編が5分ぐらいあるはずだから、少しぐらい遅れても大丈夫だよ。
예고편이 5분 정도 될 테니까 조금 늦어도 괜찮아.

1263 あの映画、大ヒットしたから、ロングラン上映が決まったらしいよ。
저 영화, 대박이 나서 롱런 상영이 결정됐다고 해.

1264 レイトショーで見ると、少し安く見られるよね。
심야영화로 보면 조금 싸게 볼 수 있죠.

1265 友達同士で来たのに、カップルチェアだと、ちょっと気まずいよね。
친구끼리 왔는데, 커플좌석이면 좀 어색하더라.

気まずい 어색하다, 거북하다

1266 アカデミー賞に5部門もノミネートされたんだって。
아카데미 상에 5개 부분이나 노미네이트 됐대.

no.9 놀거리 温泉 온천 · 旅行 여행

温泉 온천

- 露天風呂 (ろてんぶろ) 노천온천
- 硫黄 (いおう) 유황
- 貸切風呂 (かしきりぶろ) 탕을 다른 사람은 못 쓰도록 전세내는 것
- 女湯 (おんなゆ) 여탕
- 男湯 (おとこゆ) 남탕

보통 여탕은 빨간색 천에 ゆ라고 쓰여 있고, 남탕은 남색 천에 ゆ라고 쓰여 있다. 대부분 밤 10시가 되면 남녀 탕이 바뀌게 되어 있어 두 가지 느낌의 온천을 즐길 수 있다.

- 女将さん (おかみ) 여주인
- 部屋食 (へやしょく) 저녁밥을 방에서 먹는 것
- 仲居さん (なかい) 손님을 접대하거나 잔심부름 하는 여성
- 素泊まり (すどまり) 식사는 안하고 잠만 자는 것
- お造り (おつくり) 회 (여관 등의 저녁에 나오는 회를 가리키는 말)
- のぼせる 얼굴이 벌게지다, 현기증이 나다
- 黒卵 (くろたまご) 온천물로 익힌 검정색 계란
- 温泉卵 (おんせんたまご) 온천물로 반숙한 계란, 흰자는 굳어있고 노른자만 말랑거리는 계란

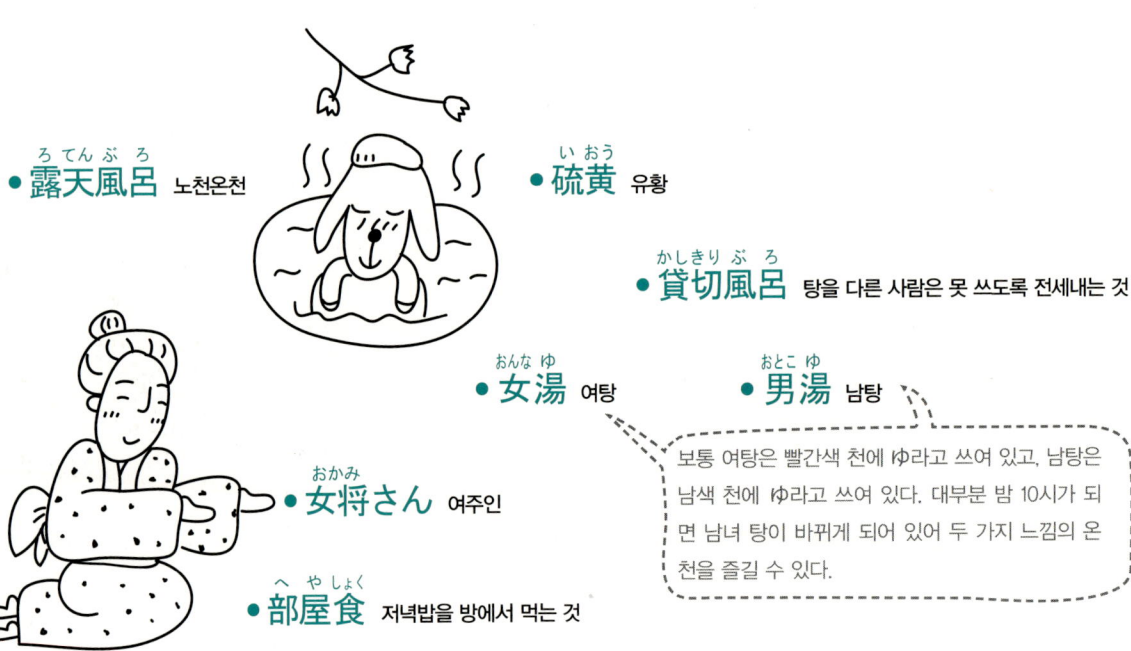

no.9 놀거리　**温泉・旅行**

旅行 여행

- 日帰り 당일치기
- ２泊３日 2박 3일
- 指定席 지정석
- 自由席 자유석
- スーツケース 슈트케이스, 여행용 가방
- レート 환율
- お土産 선물 (여행지 등에서 사 오는 그곳의 특산물)
- 両替 환전
- キャンセル待ち 취소 대기
- 直行便 직행편
- 乗継便 경유편
- 早割 티켓을 미리 구입하면 저렴하게 구입 가능한 것
- 駅弁 기차 안이나 역에서 파는 도시락
- ガイドブック 가이드북
- 車酔い 차멀미
- 乗り放題 일정 금액을 지불하면 일정한 기간 동안 무료로 교통편을 이용할 수 있는 것
- 機内食 기내식
- 船酔い 뱃멀미

no.9 놀거리 温泉 온천 · 旅行 여행

- 格安航空券 특별히 싼 항공권
- 時差ボケ 시차병
- チェックイン・チェックアウト 체크인·체크아웃
- 穴場 알려지지 않는 좋은 장소, 혹은 명당자리 혹은 맛집을 말하기도 함

1267	この旅館は、露天風呂が有名なんだって。
	이 여관은 노천온천이 유명하대.

1268	この旅館は、人気だからキャンセル待ちしないと予約できないんだよ。
	이 여관은 인기가 많아서 취소 대기 하지 않으면 예약 할 수 없어.

1269	ここの旅館は、女将さんや仲居さん達が、みんな親切だね。
	이 여관은 여주인이나 서빙하는 분이 모두 친절하네.

1270	女湯と、男湯が夜の10時に入れ替わるんだって。
	여탕과 남탕이 밤 10시에 바뀐대.

1271	温泉に入ったら、お湯が熱くて、のぼせちゃったよ。
	온천에 들어갔더니, 물이 뜨거워서 얼굴이 벌개졌어.

1272	箱根に来たから、黒卵を食べてみよう。
	하코네에 왔으니까, 검은 계란을 먹어보자.

no.9 놀거리 **温泉・旅行**

1273 温泉地だから、硫黄の匂いがするね。
온천지라서 유황 냄새가 나네.

1274 ここは海が近いから、夕食もお造りがおいしかったね。
이곳은 바다가 가까워서, 저녁에 먹은 회가 맛있었어.

1275 最近は、部屋で食事できる旅館が少なくなってきた。
요즘은 방에서 식사가 가능한 여관이 적어졌다.

1276 ホテルのチェックインは午後3時で、チャックアウトは午前10時です。
호텔의 체크인은 오후 3시이고, 체크아웃은 오전 10시입니다.

1277 この温泉は近いから、日帰りでも行けそうだね。
이 온천은 가까우니까, 당일치기로도 갈 수 있을 것 같아.

1278 この旅館は貸切風呂もあって、家族や友達同士だけで入ることもできるから、人気があるんだって。
이 여관은 전세탕도 있어서, 가족이나 친구들끼리 들어갈 수 있어서 인기가 있대.

1279 次の旅行は、ゆっくり観光したいから、2泊3日で行こうよ。
다음 여행은 느긋하게 관광이 하고 싶으니까 2박 3일로 가자.

1280 今度、海外旅行に行くから、スーツケースを買わなきゃ。
이번에 해외여행을 갈 거니까, 여행용 가방을 사야지.

1281 家族に、何か旅行のお土産を買って帰らないと。
가족에게 줄 적당한 여행 선물을 사서 돌아가야지.

1282 せっかく旅行に来たから、ガイドブックにのってるお店に行ってみよう。
모처럼 여행 왔으니까, 가이드북에 실려 있는 가게에 가보자.

1283 週末は込むから、新幹線の指定席を早くとらないと、売り切れちゃうかもよ。
주말은 붐비니까, 신간센 지정석을 빨리 예약하지 않으면, 매진될지도 몰라.

1284 昨日ニューヨークから帰ってきたばかりだから、時差ボケで変な時間に眠くなるんだ。
어제 뉴욕에서 막 돌아와서, 시차병 때문에 아무때나 졸려.

no.9 놀거리 温泉 온천 · 旅行 여행

1285 山道を走ったら、カーブが多くて、車酔いしちゃったよ。
산길을 달렸더니, 커브가 많아서 차멀미를 했어.

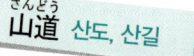
山道 산도, 산길

1286 イギリスまで直行便で行きたかったけど、満席だったから、仕方なく、乗継便で予約したよ。
영국까지 직행편으로 가고 싶었지만, 만석이어서 할 수 없이 경유편으로 예약했어.

1287 格安航空券は、早く予約しないと、すぐに売り切れちゃうよ。
특별히 싼 항공권은 빨리 예약하지 않으면, 바로 매진 돼.

1288 早めに飛行機のチケットを予約すると、早割で安くなるよ。
일찍 비행기 티켓을 예약하면, 조기할인으로 싸져.

1289 たくさん観光する場合は、地下鉄乗り放題のチケットを買った方が得だよ。
많이 관광할 경우에는 지하철 자유이용권을 구입하는 것이 이익이야.

1290 トリプルの部屋は、もともとはツインの部屋にエキストラベットを入れることが多いから、少し手狭になるね。
트리플 방은 원래는 트윈 침대방에 임시침대를 넣는 경우가 많아서 좀 비좁지.

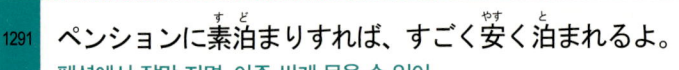
手狭 비좁음, 협소함

1291 ペンションに素泊まりすれば、すごく安く泊まれるよ。
펜션에서 잠만 자면, 아주 싸게 묵을 수 있어.

1292 液体物は、機内に持ち込めないから、スーツケースの中に入れて預けないとだめだよ。
액체물은 기내에 반입할 수 없으므로, 여행용 가방 안에 넣어서 맡기지 않으면 안 돼.

1293 お昼は、新幹線の中で駅弁を食べよう。
점심은 신간센 안에서 역도시락을 먹자.

1294 大韓航空に乗ると、機内食でコチュジャンがもらえるんだよ。
대한항공을 타면 기내식에서 고추장을 받을 수 있어.

1295 外は暑いけど、屋内はクーラーがきいてて、寒いかもしれないから、羽織るものを持っていた方がいいよ。
밖은 더운데 건물 안에는 에어컨을 틀어서 추울지도 모르니까, 걸치는 것을 가지고 가는 것이 좋아.

1296 沖縄は、タクシーの初乗りの料金が、東京に比べてすごく安いね。
오키나와는 택시 기본요금이 도쿄에 비해서 아주 싸네.

no.9 놀거리 **温泉・旅行**

1297 旅行中に雨が降るかもしれないから、折り畳み傘も持っていこう。
여행중에 비가 올지도 모르니까, 접는 우산도 가져 가자.

1298 どこで切符を買っていいか分からないから、駅員さんに聞いてみよう。
어디서 표를 사는지 모르니까, 역무원에게 물어보자.

1299 ホテルで両替すると、レートが悪いよ。
호텔에서 환전하면, 환율이 낮아.

1300 このビーチ、海も砂浜もすごくきれいなのに、人が少なくて、穴場だね。
이 해변, 바다도 모래사장도 너무 예쁜데, 사람도 적어 숨은 명당자리네.

砂浜 모래사장이 있는 해변

no.9 놀거리 野球 やきゅう 야구

일본프로야구는 우리나라와 달리 센트럴리그와 퍼시픽리그로 나눠져 있다. 각 리그별로 3위팀까지 우리나라의 포스트시즌과 비슷한 클라이막스 시리즈를 하게 된다. 센트럴리그는 주니치(나고야)·요미우리(도쿄)·야쿠르트(도쿄)·히로시마(히로시마)·요코하마(요코하마)·한신(오사카)이며, 퍼시픽리그는 소프트뱅크(후쿠오카)·치바롯데(치바)·니혼햄(삿포로)·라쿠텐(센다이)·오릭스(오사카)·세이부(도코로자와)가 있다.

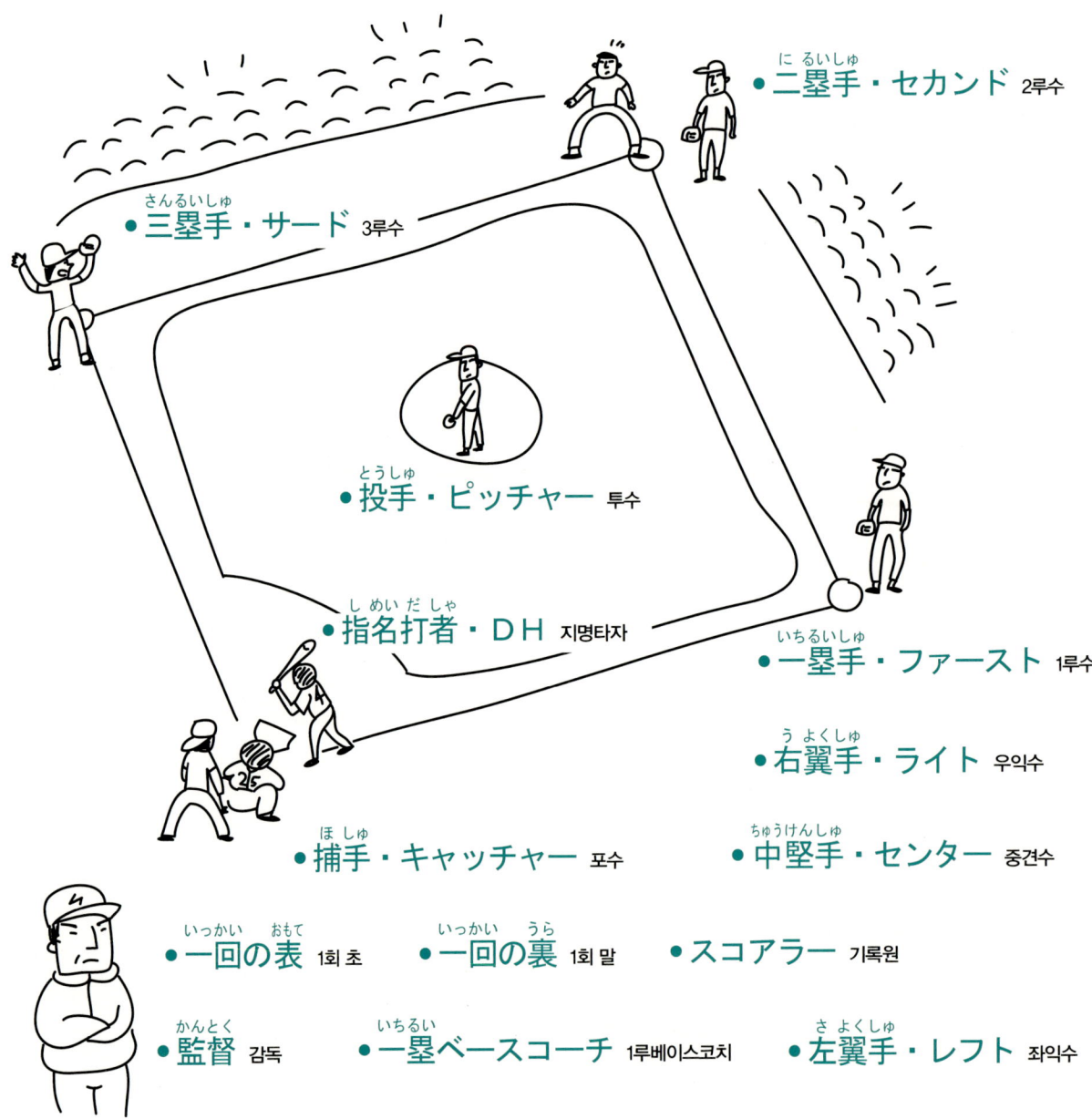

● 二塁手・セカンド にるいしゅ 2루수
● 三塁手・サード さんるいしゅ 3루수
● 投手・ピッチャー とうしゅ 투수
● 指名打者・DH しめいだしゃ 지명타자
● 一塁手・ファースト いちるいしゅ 1루수
● 右翼手・ライト うよくしゅ 우익수
● 捕手・キャッチャー ほしゅ 포수
● 中堅手・センター ちゅうけんしゅ 중견수
● 一回の表 いっかい おもて 1회 초
● 一回の裏 いっかい うら 1회 말
● スコアラー 기록원
● 監督 かんとく 감독
● 一塁ベースコーチ いちるい 1루베이스코치
● 左翼手・レフト さよくしゅ 좌익수

no.9 놀거리 ● 野球(やきゅう)

- 遊撃手(ゆうげきしゅ)・ショート 유격수
- 三塁(さんるい)ベースコーチ 3루베이스코치
- バットを握(にぎ)る 배트를 쥐다
- バットを振(ふ)る 배트를 휘두르다
- バットを構(かま)える 타격 자세를 취하다
- バントする 번트를 대다
- フライを打(う)つ・打(う)ち上(あ)げる 플라이볼을 치다
- 送(おく)りバント 보내기 번트
- セーフティバント 세이프티 번트 (타자가 일루에 살아 나가기 위해서 하는 번트)
- 三振(さんしん) 삼진
- 犠牲(ぎせい)バント 희생 번트
- 犠牲(ぎせい)フライ 희생 플라이
- 盗塁(とうるい) 도루
- 悪送球(あくそうきゅう) 악송구
- 牽制球(けんせいきゅう) 견제구
- ヒットエンドラン 히트앤드런, 치고 달리기

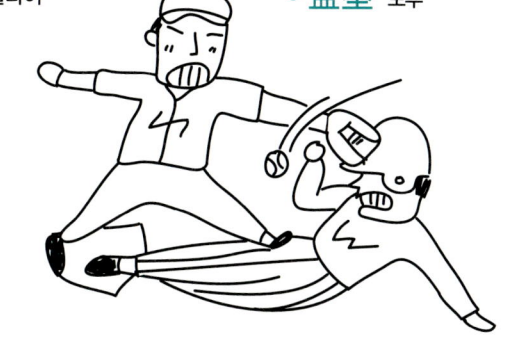

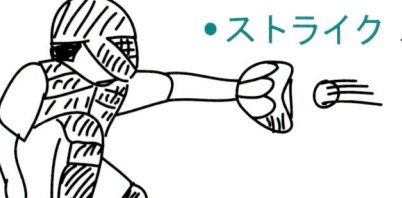

- ストライク 스트라이크
- フォアボール 포볼
- ボール 볼
- 外角球(がいかくきゅう) 바깥쪽 볼
- 内角球(ないかくきゅう) 안쪽 볼, 몸쪽 볼
- 前進守備(ぜんしんしゅび) 전진수비
- デットボール 데드볼
- エラー 에러, 실수, 실책
- センターフライ 중견수 플라이

287

no.9 놀거리 野球 やきゅう 야구

- ライトフライ 우익수 플라이
- 内野安打(ないやあんだ) 내야 안타
- ライト前(まえ)ヒット 우익수 앞 안타
- 二塁打(にるいだ) 2루타
- ライトオーバー 우익수를 넘기는 안타
- 三塁打(さんるいだ) 3루타
- ホームラン 홈런
- さよならホームラン 끝내기 홈런
- ポテンヒット 텍사스 안타 (공이 내야수와 외야수 사이에 떨어져 그 어느쪽도 받지 못하는 안타)

- アウト 아웃
- レフトフライ 좌익수 플라이
- セーフ 세이프
- ゴロを打(う)つ 땅볼을 치다
- 強襲安打(きょうしゅうあんだ) 강습 안타
- ファインプレー 파인 플레이, 묘기
- 三遊間(さんゆうかん)をぬくヒット 3루수와 유격수 사이를 뚫는 안타
- イレギュラーバウンド 불규칙 바운드 볼
- 打順(だじゅん) 타순
- 落球(らっきゅう)する 받은 공을 떨어뜨리다
- スライディング 슬라이딩
- 好守備(こうしゅび)・ファインプレー 호수비

no.9 놀거리　野球(やきゅう)

- ホームランだと思(おも)ったがちょっと詰(つ)まり気味(ぎみ)だった　홈런인줄 알았는데 더 뻗지 못하고 외야수에게 잡혔다
- 内角高(ないかくたか)め　몸쪽 높은 (볼)
- 外角低(がいかくひく)め　바깥쪽 낮은 (볼)
- 直球(ちょっきゅう)　직구

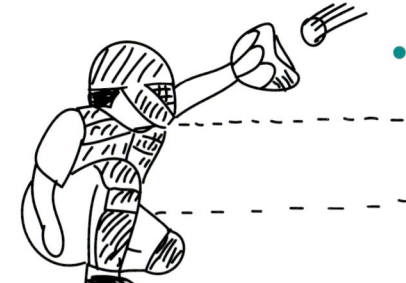

- 敬遠(けいえん)のフォアボール　고의사구
- カーブ　커브
- 誘(さそ)い玉(だま)を投(な)げる　유인구를 던지다
- 投手(とうしゅ)の直球(ちょっきゅう)に詰(つ)まった　투수의 직구에 (타자의 배트가) 밀렸다
- ダブルプレー・ゲッツー　더블 플레이, 병살(併殺)
- 代走(だいそう)　대주자
- 代打(だいだ)　대타
- トンネルする　야수가 두 다리 사이로 흐르는 땅볼을 놓치다
- コールドゲーム　콜드 게임
- スクイズ　스퀴즈 플레이
- 守備範囲(しゅびはんい)が広(ひろ)い　수비범위가 넓다
- 先発投手(せんぱつとうしゅ)　선발투수
- 中継(なかつ)ぎ　중간계투
- トリプルプレー　트리플 플레이, 삼중살(三重殺)
- スピードに遅(おく)れる　(투수 볼의 스피드에) 배트가 못 따라가다
- 内角(ないかく)をつく　몸쪽을 찌르다
- ベースを踏(ふ)む　베이스를 밟다

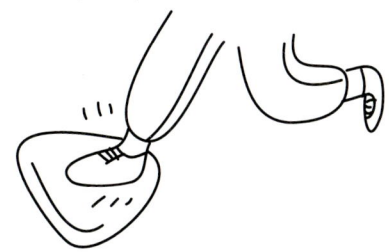

no.9 놀거리 野球 야구

- 飛び付く 몸을 던져서 잡다
- 打球を追い掛ける 타구를 쫓다
- 打たされる (타자가 변화구에 속아) 범타를 치다
- 打ち気を誘う (유인구를 던져) 헛스윙을 유도하다
- 滑り込む 슬라이딩 하다
- ボールをお手玉する 공을 단번에 받지 못하고 글러브에서 두어 번 튀기듯 하다가 받다
- レフトがバックホームをしたがボールが逸れた 좌익수가 홈송구를 했는데 공이 빠졌다
- 打ち気にはやる (타자가) 때리고 싶은 마음이 앞서다
- 勝負を避ける 승부를 피하다
- スピードが乗る 스피드가 빠르다 (공에 힘이 있다)
- ボールを外す (투수가 유인구 형식으로) 볼을 빼다

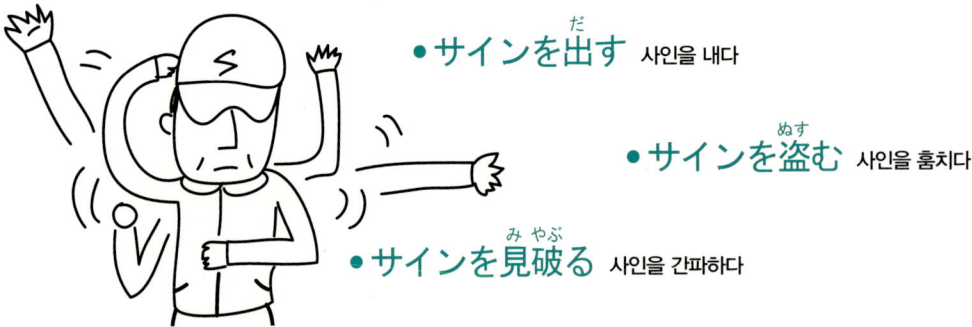

- サインを出す 사인을 내다
- サインを盗む 사인을 훔치다
- サインを見破る 사인을 간파하다
- ボールを落とす 볼을 떨어뜨리다
- 当たり損ねの打球 빗맞은 타구

no.9 놀거리　野球

- おさえ・ストッパー・クローザー　마무리 투수, 클로져

- パスボール　패스트 볼 (포수가 투수가 던진 볼을 놓치는 것)

- 肩慣らしをする　(투수가 공을 가볍게 던지거나 해서) 어깨를 풀다

1301	打者は投手の誘い玉に手を出して、全くヒットを打てないでいる。 타자들이 투수의 유인구에 속아, 전혀 안타를 뽑아내지 못하고 있다.
1302	投手は調子が良いようで、捕手の構えたところにコントロール良く球が来ている。 투수는 컨디션이 좋은지, 포수가 원하는 곳으로 제구가 된 좋은 볼이 오고 있다.
1303	投球のスピードに詰まって、打球を打ち上げてしまった。 투구의 스피드에 밀려 공은 높이 떠버렸다.
1304	良い当たりだったが、野手の正面をついてしまった。 잘 맞았지만, 야수의 정면에 가버렸다.
1305	二塁へ盗塁を試みたが、間一髪アウトになってしまった。 2루로 도루를 시도하였지만, 간발의 차로 아웃돼 버렸다.
1306	ダブルプレーを焦って、ボールをお手玉してしまった。 더블플레이를 하려고 서두르는 바람에 공이 글로브에서 두 번 튀어 버렸다.
1307	良い当たりの打球が、左中間を真っ二つに割って飛んでいった。 잘 맞은 타구가 좌중간을 반으로 가르며 날아갔다.
1308	野球は9回の裏ツーアウトからだとよく言われる。 야구는 9회말 2아웃부터라고 자주 말한다.

間一髪　아슬아슬함

no.9 놀거리 野球 야구

1309 コーチの出したサインを相手側の選手が見破ったみたいだ。
코치가 보낸 사인을 상대편 선수가 간파한 것 같다.

1310 ヒット性の当たりを三塁手が飛び付いて取って一塁でアウトにした。
안타성의 공을 3루수가 몸을 날려 잡아 1루에서 아웃시켰다.

1311 なんとか打順が一番まで回ればチャンスが広がるんだが。
어떻게든 타순이 1번까지 돌면 찬스가 생길 텐데….

1312 ここでホームランが出れば逆転だ。
여기서 홈런이 나오면 역전이다.

1313 ランナーが三塁にいるときは、捕手がパスボールしても一点が入る。
주자가 3루에 있을 때는 포수가 볼을 놓치기만 해도 1점이 들어온다.

1314 内角のボールを避けられなくてデットボールになった。
몸쪽 볼을 피하지 못해서 몸에 맞는 볼이 되었다.
> 避ける 피하다

1315 0対0の投手戦なので、スクイズでもいいから、まず先取点がほしい。
0대 0의 투수전이어서 스퀴즈 번트라도 좋으니까, 먼저 선취점이 필요하다.

1316 監督は攻撃的な作戦が好きなので、ここはヒットエンドランなどの強攻に出るはずだ。
감독이 공격적인 작전을 좋아하니까, 지금은 치고 달리기 등의 강공으로 나올 것이다.

1317 野球は何と言っても野球場で好きなチームを応援するのが楽しい。
야구는 뭐니 뭐니 해도 야구장에서 좋아하는 팀을 응원하는 것이 즐겁다.

1318 サヨナラホームランを打たれて、投手がガックリと肩を落とした。
끝내기 홈런을 맞아 투수가 낙담하며 어깨를 축 늘어뜨렸다.
> ガックリ 푹, 축 (맥이 빠지는 모양)

1319 投手の牽制球に走者が二遊間に挟まれた。
투수의 견제구에 주자가 2, 3루간에 끼었다.
> 挟む 끼우다

1320 遊撃手がボテボテのゴロをトンネルしてしまった。
유격수가 데굴데굴 굴러 오는 볼을 다리 사이로 빠트려버렸다.

1321 投手が敬遠してわざとボールを外しましたね。
투수가 경계해서 일부러 공을 뺐군요.

no.9 놀거리　**野球**(やきゅう)

1322
A：4番(よんばん)を打(う)つことは、選手(せんしゅ)にとっては一番(いちばん)の目標(もくひょう)だよね。
B：4番打者(よんばんだしゃ)はもちろんすごいけど、他(ほか)の打順(だじゅん)も、それぞれ役目(やくめ)があるから、必(かなら)ずしも選手(せんしゅ)全員(ぜんいん)が4番打者(よんばんだしゃ)を目指(めざ)すわけじゃないよ。

A：4번을 치는 것은 선수에게 있어서는 가장 큰 목표지.
B：4번타자도 물론 굉장하지만, 다른 타순도 각각의 역할이 있으니까, 반드시 선수전원이 4번타자를 목표로 하지는 않아.

1323
A：デットボールをうけた選手(せんしゅ)が怒(おこ)り出(だ)して、乱闘騒(らんとうさわ)ぎになってしまった。
B：乱闘(らんとう)を起(お)こすと、退場処分(たいじょうしょぶん)になっちゃうのに…。

A：몸에 맞는 볼을 당한 선수가 화를 내서 난투극이 벌어졌어.
B：난투극을 일으키면, 퇴장 조치를 받는데….

乱闘騒(らんとうさわ)ぎ 난투극

1324
A：投手(とうしゅ)のコントロールが定(さだ)まらなくて、フォアボールが多(おお)い。
B：いつもはコントロール一(ひと)つ抜群(ばつぐん)なのに、調子(ちょうし)が悪(わる)いみたいだ。

A：투수의 컨트롤이 안정되지 않아서, 포볼이 많네.
B：평소 때는 컨트롤 하나는 끝내주는데, 상태가 안 좋은 것 같아.

1325
A：一回(いっかい)のファインプレーがゲームの流(なが)れを変(か)えることがある。
B：そこが野球(やきゅう)のおもしろいとこだよね。

A：1회의 파인 플레이가 게임의 흐름을 바꾸는 때가 있어.
B：그게 야구의 묘미지.

1326
A：バントがうまい選手(せんしゅ)というのが、チームに一人(ひとり)は必要(ひつよう)だ。
B：そういう選手(せんしゅ)を縁(えん)の下(した)の力持(ちからも)ちっていうんだろうね。

A：번트를 잘 대는 선수가 팀에 한 사람은 필요해.
B：그런 선수를 숨은 수훈 선수라고들 하지.

縁(えん)の下(した)の力持(ちからも)ち 빛 못보는 공로자, 숨은 조력자

1327
A：せっかくのチャンスだったのに、三者凡退(さんしゃぼんたい)で終(お)わってしまった。
B：逆転(ぎゃくてん)のチャンスだったのに！

A：모처럼의 기회였는데 삼자범퇴로 끝나 버렸어.
B：역전할 기회였는데！

1328
A：2アウトだから、4番打者(よんばんだしゃ)は敬遠(けいえん)して、次(つぎ)の打者(だしゃ)で勝負(しょうぶ)しよう。
B：本当(ほんとう)は4番打者(よんばんだしゃ)と正々堂々(せいせいどうどう)と勝負(しょうぶ)したいけど、仕方(しかた)ない。

A：투아웃이니까 4번타자는 고의사구로 내보내고 다음 타자와 승부하자.
B：한번 4번타자와 정정당당하게 승부하고 싶지만, 어쩔 수 없지.

サッカー 축구

- サポーター 서포터, 열혈팬
- コーナーキック 코너킥
- パス 패스
- シュート 슛
- ゴールキック 골킥
- 判定(はんてい) 판정
- ディフェンス・守備(しゅび) 수비
- 審判(しんぱん) 심판
- オフェンス・攻撃(こうげき) 공격
- 守備固め(しゅびがため) 철통수비
- 試合開始(しあいかいし)・キックオフ 시합개시
- オフサイド 오프사이드
- 得点(とくてん) 득점

- 反則(はんそく) 반칙
- 失点(しってん) 실점
- スローイング 드로잉
- ドリブル 드리블
- レッドカード 레드카드 (퇴장카드)
- イエローカード 옐로카드 (경고카드)
- パスミス 패스미스
- 本大会(ほんたいかい) 본 대회
- ワールドカップ 월드컵
- 地域予選(ちいきよせん) 지역예선

no.9 놀거리 サッカー

- ハンドリング 핸들링
- 国際試合(こくさいじあい) 국제시합
- スライディング 슬라이딩
- タックル 태클
- ヘディング 헤딩
- ドロー 무승부
- ＰＫ合戦(がっせん) 승부차기
- ハットトリック 해트 트릭
- 延長戦(えんちょうせん) 연장전
- センタリング 센터링
- ボレーシュート 발리슛
- オーバーヘッドキック 오버헤드킥
- フリーキック 프리킥
- ペナルティーキック 페널티킥
- 自殺点(じさつてん)・オウンゴール 자살골
- チャンスをものにする 찬스를 살려 득점으로 연결시키다
- 守備(しゅび)を固(かた)める 수비를 강화하다
- チャンスを生(い)かす 찬스를 살리다
- 負傷(ふしょう)を負(お)う 부상을 입다

no.9 놀거리 サッカー 축구

- アシスト 어시스트
- パスを出す 패스를 하다
- パスを受ける 패스를 받다
- パスを通す 패스를 연결하다
- パスが乱れる 패스미스를 하다
- パスをカットされる 패스를 빼앗기다

- 得点を上げる 득점을 올리다
- 失点をする 실점을 하다

1329 このままだと敗けなので、攻撃の人数を増やすことにする。
이대로라면 지니까 공격수를 늘리기로 한다.

1330 得点だと思ったら、残念ながらオフサイドだった。
득점인 줄 알았는데 아쉽게 오프사이드였다.

1331 シュート数では圧倒しているのに、なかなか点が入らない。
슈팅수로는 압도적인데, 좀처럼 점수가 나지 않는다.

1332 相手の激しいタックルで、味方の選手が怪我をした。
상대방의 격렬한 태클로 우리 선수가 다쳤다.

no.9 놀거리 **サッカー**

1333 雨の日は体力の消耗が激しいので、後半戦が心配だ。
비 오는 날은 체력소모가 심하기 때문에, 후반전이 걱정이다.

1334 ワールドカップでは、やっぱり自国の応援に力が入るね。
월드컵에서는 역시 자국의 응원에 힘이 나네.

1335 相手が実力が上なので、守備を固める作戦で行くつもりだ。
상대방이 실력이 위이기 때문에, 수비에 집중하는 작전으로 갈 예정이다.

1336 何と言っても攻撃的なサッカーが面白いね。
뭐니 뭐니 해도 공격적인 축구가 재미있지.

1337 守備の選手がミスを犯せば、失点の可能性が高くなる。
수비선수가 실수를 범하면 실점가능성이 높아진다.

> ミスを犯す 실수를 범하다

1338 人気のあるチームだけあって、サポーターの応援がすごいね。
인기 있는 팀이라 서포터의 응원이 대단하네.

1339 守備が弱いから見ていてもハラハラするね。
수비가 약하니까 보고 있어도 조마조마하네.

1340 あんな角度からシュートが入るなんて信じらんないよ。
저런 각도의 슛이 들어가다니 믿을 수 없어.

1341 サッカーの醍醐味は何と言ってもPK合戦だよ。
축구의 묘미는 뭐니 뭐니 해도 승부차기야.

> 醍醐味 참다운 즐거움, 묘미

1342 ヒディンクが駆使したトータルサッカーが今は主流だ。
히딩크가 구사한 토털 축구가 지금은 주류다.

1343 後ろからのタックルで一発退場を食らってしまった。
뒤에서 한 태클로 한 번에(경고 없이) 퇴장을 당했다.

1344 ピンチの後にはチャンスが来るとは良く言ったものだ。
위기 뒤에는 찬스가 온다는 말은 맞는 말이다.

no.9 サッカー 축구

1345
A : パスが乱れると、一気に相手チームに流れがいってしまうよね。
B : そうだね、パスは正確に回さないとね。
A : 패스가 흐트러지면 단숨에 상대팀에게 흐름이 가버리지.
B : 맞아, 패스는 정확하게 돌려야해.

1346
A : 人気チームの試合では、サポーター同士の応援合戦も見ものだよね。
B : たまに、行き過ぎて、サポーター同士が喧嘩になってしまうこともあるくらい熱狂的だからね。
A : 인기팀의 시합에는 서포터의 응원전도 볼거리야.
B : 가끔 도가 지나쳐 팬들끼리 싸움이 일어날 정도로 열광적이니까.

1347
A : サッカーの試合で、ミッドフィルダーの役割って大きいよね。
B : 試合の流れをコントロールする司令塔だからね。
A : 축구 시합에서 미드필더의 역할은 중요하지.
B : 시합 흐름을 컨트롤하는 사령탑이니까.

1348
A : オウンゴールで相手側に点が入ってしまうことほど、悔しいことはないよね。
B : 守備選手の体に当たって、ゴールに入っちゃうことが多いみたいだよね。
A : 자살골로 상대측에게 점수를 주는 것만큼 분한 것도 없지.
B : 수비선수 몸에 맞아 골에 들어가는 경우도 많은 것 같아.

1349
A : Jリーグの試合って、人気がなくなっちゃったよね。
B : 国際試合ならみんな見るけど、Jリーグには興味ない人多いもんね。
A : J리그 시합은 인기가 없어졌어.
B : 국제시합이라면 모두 보지만, J리그에는 흥미없는 사람도 많지.

1350
A : この試合に勝てば、決勝戦進出だね！
B : 最悪、ドローでも決勝進出のチャンスはあるよ。
A : 이 시합에서 이기면 결승전 진출이지!
B : 최악의 경우 무승부라도 결승진출 찬스는 있어.

1351
A : 残すはロスタイムだけだね。
B : ロスタイムで逆転されることもあるから、油断は禁物だよ。
A : 남은 것은 로스타임 뿐이네.
B : 로스타임에서 역전 당하는 경우도 있으니까 방심은 금물이야.

no.9 놀거리　サッカー

花かるた・花札・花闘 화투

일본화투와 한국화투의 차이점이라고 한다면 일본은 똥이 12월, 비가 11월이란 점을 들 수 있다. 또한 우리나라의 고스톱(Go-Stop)은 일본에서는 こいこい라고 하며, 고도리가 없고 대신 猪鹿蝶(いのしかちょう)가 있다. 하지만 일본에는 고스톱이 우리나라처럼 놀이문화로 자리잡고 있지는 않은 편이다.

월별 화투패 이름

- 1월 – 솔 マツ
- 2월 – 매조 ウメ
- 3월 – 사쿠라 サクラ
- 4월 – 흑싸리 クロマメ
- 5월 – 초 アヤメ
- 6월 – 목단 ボタン
- 7월 – 홍싸리 アカマメ
- 8월 – 공산 ボウズ
- 9월 – 국진 チョコ
- 10월 – 풍 モミジ
- 11월 – 비 アメ
- 12월 – 똥 キリ

- 光札・光札(ひかりふだ・ピカふだ) 광
- カス 피, 껍질 (껍질을 의미하는 皮를 한자어로 읽어 '피'라고 함)
- 札(ふだ) 화투패
- 手札(てふだ) 손에 든 패
- 場札(ばふだ) 바닥에 깔린 패
- ピカー(いち) 화투에서 받은 패 7장이 광 하나에 나머지 6장은 껍데기인 것, (변하여) 으뜸이란 뜻으로 여럿 중에서 하나만 빼어나거나 또는 그런 사람을 의미함
- ながれ 나가리, 무효판
- 山(やま) 뒤집힌 패
- 絵合せ(えあわせ) 그림 맞추기
- 勝ち逃げ(かちにげ) 돈을 따고 중간에 가는 것
- 相談を持ちかける(そうだんをもちかける) 쇼당 부치다

- しかと 무시하는 것 ····· 풍의 열끗짜리 사슴이 옆을 보고 있는 것에서 나온 말이다.

no.9 놀거리 花闘(ファトゥ)

こいこい　고스톱

- 猪鹿蝶(いのしかちょう) 이노시카쵸 (5점)

  한국의 고도리와 비슷한 것으로 홍싸리 열끗짜리 イノシシ(멧돼지), 풍 열끗짜리 シカ(사슴), 목단 열끗짜리 チョウチョ(나비)가 모이면 약이 되는 것을 말한다.

- 三光(さんこう) 삼광 (5점)
- 四光(よんこう) 사광 (8점)
- 五光(ごこう) 오광 (10점)

- 花見て一杯(はなみていっぱい) 꽃구경하면서 한잔 (5점)

  삼광과 목단 열끗짜리를 모은 경우 약이 되는 것으로 삼광에는 サクラ(벚꽃)이 그려져 있고, 목단 열끗짜리에 술잔이 그려져 있는 것에서 나온 말이다.

- 赤短(あかたん) 홍단 (5점)
- 青短(あおたん) 청단 (5점)
- 二ぞろ(に) 비단 (5점) — 비 4패가 들었을 때를 말한다.

- 月見て一杯(つきみていっぱい) 달구경하면서 한잔 (5점)

  팔광과 목단 열끗짜리를 모은 경우 약이 되는 것으로 팔광에 달이 그려져 있고, 목단 열끗짜리에 술잔이 그려져 있는 것에서 나온 말이다.

no.9 놀거리 花かるた・花札・花闘 화투

1352 人が集まったときは花札が一番だ。
사람이 모였을 때는 화투가 제일이야.

1353 五光が3回も続くなんて今日は本当についてる。
5광이 3번이나 계속되다니 오늘은 정말 운이 좋네.

1354 猪鹿蝶に赤短、それからカス札で5点、合わせて15点だよ。
이노시카초에 홍단, 게다가 껍질로 5점, 합해서 15점이야.

1355 誰も点数が付かず、今回はお流れになってしまった。
누구도 점수를 내지 못해서, 이번은 무효판이 돼버렸다.

1356 親が場に表向けた札を6枚まき、次に子に裏向けた札を7枚渡す。
선이 바닥에 앞이 보이게 한 패를 6장 깔고, 다음에 치는 사람에게 뒤집힌 7장을 건넨다.

1357 どの札を出しても相手に点数が付くので、相談を持ちかけることにした。
어떤 패를 내도 상대가 점수가 나니까 쇼당을 부치기로 했다.

1358 同じ月が4枚来たので、無条件で僕の勝だよ。
똑같은 패가 4장 왔기 때문에 무조건 내가 이겼어.

1359 どうも持ち持ちのようなので、先に札を切ることにした。
서로 같은 패를 두 장씩 가지고 있는 것 같아서 먼저 패를 내기로 했다.

> 持ち持ち 서로 같은 패를 두 장씩 가지고 있는 것

1360 今回は場札にいい札が出そろっている。
이번에는 바닥에 좋은 패가 깔렸네.

1361 勝ち逃げをするなんて卑怯だぞ。
이기고 도망가다니 비겁하잖아.

> 勝ち逃げ 이기고 도망침 なんて ~하다니 卑怯 비겁

1362 一度札を出したら、もうもとに戻せない。
한 번 패를 냈으면, 다시 물릴 수 없어.

no.9 놀거리　花闘(ファトゥ)

ちょっと一休(ひとやす)み！
좀 쉬어가요!

no.9 놀거리 将棋 장기

한국장기와 일본장기와 가장 큰 차이점이라고 한다면 일본장기에서는 왕이 어디에라도 마음대로 도망갈 수 있다는 점과 상대에게서 빼앗은 駒(말)를 자기 駒로 다시 사용할 수 있다는 점이다. 재미있는 것은 一枚上手(한 수 위) 등 일본어에는 장기 용어에서 파생된 일상 용어가 상당히 많다는 것이다. 장기에 흥미가 없는 분이라도 아는 만큼 보인다고 배워두면 언젠가는 도움이 될 것이라고 생각한다.

일본 장기판

우리나라 장기와 일본 장기 비교

① 우리나라 장기의 '왕'은 궁성 내에서만 활동할 수 있지만, 일본장기의 王·王将는 판의 어느 곳이나 갈 수 있다.

② 우리나라 장기의 '사'와 유사하게 움직일 수 있는 金과 銀이 있는데, 수비는 물론이고 공격에서도 주요 역할을 담당한다.

③ 우리나라 장기의 '차'를 일본에서는 飛車라고 하며, 차 이상의 위력을 발휘한다. 香는 앞으로만 쭉 갈 수 있다.

④ 우리나라 장기의 '마'에 해당하는 桂馬가 있다.

⑤ 우리나라 장기의 '졸'에 해당하는 歩는 앞으로만 갈 수 있고 옆으로는 갈 수 없다.

⑥ 우리나라 장기에 '포'에 해당하는 것은 없다. 角는 일본에만 있는데, 이것은 대각선으로만 갈 수 있다.

⑦ 일본장기에서는 약했던 駒(말)이 상대방의 왕 근처에 가면 金과 같이 강한 위력을 갖게된다. 이것을 成金이라고 한다.

- 将棋盤 장기판

- 将棋を指す 장기를 두다

- 歩攻め 졸로 공격하는 것

- 王手 장군이요 (멍군이요는 없음)

- 高飛車に出る 고압적인 자세로 나오다

高飛車는 공격적인 말인 飛車를 전방에 놓고 강하게 공격 형태를 나타내는 것으로, 변하여 고압적인 자세로 나오는 것을 가리키는 말이 되었다.

- 詰め将棋 박보(博譜) 장기

- 王を囲む 왕을 지키다

no.9 놀거리 　将棋（しょうぎ）

- 王が詰む（おうがつむ） 왕이 도망갈 데가 없다
- 攻防の一手（こうぼうのいって） 공방의 한 수, 공격에 이익이 되고 수비에도 이익이 되는 한 수를 가리키는 말
- 名人（めいじん） 명인 (어떤 분야에서 뛰어나 유명한 사람)
- 穴熊（あなぐま） 왕을 보호하는 강한 수비 형태
- 持ち時間（もちじかん） 제한시간 (장기나 바둑을 둘 때 둘 곳을 생각하는 데 주어진 시간)
- 捨て駒（すてこま） 일부러 버리는 말
- 対局（たいきょく） 대국
- 先手（せんて） 선수
- 後手（ごて） 후수
- プロ棋士（プロきし） 프로기사
- 王手をかける・王手を打つ（おうてをかける・おうてをうつ） 장군을 부르다
- 秒読み（びょうよみ） 초읽기
- 悪手（あくしゅ） 악수
- 手を読む（てをよむ） 수를 읽다
- 最強の一手（さいきょうのいって） 최강의 한 수
- 妙手（みょうしゅ） 매우 뛰어난 수
- 王の早逃げ（おうのはやにげ） 위험할 때 왕이 도망가는 것
- 必至（ひっし） 필지, 필연, 불가피 (상대가 장군을 부르지 않았지만, 상대가 둔 수에 어떤 식으로 둬도 왕이 잡힐 상황에 놓이는 것으로, 둘 수가 없는 상태를 말함)
- 将棋倒し（しょうぎだおし） 장기 도미노 (장기짝을 조금씩 띄워서 한 줄로 세워 놓고, 한쪽 끝의 장기짝을 밀면 차례로 모든 장기짝이 우르르 겹쳐 쓰러지는 것)

- 一枚上手（いちまいうわて） 한 수 위
- 桂馬の早飛び歩のえじき（けいまのはやとびふのえじき） 마(桂馬)로 너무 빨리 공격하면 죽는다는 말

no.9 놀거리 将棋 장기

1363 将棋は古代インドに発し、西に行ってチェス、東に行って将棋となったんだって。
장기는 고대인도에서 발생하여 서양으로 가서 체스, 동양으로 가서 장기로 되었대.

1364 韓国のチャンギと日本の将棋の一番の違いは、日本の将棋では王がどこにでも逃げられることだよ。
한국의 장기와 일본 장기의 가장 큰 차이는, 일본 장기에서는 왕이 어디에라도 도망갈 수 있다는 점이야.

1365 将棋の楽しさは相手から取った駒をまた使えるところさ。
장기의 즐거움은 상대방에게서 가져온 말을 다시 사용할 수 있다는 것이지.

1366 まず王の逃げ道を塞いでおくことが重要だよ。
먼저 왕이 도망가는 길을 막아 두는 것이 중요해.

1367 攻撃する時、成り歩は本当に威力があるね。
공격할 때 힘을 얻은 졸은 정말 위력이 있네.

1368 歩切れは痛いな。歩のない将棋は負け将棋って言うだろ。
졸을 뺏기다니 큰일인 걸. 졸 없는 장기는 지는 장기라 하잖나.

1369 プロ棋士だったら、１５手から２０手ぐらい先まで読んでいるよ。
프로기사라면 15수에서 20수정도 앞까지 읽고 있어.

1370 ４２手目に、悪手を打って形勢が悪くなってしまった。
42수 째에 악수를 두어서 형세가 나빠졌다.

1371 相手に妙手が出て一気に流れが変わった。
상대방이 묘수가 나와 단숨에 흐름이 바뀌어 버렸다.

1372 将棋から人生を学ぶ、ってこともあるよ。
장기에서 인생을 배운다는 점도 있어요.

1373 こんな強い相手に、とにかく王手を打てただけで満足だ。
이렇게 강한 상대에게 우선 장군을 불러봤다는 것만으로 만족한다.

1374 将棋は囲碁と同様、二人で指すゲームです。
장기는 바둑과 같이 둘이서 두는 게임입니다.

no.9 놀거리 将棋(しょうぎ)

1375 対局時間は二日間で合計１６時間です。
대국시간은 2일간으로 합계 16시간입니다.

1376 将棋は「駒の再利用」という画期的なルールになっている。
장기는 '말의 재이용'이라는 획기적인 룰로 되어 있다.

1377 「一枚上手」という言葉は将棋から出た言葉なんだよ。
'한 수 위'라고 하는 말은 장기에서 나온 말이야.

1378 自信を持って挑戦したのに、彼の方が一枚上手だった。
자신 있게 도전했는데, 그 쪽이 한 수 위였다.

no.9 놀거리 相撲 (すもう) 스모

스모는 일본의 国技(こくぎ)(국기)로 일본 고유의 종교인 神道(しんとう)에 기초하여 신전에서 힘이 센 남성들이 그 힘을 봉양하고 신들에게 경의와 감사를 표하는 행위이다. 때문에 예를 중시하여 마와시 외에는 아무것도 몸에 걸치지 않는다고 한다. 일본 씨름 협회가 주관하는 大相撲(おおずもう)는 1년에 6번 열리며 15일간 행해진다.

스모계급

- 横綱(よこづな) 일본 스모 최고의 지위
- 大関(おおぜき) 최고위인 요코즈나 다음 등급
- 関脇(せきわけ) 오제키의 한 등급 아래
- 小結(こむすび) 세키와케 다음 자리
- 前頭(まえがしら) 고무스비의 다음 계급
- 幕内(まくうち) 대전표의 최상단에 이름이 실리는 씨름꾼
- 幕下(まくした) 대전표의 제2단에 이름이 실리는 씨름꾼
- 十両(じゅうりょう) 마쿠우치와 마쿠시타의 중간 (메이지 시대에 쥬료 이상의 계급 중에서 상위 10번째까지 주료의 급료를 수령한 데에서 유래)

- 行司(ぎょうじ) 스모의 심판
- 力士(りきし) 스모 선수
- 取り組み(とりくみ) 맞붙음
- 土俵(どひょう) 스모 경기를 하는 장소로 흙을 담은 멱서리
- 回し(まわし) 씨름의 샅바와 같은 일본 스모 복장

> 마와시를 빨면 부정 타서 게임에서 지게 된다고 10년 이상 빨지 않고 착용하는 리키시도 있다고 한다.

- 蔵前国技館(くらまえこくぎかん) 최초의 공영(公営) 스모 경기장
- 土俵入り(どひょういり) 스모 선수가 도효에서 하는 의식 (원래는 신에게 기도하는 의식이었으나, 현재는 관객에게 얼굴을 보여 주는 행사가 되었음)

no.9 놀거리 　相撲(すもう)

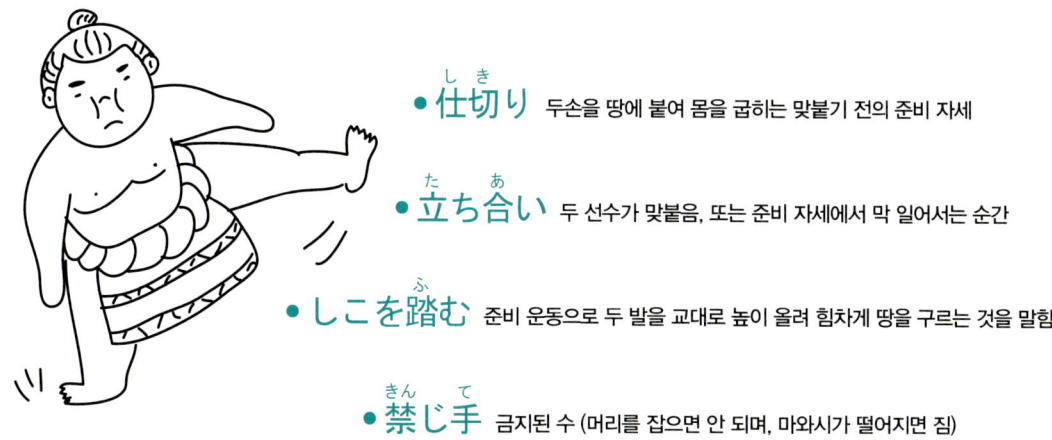

- 仕切り(しきり) 두손을 땅에 붙여 몸을 굽히는 맞붙기 전의 준비 자세
- 立ち合い(たちあい) 두 선수가 맞붙음, 또는 준비 자세에서 막 일어서는 순간
- しこを踏む(ふむ) 준비 운동으로 두 발을 교대로 높이 올려 힘차게 땅을 구르는 것을 말함
- 禁じ手(きんじて) 금지된 수 (머리를 잡으면 안 되며, 마와시가 떨어지면 짐)
- 番付(ばんづけ) 스모의 서열, 또는 그것을 적은 일람표
- 春場所(はるばしょ) 매월 3월에 오사카에서 열리는 춘계 스모 대회
- がっぷり四つに組む(よつにくむ) 서로 마와시를 잡다
- 露払い(つゆばらい) 요코즈나의 도효이리에 앞서 도효에 올라가는 리키시
- 御祝儀(ごしゅうぎ) 이기면 받는 돈
- しこ名(な) 별명, 스모에서 쓰는 이름
- 千秋楽(せんしゅうらく) 흥행의 마지막 날

- 勝ち越し(かちこし) (스모 등 경기에서) 이긴 횟수가 진 횟수 보다 많음 (스모는 총 15회 경기하는데 그 중 8회를 이기는 것을 말함. 가치코시를 해야만 그 자리를 지킬 수 있음.)
- 投げを食う(なげをくう) 던지기 기술에 당하다
- まげ 머리를 정수리에서 모아 묶은 것을 뒤로 꺾었다가 다시 앞으로 꺾은 일본식 상투
- 勇み足(いさみあし) 스모에서 상대를 도효 가장자리까지 밀고 가다가 제 힘에 발을 먼저 밖으로 내디뎌 지게 되는 것
- 負け越し(まけこし) 진 횟수가 이긴 횟수 보다 많음
- 兄弟子(あにでし) 동문(同門)의 선배
- 弟弟子(おとうとでし) 동문(同門)의 후배

309

no.9 놀거리 相撲 스모

- 稽古をつける 연습을 시키다
- 土俵を割る 도효 밖으로 나가다
- 化粧回し 주료(十両) 이상의 리키시가 스모 의식 때 두르는, 금실·은실로 아름답게 수놓은 앞치마 모양의 것
- 横綱をはる 요코즈나의 지위에 오르다, 또는 그 지위에 있다
- 弓取り 마지막 대전의 승자가 弓(활)을 들고 하던 의식
- 呼び出し 스모를 하는 리키시의 이름을 불러 도효에 오르게 하는 역할
- 親方 스승 (선수들은 오야카타가 운영하는 部屋에 소속되고 신인 선수들은 식사 준비에서부터 선배 선수의 잔시중까지 하지 않으면 안 된다고 함)
- おかみさん 오야카타가 운영하는 部屋의 살림을 도맡아하는 사모님
- 付き人 스모선수를 옆에서 도와주는 사람
- 人のふんどしで相撲を取る 남의 잔치에 감 놓아라 배 놓아라 한다

no.9 놀거리 相撲(すもう)

● ちゃんこ鍋(なべ)　스모 선수가 먹는 독특한 냄비 요리 (큰 냄비에 큼직하게 토막친 생선이나 닭고기·두부·채소 등을 넣어 끓이거나 조림)

1379 三場所連続の勝ち越しで、三役の可能性が出てきた。
세 번 판 연속 승리로 산야쿠의 가능성이 나왔다.

1380 春場所は調子が悪かったが、今場所は本調子のようだね。
하루바쇼는 상태가 나빴지만, 이번 판은 상태가 좋은 것 같아요.

1381 横綱は強いだけじゃなく、品位も良くなければならないんだ。
요코즈나는 강한 것만이 아닌 품위도 좋아져야 한다.

1382 横綱が化粧回しを付けて土俵に上がった。
요코즈나가 케쇼마와시를 걸치고 씨름판에 올라갔다.

1383 立ち合いの強い当りで、相手は一気に土俵を割ってしまった。
다치아이의 강한 부딪힘으로 상대는 한 순간에 씨름판에서 밀려 나갔다.

1384 今は兄弟子が弟弟子に稽古を付けているんだ。
지금은 선배가 후배에게 연습을 시키고 있다.

311

no.9 놀거리 相撲 すもう 스모

1385 勝を焦って、土俵際で相手に投げを食らってしまった。
급하게 이기려 하다가 씨름판 경계선에서 상대에게 던져졌다.

1386 関脇が１５日目にしてやっと勝ち越しを決めた。
세키와케가 15일째에 겨우 8승을 거두었다.

1387 昔は地名や島の名前などを使ったしこ名が多かったが、最近は面白いしこ名が増えた。
옛날에는 지명이나 섬의 이름 등을 사용한 이름이 많았지만, 요즘에는 재미있는 이름이 늘어났다.

1388 髪を引っ張るのは禁じ手になっているんだよ。
머리를 잡아당기는 것은 금지된 수로 되어 있어.

1389 横綱の土俵入りはいつ見てもかっこいいね。
요코즈나의 도효이리는 언제 봐도 멋있네.

1390 先場所は成績が良かったので、番付発表が楽しみだ。
마지막 스모 경기는 성적이 좋았기 때문에, 스모 일람표의 발표가 기대된다.

1391 昔は突っ張りが得意手だったが、今は四つに組むようにしている。
옛날에는 밀쳐내기가 특기였는데, 지금은 띠를 잡으려고 하고 있다.

1392 横綱と大関との取り組みが人気を呼んでいる。
요코즈나와 오제키의 대결이 인기를 부르고 있다.

1393 誰もが勝ったと思ったのに、勇み足で敗けてしまった。
누구나 다 이겼다고 생각했는데, 먼저 다리가 밖으로 나가서 졌다.

1394 A：相撲はいつも国技館で見られるんですか。
B：いいえ。１年に６場所あって、シーズンごとに代わるんですよ。

A：스모는 언제나 국기관에서 볼 수 있습니까?
B：아니요. 1년에 여섯 번 스모 경기가 있고, 시즌마다 바뀌어요.

1395 A：何を食べたら、お相撲さんみたいな体になれるんだろう。
B：そりゃあ、ちゃんこ鍋でしょう。

A：뭘 먹어야 스모 선수 같은 몸이 될까?
B：그건, 챵코나베겠지.

no.9 놀거리 **相撲**(すもう)

1396
A : 三場所連続で優勝なんて、すごいね。
B : 文句なしで横綱昇格決定だね。

A : 세 번 연속으로 우승을 하다니 굉장하다.
B : 흠 잡을 필요없이 요코즈나 승격이 결정됐네.

> **文句なし** 불만없음, 트집잡을 데가 없음

1397
A : 最近は、相撲部屋に弟子入りする人も少ないみたいだね。
B : 厳しい世界だからね。

A : 요즘은 스모베야에 입문하는 사람도 적은 것 같아.
B : 엄한 세계니까.

1398
A : 横綱や大関が外国人力士ばかりだね。
B : 国技なんだから、日本人にも頑張ってもらいたいね。

A : 요코즈나와 오제키가 외국인 선수투성이네.
B : 국기니까, 일본인도 열심히 해줬으면 좋겠는데 말야.

1399
A : しこを踏むのって、見た目以上に難しいらしいよ。
B : すごく筋肉が必要だっていうよね。

A : 두 다리를 벌려 땅을 구르는 것도 보기보다 어려운 것 같아.
B : 굉장한 근육이 필요하다고 하지.

no.9 놀거리 能 노・歌舞伎 가부키

能 노

- 能面 노를 공연할 때 쓰는 탈 (가면)
- シテ方 주인공
- ワキ方 주역(シテ)의 상대역
- 狂言方 교겐을 하는 역 (狂言은 노의 막간에 상연하는 대사 중심의 희극)
- 仕舞 노에서 주역이 가면이나 정식 의상을 갖추지 않고 반주도 없이 노래만으로 혼자 추는 약식 춤

- 笛 피리, 관악기
- 囃子方 노에서 악기를 담당하는 사람
- 小鼓 소고, 작은 북
- 大鼓 장구의 일종, 왼쪽 무릎 위에 놓고 손으로 두드리면서 박자를 맞춤
- 猿楽 시대에 유행되었던 민중 예능. 익살스러운 동작과 곡예를 주로 하는 것이었으나, 후에는 가무와 흉내내기 등을 연기하는 能와 狂言으로 갈라짐

no.9 놀거리　能・歌舞伎(のう・かぶき)

歌舞伎(かぶき) 가부키

- 太鼓(たいこ)をうつ 북을 치다
- 市川(いちかわ) 가부키의 배우
- 女形(おんながた)・おやま 가부키에서 여자 역을 맡는 남자 배우
- 装束(しょうぞく) 장속, 옷차림, 또는 그 옷
- 立役(たてやく) 주역

- 十八番(じゅうはちばん)・おはこ 집안에 대대로 내려오는 열여덟 가지의 인기 있는 쿄겐, (변하여) 십팔번, 장기
- 大団円(だいだんえん)を告(つ)げる 대단원을 알리다
- 立役者(たてやくしゃ) 극단의 중심이 되는 중요한 배우, 주역 배우, (변하여) 어떤 분야에서 중심이 되어 활약하는 사람, 중심인물
- 花道(はなみち) 무대 왼편에서 객석을 가로질러 마련된 통로, 배우의 통로로서 또 무대의 연장으로서 이용됨

- 時代物(じだいもの) 주로 에도시대 이전을 다룬 것, 시대물
- つれ 동행, 동반자, 함께 행동함, 또는 그 사람

- 隈取(くまどり) 가부키 배우가 성격이나 표정을 돋보이게 하기 위하여 하는 화장법, 빨강・파랑・검정 등의 선으로 얼굴을 채색하는 일, 또는 그 모양
- せり 무대 바닥의 일부를 뚫어 배우・대도구를 지하실에서 밀어 올리거나 또는 끌어내리거나 하는 장치

no.9 놀거리 能 노·歌舞伎 가부키

- **宙づり** 공중에 몸을 뜨게 하는 장치, 또는 그 연기
- **世話物** 주로 에도시대의 서민상을 소재로 한 작품
- **長唄** 가부키 무용의 반주 음악으로 발전한 三味線 음악
- **浄瑠璃** 샤미센의 반주에 맞추어 특수한 억양과 가락을 붙여 엮어 나가는 이야기의 일종, 義太夫節가 성행되면서부터는 義太夫節의 딴 이름이 되었음

- **外題** 가부키 등의 제목
- **黒幕** 흑막, (연극에서) 밤의 장면 등에 배경으로 사용하거나 장면이 바뀔 때 내리는 검은 장막
- **三枚目** 익살스러운 역, 또는 그 배우, (비유적으로) 웃음가마리, 익살꾼
- **名題** 각본 등의 제목
- **二枚目** 배우 순위표의 두 번째, 주로 애정물의 남자 주인공, 미남역, 또는 (연극·영화 등의) 미남 배우
- **幕切れ** 한 막이 끝남, (변하여) 일이 끝난 것을 가리킴, 끝
- **黒子** 가부키에서 배우 뒤에서 시중을 드는 사람, 또는 그가 입는 검은 옷
- **大詰め** 최종 막, 마지막 장면, 대단원, (변하여) 최종 단계, 종국, 막판

no.9 놀거리 **能・歌舞伎**

1400 能面をつけて舞う姿は、韓国の「탈춤」に似ているね。
가면을 쓰고 춤추는 모습은 한국의 '탈춤'과 비슷하네.

1401 日本語の中に、能や歌舞伎から来た言葉が多く残っている。
일본어 중에서 '노'나 '가부키'에서 온 말이 많이 남아 있다.

1402 歌舞伎の役者がしている隈取って、とっても面白いですね。
가부키의 배우가 하고 있는 구마도리란 굉장히 재미있네요.

1403 A : 歌舞伎役者は男の人だけだそうですね。
B : そうだよ。だから女役の人を女形、男役の人を立役って言うんだ。

A : 가부키 배우는 남자만 한다고 하네요.
B : 맞아. 그래서 (남자가 하는) 여자역할을 오야마, 남자역할을 다테야쿠라고 하는 거야.

1404 三味線はかん高い独特な音がするね。

> **かん高い** 목소리, 음 상태가 높고 날카롭다

샤미센은 높고 날카로운 독특한 소리가 나네.

1405 二枚目・三枚目って言葉も歌舞伎から来ているんだね。初めて知ったよ。
니마이메(미남), 삼마이메(익살꾼)이라는 말도 가부키에서 나왔구나. 처음 알았어.

1406 歌舞伎の中で、世話物が一番面白いよ。
가부키 중에서 세와모노가 제일 재미있어요.

no.10 1년 놀거리 — 새해 복 많이 받으세요!

1월
正月 설날 / 七草がゆ 일곱 가지 곡물을 넣어 끓인 죽 / 成人の日 성인식

2월
節分 절분
バレンタインデー 발렌타인데이

3월
ひな祭り 히나 마츠리 / 桃の節句 모모노 셋쿠 / 卒業式 졸업식

7월
七夕 칠월 칠석

8월
お盆 백중

9월
月見 달맞이, 달구경, 보름달 / 彼岸 피안

no.10 1년 놀거리
1월 놀거리 – 正月 (しょうがつ) 설날

일본 최대의 명절인 쇼가츠에는 백화점이나 회사 앞, 가정 집 앞에 소나무 장식인 가도마츠를 하고, 우리나라의 금줄과 비슷한 시메카자리를 매달기도 한다. 온 가족이 모여 장수를 기원하는 뜻으로 오토소를 마시며, 일본식 떡국인 오죠니와 오세치요리를 먹는다. 또한 절이나 신사를 찾아 새해의 복을 기원하기도 하고 한해 동안 신세를 진 사람이나 거래처에 찾아가 신년인사를 다니기도 한다.

新年の挨拶 (しんねん あいさつ) 신년인사

- 若水 (わかみず) 설날(옛날에는 입춘 날) 아침 일찍 긷는 정화수, 그 해의 액을 쫓는다고 함
- 年が明ける (とし あ) 새해가 밝다
- 年始回り (ねんしまわり) 새해 인사를 하러 다님, 세배를 다님
- 年始回りに行く (ねんしまわ い) 새해 인사 하러 가다
- 年賀状 (ねんがじょう) 연하장
- お年玉 (としだま) 세뱃돈
- 明けましておめでとうございます (あ) 새해 복 많이 받으세요
- お年玉をもらう (としだま) 세뱃돈을 받다
- 福茶 (ふくちゃ) 다시마·검정콩·매실·산초 등을 넣어 정화수로 달인 차, 설날·입춘 전날·섣달 그믐날에 장수를 축원하며 마심

おみくじ 제비뽑기

- 末吉 (すえきち) 말길 (후반기에 운이 좋음)
- 中吉 (ちゅうきち) 중길
- 大吉 (だいきち) 대길, (점괘가) 아주 좋음
- 吉 (きち) 길함 (운이 좋음)

no.10 1년 놀거리　1월 – 正月(しょうがつ)

- 小吉(しょうきち) 소길
- 凶(きょう) 흉 (운수가 나쁨)
- 大凶(だいきょう) 대흉
- 恋愛運(れんあいうん) 연애운
- 開運(かいうん) 개운 (운이 트임)
- 運勢(うんせい)を占(うらな)う 운세를 점치다
- ギャンブル運(うん) 게임운
- 仕事運(しごとうん) 일운
- 縁起(えんぎ)がいい 운이 좋다
- 縁起(えんぎ)を担(かつ)ぐ 미신적인 데가 있다
- 幸運(こううん)を祈(いの)る 행운을 빌다
- 運勢(うんせい) 운세
- 縁起(えんぎ)が悪(わる)い 재수가 없다

初詣(はつもうで) 신년참배

- 晴(は)れ着(ぎ)を着(き)る 나들이옷을 입다
- 初詣(はつもうで)に出(で)かける 신년참배를 가다
- おみくじ 신사(神社)나 절에서 참배인이 길흉을 점쳐 보는 제비
- お賽銭(さいせん) 신불에게 참배할 때 바치는 돈
- 破魔矢(はまや) 마귀를 쫓는 장식용 화살
- おみくじを引(ひ)く 제비뽑기를 하다
- 神主(かんぬし) 신사의 신관 (신을 모시는 사람 중의 우두머리)
- 絵馬(えま) 소원이나 목표를 써서 매다는 그림이나 액자
- お賽銭(さいせん)を投(な)げる 돈을 던지다

no.10 1년 놀거리
1월 놀거리 – 正月(しょうがつ) 설날

正月飾り(しょうがつかざり) 설날장식

- しめ飾(かざ)り 악귀를 쫓기 위해 매다는 금줄장식
- しめ飾(かざ)りをする 시메카자리를 하다
- 注連縄(しめなわ) 새끼줄 꼰 것
- 門松(かどまつ) 새해에 문 앞에 장식으로 세우는 소나무
- 門松(かどまつ)を立(た)てる 가도마츠를 세우다
- 鏡餅(かがみもち)を供(そな)える 가가미모치를 올리다
- 神棚(かみだな) 집 안에 신위(神位)를 모셔 두고 제사 지내는 선반
- 鏡餅(かがみもち) 설에 장식하는 떡으로 우리나라의 시루떡과 비슷함

料理(りょうり) 요리

- お節料理(せちりょうり) 명절 때 먹는 조림요리, 주로 우엉·연근·당근·토란 등을 조린 것, 보통 찬합에 담아 둠
- お節料理(せちりょうり)を準備(じゅんび)する 오세치요리를 준비하다
- 雑煮(ぞうに)を炊(た)く 조니를 끓이다
- 雑煮(ぞうに) 일본식 떡국, 설날에 먹는 요리 중 하나로 나물·무·토란 등과 닭고기·생선묵 등을 넣고 된장이나 간장으로 간을 맞춰 끓인 떡국

no.10 1년 놀거리 — 1월 – 正月(しょうがつ)

- 餅(もち)をつく　떡을 치다
- お屠蘇気分(とそきぶん)　도소주를 마신 거나한 기분
- お屠蘇(とそ)　도소주, 불로장수에 효험이 있다고 하여 설날에 축하주로 마심

遊(あそ)び　놀이

- 羽子板(はごいた)　하네츠키에 사용되는 나무채, 한쪽 겉에는 대부분 그림이 그려져 있음
- 羽根突き(はねつき)　배드민턴과 비슷한 놀이, 주로 설날에 여자아이들이 침
- 双六(すごろく)　윷놀이와 비슷한 놀이, 두 개의 주사위의 끗수에 따라 말을 써서 승부를 겨루는 놀이
- かるた遊(あそ)び　딱지놀이, 트럼프놀이, 화투놀이
- 凧上げ(たこあげ)　연날리기
- 百人一首(ひゃくにんいっしゅ)　백 장의 카드에 한 수씩 和歌(わか)가 쓰여 있는데 그것을 서로 뺏어 승부를 결정하는 놀이
- 箱根駅伝(はこねえきでん)　하코네 역전 마라톤 경기
- 書き初め(かきぞめ)　신년에 쓰는 서예

- 福笑い(ふくわらい)　설날 아이들이 하는 놀이의 한 가지, 눈을 가리고 おかめ・お多福(たふく)(둥근 얼굴에 광대뼈가 불거지고 코가 납작한 추녀의 가면) 등의 얼굴 윤곽만을 크게 그린 종이 위에 눈썹·눈·코·귀 등의 모양으로 만든 판지조각을 놓아, 완성된 얼굴의 우스꽝스러움을 즐기는 놀이

no.10 1년 놀거리

1월 놀거리 – 正月(しょうがつ) 설날

くのイや(た) 기타

- 寝正月(ねしょうがつ) 설에 외출하지도 않고 집에서 놀고 먹고 하며 보내는 것

- 正月太り(しょうがつぶとり) 설에 과식이나 운동부족으로 살이 찌는 것

- 初夢(はつゆめ) 새해에 처음으로 꾸는 꿈
  > 1월 1일부터 2일 사이에 꾸는 꿈을 初夢(はつゆめ)라고 하는데, 初夢에 보이면 재수가 좋은 것이 「一富士(いちふじ)、二鷹(にたか)、三茄子(さんなす) 1 후지, 2 매, 3 가지」라고 한다. 후지는 일본 제일의 산이고, 매는 영리하고 강한 새이기 때문에, 가지(나스)는 일을 成(な)す(이룬다)라는 의미라고 한다.

1407 三(さん)が日(にち)は、休(やす)みの店(みせ)が多(おお)い。
1일, 2일, 3일에는 쉬는 가게가 많다.

1408 初詣(はつもうで)に行(い)って、おみくじをひいてみよう。
새해를 맞아 신사에 가서 제비뽑기를 해봐야지.

1409 おみくじをひいたら大吉(だいきち)が出(で)たから、今年(ことし)はきっとついているよ。
제비뽑기를 했는데, 대길이 나왔으니까 올해는 꼭 운이 좋을 거야.

1410 おみくじひいたら、凶(きょう)だったよ〜。最悪(さいあく)!
제비뽑기를 했는데 흉이 나왔어. 최악이야!

1411 おみくじに、待(ま)ち人(びと)きたるって書(か)いてあったんだ。今年(ことし)は恋愛運(れんあいうん)がいいみたい。
제비뽑기 한 종이에 기다리던 사람이 온다고 쓰여 있었어. 올해는 연애운이 좋을 것 같아.

> 待(ま)ち人(びと) 기다리는 사람   きたる '오다'의 문어체

1412 お財布(さいふ)をなくすなんて、新年早々(しんねんそうそう)ついていないな。
지갑을 잃어버리다니, 연초부터 재수 없네.

1413 明治神宮(めいじじんぐう)や成田山(なりたさん)は人(ひと)が多(おお)いと思(おも)うから、近所(きんじょ)の神社(じんじゃ)にお参(まい)りに行(い)こうよ。
메이지 신궁이나 나리타산은 사람이 많을 것 같으니까, 근처의 신사에 가서 참배하고 오자.

1414 今年(ことし)の初日(はつひ)の出(で)を見(み)に、海(うみ)へ行(い)こうよ。
새해 해돋이 보러 바다에 가자.

no.10 1년 놀거리 **1월 – 正月**

1415 お正月料理の定番と言えば、お節料理とお雑煮だ。
새해요리의 기본이라고 하면, 오세치요리와 오조니지.

定番 유행에 상관없이 기본이 되는 상품

1416 A: お節料理は、最近デパートで買ってすませる人も多いよね。
B: 家で全部作ろうと思うと大変だからね。
A: 오세치요리는 요즘 백화점에서 사서 지내는 사람도 많지.
B: 집에서 전부 만들면 힘드니까.

1417 A: お雑煮って、地方によって味が違うよね。
B: そうだね。入れる具もそれぞれ違うみたいだよね。
A: 떡국은 지방에 따라 맛이 다르지?
B: 그래. 넣는 건더기도 각각 다른 것 같던데.

1418 門松を玄関に飾る家は少なくなった。
새해 소나무를 현관에 장식하는 집은 적어졌다.

1419 A: お正月に、何か飾ったりする?
B: しめ飾りと鏡餅くらいかな。
A: 설에 뭐 장식하거나 해?
B: 금줄이랑 시루떡 정도.

1420 A: デパートの前に門松が飾られると、年の暮れっていう雰囲気になるよね。
B: そうだね。クリスマスが終わると、すぐに門松に飾りが変わるよね。
A: 백화점 앞에 소나무가 장식되면 연말 분위기가 나지.
B: 그래. 크리스마스가 끝나면 바로 소나무 장식으로 바뀌니까.

1421 私もお年玉をもらうのではなく、あげる年になったんだ。
나도 세뱃돈을 받는 것이 아니라, 주는 나이가 되었구나. (혼잣말)

1422 書き初めに今年の抱負を書こう。
새해 붓글씨에 올해 포부를 써야지.

1423 A: 小学生の時、毎年書き初めの宿題があったよね。
B: そうそう、私、字が下手だから、毎年苦労したな。
A: 초등학생 땐 매년 새해 붓글씨 숙제가 있었지?
B: 맞아, 난 글씨를 잘 못써서, 매년 고생 좀 했지.

no.10 1년 놀거리

1월 놀거리 – 正月 설날

1424 正月くらいしか休めないんだから、寝正月でいいじゃない！
새해밖에 쉴 수 없으니까, 집에서 빈둥빈둥 보내는 것도 괜찮잖아!

1425 会社が始まっても、まだ正月気分が抜けないよ。
회사가 시작되어도, 아직 설 연휴 기분에서 헤어 나오지 못했어.

1426 年が明けるときは、みんな一斉に電話をしたり、携帯メールを送るから、携帯電話が繋がらなくなります。
새해가 시작될 때는 모두 일제히 전화를 하거나, 문자를 보내서 휴대전화 연결이 어려워집니다.

1427 今日が初出社だから、挨拶回りに行かなくては。
오늘이 첫 출근이니까 인사를 돌아야지.

1428 お餅の食べ過ぎで、２キロも太っちゃった。
떡을 너무 많이 먹어서 2키로나 쪄버렸어. (여자끼리의 대화)

1429 A : おまえ、太ったんじゃないか？
B : そうなんだよ、実家に帰っていっぱい食べたからな。正月太りだよ。

A : 너, 살찐 거 아니야?
B : 맞아, 집에 가서 많이 먹어서 말이지. 새해에 먹고 자고 먹고 자고 했더니 살 쪘어. (남자끼리의 회화)

1430 A : 初夢見た？
B : 見たけど、忘れちゃったよ。

A : 새해 첫 꿈은 꿨어?
B : 꿨는데, 잊어 버렸어.

1431 テレビの正月番組は全部録画なんだって。
TV 설 방송은 전부 녹화래.

1432 今年の正月は、家で箱根駅伝を見るよ。
올해 설은 집에서 하코네 역전 마라톤 경기를 볼 거야.

1433 A : 昨日、友だちとあった？
B : ちっ、年末年始だとどこも酒代が高いんだよな。

A : 어제 친구 잘 만났어?
B : 쳇, 연말이라고 술집들이 죄다 비싸게 받는 거 있지.

no.10 1년 놀거리　1월 - 正月(しょうがつ)

1434
お正月(しょうがつ)を向(む)かえ、ダイエットを始(はじ)めよう〜。
새해를 맞이하여, 살을 빼야지.

1435
お祖母(ばあ)ちゃん、お祖父(じい)ちゃん家(ち)に行(い)ったら、お祖母(ばあ)ちゃん、お祖父(じい)ちゃんにきちんと新年(しんねん)あいさつするのよ。
할머니 할아버지 집에 가서, 할머니 할아버지께 세배 잘 드려야 한다. (엄마가 아이에게)

1436
お雑煮(ぞうに)たくさん食(た)べて、すくすく延(の)びるのよ。
떡국 많이 먹고 키 쑥쑥 크거라. (할머니나 할아버지가 손자나 손녀에게)

1437
今年(ことし)のカレンダーとダイアリー、どこかでもらえないかな。
올해 달력이랑 다이어리, 어디서 받을 수 없을까?

1438
A : 明日(あした)から学校(がっこう)だぁ。嫌(いや)だな。
B : いつまでおとそ気分(きぶん)でいるの！ 学校(がっこう)の準備(じゅんび)して、早(はや)く寝(ね)なさい！
A : 내일부터 학교 시작이야〜. 싫다〜.
B : 언제까지고 들뜬 기분에 빠져 있을 거야! 학교 갈 준비하고 빨리 자!

1439
A : お正月(しょうがつ)にやる遊(あそ)びで一番(いちばん)好(す)きだったのは、羽(はね)つきだな。
B : 私(わたし)も。親戚(しんせき)が集(あつ)まると、子供(こども)たちみんなで、羽(はね)つきして遊(あそ)んだな。
A : 설에 하는 놀이 중에 제일 좋았던 것은 하네츠키 놀이야.
B : 나도. 친척이 모이면, 아이들 모두 하네츠키 놀이를 하고 놀았는데.

1440
A : 年末(ねんまつ)になると、羽子板市(はごいたいち)が浅草(あさくさ)であるんだよ。その年(とし)に活躍(かつやく)した人(ひと)の姿(すがた)が羽子板(はごいた)の絵(え)になってるんだよ。
B : へー。おもしろそうだね！ 見(み)に行(い)ってみたいな。
A : 연말이 되면 하네츠키 놀이의 채를 파는 시장이 아사쿠사에서 열려. 그 해에 활약했던 사람의 모습이 채의 그림이 되는 거야.
B : 그래? 재미있겠다! 보러 가고 싶다.

1441
A : 凧揚(たこあ)げは、広(ひろ)いところでやらないとだめだよ！
B : わかってる！ 電柱(でんちゅう)にひっかかったら大変(たいへん)だもんね。
A : 연 날리기는 넓은 장소에서 하지 않으면 안 돼!
B : 알아! 전봇대에 걸리면 큰일이잖아.

電柱(でんちゅう) 전봇대　ひっかかる 걸리다

1월 놀거리 – 七草がゆ(ななくさ) 일곱 가지 곡물을 넣어 끓인 죽

음력 1월 7일에는 일곱 가지 야채를 넣어 쑨 죽을 먹고 1년의 풍작과 무병 무사를 기원한다. 원래는 연초에 눈 속에서 싹 튼 봄나물을 캐는 '봄나물 캐기'라는 풍습에서 시작된 것이라고 한다. 지역마다 다르지만, 일곱 가지 야채의 종류는 미나리, 냉이, 별꽃, 떡쑥, 순무, 무 등이 일반적이다.

또 7일은 松の内(まつ うち)라고 해서 설에 소나무를 세워두는 기간(일반적으로 1월 1일 ~ 1월 7일)의 마지막 날이다. 이 마지막 날에 7가지 야채를 넣은 죽을 먹음으로 설날에 잔뜩 먹어 힘든 위장을 달래주고, 또한 겨울에 부족하기 쉬운 야채를 섭취해줌으로 해서 신년의 무병장수를 기원했다고 전해진다.

일곱 가지 야채

- セリ 미나리
- コオニタビラコ 개보리뺑이
- ハハコグサ 떡쑥
- カブ 순무
- ハコベ 별꽃
- ダイコン 무
- ナズナ 냉이

- 無病息災を願う(むびょうそくさい ねが) 병이 없이 건강하기를 기원하다
- お粥(かゆ) 죽
- 若菜を摘む(わかな つ) 봄나물을 따다

no.10 1년 놀거리 | 1월 - 七草（ななくさ）がゆ

1442 七草がゆとは、七種類の野菜を刻んで入れたお粥のことです。
7가지 죽이라고 하는 것은 7종류의 야채를 잘게 썰어서 넣은 죽을 말합니다.

1443 無病息災の願いを込めて、陰暦の１月７日に七草がゆを食べる。
병이 없이 건강하기를 기원하는 마음을 담아, 음력 1월 7일에 7가지 죽을 먹는다.

1444 七草がゆは、正月のごちそうで疲れた胃腸をいやし、冬に不足しがちなビタミン類をたっぷり補ってくれます。
7가지 죽은 설만찬으로 지친 위장을 달래주고, 겨울에 부족하기 쉬운 비타민류를 충분히 보충해 줍니다.

> 補（おぎな）う 보충하다, 부족한 것을 채우다

1445 七草がゆの七草を知っている人は少ないでしょう。
7가지 죽의 7가지 채소를 알고 있는 사람은 적을 것이다.

no.10 1년 놀거리
1월 놀거리 - 成人の日(せいじんのひ) 성인식 (1월 두 번째 월요일)

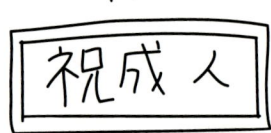

- 成人を祝う(せいじん いわ) 성인을 축하하다
- 元服(げんぷく) 헤이안 시대의 성인식 (남자)
- 裳着(もぎ) 헤이안 시대의 성인식 (여자)
- 結髪(ゆいがみ) 머리를 만지는 일, 또는 그런 직업을 가진 사람
- 着付け(きつ) 기모노 단장
- 振袖(ふりそで) 소매가 긴 기모노

- 二十歳のお祝い(はたち いわ) 스무 살의 축하
- 紅白饅頭(こうはくまんじゅう) 홍백만주
- 一人前になる(いちにんまえ) 어른이 되다
- 着物を着付けしてもらう(きもの きつ) 기모노를 단장하는데 도움을 받다
- 羽織袴(はおり はかま) 남성의 전통적 정장차림으로 소매가 짧은 겉옷 상의를 하오리, 주름진 하의를 하카마라고 함

- 新成人(しんせいじん) 막 만 20세가 되어 성인식을 치른 사람
- 投票(とうひょう) 투표
- 飲酒・喫煙が許される(いんしゅ きつえん ゆる) 음주・흡연이 허용되다

1월 – 成人の日

1446 女性は成人式に振り袖を着る人が多い。
여성은 성인식에 후리소데를 입는 사람이 많다.

1447 式では皆に紅白饅頭が配られる。
식에서는 모두에게 홍백만주를 나누어 준다.

1448 二十歳になったので、大手を振ってお酒が飲めるぞ。
스무 살이 되었으니까, 마음 놓고 술을 마실 수 있겠군.

> **大手を振る** 서슴없이 행동하다

1449 日本では成人式を終えてやっと一人前として認められるんですよ。
일본에서는 성인식을 끝내야 비로서 어른으로 인정을 받을 수 있어요.

1450 最近、羽織袴を着る若者が増えているそうです。
요즘 하오리하카마를 입는 젊은 사람이 많아진다고 합니다.

1451 成人になって一番うれしいのは投票できることだ。
성인이 되어 가장 기쁜 것은 투표할 수 있게 된 것이다.

1452 振り袖の着付けは難しいので、たいてい美容院でしてもらう。
후리소데를 입는 것은 어려워서, 대개 미용실에서 도움을 받는다.

1453 成人式での楽しみの一つは、幼馴染みと会えることだ。
성인식에서의 즐거움 하나는 어릴 적 친구를 만나는 것이다.

1454 A：成人式で着る振袖、買う？ それともレンタルする？
B：私は、お母さんが昔着た振袖を着るんだ。
A：성인식에서 입을 후리소데 살 거야? 아니면 빌릴 거야?
B：난 엄마가 옛날에 입은 후리소데를 입을 거야.

1455 A：最近は、成人式の最中に大騒ぎする若者が多くて問題になってるよね。
B：新成人としての自覚がない証拠だね。
A：요즘은 성인식 도중에 큰 소리로 떠드는 사람이 많아서 문제가 되고 있지.
B：성인이 됐다는 자각이 없다는 증거지.

1456 A：成人式が終わった後は、飲み会があるよね。
B：地元の友達にも久々に会えるし、お酒も堂々と飲めるし、楽しみだね。
A：성인식이 끝난 후에는 술자리가 있지?
B：고향 친구들도 오랜만에 만날 수 있고, 술도 당당하게 마실 수 있어 기대된다.

no.10 1년 놀거리 — 節(せつ)分(ぶん) 절분

절분이란 원래 환절기, 즉 입춘·입하·입추·입동의 전날을 가리키는 말이다. 그러나 현재는 입춘의 전날인 2월 3일을 절분이라고 한다.

- 立(りっ)春(しゅん) 입춘
- 福(ふく)豆(まめ) 입춘 전날에 뿌리는 볶은 콩, 악귀를 쫓는다고 함
- 豆(まめ)まき 입춘 전날 밤 액운(厄運)을 쫓기 위하여 콩을 뿌리는 행사
- 豆(まめ)をぶつける 콩을 내던지다
- 鬼(おに) 도깨비, 귀신 
- 稚(ち)児(ご) 젖먹이, 유아
- 厄(やく)よけ 액막이
- 邪(じゃ)気(き) 사악한 기운
- 厄(やく)を払(はら)う・厄(やく)払(ばら)い 액땜하다
- 巫(み)女(こ) 무녀
- 鬼(おに)は外(そと)、福(ふく)は内(うち) 귀신은 밖으로, 복은 안으로 (콩을 뿌리면서 하는 말) 
- 神(かみ)棚(だな) 집 안에 신위(神位)를 모셔 두고 제사 지내는 선반, 제사상
- 自(じ)分(ぶん)の年(とし)の数(かず) 자신의 나이 수
- 厄(やく)年(どし) 일생 중 재난을 맞기 쉽다고 하는 운수 사나운 나이, 음양도에서 남자는 25, 42, 60세, 여자는 19, 33, 49세를 일컬음
- 年(とし)男(おとこ)・年(とし)女(おんな) 절분에 액막이로 콩을 뿌리는 일을 맡은 사람, 보통 그 해의 띠에 해당하는 남성이나 여성을 지칭하는 말로 쓰임

no.10 1년 놀거리 — 2월 - 節分（せつぶん）

1457
A：節分の豆まきって、どういう意味があるの。
B：鬼に豆を投げることで邪気を追い払うっていう意味があるんだよ。
A：절분 콩 뿌리기는 어떤 의미가 있어?
B：귀신에게 콩을 뿌리는 것으로 사악한 기운을 쫓아버리는 의미가 있는 거야.

1458
節分には「鬼は外、福は内」と言いながら豆をまくんだよ。
절분 때는 '귀신은 밖으로, 복은 안으로'라고 말하면서 콩을 뿌리는 거야.

1459
今年は私も三十三の厄年です。
금년은 저도 서른 세 살의 액년입니다.

1460
厄払いをしに神社に行くことにしたんだ。
액막이를 하러 신사에 가기로 했어.

1461
節分の豆は自分の年の数だけ食べるんだよ。
절분의 콩은 자기 나이 숫자만큼만 먹는 거야.

1462
よりひとつ多く豆を食べると、一年間病気にならないといわれているよね。
한 개라도 더 많이 콩을 먹으면, 1년간 병에 안 걸린다고 하지.

1463
節分に豆まきをすると、もうすぐ春がくるんだなぁという気がします。
절분 때 콩 던지기를 하면, 이제 곧 봄이 오는구나 하는 기분이 듭니다.

1464
A：三十三にもなるっていうのに、彼氏もいないし、どうしよう。
B：厄年だし、厄払いしに神社に行った方がいいよ。
A：서른 세살이나 됐는데, 남자친구도 없고 어떡하지?
B：액년이고 하니, 액막이 하러 신사에 가는 것이 좋아.

1465
A：私丑年なんだ。
B：じゃあ、今年、年女だね。
A：난 소띠야.
B：그럼, 올해 자기 해네.

2월 놀거리 – バレンタインデー 발렌타인데이

バレンタインデー 발렌타인데이

- 義理チョコ 의리 초코
- 感謝チョコ 감사 초코
- 告白チョコ 고백 초코
- 本命チョコ 가장 마음에 드는 사람에게 주는 초코
- 励ましチョコ 격려 초코
- 二股三股チョコ 양다리 초코
- 二股をかける 양다리를 걸치다

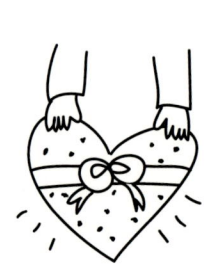

- 逆チョコ 역초코 (남자가 여자에게 주는 초코)
- 癒しチョコ 위안 초코
- 下駄箱 신발장
- ファミリーチョコ 가족에게 주는 초코

no.10 1년 놀거리 **2월 - バレンタインデー**

- 自分用ご褒美チョコ 자기를 칭찬하며 주는 초코
- 男性の見栄っ張りチョコ (여자에게 초코를 받지 못했으면서 받은 것처럼) 남자가 직접 사서 자랑하는 초코

ホワイトデー 화이트데이

- マシュマロ 마시멜로
- クッキー 쿠키
- キャンディー 캔디

- バレンタインデーのアンサーデー 발렌타인데이의 답례하는 날

no.10 2월 놀거리 – バレンタインデー 발렌타인데이

1466 好きな男の子にあげるチョコレート、準備した？
좋아하는 남자에게 줄 초콜릿, 준비했어?

1467 義理チョコをもらうのって、うれしいというよりなんだか寂しいね。
의리 초코를 받는 건 기쁘다기보다는 왠지 쓸쓸하지.

1468 「ちょっとありきたりな贈り物だけれど、バレンタインデーに愛をこめて贈ります」と添え書きをして手渡した。
'조금 평범한 선물이지만 발렌타인데이에 사랑을 담아 보냅니다'라고 작은 카드를 써서 주었다.

> ありきたり 흔함　贈り物 선물　添え書き 추신, 곁들어 씀　手渡す 손수 건네다

1469 本命の彼には高級なチョコレート、義理チョコは普通のチョコを送るというのが普通です。
제일 마음에 드는 그에게는 고급 초코, 의리 초코는 보통 초코를 보내는 것이 보통입니다.

> 本命 가장 마음에 드는 대상

1470 最近は癒しチョコ、励ましチョコ、二股三股チョコっていうのもあるんだよ。
최근에는 위안 초코, 격려 초코, 양다리 초코라는 것도 있어.

1471 彼にあげるチョコレートを下駄箱の中に入れておいた。
그에게 줄 초콜릿을 신발장 안에 넣어 두었다.

1472 A：バレンタインデー、誰にあげる？
B：会社の人に義理チョコ配るだけだよ。
A：발렌타인데이, 누구에게 줄 거야?
B：회사 사람에게 의리 초코나 줄 거야.

1473 A：義理チョコだったらもらわない方がいいよな。
B：そうそう、ホワイトデーに３倍返ししないといけないしな。
A：의리 초코라면 안 받는 편이 낫지?
B：맞아, 화이트데이에 3배로 돌려줘야 하잖아.

no.10 1년 놀거리 2월 - バレンタインデー

1474 A: 本命の彼には、やっぱり手作りチョコでしょ！
B: 手作りだと、気持ちがこもってて、嬉しいものだよね。
A: 제일 마음에 드는 그에게는 역시 직접 만든 초코지!
B: 직접 만든 거라면 마음이 담겨 기쁘니까.

1475 A: 今年は、男の子が女の子にチョコをあげる逆チョコが流行ってるんだって。
B: 本当に？ 誰か私にくれないかな。
A: 올해는 남자가 여자에게 초코를 주는 역초코가 유행하고 있대.
B: 정말? 누군가 나한테는 안 주나?

1476 A: 中学生の時、好きな子にチョコを直接渡したかったんだけど、勇気がなくて、下駄箱にチョコをいれておいたな。
B: 甘酸っぱい思い出だね。
A: 중학교 때, 좋아하는 애한테 초코를 직접 전해주고 싶었는데, 용기가 없어서 신발장에 초코를 넣어 두었는데.
B: 달콤쌉싸름한 추억이네.

甘酸っぱい 새콤달콤하다, 유쾌하기도 하고 조금 슬프기도 하다

1477 バレンタインデーのお返しに、キャンディーを準備しなくちゃ。
발렌타인데이의 답례로 사탕을 준비해야지.

1478 A: ホワイトデーに何が欲しい？
B: 本命の彼からは、アクセサリーで、義理チョコあげた人からには、お菓子でいいや。
A: 화이트데이에 뭐 원해?
B: 좋아하는 남자친구로부터는 액세서리고, 의리 초코를 줬던 사람으로부터는 과자면 좋겠어.

no.10 1년 놀거리
3월 놀거리 - ひな祭り 히나마츠리

히나마츠리에는 히나 인형이나 복숭아꽃을 장식하고, 단술을 마시며, 여자 아이가 건강하게 성장하여 행복하게 결혼할 수 있기를 빈다. 히나마츠리는 원래 농사일의 개시를 앞두고 종이나 짚 인형을 만들고, 이것으로 몸을 문질러 몸의 부정을 인형으로 옮겨 강이나 바다에 흘려보내는 '인형 띄워 보내기'의 행사가 유래가 되어 각지에 확대 되었다.

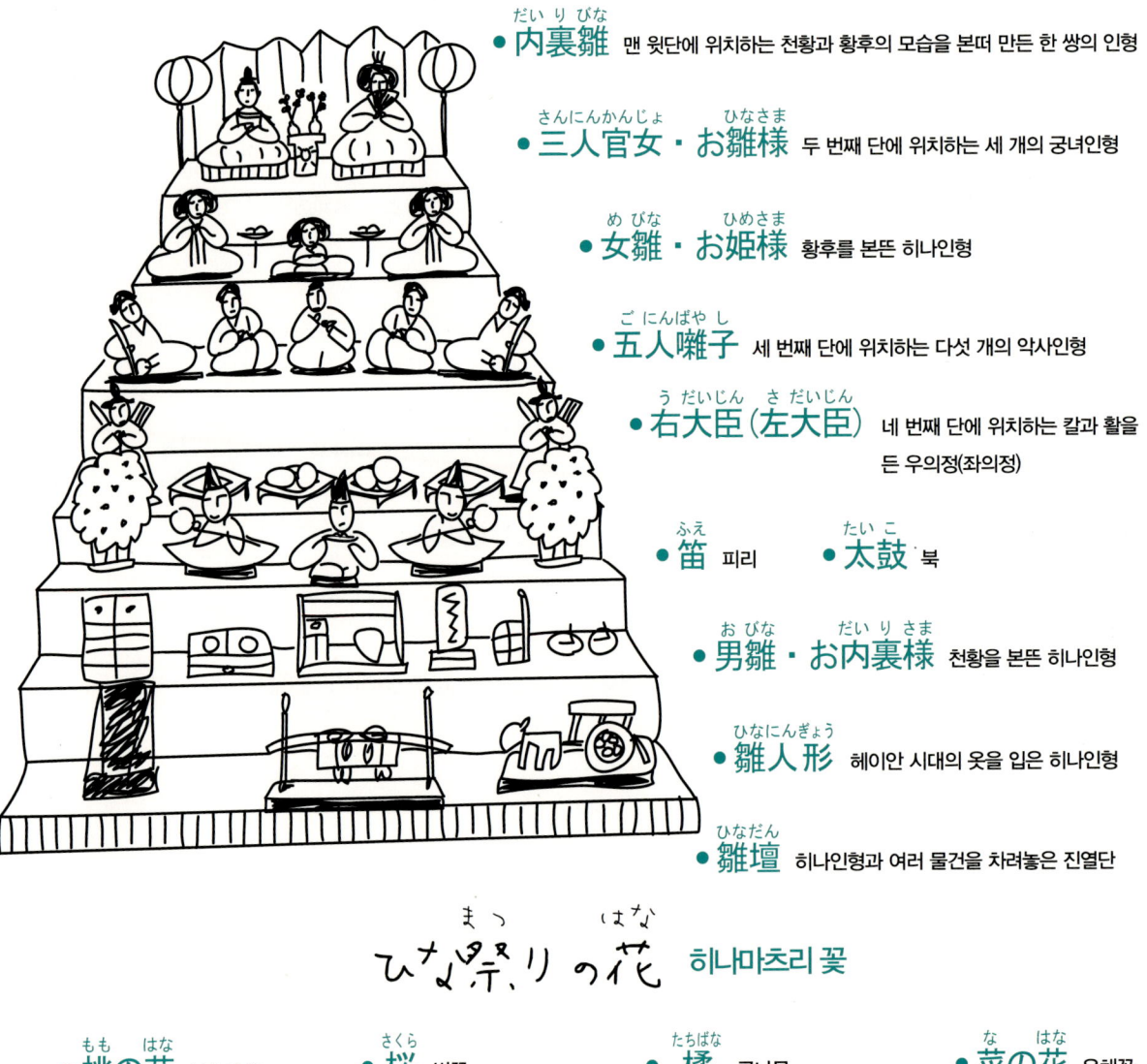

雛人形 (ひなにんぎょう) 히나마츠리 때 장식하는 인형

- 内裏雛 (だいりびな) 맨 윗단에 위치하는 천황과 황후의 모습을 본떠 만든 한 쌍의 인형
- 三人官女 (さんにんかんじょ) · お雛様 (ひなさま) 두 번째 단에 위치하는 세 개의 궁녀인형
- 女雛 (めびな) · お姫様 (ひめさま) 황후를 본뜬 히나인형
- 五人囃子 (ごにんばやし) 세 번째 단에 위치하는 다섯 개의 악사인형
- 右大臣 (うだいじん) (左大臣 (さだいじん)) 네 번째 단에 위치하는 칼과 활을 든 우의정(좌의정)
- 笛 (ふえ) 피리 · 太鼓 (たいこ) 북
- 男雛 (おびな) · お内裏様 (だいりさま) 천황을 본뜬 히나인형
- 雛人形 (ひなにんぎょう) 헤이안 시대의 옷을 입은 히나인형
- 雛壇 (ひなだん) 히나인형과 여러 물건을 차려놓은 진열단

ひな祭りの花 (まつり の はな) 히나마츠리 꽃

- 桃の花 (もも の はな) 복숭아 꽃
- 桜 (さくら) 벚꽃
- 橘 (たちばな) 귤나무
- 菜の花 (な の はな) 유채꽃

no.10 1년 놀거리　3월 - ひな祭(まつ)り

ひな祭り和菓子　히나마츠리 과자

- 雛(ひな)あられ　인형 앞에 차려 놓는 흰색과 분홍색 등으로 된 쌀튀김 과자
- 菱餅(ひしもち)　홍·백·녹의 3색 떡을 마름모꼴로 잘라 포갠 것
- 白酒(しろざけ)　희고 걸쭉한 단술 ・甘酒(あまざけ)　감주 ・よもぎ餅(もち)　쑥떡

1479 菱餅(ひしもち)もいいけど、私(わたし)はやっぱり雛(ひな)あられがいいな。
히시모치도 좋지만, 나는 역시 히나아라레가 좋더라.

1480 雛人形(ひなにんぎょう)ってかわいいけど、すっごく高(たか)いのよね。
히나인형은 예쁘지만, 너무 비싸지.

1481 白酒(しろざけ)を飲(の)んで、ちょっとほろ酔(よ)い気分(きぶん)になっちゃった。
시로자케를 마시고 조금 알딸딸한 기분이 되었다.

> ほろ酔(よ)い 얼큰하게 취함

1482 白酒(しろざけ)ってお酒(さけ)なんだから、飲(の)みすぎると酔(よ)っぱらっちゃうよ。
시로자케는 술이니까 지나치게 마시면 취해버려.

1483 3月(さんがつ)3日(みっか)はひな祭(まつ)りだから、ちらし寿司(ずし)を食(た)べようと思(おも)う。
3월 3일은 히나마츠리니까, 치라시즈시를 먹으려고 해.

1484 3月(さんがつ)3日(みっか)過(す)ぎても雛人形(ひなにんぎょう)を飾(かざ)ったままだと、結婚(けっこん)するのが遅(おそ)くなるというけど、本当(ほんとう)かな？
3월 3일이 지나도 히나인형을 장식해 두면 결혼이 늦는다고 하는데, 정말일까?

1485 A：うちのひな人形(にんぎょう)は、お雛様(ひなさま)とお内裏様(だいりさま)だけのものなんだ。
B：7段(ななだん)のひな人形(にんぎょう)って、高(たか)いし、場所(ばしょ)もとるもんね。
A: 우리 집의 히나인형은 세 개의 궁녀인형과 천황인형뿐이야.
B: 7단의 히나인형은 비싸고 자리도 차지하니까.

no. 10
1년 놀거리
3월 놀거리 - 卒業式(そつぎょうしき) 졸업식

- 来賓(らいひん) 내빈
- 送辞(そうじ) 송사
- 式辞(しきじ) 식사
- 祝辞(しゅくじ) 축사
- 答辞(とうじ) 답사
- 第二(だいに)のボタン 두 번째 단추
- 卒業(そつぎょう)アルバム 졸업앨범
- 卒業証書(そつぎょうしょうしょ) 졸업증서

 가사

일본에는 졸업식 때 좋아하는 남자의 교복 두 번째 단추를 받으려고 하는 풍습이 있다.

仰(あお)げば尊(とうと)し 我(わ)が師(し)の恩(おん) 우러러보면 귀하구나 스승의 은혜

教(おし)えの庭(にわ)にも はや幾年(いくとせ) 가르침의 정원에도 벌써 몇 세월
思(おも)えばいと疾(と)し この年月(としつき) 생각하면 그리워라 이 세월
今(いま)こそ別(わか)れめ いざさらば 지금이야 헤어질 때 안녕히

互(たが)いに睦(むつ)み 日頃(ひごろ)の恩(おん) 서로서로 위해줬던 평상시의 은혜
別(わか)るる後(のち)にも やよ忘(わす)るな 헤어진 후에도 잊지 말아라
身(み)を立(た)て名(な)をあげ やよ励(はげ)めよ 출세하고 이름 높이고 더 노력하라
今(いま)こそ別(わか)れめ いざさらば 지금이야 헤어질 때 안녕히

朝夕(あさゆう)なれにし 学(まな)びの窓(まど) 아침저녁 익숙해진 배움의 터
蛍(ほたる)のともしび つむ白雪(しらゆき) 반딧불 쌓인 하얀 눈
忘(わす)るるまぞなき ゆく年月(としつき) 잊을 순간도 없이 간 세월
今(いま)こそ別(わか)れめ いざさらば 지금이야 헤어질 때 안녕히

no.10 1년 놀거리　3월 - 卒業式(そつぎょうしき)

- 白線流し(はくせんながし) 여학생이 교복의 백선을 빼고 강에 흘리는 것

蛍の光(ほたる ひかり) 가사

蛍の光(ほたる ひかり)窓(まど)の雪(ゆき)　반딧불의 빛과 창밖의 눈으로
書読(ふみよ)む月日(つきひ)重(かさ)ねつつ　책 읽는 나날을 보내노라니
いつしか年(とし)もすぎの戸(と)を　어느덧 세월이 흘러 삼나무 문을
開(あ)けてぞ今朝(けさ)は別(わか)れゆく　열고 오늘 아침에는 떠나간다네

止(と)まるも行(ゆ)くも限(かぎ)りとて　남는 자도 떠나는 자도
形見(かたみ)に思(おも)う千万(ちよろず)の　서로의 마음엔 천만가지의 생각들이 떠올라
心(こころ)の端(はし)を一言(ひとこと)に　그 마음의 일단을
幸(さき)くとばかり歌(うた)うなり　행복하라는 한마디 말에 담아 노래 부르네

- 仰(あお)げば尊(とうと)し 존경하는 선생님

  어버이의 날 노래나 스승의 은혜와 비슷한 곡으로 졸업식 때 부르는 노래

- 蛍(ほたる)の光(ひかり) 반딧불의 빛

  석별의 정과 비슷한 곡으로 졸업식이나 紅白歌合戦(こうはくうたがっせん) (홍백가합전)의 엔딩송으로도 불린다.

筑紫(つくし)の極(きわ)み 陸(みち)の奥(おく)　규슈의 끝에서 동북지방까지
海山遠(うみやまとお)く隔(へだ)つとも　바다와 산이 가로막아 멀어지더라도
その真心(まごころ)は隔(へだ)てなく　충직한 마음은 멀어지지 말고
ひとつに尽(つ)くせ国(くに)のため　한결같이 힘을 다해라. 조국을 위해

千島(ちしま)の奥(おく)も沖縄(おきなわ)も　열도의 북쪽 끝에서 남쪽 끝까지
八島(やしま)のうちの守(ま)りなり　국가의 지배하에 있으니
到(いた)らん国(くに)に勲(いさお)しく　국가의 지배가 미치지 않는 곳에서는 용감하게
努(つと)めよ 我(わ)が背(せ)つつがなく　일하라. 그대여, 몸조심하길

no.10 1년 놀거리 | 3월 놀거리 – 卒業式(そつぎょうしき) 졸업식

1486	学校での生活が思い出されてジーンと来た。
	학교생활이 생각나 가슴이 찡했다.

1487	卒業証書を渡されて感動してしまった。
	졸업증서를 받고 감동해 버렸다.

1488	「仰げば尊し」を歌ったらなぜか泣けてきた。
	'존경하는 선생님'을 부르자 왠지 눈물이 흘러나왔다.

泣ける 감동하여 눈물이 나오다, 눈물나다

1489	校門で先輩の制服の第二ボタンをもらおうと待っている。
	교문에서 선배교복의 두 번째 단추를 받으려고 기다리고 있다.

1490	後輩の送辞を聞くのは何となく気恥かしい。
	후배의 송사를 듣는 것은 어딘지 모르게 겸연쩍다.

気恥かしい 어쩐지 부끄럽다, 겸연쩍다, 어색하다

1491	A : 卒業証書授与の練習って何回もさせられるよね。 B : でも、やっぱり本番は、練習とは雰囲気が全然違って、緊張するよね。
	A : 졸업증서를 받는 연습은 몇 번이나 받았지? B : 그래도 역시 실제로 할 때는 연습과는 분위기가 전혀 달라서 긴장하잖아.

1492	A : 答辞を任されたから、しっかり準備しておかないとな。 B : 卒業生代表として、しっかりやらないとね。
	A : 답사를 맡았으니까, 확실하게 준비해야지. B : 졸업생 대표로서 딱 부러지게 해야 하니까.

1493	A : 好きな先輩の第2ボタンが欲しい！ B : じゃあ、式が終わったら、くださいって頼んでみなよ。
	A : 좋아하는 선배의 두 번째 단추가 갖고 싶어! B : 그럼, 졸업식이 끝나면, 달라고 부탁해 봐.

1494	A : 卒業アルバムの写真って変な風に写っちゃうよね。 B : そうそう。でも、アルバムに最後にみんなにメッセージ書いてもらったり、いい記念になるものだよね。
	A : 졸업앨범 사진은 이상하게 찍히지? B : 맞아. 그래도 앨범 마지막에 모두가 적어준 메시지를 받거나 해서 좋은 기념이 되긴 해.

no.10 1년 놀거리 3월 - 卒業式(そつぎょうしき)

no.10 1년 놀거리
4월 놀거리 - 入学式(にゅうがくしき) 입학식

- 新入生(しんにゅうせい) 신입생
- 在校生(ざいこうせい) 재학생
- 保護者(ほごしゃ) 보호자
- 校長(こうちょう) 교장

- 担任(たんにん) 담임
- 担任の先生(たんにんのせんせい) 담임선생님
- 部活動(ぶかつどう) 동아리활동
- 生徒会役員(せいとかいやくいん) 학생회임원
- 登校する(とうこうする) 등교하다
- 名札(なふだ) 이름표
- 鼻たらし(はなたらし) 코흘리개

- 記念写真(きねんしゃしん) 기념사진
- H・R 홈룸
- 校歌(こうか) 교가
- 君が代(きみがよ) 일본 국가
- 上履き(うわばき) 실내화

- ランドセルを背負う(せおう) 책가방을 메다

no.10 1년 놀거리 　4월 － 入学式（にゅうがくしき）

1495　桜の舞い散る中、新しい学校の門をくぐった。
벚꽃이 흩날리는 속에 새로운 학교의 문에 들어갔다.

> 舞い散る 나뭇잎이나 꽃잎이 춤추듯 떨어지다

1496　担任の先生がどんな先生なのか気になる。
담임선생님께서 어떤 선생님이실까 궁금하다.

1497　新入生たちは、新しい環境に戸惑っているようだ。
신입생들은 새로운 환경에 갈피를 못 잡는 듯하다.

> 戸惑う 당황하다, 갈피를 못잡다

1498　希望に満ちた新入生の顔がまぶしく輝いている。
희망에 가득찬 신입생 얼굴이 눈부시게 빛나고 있다.

> 満ちる 차다, 가득차다　輝く 빛나다, 반짝이다

1499　同じクラスにどんな子がいるか、わくわくする。
같은 반에 어떤 아이가 있을까 설렌다.

1500　A：今日は小学校で入学式があったみたいだね。
　　　B：そうだね。ピカピカのランドセルを背負った新入生たちがいっぱいいたね。
A：오늘은 초등학교에서 입학식이 있었던 것 같네.
B：맞아. 반짝반짝이는 책가방을 멘 신입생들이 많이 있었어.

1501　A：朝礼の時、校長先生の話が長くて、退屈だったよね。
　　　B：あまりにも話が長くて、貧血で倒れちゃう子もいたよね。
A：조례시간 때, 교장선생님의 말이 길어서 따분했었지?
B：너무나도 말이 길어서 빈혈로 쓰러질 뻔한 애도 있었지.

1502　A：中学生になったら、何か部活がやりたいな。
　　　B：運動部は、練習がきついから、勉強との両立は大変だよ。
A：중학생이 되면 뭔가 동아리 활동을 해보고 싶어.
B：운동부는 연습이 힘드니까, 공부와 양립하기는 힘들어.

1503　A：生徒会に立候補してみようかな。
　　　B：生徒会役員は、生徒の代表だから、もしなりたいなら、みんなのお手本になるようにしないといけないよ。
A：학생회에 입후보해 볼까?
B：학생회 임원은 학생 대표니까, 만약 되고 싶다면 모두의 모범이 되도록 해야 해.

no.10
1년 놀거리 4월 놀거리 – 入学式(にゅうがくしき) 입학식

1504
A : 最近、このあたりで変な人が出たんだって。
B : 本当に？ 怖いね。危ないから、うちの子にも一人で登下校しないように言っておかないと。

A : 최근에, 이 주변에 이상한 사람이 나왔대.
B : 정말? 무섭다. 위험하니까 우리애도 혼자 등하교하지 않도록 말해둬야지.

1505
A : 校歌って、卒業して何年たっても覚えてるものだよね。
B : そうなんだよね。何回も歌ったから、自然と口から出てくるよね。

A : 교가는 졸업해서 몇 년이 지나도 기억이 나지?
B : 맞아. 수없이 불러서 자연스럽게 입에서 나오는 건가봐.

1506
A : うちの学校、名札を必ずつけないといけないっていう校則があるんだ。
B : うちの学校なんて、上履きを毎週洗うようにっていう校則があるんだよ～。

A : 우리 학교, 명찰을 반드시 붙여야 한다는 교칙이 있어.
B : 우리 학교도 실내화를 매주 빨아 오도록 하는 교칙이 있다니까.

1507
A : 小学生の時は、給食の時間が一番好きだったな。
B : 私も！ 毎日、お昼休みが待ち遠しかったな。

A : 초등학교 때는 급식시간이 제일 좋았는데.
B : 나도! 매일 점심 시간이 몹시 기다려졌었지.

> 待ち遠し 몹시 기다려지다

no.10 1년 놀거리　4월 − 入学式(にゅうがくしき)

no.10 1년 놀거리
4월 놀거리 – 花見(はなみ) 벚꽃놀이

- 桜(さくら) 벚꽃
- 桜前線(さくらぜんせん) 벚꽃 전선

벚꽃의 개화일이 동일한 지점을 이은 선을 말하는 것으로 보통 3월 하순 九州(きゅうしゅう)에서부터 북상하여 5월 초순 北海道(ほっかいどう)에 이른다.

- 遅咲き(おそざき) 늦게 핌
- 早咲き(はやざき) 빨리 핌

보통 8分咲き(はちぶざき)에 만개선언을 하는데, 10分咲き(じゅっぷざき)를 벚꽃이 활짝 핀 상태라고 표현하지 않는 이유는 여러 가지가 있다. 처음 20%는 피면서 떨어진 것이라는 의견, 80% 핀 상태가 가장 아름다워서라는 의견, 일본의 기상청에서 벚꽃이 80% 핀 상태에서 만개선언을 해서라는 의견 등 다양하다.

벚꽃의 만개상황을 나타내는 말
- 3分咲き(さんぶざき) 30% 핀 것
- 5分咲き(ごぶざき) 50% 핀 것
- 6分咲き(ろっぷざき) 60% 핀 것
- 満開(まんかい) 만개
- 7分咲き(しちぶざき) 70% 핀 것
- 8分咲き(はちぶざき) 80% 핀 것 (만개)
- お花見(はなみ) 꽃구경

- 場所取り(ばしょとり)・席取り(せきとり) 자리 잡기 (벚꽃 구경을 하기 위해 자리를 잡는 것)
- 花見(はなみ)スポット 벚꽃놀이하기 좋은 장소
- ソメイヨシノ 왕벚꽃

no.10 1년 놀거리   4월 – 花見(はなみ)

- 花見酒(はなみざけ)　벚꽃놀이하면서 마시는 술
- 花見弁当(はなみべんとう)　벚꽃놀이하면서 먹는 도시락
- お花見日和(はなみびより)　꽃구경하기에 좋은 따뜻한 날씨
- 花見だんご(はなみ)　벚꽃경단

- 河津の桜(かわづのさくら)　가와즈에 피는 벚꽃 종류, 2월에 빨리 피는 것으로 유명
- 桜吹雪(さくらふぶき)　바람에 눈보라처럼 흩어져 지는 벚꽃
- 花冷え(はなび)　꽃샘추위
- 花曇り(はなぐも)　벚꽃이 필 무렵에 하늘이 엷게 흐린 것, 또는 그런 날씨

no.10 1년 놀거리 4월 놀거리 – 花見(はなみ) 벚꽃놀이

1508 今年の桜前線は、4月上旬に東京に至るらしい。
올해 벚꽃전선은 4월 초순에 도쿄에 도착할 것 같다.

1509 今年もお花見の席取りをしなくちゃ。
올해도 꽃구경할 자리를 잡아야지.

1510 うわさには聞いてたけど、お花見の場所取りって本当に大変ですね。
소문으로는 들었지만, 벚꽃놀이 자리 잡기란 정말 힘들군요.

1511 お花見には花見だんごがつきものだよ。
벚꽃놀이에는 벚꽃경단이 필수야.

> つきもの 부속물, 으레 따르게 마련인 것

1512 満開の桜を見ながら飲む花見酒は最高だね。
활짝 핀 벚꽃을 보면서 마시는 하나미 술은 최고야.

1513 代表的な桜は、何と言ってもソメイヨシノだよ。
대표적인 벚꽃은 뭐니 뭐니 해도 왕벚꽃이야.

1514 花見と言えば花見弁当。花見に花見弁当は欠かせない。
벚꽃놀이라 하면 하나미 도시락. 벚꽃놀이에 하나미 도시락은 빠뜨릴 수 없다.

1515 今日は、花曇りという言葉の通り、はっきりしない天気だね。
오늘은 하나구모리라는 말대로 흐물흐물한 날씨네.

1516 来週は彼女とのデートなので、花見スポットを調べておかなきゃ。
다음주는 그녀와 데이트니까, 꽃구경하기 좋은 장소를 찾아놔야지.

1517 この時期にこんなに寒いなんて、まさしく花冷えだね。
이 시기에 이렇게 춥다니 확실한 꽃샘추위네.

> まさしく 틀림없이, 확실히, 바로

1518 花吹雪の舞う中を二人っきりで歩くなんて、なんかとってもロマンチックね。
꽃잎이 흩날리는 속을 둘이서 거닐다니 너무 로맨틱한데.

1519 桜は咲き始めや、満開の時はきれいだけど、散ってしまうと花が道に落ちてきれいじゃないよね。
벚꽃은 피기 시작할 때나 활짝 폈을 때는 예쁜데, 져버리면 꽃이 길에 떨어져 예쁘지 않지.

no.10 1년 놀거리　4월 – 花見

1520
A : 会社の人たちと、お花見に行くんだ。
B : じゃあ、新入社員のおまえが場所取りしとかないとな。
A : 회사 사람들과 꽃구경 가.
B : 그럼, 신입사원인 네가 자리를 잡아야겠네.

1521
A : お花見行っても、みんな桜はほとんど見ないで、飲んだり食べたりばっかりしてるよね。
B : まさしく、花より団子だね。
A : 꽃구경 가도 모두 꽃은 거의 보지 않고 마시고 먹기만 하네.
B : 정말 꽃보다 경단이군.

1522
A : 2月に咲く桜があるって本当？
B : 伊豆の河津の桜は、2月頃に咲く、早咲きの桜で有名なんだよ。
A : 2월에 피는 벚꽃이 있다는데, 정말?
B : 이즈의 카와즈 벚꽃은 2월경에 펴서 빨리 피는 벚꽃으로 유명해.

1523
A : 今は、7分咲きで、今週末に満開になるらしいよ。
B : 週末は天気もいいみたいだし、お花見日和になりそうだね。
A : 지금은 70%정도 피었고, 이번 주말에 활짝 필 것 같아.
B : 주말에는 날씨도 좋을 것 같고, 꽃구경하기에 좋은 날씨가 될 것 같네.

5월 놀거리 – 端午の節句 단오의 절구

5월 5일은 '단오의 절구'라고 해서 원래 남자아이의 날로, 5월 5일이 되면 남자아이가 있는 집에서는 고이노보리를 세우고 무사 인형을 장식하였다. 현재는 남녀 상관없이 5월 5일이 '어린이 날'이 되어 경축일이 되었다. 이는 모두 액막이와 어린이의 성장을 기원하는 명절이다.

- こどもの日 어린이 날
- 初節句を祝う 첫 절구를 축하하다
- 鯉のぼり 종이나 천 등으로 잉어 모양을 만들어 단오 때 기처럼 장대에 높이 다는 것
- 鯉のぼりを立てる 잉어 모양의 기를 단 장대를 높이 올리다
- ちまき 단오날에 먹는 띠·조릿대 잎에 싸서 찐 찹쌀떡
- 柏餅 단오날에 먹는 떡갈나무 잎에 싼 팥소를 넣은 찰떡

- 登り旗 폭이 좁은 천의 옆과 위에 많은 고리를 달고 장대를 끼워서 세우는 기
- 菖蒲酒 창포로 만든 술
- 菖蒲湯 창포를 넣은 목욕물
- 鎧兜 갑옷과 투구
- 陣太鼓 진중에서 군대의 진퇴 신호로 치던 북
- 陣笠 옛날에 병졸이 전장에서 투구 대신에 쓰던 벙거지
- 五色の吹き流し 기의 일종으로 좁고 긴 헝겊 여러 가닥을 반월형 또는 원형의 고리에 매어 긴 장대 끝에 매달아 바람에 나부끼게 하는 것
- 初節句 첫 절구 (아이가 태어나서 처음으로 맞는 절구. 여자아이는 3월 3일, 남자아이는 5월 5일)

no.10 1년 놀거리 5월 - 端午の節句

- かがり火 화톳불 (한데다가 장작 따위를 모으고 질러 놓은 불)
- 武者人形・五月人形 무사 인형
- 太刀 허리에 차는 긴 칼
- 武者人形を飾る 무사 인형을 장식하다
- 弓矢 활과 화살

1524 5月5日は、子供たちが一番楽しみにしている子供の日だ。
5월 5일은 어린이들이 제일 즐거워하는 어린이 날이다.

1525 子供の日には鯉のぼりを立てて祝う家が多い。
어린이날에는 고이노보리를 달고 축하하는 집이 많다.

1526 子供の頃は、子供の日には武者人形を飾っていたものだ。
어릴 때에는 어린이날에 무사인형을 장식하고는 했다.

1527 子供の頃、食べたちまきの味が忘れられない。
어릴 때 먹었던 치마키 모치의 맛을 잊을 수 없다.

1528 A：最近は大きな鯉のぼりを飾る家も少なくなったよね。
B：そうだね。みんな、小さいものですませちゃってるよね。
A：요즘엔 큰 고이노보리를 장식하는 집도 적어졌지.
B：맞아. 모두 작은 것으로 끝내니까.

1529 A：うちの子、もうすぐ初節句なんですよ。
B：じゃあ、五月人形もそろそろ準備しないといけませんね。
A：우리 애, 곧 첫 철구를 맞아요.
B：그럼, 무사인형도 곧 준비해야겠네요.

1530 A：こどもの日って何か特別なことしますか？
B：うちは、鯉のぼりをたてて、柏餅を食べるくらいですね。
A：어린이 날에는 뭔가 특별한 것 하나요?
B：우린 고이노보리를 세우고, 가시와 모치를 먹는 정도예요.

no.10 1년 놀거리 — 5월 놀거리 – ゴールデン・ウィーク (Golden Week) 골든위크

골든위크(황금연휴)는 4월 말부터 5월 초에 걸쳐 경축일이 많은 긴 연휴 기간을 가리키는 일본식 영어이다.

- おおがたれんきゅう
  大型連休 장기 연휴
- **GW** 골든위크의 약자
- しゅくじつ
  祝日 경축일, 국경일

- しょうわ ひ
  昭和の日 쇼와의 날
- けんぽう き ねん び
  憲法記念日 헌법기념일

　　しょうわ てんのう
　　昭和天皇(쇼와천황)의 생일인 4월 29일을 국경일로 정한 것이다.

- **メーデー** 노동절
- かいがいりょこう
  海外旅行 해외여행

- ひ
  みどりの日 녹색의 날 (식목일)

- か ぞく
  家族サービス 가족 서비스

- ご がつびょう
  5月病 5월병, 무기력증

　　신입생이나 신입사원이 5월을 맞아 슬슬 긴장감이 풀어져 공부나 일이 손에 잡히지 않고 집중력이 없어지고 강한 피로를 느끼는 상태를 나타내는 말이다.

- やす ぼ
  休み呆け 쉬는 날 너무 놀아서 의욕이 없고 피곤한 것

- ふ か きゅうじつ
  振り替え休日 대체 휴일 (휴일이 일요일과 겹치거나 국경일이 쉬는 날과 겹치면 그 다음날을 휴일로 지정하는 것)

5月 - ゴールデン・ウィーク

no.10 1년 놀거리

1531 ゴールデンウィークに海外に出かける人が増えている。
황금연휴에 해외로 나가는 사람이 늘고 있다.

1532 ゴールデンウィークを前後して、五月病にかかる人が目立つ。
황금연휴를 전후로 5월병에 걸린 사람이 눈에 띈다.

1533 ゴールデンウィーク明けには休みぼけになる人が多い。
황금연휴가 끝나면 멍하고 허탈해 하는 사람이 많다.

1534 今年のゴールデンウィークは並びがよくて、7連休だ。
올 황금연휴는 재수가 좋아 7일 연휴다.

1535 土日に祝日が重なって、月曜日も振替休日になるから、連休が長くなるね。
토요일과 일요일에 국경일이 겹치면, 월요일도 대체휴일이 되니까 연휴가 길어지지.

1536 A : ゴールデンウィークのあとって、仕事に行きたくないよね。
B : やる気が出ないし、まさに五月病だよね。
A : 황금연휴 뒤엔 일하러 가기 싫지?
B : 의욕도 안 생기고, 그야말로 5월병이다.

1537 A : ゴールデンウィークに海外旅行なんて、うらやましいな。
B : 子供が行きたいってうるさくて。普段忙しいから、こういう時に家族サービスをしておかないとね。
A : 황금연휴에 해외여행이라니 부럽군.
B : 애들이 가고 싶다고 성화라서. 평소엔 바빠서 이런 때라도 가족서비스를 해줘야지 어쩌겠어.

5월 놀거리 – 母の日 어머니의 날・父の日 아버지의 날

우리나라는 5월 8일을 어버이날로 지정하여 함께 축하를 해주지만 일본은 5月第2日曜日(5월의 둘째 주 일요일)은 어머니의 날, 6月第3日曜日(6월의 셋째 주 일요일)은 아버지의 날로 따로따로 지정되어 있다. 참고로 우리나라처럼 스승의 날은 따로 없다.

- 黄色いリボン 노란 리본

- カーネーション 카네이션

1538
A : 母の日に何かあげる？
B : エプロンと、カーネーションをあげようと思って。

A : 어머니의 날에 뭐 줄 거야?
B : 앞치마랑 카네이션 주려고 하는데.

1539
A : 子供の時、母の日とか、父の日に、「肩たたき券」を自分で作って、あげた思い出があるな。
B : 「〜〜券」って、みんな1回は、親にプレゼントしてあげたことがあるものだよね。

A : 어렸을 때, 어머니의 날이라든가 아버지의 날에 '안마권'을 직접 만들어서 줬던 기억이 있는데.
B : '〜권'은 누구나 한 번쯤은 부모님에게 선물한 적이 있을 거야.

no.10 1년 놀거리　5월 - 母の日・父の日

no.10 1년 놀거리
6월 놀거리 - 衣替え(ころもが) 철에 따라 옷을 갈아입거나 물건을 정리하는 것

- 制服(せいふく) 제복 
- 夏服(なつふく) 하복, 여름옷 
- 冬服(ふゆふく) 동복, 겨울옷
- 季節の変り目(きせつ かわ め) 계절이 바뀔 때 
- クリーニング 클리닝  
- 切り替える(き か) 바꾸다, 전환하다  
- 日干し(ひ ぼ) 햇볕에 말림, 또는 말린 것
- 半袖(はんそで) 반소매  
- 長袖(ながそで) 긴소매 
- ノースリーブ 소매 없는 옷

no.10 1년 놀거리　6월 – 衣替え

1540 A : 衣替えって何ですか。
B : 季節の変り目に夏は夏服に、冬は冬服に切り替えることなんだ。
A : 고로모가에란 뭔가요?
B : 계절이 바뀔 때에 여름엔 하복으로, 겨울엔 동복으로 갈아입는 거야.

1541 梅雨が終わって７月になれば、家の中も夏用の物に替わっていく。
장마가 끝나고 7월이 되면 집안도 여름용 물건으로 바뀐다.

1542 ６月１日になると、駅員や店員も夏服に切り替える。
6월 1일이 되면 역무원이나 점원도 하복으로 바꿔 입는다.

1543 A : 季節の変わり目って、何着たらいいか悩むよね。
B : そうそう。あったかいと思って、薄着して出かけたら、寒くて風邪ひいちゃったりするしね。
A : 환절기 땐, 뭘 입어야 좋을지 몰라 고민하게 되지?
B : 맞아. 따뜻하다고 생각해서 얇게 입고 나가면 추워서 감기 걸리기도 하고 말야.

1544 A : そろそろ衣替えしないとな。
B : 衣替えって、めんどくさくて、なかなかとりかかれないよね。
A : 슬슬 옷정리를 해야 하는데.
B : 옷정리는 귀찮아서 좀처럼 시작하기가 어렵지.

> とりかかる 시작하다, 착수하다

1545 A : そろそろコートも必要ないよね。
B : そうだね。もう毎日あったかいし、クリーニングに出そうか。
A : 슬슬 코트도 필요없게 됐지?
B : 그러네. 이제 매일 따뜻하니까 세탁소에 맡길까?

1546 A : セーターをタンスにしまっておいたら、虫にくわれちゃった〜。
B : 防虫剤を入れておけばよかったのに。
A : 스웨터를 옷장에 넣어뒀더니 벌레 먹은 거 있지.
B : 방충제를 넣어놨으면 좋았을 텐데.

359

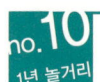
7월 놀거리 – 七夕(たなばた) 칠월 칠석

- 織(お)り姫(ひめ) 직녀
- 彦星(ひこぼし)・牽牛(けんぎゅう) 견우
- 祈願(きがん) 기원
- 笹(ささ)の葉(は) 작은 대나무의 잎
- 天女(てんにょ)の羽衣(はごろも) 천상계에 산다는 아름다운 여성의 비옷 (새의 깃으로 만든 가벼운 옷)
- 天(あま)の川(がわ) 은하, 은하수
- カササギ 까치
- 笹(ささ)の葉(は)につるす 대나무 잎에 매달다
- 短冊(たんざく) 글씨를 쓰거나 물건에 매달거나 하기 위한 좁고 긴 종이

no.10 1년 놀거리 — 7월 – 七夕(たなばた)

1547 もし願い事があったら短冊に書いて笹の葉につるすといいよ。
혹시 원하는 것이 있으면 단자쿠에 써서 대나무 잎에 매달면 좋아.

1548 七夕の日はなぜか雨が降ることが多い。
칠월 칠석날은 왠지 비가 내릴 적이 많다.

1549 一年に一回、織り姫と彦星が再会するって、なんだかロマンチックね。
일 년에 한 번 직녀와 견우가 재회한다니, 왠지 로맨틱하네.

1550 A : 七夕だから、笹の葉買わないとね！
B : そうだね、短冊に願い事書かないとね。
A : 칠월 칠석이니까 대나무 잎 사야겠다!
B : 맞다, 단자쿠에 소원을 적어야 하니깐 말야.

1551 A : 天の川がきれいに見えるね。
B : うん、おり姫と彦星は、いまごろデート中だね。
A : 은하수가 깨끗하게 보인다.
B : 응, 직녀와 견우는 지금쯤 데이트 중이겠다.

1552 A : 七夕はどこが有名ですか。
B : 何といっても仙台の七夕祭りが一番有名だよ。
A : 칠월 칠석은 어디가 유명한가요?
B : 뭐니뭐니해도 센다이의 다나바타 축제가 가장 유명해요.

8월 놀거리 - お盆 백중

백중은 여름에 행해지는 조상의 혼령을 제사 지내는 행사이다. 원래는 음력 7월 15일에 행해졌지만, 현재는 양력 7월 15일보다 한 달 늦은 양력 8월 15일에 많이 행해진다.

- **盆踊り** 밤에 많은 남녀들이 모여서 추는 윤무(輪舞), 본래는 정령(精靈)을 위로하기 위한 행사였음

- **阿波踊り** 봉오도리 중에서 제일 유명한 춤으로 시코쿠의 徳島가 본거지지만, 춤의 흥겨움 때문에 도쿄의 高円寺, 사이타마의 南越谷泡 등 다른 지역에서도 행해지고 있음

- **迎え盆** 고인을 맞이하는 날

- **位牌** 위패

- **露店** 노점

- **灯籠** 등롱, 매다는 등롱

- **送り火** 송별의 불 (오봉 마지막날 저녁에 조상의 혼을 다시 저승으로 돌려보내기 위한 불)

- **迎え火** 환영의 불 (오봉 첫날 저녁에 조상의 혼을 영접하는 불로, 산소에 가서 짚풀을 태우고 집앞에도 불을 켜놓거나 짚풀을 태우기도 함)

- **提灯** 초롱

  居酒屋 (선술집)나 焼き鳥屋 (닭꼬치구이집) 같은 곳에 빨간색으로 걸려 있는 것은 赤提灯 (빨간 초롱)이라고 한다.

- **精霊流し・灯篭流し** 오봉 마지막 날 저녁이나 그 다음 날 새벽에 조상의 영혼을 배웅하기 위해 제물이나 등불을 精霊船 (짚으로 만든 배)에 실어 강이나 바다에 띄어 보내는 행사

no.10 1년 놀거리　8월 − お盆(ぼん)

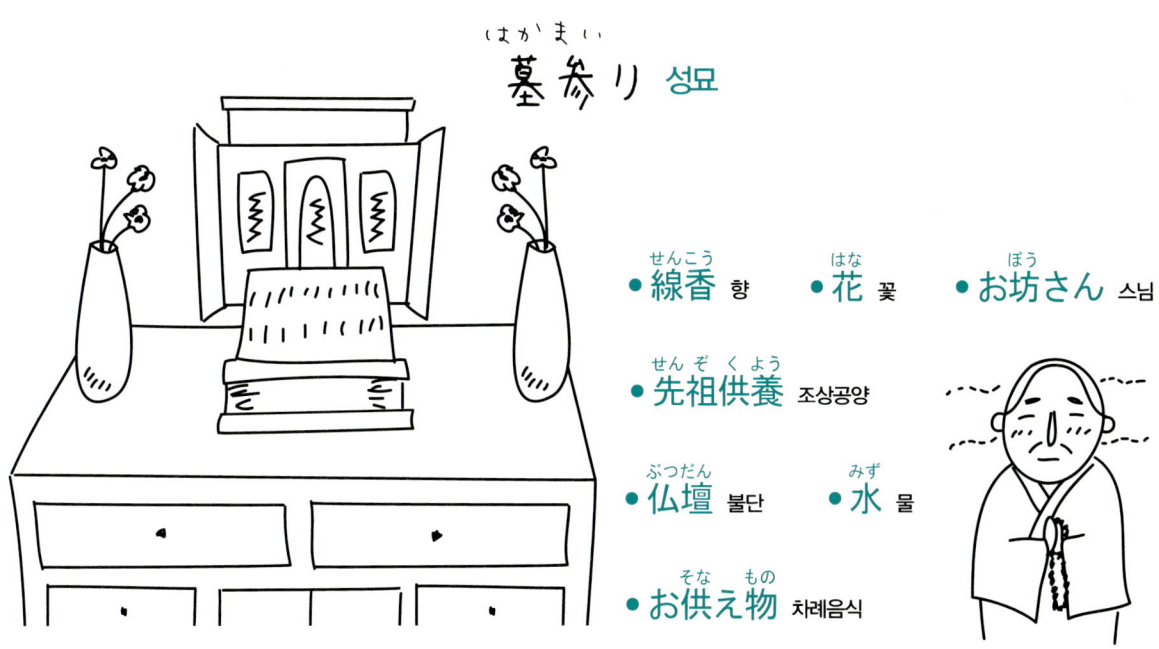

墓参り(はかまいり) 성묘

- 線香(せんこう) 향
- 花(はな) 꽃
- お坊さん(ぼう) 스님
- 先祖供養(せんぞくよう) 조상공양
- 仏壇(ぶつだん) 불단
- 水(みず) 물
- お供え物(そなもの) 차례음식

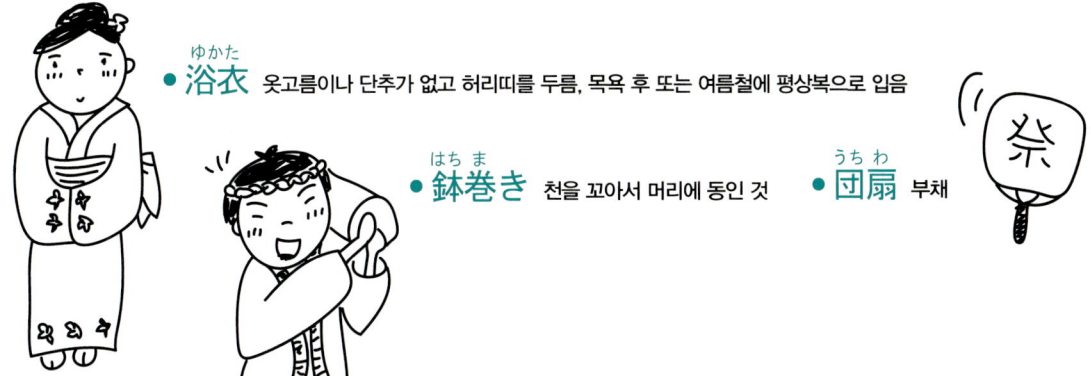

盆踊り(ぼんおど)の服装(ふくそう) 춤추는 복장

- 浴衣(ゆかた) 옷고름이나 단추가 없고 허리띠를 두름, 목욕 후 또는 여름철에 평상복으로 입음
- 鉢巻き(はちまき) 천을 꼬아서 머리에 동인 것
- 団扇(うちわ) 부채

no.10
1년 놀거리
8월 놀거리 - お盆(ぼん) 백중

楽器(がっき) 악기

- 太鼓(たいこ)を打(う)つ 북을 치다

- 三味線(しゃみせん) 세 개의 현(弦)으로 된 일본 고유의 현악기. 사각형의 납작한 동체 양쪽에 고양이 가죽을 댔음

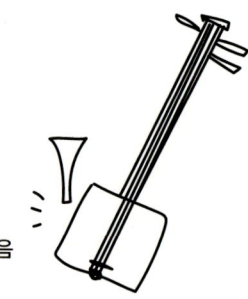

1553	盆踊(ぼんおど)りに全国(ぜんこく)から観光客(かんこうきゃく)が集(あつ)まる。
	봉오도리를 보기 위해 전국에서 관광객이 모인다.
1554	お盆(ぼん)には田舎(いなか)に帰(かえ)る人(ひと)が多(おお)いので、いつも帰省(きせい)ラッシュが起(お)こる。
	오봉에는 고향에 가는 사람이 많아서 언제나 귀성 혼잡이 일어난다.
1555	地域(ちいき)ごとに盆踊(ぼんおど)りのスタイルが違(ちが)うので、見(み)ているだけでもおもしろい。
	지역마다 봉오도리의 스타일이 달라서 보는 것만으로도 재미있다.
1556	阿波踊(あわおど)りが一番有名(いちばんゆうめい)なので一度見(いちどみ)に行(い)きましょう。
	아와오도리가 제일 유명하니까, 한번 보러 갑시다.
1557	うちではお盆(ぼん)には必(かなら)ずお墓参(はかまい)りに行(い)くことにしている。
	우리 집은 오봉에는 꼭 성묘를 가.
1558	盆踊(ぼんおど)りでは浴衣姿(ゆかたすがた)がよく似合(にあ)う。
	봉오도리에서는 유카타 모습이 잘 어울린다.

8월 - お盆(ぼん)

1559
A : 近所の盆踊り大会に行くのが、夏休みの恒例行事なんだ。
B : 私も毎年、浴衣着て行ってるよ。

A : 근처의 봉오도리 대회에 가는 것이 여름방학의 연례행사야.
B : 나도 매년, 유카타를 입고 가.

> **恒例行事** 하기로 정해져 있는 의식이나 행사

1560
A : 家の近所の川で毎年行われている精霊流しに行ってきたんだ。
B : 亡くなった人を供養することも大切だもんね。

A : 집 근처 강에서 매년 열리는 쇼로나가시에 갔다 왔어.
B : 돌아가신 분을 공양하는 것도 중요하지.

1561
A : お盆は、実家に帰って、お墓参りに行きます。
B : 私も、お盆休みは親戚の家に行く予定です。

A : 오봉 때는 고향집에 가서 성묘갈 거에요.
B : 나도 오봉휴가는 친척 집에 갈 예정이에요.

1562
A : 実家に帰ると、まず父の仏壇にお線香をあげます。
B : 私も実家に帰ったら、必ず祖父母の仏壇にお線香をあげます。

A : 고향집에 돌아가면 먼저 아버지 불단에 향을 피워요.
B : 저도 집에 가면 반드시 조부모님 불단에 향을 피워요.

9월 놀거리 - 月見(つきみ) 달맞이, 달구경, 보름달
(좁은 뜻으로는 음력 8월 보름과 9월 13일 밤의 달맞이)

우리나라에서 추석 때 보름달을 보며 송편을 먹듯이 일본에서도 음력 8월 15일과 9월 13일 밤에는 보름달을 만끽하며 요리를 먹는 습관이 있다. 달이 보이는 장소에 제단을 쌓아 참억새를 장식하고 경단, 토란, 삶은 풋콩, 토란, 밤 등을 차려 놓고 보름달을 보며 술을 마시며 풍작을 기원했다고 한다.

- 十五夜(じゅうごや) 십오야, 음력 보름날 밤, 특히 한가윗날 밤
- 満月(まんげつ) 만월, 보름달
- ウサギのもちつき 토끼가 떡을 침
- 中秋の名月(ちゅうしゅう めいげつ) 중추명월 (음력 팔월 보름의 밝은 달)
- お月見泥棒(つきみ どろぼう) 어린이들이 달맞이 때 차례음식(보름달 경단)을 훔치는 일종의 이벤트. 현재에는 お月見(つきみ)くださ〜い(보름달 주세요), お月見泥棒(どろぼう)で〜す(보름달 도둑이에요〜)하는 소리를 내며, 집을 돌면서 차례음식을 받는 풍습이 남아 있음

- すすき 참억새 (갈대)
- 里芋(さといも) 토란
- 枝豆(えだまめ) 풋콩, 삶은 풋콩
- 栗(くり) 밤
- 月見(つきみ)だんご 보름달 경단

일본에서 여름에 빠질 수 없는 맥주 안주가 枝豆(えだまめ)다. 풋콩을 삶은 것으로 빼먹는 재미도 쏠쏠하다. 여름하면 祭(まつり)(축제), ビール(맥주), 枝豆(えだまめ)!

보름달 모양의 둥근 경단 위에 간장을 달게 조린 소스, 깨, 풋콩을 가늘게 다져 설탕으로 달게 한 소스 비슷한 것을 얹고 그 위에 팥을 얹어 먹는다.

9월 – 月見

1563 中秋の名月って言うけど、本当に今日の月はきれいだね。
중추명월이라는 말을 하는데, 정말 오늘 달은 예쁘다.

1564 月見をしながらいっぱい飲むなんて、ちょっと風流だな。
달맞이하면서 한껏 마시다니, 풍류 좀 아네.

1565 子供の頃は、月にウサギが住んでいると思い込んでいた。
어릴 때는 달에 토끼가 살고 있다고 굳게 믿었다.

> 思い込む 굳게 믿다, 믿어 버리다

1566 月見にはすすきと月見だんごは欠かせない。
달맞이에는 억새와 보름달 경단을 빼놓을 수 없다.

1567
A: 今日は十五夜だから、団子を食べながら、お月見しよう。
B: そうだね。今日は天気もいいから、きれいなまん丸のお月様が見えるよ。
A: 오늘은 십오야니까 경단을 먹으면서 달구경하자.
B: 그래. 오늘은 날씨도 좋아서 예쁜 동그란 보름달을 볼 수 있을 거야.

1568
A: 今日は満月だね！
B: うん！ すごくきれいだね～。
A: 오늘은 보름달이네!
B: 응! 정말 예쁘다～.

1569
A: 十五夜の夜はすすきを飾って、月を眺めながら、お酒でも飲みたいね。
B: 満月を見ながらだと、お酒がもっとおいしいんだよね。
A: 십오야 밤엔 억새풀을 장식하고 달을 보면서 술이라도 마시고 싶네.
B: 보름달을 보면서라면 술도 더욱 맛있게 느껴지지.

no.10 1년 놀거리 - 彼岸(ひがん) 피안 (생사의 바다를 건너 도달하는 깨달음의 세계)

피안은 춘분날과 추분날을 중심으로 그 전후 3일 동안의 7일간이다. 즉, 1년에 2번 있는데 지방에 따라 다르지만 조상을 공양하고 제물을 불단에 올린다. 제물로는 목단경단과 싸리경단이 주로 올려지는데, 둘 다 쌀과 팥소로 만들어진 음식이다. 특히 팥은 예전부터 잡귀를 쫓는 효과가 있는 음식으로 알려져 있어 이것이 조상 공양과 결부되었다고 한다.

- 秋分(しゅうぶん) 추분
- 供養(くよう) 공양
- おはぎ・ぼた餅(もち) 찹쌀과 멥쌀을 섞어 만든 경단

  선반에서 떡이 떨어진다는 棚(たな)からぼた餅(もち)(뜻하지 않은 행운을 뜻함. 굴러 들어온 호박)도 이 ぼた餅(もち)를 가리키는 말이다.

- あんこ・あん 팥소 (떡이나 팥 안에 든 팥)
- 萩(はぎ)の花(はな) 싸리 꽃

1570 秋(あき)のお彼岸(ひがん)には、仏壇(ぶつだん)にお供(そな)え物(もの)する。
가을 피안에는 불단에 공물을 바친다.

1571 普通(ふつう)、おはぎのあんは粒(つぶ)あんで、ぼた餅(もち)のあんはこしあんだ。
보통 오하기의 속은 팥고물이고, 보타모치의 속은 고운 팥이다.

粒(つぶ)あん 팥알을 삶아 으깨지 않은 것   こしあん 삶은 팥을 으깨어 체로 껍질을 걸러낸 다음 설탕이나 소금을 섞은 팥소

1572 暑(あつ)さ寒(さむ)さも彼岸(ひがん)まで。
더위도 추위도 피안까지.

no.10 1년 놀거리 9월 - 彼岸(ひがん)

10월 놀거리 - 紅葉狩_{もみじが}り 단풍놀이

- 秋空_{あきぞら} 가을의 하늘
- 紅葉_{もみじ} 단풍
- 鴨_{かも} 오리    
- もみじ・かえで 단풍나무
- 色染_{いろそ}める 물들이다
- 色付_{いろづ}く 물들다
- 銀杏_{いちょう} 은행나무
- 紅葉_{こうよう}スポット 단풍 구경하기 좋은 장소
- 銀杏_{ぎんなん} 은행나무의 열매
- 落_おち葉_ば 낙엽, 가랑잎
- 見_みごろ 절정 (보기에 가장 알맞은 시기)

no.10 1년 놀거리　10월 － 紅葉狩り

1573	そろそろ木の葉が色付き始めてきましたね。
	슬슬 나뭇잎이 물들기 시작했네요.
1574	今週は紅葉が見ごろだから、絶対行ってみようと思っている。
	이번 주는 단풍이 절정이니까, 꼭 보러 가려고 해.
1575	澄んだ青い空と銀杏の黄色く色づいた葉が目に映えますね。
	맑은 하늘과 은행나무의 노랗게 물든 잎이 눈부시네요.
1576	4月の桜もいいけど、京都はやっぱり紅葉が似合うね。
	4월의 벚꽃도 좋지만, 교토는 역시 단풍이 어울리네.
1577	紅葉と言えば、やっぱり京都の紅葉が一番だよ。
	단풍이라 하면, 역시 교토의 단풍이 제일이야.
1578	A：日光のいろは坂は、絶好の紅葉スポットだから、シーズンになると、紅葉狩りをしに来た人々で、いっぱいになるんだよ。
	B：へー。見に行ってみたいけど、人が多すぎて、紅葉より、人を見に行ったみたいになっちゃうんだろうな。
	A：닛코의 이로하자카는 최상의 단풍구경 장소라서 (단풍)시즌이 되면, 단풍구경을 하러 온 사람들로 들썩거려.
	B：그렇구나. 가보고 싶은데 사람이 너무 많아서 단풍보다 사람을 보러가는 꼴이 되어 버리겠는 걸.
1579	A：銀杏がきれいに色づいて、秋めいてきたね。
	B：そうだね。でも、落ち葉で、道が汚れるから、掃除しないといけないね。
	A：은행나무가 멋지게 물들어서 가을다워졌네.
	B：그러네. 근데, 낙엽으로 길이 더러워져서 청소해야겠네.

秋めく 가을다워지다, 가을답게 느끼게 하다

1580	A：銀杏の香りって、独特だよね。
	B：私はけっこう、このにおい好きだけどな。
	A：은행 냄새는 독특하지?
	B：난, 이 냄새 좀 좋아하는데.

11월 놀거리 – 七五三(しちごさん) 어린이의 성장을 축하하는 잔치

시치고상은 3살인 남녀, 5살의 남자 아이, 7살의 여자 아이가 11월 15일에 신사참배를 하고 아이의 성장을 축하하는 행사이다. 아이들은 외출복을 입고 엿을 가지고 가족과 함께 신사참배하고 기념촬영을 한다.

- 髪置き(かみおき) 아이가 머리를 기르기 시작하는 행사. 중세, 근세시대에는 남녀 어린이의 머리를 3살이 되기 전까지는 짧은 단발머리로 하다가 3살이 되는 해부터는 머리를 길러서 묶기 시작했는데, 머리를 자르지 않고 기르기 시작한다는 뜻. 오늘날에는 실제로 이와 같이 지켜지지는 않지만 명칭만 그대로 남아 있어서 3살 때의 시치고상 축하 행사를 말함

- 袴着(はかまぎ) 남자아이가 처음으로 袴(일본옷의 겉에 입는 아래옷)를 입는 행사

- 帯解き(おびとき)・帯直し(おびなおし) 어른처럼 오비(허리에 두르는 띠)를 두르기 시작하는 행사

원래 예전에는 3살에는 髪置き(かみおき), 5살에는 袴着(はかまぎ), 7살에는 帯解き(おびとき)라는 행사를 치렀는데, 에도시대 중반경부터 합해서 축하한 것이 시치고상의 시작이라고 한다.

- 千歳飴(ちとせあめ) 시치고상의 축하용으로 파는 홍백으로 물들인 가래엿

- 晴れ着(はれぎ) 나들이 옷

千歳(ちとせ)는 千年(せんねん)(천년)을 의미하는 것으로 천년까지 아이가 건강하기를 바라는 마음을 담아 장수를 의미하는 松竹梅(しょうちくばい)(소나무, 대나무, 매화나무) 등의 그림이 들어간 긴 봉투에 길게 늘어뜨린 엿을 넣은 것이다.

- ペコちゃん人形(にんぎょう) 후지야에서 만든 인형이름 (밀크카라멜로 유명하며 치토세 아메 중 가장 인기있는 상품)

- お宮参り(みやまい) 아이가 태어나 처음으로 신에 참배하는 일

11월 - 七五三

no.10 1년 놀거리

1581 子供の頃食べた千歳飴が忘れられない。
어릴 때 먹었던 치토세 엿은 잊을 수 없다.

1582 かわいい晴れ着を着た子が多いと思ったら、今日は七五三なんだね。
예쁜 나들이옷을 입은 아이가 많다 했더니, 오늘이 시치고상이었구나.

1583 神社にお参りをして、子供の健やかな成長を祈った。
신사에 참배를 하고 아이의 건강한 성장을 기도했다.

1584 あそこの着物を着て千歳飴を持った女の子、かわいいね。
저기 기모노 입고 치토세 엿을 들고 있는 아이, 귀엽네.

1585 子供が七五三なので、神社にお参りに行って、家族で記念写真を撮ろうと思います。
아이가 시치고상을 맞이해서 신사에 참배하러 가서 가족 기념사진을 찍으려고 해요.

1586 A：千歳飴は、親が子供の長寿を願う心がこめられたものなんだって。
B：へー。子供の時はそんなことも知らずに、ただおいしいから食べてたけどね。
A：치토세 엿은 부모가 아이의 장수를 기원하는 마음이 담겨있다고 해.
B：그렇구나. 어릴 때는 그런 것도 모르고, 그저 맛있어서 먹기만 했는데….

no.10 1년 놀거리
12월 놀거리 - クリスマス 크리스마스

- サンタクロース 산타크로스
- トナカイ 토나카이, 순록 
- 靴下(くつした) 양말
- 教会(きょうかい) 교회 
- 神父(しんぷ) 신부
- クリスマスプレゼント 크리스마스 선물
- クリスマスツリー 크리스마스트리 
- クリスマスツリーを飾(かざ)る 크리스마스트리를 장식하다
- キリスト教(きょう) 기독교
- 聖歌隊(せいかたい) 성가대

no.10 1년 놀거리　12月 – クリスマス

- デート 데이트
- 救世軍(きゅうせいぐん) 구세군
- イエスキリスト 예수 그리스도
- クリスマスケーキ 크리스마스 케이크

no.10 1년 놀거리 — 12월 놀거리 – クリスマス 크리스마스

1587 私はサンタクロースが本当にいると１２才まで思っていた。
나는 산타클로스가 정말 있다고 12살까지 생각했다.

1588 クリスマスを一人で過ごすのは本当につらいね。
크리스마스를 혼자 지내는 것은 정말 괴로워.

1589 お母さんがぐっすり寝ている子供の枕もとにプレゼントを置いていった。
엄마가 곤히 자고 있는 아이의 머리맡에 선물을 놓고 갔다.

1590 クリスマスを教会で過ごした子供の頃の思い出がよみがえってくる。
크리스마스를 교회에서 지냈던 어릴 적 추억이 되살아난다.

> よみがえる 되살아나다

1591 クリスマスツリーを家族皆で飾って、たのしい気分になった。
크리스마스 트리를 가족 모두 장식하고 즐거워졌다.

1592 すごく良いことがあった時、「クリスマスと正月が一緒に来たようだ」という表現を使う。
굉장히 좋은 일이 있을 때 '크리스마스와 설이 함께 온 것 같다'는 표현을 쓴다.

1593 お父さんがクリスマスケーキを買って来てくれたことが忘れられない。
아버지께서 크리스마스 케이크를 사 오신 것을 잊을 수 없다.

1594 クリスマスは恋人と過ごす人が多い。
크리스마스에는 애인과 지내는 사람이 많다.

1595 クリスマスプレゼントに何をあげよう。
크리스마스 선물을 뭘로 할까.

1596 うちでクリスマスパーティーをするので、ぜひ遊びにきてね。
우리 집에서 크리스마스 파티를 할거니까, 꼭 놀러 와.

1597 クリスマスが近いから、クリスマスツリーを飾ろう。
크리스마스가 가까우니까, 크리스마스 트리를 장식하자.

12월 - クリスマス

1598
A：いい子にしてないと、サンタさん来てくれないよ！
B：じゃあ、いい子にする～。

A：말 잘 안들으면, 산타 할아버지가 안 오신다!
B：그럼, 말 잘 들을 게요.

1599
A：子供の時は、クリスマスの夜に、靴下を枕もとに置いて寝ていたな。
B：私も。朝、プレゼントを見るのがものすごく楽しみだったな。

A：어릴 때는 크리스마스 밤에 양말을 머리맡에 놓고 잤는데.
B：나도. 아침에 선물을 보는 것이 너무나 큰 즐거움이었지.

1600
A：クリスマスイルミネーションが飾られると、なんだか恋人がほしくなるんだよね。
B：分かるなぁ。キラキラした街の中に一人でいると、妙に寂しくなるんだよね。

A：크리스마스 전구 장식이 되어 있으면 왠지 애인이 있었으면 한다니까.
B：맞아맞아. 반짝반짝거리는 거리 속에 혼자 있으면 묘하게 서글퍼지지.

1601
A：私の家も狭いですが、クリスマスツリーを飾ります。
B：ツリーを飾ると、部屋の雰囲気もクリスマスらしくなるよね。

A：우리 집도 좁지만 크리스마스 트리를 장식해요.
B：트리를 장식하면 집 분위기도 크리스마스다워지죠.

12월 놀거리 – 大晦日・大晦 12월 31일
(おおみそか)・(おおつごもり)

일본에서는 연말이 되면 대청소를 하고 고마운 분들에게는 선물을 보내고, 마지막 날인 12월 31일에는 가족이 함께 보내는 경우가 많다. 가족 모두가 모여 메밀국수를 먹으며 홍백가요제를 보거나, 신사나 절에 가서 제야의 종소리를 들으며 메밀국수를 먹으며 신년을 맞이하는 것이 보통이다.

- 年越し (としこし) 묵은해를 보내고 새해를 맞는 일, 송구영신
- 年の瀬 (としのせ) 연말
- ギフト券 (けん) 상품권
- 年越しイベント (としこし) 연말 이벤트
- 忘年会・年忘れ (ぼうねんかい・としわすれ) 송년회
- 大晦日 (おおみそか) 12월 31일
- カウントダウン 카운트다운

- 年越しそば (としこし) 12월 31일 밤에 먹는 국수
- 仕事納め (しごとおさめ) 종무, 종무식
- 行く年来る年 (ゆくとしくるとし) 가는 해 오는 해 (12월 31일 정각이 되기 30분 전부터 1월 1일 새벽에 걸쳐 하는 프로그램 이름)

- 紅白歌合戦 (こうはくうたがっせん) 홍백가요제 (12월 31일에 NHK에서 생방송으로 하는 가요프로 이름)
- お歳暮 (せいぼ) 연말 선물
- お歳暮を贈る (せいぼをおくる) 연말 선물을 보내다

no.10 1년 놀거리　12월 － 大晦日・大晦

- 除夜の鐘　제야의 종 (108번뇌를 없앤다는 뜻에서 108번 침)
- 除夜の鐘を突く　제야의 종을 치다
- 大掃除　대청소
- 帰省する　귀성하다
- 実家に帰る　고향에 내려가다
- なまはげ　12월 31일 밤에 하는 귀신 맞이 행사, 청년 몇 사람이 큰 귀신 탈을 쓰고 도롱이를 입고 나무칼을 들고 집집을 찾아다니며 축복의 말을 하고서 술과 음식 대접을 받음

- 帰省ラッシュ　귀성차량 정체
- お正月を迎える　새해를 맞이하다
- 年末ジャンボ宝くじ　연말 점보 복권

> 일본에서는 계절마다 당첨 금액이 큰 복권이 발행되는데, 그 중에서도 가장 당첨 금액 큰 것이 年末ジャンボ宝くじ다. 당첨금이 큰만큼 줄을 서 가며 사는 사람을 많이 볼 수 있다.

- よいお年をお迎えください　좋은 한해 보내시기를 바랍니다
- 師走　섣달, 음력 12월 (양력 12월도 쓰임)
- 師走を迎える　12월을 맞이하다

no.10 1년 놀거리
12월 놀거리 - 大晦日・大晦 (おおみそか・おおつごもり) 12월 31일

1602 年末年始に海外旅行は高いからいきたくないよ。
연말연시에 해외여행은 비싸서 가기 싫어.

1603 今週は会社の忘年会と友達の忘年会があるから、毎日酒漬けになりそうだよ。
이번 주는 회사 송년회랑 친구들 송년회가 있어서 매일 술에 절게 생겼어.

1604 今年は友達の家で年忘れパーティーをやろうと思っているんだ。
올해는 친구 집에서 송년회 하려고 생각하고 있어.

1605 今年の大晦日は、うちで過ごそうと思っているよ。
올해 12월 31일에는 집에서 지내려고 해.

1606 日本のあちこちで、年越しイベントがたくさんあるよ。
일본 여기저기에서 연말 이벤트가 많이 열려.

1607 除夜の鐘を聞くと、今年も終りだなと感じるよね。
제야의 종소리를 들으니, 올해도 끝났구나 하는 느낌이 드네.

1608 行く年来る年を見ると、年が明けるという気がするね。
'가는 해 오는 해'를 보니, 새해가 밝는구나 하는 느낌이 드네.

1609 今年のカウントダウンは、彼氏といっしょにディズニーランドで過ごそうと思っているんだ。
올해 카운트다운은 남자친구와 함께 디즈니랜드에서 보내려고 해.

1610 年越しそばを食べないと、年を越せないよ。
메밀국수를 먹지 않으면, 해를 보낼 수 없는 거야.

1611 今年の紅白歌合戦のとりは誰？ 北島三郎じゃない？
올해 홍백가요제의 마지막을 장식하는 사람은 누구야? 키타지마 사부로(일본에서 유명한 엔카 가수) 아니야?

1612 この年の瀬の忙しい時に、やっかいな仕事を頼まれた。
이 바쁜 연말에 귀찮은 일을 맡았다.

1613 今年も一年、大変お世話になりました。来年もよろしくお願い致します。
올해도 1년간 정말 신세 많이 졌습니다. 내년에도 잘 부탁드립니다.

1614 よいお年を(お迎えください)。
좋은 한해 보내시길 바랍니다.

no.10 1년 놀거리　12월 － 大晦日・大晦

1615	今年も帰省ラッシュがすごそうだ。

올해도 귀성 차량 혼잡이 대단할 것 같아.

1616	このデパートでも年末売りつくしセールをしているよ。

이 백화점에도 연말 떨이 세일을 하고 있어.

1617	ここは去年の年末ジャンボ宝くじで一等が出たみたいだから、すごい人が並んでいるよ。

이곳은 작년 연말 점보복권 1등이 나와서 많은 사람이 줄 서 있는 거야.

1618	お歳暮の定番と言えば、ハム、ソーセージかな？

연말연시 선물이라면 햄이나 소시지가 아닐까?

1619	大掃除をしなければ、新しい年を迎えられないよ。

대청소를 하지 않으면, 새해를 맞이할 수가 없다니깐.

1620	デパートの福袋は安いけど、売れ残った商品が入っているから、いいものがあまりないよね。

백화점 복주머니는 싸긴 한데, 팔다만 상품이 있어서 좋은 물건이 별로 없어. (여자들의 회화)

1621	最近は年賀状を出す人は少なくなっていて、年賀メールで済せる人が増えてきている。

요즘에는 연하장을 보내는 사람이 적어서 연하장 메일로 때우는 사람이 많아졌어.

1622	自分の子供やペットの写真を年賀状にする人が多い。

자신의 아이나 애완동물의 사진을 연하장에 넣는 사람이 많다.

1623	私は忘年会の幹事をやったから、新年会の幹事はやりたくないな。

나는 송년회 진행을 맡아서, 신년회 진행은 하고 싶지 않아.

1624	A：来年は何年だっけ？ B：亥だよ。

A：내년에는 무슨 해지?
B：멧돼지 띠야.

1625	A：今年の年の瀬は、どうやって過ごす予定なの？ B：今年は、実家でゆっくりテレビでも見て過ごすつもり。

A：올해 연말은 어떻게 보낼 예정이야?
B：올해는 고향에서 느긋하게 TV라도 보며 보낼 생각이야.

no.10 1년 놀거리
12월 놀거리 - 大晦日・大晦(おおみそか・おおつごもり) 12월 31일

1626
A: 今年は近くの神社に、除夜の鐘をつきに行こう！
B: 除夜の鐘をつくのなんて、子供の時以来だな。

A: 올해는 가까운 신사에서 제야의 종 치러 가자!
B: 제야의 종을 치다니, 어릴 때 이후로 처음이다.

1627
A: 毎年、大晦日は家族と紅白歌合戦を見て過ごします。
B: 日本の定番の大晦日の過ごしかたですよね。

A: 매년 12월 31일에는 가족과 홍백가요제를 보고 지냅니다.
B: 일본에서 전형적으로 12월 31일을 보내는 방법이지요.

> **定番(ていばん)** 원래 유행에 좌우되지 않는 기본적인 상품을 가리키는 말로 여기서는 전형적인 것이라는 의미로 쓰임

1628
A: 大掃除をして、さっぱりさせてから新年を迎えましょう。
B: そうしたいんですけど、忙しくて、なかなか大掃除ができないんです。

A: 대청소를 해서 깨끗하게 해두고 신년을 맞이해요.
B: 그러고 싶은데, 바빠서 좀처럼 대청소를 할 수 없어요.

1629
A: 仕事納めはいつなんですか？
B: 仕事納めは１２月２７日で、仕事始めは１月４日です。

A: 종무식은 언제인가요?
B: 종무식은 12월 27일이고, 시무식은 1월 4일이에요.

1630
A: 師走は、みんな忙しそうだよね。
B: 忘年会やら何やら、いろいろあるからね。

A: 12월은 모두 바쁜 것 같네.
B: 송년회다 뭐다 여러 가지 있으니까.

1631
A: 最近はお歳暮にギフト券を送る人が増えている。
B: 気持ちがこもってないみたいで、私はどうかと思うんですけどね。

A: 요즘은 연말 선물로 상품권을 보내는 사람도 늘었지.
B: 마음이 담기지 않은 것 같아, 나는 좀 그렇던데.

1632
A: １２月は忘年会シーズンだから、どこの居酒屋も混んでるよね。
B: 居酒屋に行くなら、予約しないと、なかなか席は空いてないよ。

A: 12월은 송년회 시즌이니까, 어느 이자카야라도 붐비지.
B: 이자카야에 갈거라면, 예약 없이는 좀처럼 자리가 없어.

12월 − 大晦日・大晦

1633
A：今年は、渋谷のクラブの年越しイベントに行こうと思うんだ。
B：年越しイベントって、いたるところでやってるよね。

A：올해는 시부야 클럽의 연말 이벤트에 가려고 해.
B：연말 이벤트는 여기저기서 하고 있지.

> いたるところ 도처. 가는 곳마다

1634
A：東京タワーでカウントダウンを迎えたいな。
B：ロマンチックだね。

A：도쿄 타워에서 카운트다운을 맞이하고 싶어.
B：로맨틱하네.

1635
A：帰省ラッシュのピークは明日だろうね。
B：高速道路も電車も混むだろうね。

A：귀성 정체의 피크는 내일이겠지.
B：고속도로도 전철도 붐빌 거야.

1636
A：行く年来る年を見終わって、すぐに寝ちゃった。
B：なぜか、あの番組見てると眠くなるよね。

A：'가는 해 오는 해'를 보고 바로 자버렸어.
B：왠지 그 프로를 보면 졸리더라.

Index

ㄱ

- 가가미모치 · 322
- 가가미모치를 올리다 · 322
- 가격 인상 · 99
- 가격 인하 · 99
- 가끔 두통을 앓고 있는 사람 · · · · · · · · · · · · · · · · 174
- 가는 체, 또는 그것으로 거르는 것 · · · · · · · · · · · 45
- 가는 해 오는 해 · 378
- 가도마츠 · 322
- 가도마츠를 세우다 · 322
- 가렵다 · 176
- 가로등 · 209
- 가로방향인쇄 · 193
- 가루타아소비 · 323
- 가리 · 63
- 가마를 메다 · 254
- 가마쿠라 · 261
- 가미다나 · 322
- 가미오키 · 372
- 가발 · 94
- 가벼운 사람 · 130
- 가볍다 · 267
- 가부키 · 314
- 가사, 집안일 · 147
- 가사가 마음에 스며들다 · · · · · · · · · · · · · · · · · · · 141
- 가사가 머리에 남다 · 141
- 가스레인지 · 13
- 가시와모치 · 352
- 가시키리부로 · 280
- 가연 쓰레기 · 18
- 가와즈노사쿠라 · 349
- 가위 · 185, 230
- 가위눌리다 · 30
- 가위에 눌려 꼼짝 못하다 · · · · · · · · · · · · · · · · · · · 30
- 가을 · 258
- 가을은 독서의 계절 · 258
- 가을은 식욕의 계절 · · · · · · · · · · · · · · · · · · · 56, 258
- 가을은 예술의 계절 · 258
- 가을은 운동의 계절 · 258
- 가을의 하늘 · 370
- 가이드북 · 281
- 가장 마음에 드는 사람에게 주는 초코 · · · · · · 334
- 가정 내 폭력 · 205
- 가정요리 · 54
- 가족 서비스 · 354
- 가족분만 · 159

- 가족에게 주는 초코 · 334
- 가족을 생각하는 사람 · 128
- 가지고 있는 돈의 전부 · 114
- 가치코시 · 309
- 가키조메 · 323
- 각자부담 · 75
- 간 큰 사람 · 131
- 간누시 · 321
- 간사 · 76
- 간식배, 디저트배 · 55
- 갈다 · 39
- 갈라진 모발 · 94
- 갈아타기가 불편하다 · 217
- 갈아타기가 편하다 · 217
- 갈아타다 · 217
- 감기를 옮기다 · 174
- 감기를 키우다, 감기를 악화시키다 · · · · · · · · · 174
- 감기에 걸리다 · 174
- 감독 · 276, 286
- 감사 · 186
- 감사 초코 · 334
- 감사합니다 · 100
- 감정 · 122
- 감정의 기복이 심한 사람 · · · · · · · · · · · · · · · · · · 131
- 감칠맛이 있다 · 49
- 갑옷과 투구 · 352
- 갑자기 인기를 얻는 것 · 27
- 갓파마키 · 62
- 강매 · 98
- 강습 안타 · 288
- 개념이 없는 사람 · 128
- 개보리빵이 · 328
- 개봉 · 275
- 개봉 첫날 · 275
- 개운 · 321
- ~개월 검진 · 165
- 개점 · 98
- 개찰구 · 216
- 거꾸로 있는 태아 · 159
- 거만한 사람 · 128
- 거실 · 13
- 거의 없는 돈 · 113
- 거절하다 · 188
- 거짓말쟁이 · 131
- 거친 피부 · 176
- 거품기 · 44
- 거품을 걷어내다 · 38
- 걱정이 많은 사람 · 130

ㄱ – ㄱ

- 건강보험증 ·················· 210
- 건널목 ······················ 209
- 건물 ························ 236
- 건물의 출입구에 쳐 놓은 발 ··· 36
- 건방지다, 무례하다 ············ 131
- 건방진 사람 ·················· 130
- 건배 ·························· 75
- 건성피부 ····················· 82
- 건조기 ······················· 23
- 건초염 ······················ 177
- 건축 된지 ○년 ················ 237
- 걸레로 닦다 ··················· 18
- 걸레질을 하다 ·················· 18
- 겁이 많은 사람 ··············· 133
- 겁쟁이, 겁보 ················· 133
- 게다이 ······················ 316
- 게쇼마와시 ··················· 310
- 게스트 ······················· 27
- 게시판에 써 놓은 문장 ········· 193
- 게임운 ······················ 321
- 게츠쿠 ······················· 26
- 겐푸쿠 ······················ 330
- 겨울 ························ 260
- 겨자 ························· 42
- 격려 초코 ···················· 334
- 견본 만들기 ·················· 193
- 견우 ························ 360
- 견제구 ······················ 287
- 견출지 ······················ 231
- 결막염 ······················ 176
- 결정 ························ 245
- 결혼 ························ 146
- 결혼 전의 성 ················· 148
- 결혼반지 ···················· 147
- 결혼상대 ···················· 146
- 결혼식 ······················ 146
- 결혼식을 올리다 ·············· 146
- 결혼식장 ···················· 146
- 결혼식장을 잡다 ·············· 146
- 결혼은 인생의 묘지 ············ 147
- 결혼해서 ○○지나다 ·········· 147
- 경로석 ······················ 218
- 경사 ························ 158
- 경산부 ······················ 158
- 경유편 ······················ 281
- 경제권을 잡다 ················ 113
- 경축일, 국경일 ··············· 354
- 계량컵 ······················· 43
- 계명 ························ 171
- 계산 ····················· 54, 99
- 계산기 ······················ 185
- 계속 ························· 27
- 계속 자다 ···················· 30
- 계절이 바뀔 때 ··············· 358
- 계좌 ························ 223
- 계좌를 개설하다 ·············· 222
- 계좌이체 ···················· 222
- 계획분만 ···················· 159
- 계획적인 사람 ················ 130
- 고가라시 ················ 244, 260
- 고교야구 ···················· 255
- 고구마 ······················ 258
- 고깔모자 ···················· 116
- 고닌바야시 ··················· 338
- 고드름 ······················ 245
- 고령출산 ···················· 159
- 고로모가에 ············ 106, 319, 358
- 고무스비 ···················· 308
- 고무장갑 ····················· 19
- 고백 초코 ···················· 334
- 고백하다 ···················· 268
- 고부자키 ···················· 348
- 고소하다 ····················· 48
- 고슈기 ······················ 309
- 고시엔 구장 ·················· 255
- 고시키노 후키나가시 ·········· 352
- 고압적인 자세로 나오다 ······· 304
- 고엥데뷰 ···················· 167
- 고온 ························· 43
- 고의사구 ···················· 289
- 고이노보리 ··················· 352
- 고이노보리를 높이 올리다 ····· 352
- 고인을 그리워하다 ············ 170
- 고집이 센 사람 ··············· 129
- 고체풀 ······················ 230
- 고추냉이 ····················· 42
- 고춧가루 ····················· 42
- 고츠즈미 ···················· 314
- 고타츠 ··················· 13, 260
- 고하루비요리 ················ 242
- 고향에 내려가다 ·············· 379
- 곡을 쓰다 ···················· 141
- 곡이 흐르다 ·················· 141
- 곧 싫증을 내서 오래 계속하지 못하는 사람 ··· 129
- 골고루 먹기 ··················· 56
- 골든위크 ···················· 354

385

Index

- 골킥 ·· 294
- 곰팡이 ·· 19
- 곱슬머리 ·· 94
- 공갈 젖꼭지 ······································ 164
- 공격 ··· 294
- 공격해, 어서 덤벼 ···························· 118
- 공교롭게도 저 혼자만의 생각으로는 결정할 수 없음으로 상사와 상의해서 연락드리겠습니다 ················· 188
- 공방의 한 수 ···································· 305
- 공산 ··· 300
- 공손히 사죄하다 ······························ 119
- 공양 ··· 368
- 공을 단번에 받지 못하고 글러브에서 두어 번 튀기듯 하다가 받다 ········ 290
- 공정 금리 ·· 223
- 공주병에 걸린 여자 ························ 132
- 과거기록 ·· 193
- 과보호 ··· 166
- 과식 ··· 54
- 과음 ··· 75
- 과음하다 ··· 74
- 과음해서 정신을 잃다 ······················ 74
- 관 ··· 171
- 관객동원 수 ······································ 275
- 관제엽서 ·· 226
- 광 ·· 300
- 광고 ··· 26
- 괴담 ··· 255
- 괴로운 기억 ·· 48
- 괴롭히다 ·· 119
- 교가 ··· 344
- 교겐카타 ·· 314
- 교육 ··· 204
- 교육위원회 ·· 204
- 교장 ··· 344
- 교지 ··· 308
- 교직이수를 하다 ······························ 204
- 교통비 포함 ······································ 111
- 교통비 별도 지급 ···························· 111
- 교통편 ··· 236
- 교환 ··· 100
- 교회 ··· 374
- 교회에서 올리는 결혼식 ················ 147
- 구강염 ··· 176
- 구겨지다 ·· 100
- 구급차 ··· 211
- 구김이 가다 ······································ 100
- 구두쇠 ··· 132
- 구두에 쓸려 생긴 상처 ···················· 85
- 구라마에코구기칸 ···························· 308
- 구로고 ··· 316
- 구로마쿠 ·· 316
- 구로타마고 ·· 280
- 구마도리 ·· 315
- 구부리고 자다 ···································· 31
- 구세군 ··· 375
- 구토가 나다 ······································ 174
- 국그릇 ··· 44
- 국물을 내다 ·· 40
- 국물이 잘 우러나다 ·························· 49
- 국자 ··· 44
- 국제봉투 ·· 226
- 국제시합 ·· 295
- 국진 ··· 300
- 국화 ··· 110
- 굴 ··· 258
- 굽다 ··· 39
- 궁합 ··· 267
- 귀가하다 ··· 10
- 귀국 러시 ·· 217
- 귀뚜라미 ·· 258
- 귀밑머리 ··· 94
- 귀성 러시 ·· 217
- 귀성차량 정체 ·································· 379
- 귀성하다 ·· 379
- 귀신은 밖으로, 복은 안으로 ········· 332
- 귀여운 사람 ······································ 131
- 귀찮으시겠지만(송구스럽지만) ○○해 주시겠습니까? ············· 187
- 규격 외 봉투 ···································· 226
- 규격봉투 ·· 226
- 규칙 ··· 205
- 균형있게 먹다, 골고루 먹다 ············ 56
- 귤나무 ··· 338
- 그것으로 되었습니다 ······················ 186
- 그늘에서 말림 ···································· 23
- 그린석 ··· 218
- 그림 맞추기 ······································ 300
- 근시 ··· 176
- 근처 역 ··· 236
- 글씨가 깨지다 ·································· 196
- 긁어내다, 깎다 ··································· 39
- 금리 ··· 223
- 금방 뜨거워졌다 쉽게 식었다 하는 사람 ··············· 129
- 금방 실증을 내는 사람 ·················· 130
- 금붕어 낚기 ······································ 254
- 급여, 월급 ··· 111
- 급행 ··· 218

- 기기 …………………………………… 164
- 기내식 ………………………………… 281
- 기념사진 ……………………………… 344
- 기념우표 ……………………………… 226
- 기독교 ………………………………… 374
- 기독교식 장례식 ……………………… 171
- 기록원 ………………………………… 286
- 기름 온도 ……………………………… 43
- 기름종이 ……………………………… 85
- 기름지고 진한 맛 ……………………… 49
- 기름지다 ……………………………… 48
- 기모노 단장 …………………………… 330
- 기모노를 단장하는데 도움을 받다 …… 330
- 기미, 검버섯 …………………………… 84
- 기미가요 ……………………………… 344
- 기분이 나빠지다, 속이 나쁘다 ……… 174
- 기분파 ………………………………… 130
- 기뻐하다 ……………………………… 122
- 기쁘다 ………………………………… 122
- 기성복 ………………………………… 106
- 기억이 없어지다 ……………………… 75
- 기원 …………………………………… 360
- 기장하다 ……………………………… 170
- 기저귀 ………………………………… 165
- 기저귀를 갈아주다 …………………… 165
- 기저귀를 떼다 ………………………… 166
- 기저귀 발진 …………………………… 165
- 기차 …………………………………… 216
- 기침이 나오다 ………………………… 174
- 기타 …………………………………… 324
- 긴급지진속보 ………………………… 248
- 긴소매 ………………………………… 358
- 길이를 정리하다 ……………………… 94
- 길함 …………………………………… 320
- 김이 나다 ……………………………… 41
- 깊이 잠들어 있는 모양 ………………… 32
- 까까머리, 대머리 ……………………… 92
- 까닭 없이 싫어하다 …………………… 123
- 까마귀가 미역 감듯이 목욕을 대충함 … 15
- 까치 …………………………………… 360
- 까칠까칠 ……………………………… 84
- 깍쟁이, 뻔뻔한 사람 ………………… 133
- 깐깐한 사람, 까다로운 사람 ………… 128
- 깔끔하지 않은 성격 …………………… 49
- 깔끔한 사람 …………………………… 131
- 깜짝 놀라다 …………………………… 123
- 깡통따개 ……………………………… 44
- 깨 ……………………………………… 42
- 깨끗한 맛 ……………………………… 49
- 깨를 갈다 ……………………………… 39
- 껄껄한 쉰 목소리 ……………………… 140
- 껍질을 벗기다 ………………………… 38
- 껴안다 ………………………………… 267
- 껴입다 ………………………………… 261
- 꼬시다 ………………………………… 268
- 꼭지를 따다 …………………………… 38
- 꼼꼼한 사람 …………………………… 130
- 꽁치 …………………………………… 258
- 꽃 ……………………………………… 363
- 꽃가루 알레르기 ……………………… 252
- 꽃구경하면서 한잔 …………………… 301
- 꽃꽂이 ………………………………… 12
- 꽃무늬 ………………………………… 107
- 꽃샘추위 ………………………… 245, 349
- 꽉 끼는 것 ……………………………… 100
- 꿈시계 ………………………………… 32
- 꿈을 꾸는 듯한 황홀한 기분 ………… 32
- 꿈을 꾸다 ……………………………… 31
- 꿩 ……………………………………… 110
- 끈기 없는 사람 ………………………… 130
- 끈기 있는 사람 ………………………… 130
- 끈으로 책을 묶어서 제본하다 ……… 232
- 끓어오르다 …………………………… 40
- 끓어오름 ……………………………… 43
- 끓이다 ………………………………… 40
- 끝내기 홈런 …………………………… 288

ㄴ

- 나가리 ………………………………… 300
- 나가우타 ……………………………… 316
- 나나쿠사가유 ………………………… 328
- 나다이 ………………………………… 316
- 나들이옷을 입다 ……………………… 321
- 나마하게 ……………………………… 379
- 나베부교 ……………………………… 261
- 나카이상 ……………………………… 280
- 낙엽 …………………………………… 258
- 낙엽, 가랑잎 ………………………… 370
- 난간 …………………………………… 216
- 난동 …………………………………… 244
- 난산 …………………………………… 159
- 난시 …………………………………… 176
- 난청이 되다 …………………………… 140
- 날씨 …………………………………… 242
- 날씨가 나빠지는 것 …………………… 242

Index

- 날씨가 화창함 …… 244
- 날아 차기를 날리다 …… 118
- 날짜를 정하다 …… 146
- 남녀가 애정행각을 벌이다 …… 266
- 남녀가 하나의 우산을 같이 쓰는 것 …… 244, 266
- 남성용 화장품 …… 85
- 남의 잔치에 감 놓아라 배 놓아라 한다 …… 310
- 남자가 직접 사서 자랑하는 초코 …… 335
- 남자배우 …… 276
- 남탕 …… 280
- 남편, 아내, 애인 이야기를 주책없이 늘어놓다 …… 269
- 남편, 아내, 애인 이야기를 주책없이 늘어놓음 …… 269
- 남향 …… 236
- 납입 …… 222
- 낮잠 자다 …… 31
- 낯가림 …… 165
- 낯을 많이 가리는 사람 …… 132
- 내과 …… 210
- 내복 …… 106
- 내빈 …… 340
- 내야 안타 …… 288
- 내용을 입력하다 …… 196
- 내진성 …… 248
- 냉소바, 중국식 냉면 …… 254
- 냉이 …… 328
- 냉하 …… 244
- 넘어오다 …… 269
- 넣다 …… 39
- 네쇼가츠 …… 324
- 네일아트 숍 …… 107
- 네츄얼 메이크 …… 84
- 네타 …… 63
- ~년 계약 …… 237
- 노 …… 314
- 노 알코올 …… 75
- 노골적인 사람, 개방적인 사람 …… 131
- 노구치 히데요 …… 110
- 노동절 …… 354
- 노란 리본 …… 356
- 노래를 듣다 …… 140
- 노래를 부르다 …… 140
- 노랫소리 …… 140
- 노리마키 …… 62
- 노리호다이 …… 281
- 노멘 …… 314
- 노미네이트 …… 276
- 노미네이트 작품 …… 276
- 노보리바타 …… 352
- 노브랜드 …… 99
- 노선정보 …… 218
- 노시부쿠로 …… 148
- 노안 …… 176
- 노점 …… 362
- 노천온천 …… 280
- 노트 …… 184, 230
- 녹말가루로 걸쭉하게 만들다 …… 39
- 녹색의 날 (식목일) …… 354
- 녹차 …… 68
- 녹화방송 …… 26
- 놀면서 먹는 것 …… 166
- 놀이 …… 323
- 농담이 안 통하는 사람 …… 130
- 농땡이 치다 …… 204
- 누구에게나 좋게 대하는 사람 …… 130
- 누런 때 …… 22
- 눈 …… 241
- 눈가리개를 하다 …… 31
- 눈곱이 나오다 …… 176
- 눈꺼풀이 붓다 …… 176
- 눈보라 …… 241
- 눈사람을 만들다 …… 260
- 눈싸움을 하다 …… 260
- 눈썹 손질 …… 94
- 눈썹을 그리다 …… 82
- 눈을 감자 마자 곯아떨어지는 것 …… 30
- 눈을 뜨다, 잠에서 깨다 …… 30
- 눈을 치우는 것 …… 260
- 눈이 건조하다 …… 176
- 눈이 내리다 …… 260
- 눈이 붓다 …… 176
- 눈이 빨갛다 …… 176
- 눈이 풀어지다 …… 30
- 눈치 채지 못해서 죄송합니다 …… 187
- 눈치가 빠른 사람 …… 129
- 눈화장 …… 84
- 눕다 …… 30
- 느긋한 사람, 태평스러운 사람 …… 133
- 느끼한 남자 …… 48
- 느슨한 성격 …… 48
- 늘 열심히 일하는 자에겐 가난이 없다 …… 114
- 늠름한 사람 …… 131
- 늦더위가 심하다 …… 244
- 늦잠을 자다 …… 31
- 니기리즈시 …… 62
- 니마이메 …… 316
- 니트 모자 …… 106

- 닉네임 ··· 193

ㄷ

- 다도 ··· 68
- 다락방 ·· 237
- 다른 색상 ··· 98
- 다리가 붓다 ······································ 85
- 다리를 빼다 ····································· 177
- 다리미질을 하다 ································ 22
- 다마고마키 ······································· 62
- 다시 만나다 ····································· 268
- 다시 한 번 말씀해 주시겠습니까? ········ 188
- 다운로드 하다 ·································· 196
- 다이리비나 ······································ 338
- 다이어리 ··· 231
- 다치아이 ··· 309
- 다코아게 ··· 323
- 다코야키 ··· 255
- 다크서클이 생기다 ······························ 84
- 다타미 ····································· 12, 237
- 다테야쿠 ··· 315
- 다테야쿠샤 ······································ 315
- 단 것을 싫어하고 술을 좋아하는 사람 ··· 50
- 단 것을 좋아하는 사람 ························ 50
- 단골가게 ·· 62
- 단골손님 ·· 55
- 단독주택 ··· 236
- 단발머리 ·· 93
- 단벌 신사 ······································· 107
- 단오의 절구 ····································· 352
- 단자쿠 ·· 360
- 단잠자다 ·· 30
- 단쵸모치 ··· 167
- 단풍 ·· 258, 370
- 단풍구경 ··· 258
- 단풍구경하기 좋은 장소 ···················· 370
- 단풍나무 ··· 370
- 단풍놀이 ··· 370
- 달구경 ·· 366
- 달구경하면서 한잔 ···························· 301
- 달다 ·· 48
- 달맞이 ·· 366
- 담백 ·· 48
- 담백한 사람 ······························· 48, 131
- 담임 ··· 344
- 담임선생님 ······································ 344
- 답사 ··· 340

- 답장 ··· 196
- 당시의 일을 끄집어내다 ···················· 120
- 당연합니다만 ··································· 188
- 당일치기 ··· 281
- 대 (대변 내리는 물) ···························· 13
- 대국 ··· 305
- 대금을 대신 치르다 ··························· 111
- 대기 시간 ······································· 211
- 대길 ··· 320
- 대나무 잎에 매달다 ··························· 360
- 대단원을 알리다 ······························· 315
- 대단히 죄송합니다 ···························· 187
- 대담한 사람 ···································· 131
- 대답할 수 없다 ································ 188
- 대머리 ··· 93
- 대범하고 까다롭지 않은 사람 ············· 131
- 대사 ··· 276
- 대식가 ··· 55
- 대주자 ·· 289
- 대지진 ·· 248
- 대청소 ····································· 18, 379
- 대체 휴일 ······································· 354
- 대체승차 ··· 218
- 대충대충인 사람 ······················· 129, 131
- 대타 ··· 289
- 대형 쓰레기 ······································ 19
- 대흉 ··· 321
- 대히트 ·· 276
- 댓글 ··· 193
- 더위 먹음 ······································· 244
- 더위 먹는 것 ··································· 255
- 더위를 먹다 ···································· 255
- 더치페이 ··· 268
- 덕분에 ○○을 할 수 있었습니다, 감사합니다 ····· 186
- 던지기 기술에 당하다 ························ 309
- 덤벼들다 ··· 118
- 덮는 이불 ··· 12
- 덮어쓰다 ··· 193
- 데드볼 ·· 287
- 데마키즈시, 데마키 ···························· 62
- 데뷔 ·· 27
- 데우다 ··· 40
- 데이터가 날아가다 ···························· 196
- 데이트 ····································· 266, 375
- 데이트하기에 적당한 장소 ················· 267
- 데치다, 삶다 ····································· 40
- 덴뇨노 하고로모 ······························· 360
- 뎃카마키 ·· 63

Index

- ~도 ~부 ……………………………………… 211
- 도깨비, 귀신 ………………………………… 332
- 도로나가시 …………………………………… 362
- 도루 …………………………………………… 287
- 도리쿠미 ……………………………………… 308
- 도마 …………………………………………… 43
- 도보 ○분 …………………………………… 236
- 도보권 내 …………………………………… 236
- 도산 …………………………………………… 111
- 도소주 ………………………………………… 323
- 도소주를 마신 거나한 기분 ………………… 323
- 도시오토코 …………………………………… 332
- 도시온나 ……………………………………… 332
- 도시코시소바 ………………………………… 378
- 도심 …………………………………………… 236
- 도코노마 ……………………………………… 12
- 도효 …………………………………………… 308
- 도효 밖으로 나가다 ………………………… 310
- 도효이리 ……………………………………… 308
- 독감 …………………………………………… 174
- 돈 ……………………………………………… 110
- 돈과 상담하다 ……………………………… 112
- 돈다발 ………………………………………… 111
- 돈에 고민하다 ……………………………… 112
- 돈에 울다 …………………………………… 113
- 돈에 웃다 …………………………………… 113
- 돈에 철저한 사람 …………………………… 113
- 돈에 휘둘리다 ……………………………… 112
- 돈으로 돈을 벌다 …………………………… 111
- 돈으로 해결하다 …………………………… 112
- 돈은 돌고 도는 것이다 ……………………… 113
- 돈을 건네주다 ……………………………… 111
- 돈을 걸다 …………………………………… 112
- 돈을 내다 …………………………………… 112
- 돈을 던지다 ………………………………… 321
- 돈을 돌려주다 ……………………………… 111
- 돈을 따고 중간에 가는 것 ………………… 300
- 돈을 따다 …………………………………… 112
- 돈을 떨어뜨리다 …………………………… 112
- 돈을 모으다 ………………………………… 112
- 돈을 벌다 …………………………………… 111
- 돈을 빌려주다 ……………………………… 111
- 돈을 빌리다 ………………………………… 111
- 돈을 쓰다 …………………………………… 112
- 돈을 인출하다 ……………………………… 222
- 돈을 잃다 …………………………………… 111
- 돈을 잘 쓰지 않는다 ………………………… 113
- 돈을 조금 쓰다 ……………………………… 113
- 돈을 줍다 …………………………………… 112
- 돈이 늘다 …………………………………… 111
- 돈이 되다 …………………………………… 112
- 돈이 들다 …………………………………… 112
- 돈이 떨어지다 ……………………………… 112
- 돈이 떨어지면 인연도 끝이 난다 ………… 113
- 돈이 사람을 말한다 ………………………… 114
- 돈이 없어서 생활에 어려움을 겪다 ……… 112
- 돈이 줄다 …………………………………… 111
- 돌팔이 의사 ………………………………… 211
- 동거 …………………………………………… 148
- 동복, 겨울옷 ………………………………… 358
- 동생이 생겨서 독차지했던 엄마의 사랑을 뺏겼다고 생각하고 어리광을 부리는 것 …………………………… 166
- 동시 상영 …………………………………… 276
- 동아리활동 …………………………… 205, 344
- 동장군 ………………………………………… 260
- 동행, 동반자 ………………………………… 315
- 돼지고기 감자조림 …………………………… 54
- 된장국 ………………………………………… 54
- 두 달분 ……………………………………… 236
- 두 번째 단추 ………………………………… 340
- 두 접시 ………………………………………… 62
- 두고 다니는 우산 …………………………… 243
- 두근두근 거리다 …………………………… 122
- 두꺼운 종이 ………………………………… 201
- 두드러기 ……………………………………… 175
- 두렵다 ………………………………………… 122
- 두루마리 휴지 ………………………………… 13
- 두루미 ………………………………………… 110
- 두통 …………………………………………… 177
- 둘 다 좋아하는 것 ………………………… 266
- 뒤떨어지는 학생 …………………………… 205
- 뒤에서 소곤소곤 말하다 …………………… 119
- 뒤집게 ………………………………………… 44
- 뒤집기 ………………………………………… 164
- 뒤집힌 패 …………………………………… 300
- 뒤척이다 ……………………………………… 30
- 뒷머리 ………………………………………… 94
- 드라마 ………………………………………… 26
- 드라마를 보다 ………………………………… 11
- 드라이 하다 …………………………………… 92
- 드라이어로 말리다 …………………………… 92
- 드라이클리닝 ………………………………… 22
- 드로잉 ………………………………………… 294
- 드리블 ………………………………………… 294
- 득점 …………………………………………… 294
- 득점을 올리다 ……………………………… 296

- 등 푸른 생선 ·· 63
- 등교거부 ·· 204
- 등교하다 ·· 344
- 등기 ··· 226
- 등롱 ··· 362
- 등을 닦다 ·· 14
- 디지털 파마 ··· 92
- 따분하다 ··· 122
- 딸기 따기 ·· 252
- 땀구멍 ·· 85
- 땅볼을 치다 ··· 288
- 때리고 싶은 마음이 앞서다 ······························· 290
- 떡쑥 ··· 328
- 떡을 치다 ·· 323
- 떨이 ··· 99
- 떫다 ··· 48
- 또 먹고, 더 달라고 하다, 리필하다 ······················ 56
- 또 오세요 ·· 100
- 똑바로 위를 향해서 자다 ·································· 32
- 똑바로 천정을 보고 자는 것 ······························ 165
- 똥 ··· 165, 300
- 뚜껑을 덮다 ··· 41
- 뛰어들어 승차함 ··· 218
- 뜨거운 물로 살짝 데치다 ·································· 40
- 뜻밖에 찾은 싸고 좋은 물건 ······························ 99

ㄹ

- 랩을 씌우다 ··· 41
- ~량 ··· 216
- 러브러브 ··· 266
- 러시 ··· 217
- 러시아워 ··· 217
- 레드카드 ··· 294
- 레몬즙 ·· 42
- 레몬티 ·· 68
- 레시피를 만들다 ··· 38
- 레디스데이 ·· 275
- 레이슈 ·· 74
- 레이어드컷을 하다 ·· 93
- 로맨틱 영화 ··· 276
- 로션을 바르다 ·· 82
- 록푸자키 ··· 348
- 롱런 상영, 장기 상영 ······································· 276
- 루즈를 바르다 ·· 83
- 리퀴드 파운데이션 ·· 82
- 리키시 ·· 308
- 린스를 하다 ··· 15

- 립스틱을 바르다 ··· 83

ㅁ

- 마게 ··· 309
- 마그넷 자석 ··· 230
- 마그니튜드 ·· 248
- 마나츠비 ··· 244
- 마네키네코 ·· 36
- 마늘 ··· 42
- 마늘이 적당하게 들어가 있다 ··························· 50
- 마련하다, 준비하다 ··· 38
- 마로 너무 빨리 공격하면 죽는다는 말 ················ 305
- 마른 걸레질 ··· 18
- 마마토모 ··· 167
- 마메마키 ··· 332
- 마무리 투수 ··· 291
- 마스카라를 바르다 ·· 84
- 마시고 싶은 대로 마심 ····································· 75
- 마시러 가다 ··· 74
- 마시멜로 ··· 335
- 마에가시라 ·· 308
- 마에효방 ··· 274
- 마와시 ·· 308
- 마우스를 사용하다 ·· 192
- 마음에 들어 하는 사람 ····································· 268
- 마음이 넓은 사람 ·· 131
- 마음이 설레다 ·· 122
- 마이너스 사고적인 사람 ··································· 129
- 마케코시 ··· 309
- 마쿠기레 ··· 316
- 마쿠시타 ··· 308
- 마쿠우치 ··· 308
- 막걸리 ·· 74
- 막달 ··· 158
- 막차 ··· 216
- 막차가 끊기다 ·· 216
- 막차를 놓치다 ·· 216
- 막판 세일 ·· 99
- 만 엔 ··· 110
- 만개 ··· 348
- 만물박사 ··· 131
- 만원전철 ··· 216
- 만월, 보름달 ·· 366
- 만혼 ··· 149
- 말길 ··· 320
- 말다툼을 하다 ·· 118
- 말석 ··· 76

Index

- 말수가 적은 사람, 과묵한 사람 ················ 132
- 말싸움을 하다 ··································· 118
- 말씀하신 것은 알겠습니다만 ················· 188
- 말이 많은 사람 ································· 131
- 말차, 가루차 ······································ 68
- 말투가 화가 나다 ······························· 119
- 말투나 행동이 신경을 거슬린다, 불쾌하다 ··· 120
- 말하다, 중재하다 ······························· 119
- 맑음 ··· 240
- 맘에 들지 않는다 ······························· 120
- 맛 ·· 48
- 맛(간)을 보게 하다 ······························· 42
- 맛(간)을 보다 ······································ 41
- 맛보다 ··· 48
- 맛에 까다롭다 ····································· 50
- 맛을 모르는 사람 ································ 49
- 맛을 보다, 간을 보다 ···························· 48
- 맛이 개운하지 않다 ······························ 49
- 맛이 떨어지다 ····································· 56
- 망, 그물 ··· 19
- 맞벌이 ··· 149
- 매니큐어가 벗겨지다 ···························· 85
- 매니큐어를 바르다 ······························· 85
- 매리지 블루 ······································ 149
- ~매 복사하다 ··································· 200
- 매사에 소극적인 사람 ·························· 129
- 매스컴으로부터 혹평 당하다 ·················· 27
- 매우 뛰어난 수 ·································· 305
- 매운 맛 ··· 49
- 매조 ·· 300
- 매진 ·· 99
- 맥가이버 머리 ····································· 94
- 맥주 ·· 74
- 맨션 ·· 236
- 맨손으로 싸우다 ································ 120
- 맨얼굴 ··· 85
- 맨정신 ··· 76
- 맨홀 ·· 208
- 맵다 ·· 48
- 맹서 ·· 244
- 맹장지 ··· 12
- 맺고 끊음이 분명한 성격 ······················ 130
- 머리가 구불구불 거리다 ························ 94
- 머리가 띵하다 ··································· 174
- 머리가 아프다 ··································· 174
- 머리가 윤기 있게 되다 ·························· 95
- 머리가 지끈지끈 아프다 ······················ 174
- 머리를 5부(15mm) 길이로 깎은 머리 ······ 92
- 머리를 감다 ·· 15
- 머리를 다듬다 ····································· 94
- 머리를 층을 내다 ································ 94
- 머리를 하다 ······································· 92
- 머릿결이 상하다 ································· 95
- 머릿수건을 하다 ································· 18
- 머플러를 두르다 ································ 261
- 먹구름 ··· 240
- 먹다가 남기다 ····································· 55
- 먹보 ·· 55
- 먹을 것을 좋아하는 사람 ····················· 134
- 먹통이 되다 ····································· 192
- 먼지가 쌓이다 ····································· 19
- 먼지떨이로 먼지를 털다 ························ 19
- 멋을 부리다 ······························· 107, 267
- 멋있는 아저씨 ····································· 48
- 메비나 ··· 338
- 메일 제목 ··· 196
- 메일 체크하다 ··································· 196
- 메일 친구 ··· 196
- 메일을 보내다 ··································· 196
- 메일을 열다 ······································ 196
- 멜로디를 붙이다 ································ 141
- 면도, 면도기 ······································· 95
- 면도하다 ·· 95
- 명랑한 사람 ······································ 128
- 명물요리 ·· 54
- 명복을 빌다 ······································ 170
- 명인 ·· 305
- 모기 ·· 330
- 모기에 물리다 ··································· 254
- 모기향 ··· 254
- 모기향을 피우다 ································ 254
- 모르겠습니다만 ································· 188
- 모유 ·· 160
- 모유, 젖, 찌찌 ···································· 164
- 모유나 분유를 끊음 ···························· 166
- 모자수첩 ·· 160
- 모체 ·· 158
- 모치후미 ·· 167
- 모피 ·· 106
- 목단 ·· 300
- 목덜미에 난 머리 ································ 94
- 목욕 뒤에 한기를 느끼다 ······················· 16
- 목욕 타월 ·· 14
- 목욕 ··· 14
- 목욕을 길게 함 ··································· 15
- 목욕물을 더 데우다 ····························· 14

ㅁ - ㅂ

- 목욕물을 데우다 ·· 14
- 목욕물을 빼다 ·· 15
- 목욕물을 식히다 ······································· 14
- 목욕을 마치고 나옴, 목욕을 끝냄 ················ 15
- 목욕을 마치다 ·· 15
- 목욕하기 딱 좋음 ····································· 15
- 목욕하다 ·· 11, 14
- 목욕 후 한기가 들지 않도록 (조심 하세요) ···· 16
- 목욕 후의 한기가 감기의 원인 ···················· 16
- 목을 가누다 ·· 164
- 목이 붓다 ··· 175
- 목이 아프다 ·· 175
- 목장갑 ··· 19
- 목조 ·· 236
- 몬스터 페어런츠 ····································· 205
- 몸 상태가 나쁘다 ···································· 174
- 몸을 닦다 ··· 15
- 몸을 던져서 잡다 ···································· 290
- 몸을 씻다, 몸을 닦다 ································ 14
- 몸이 나른하다 ·· 174
- 몸쪽 높은 (볼) ·· 289
- 몸쪽 볼 ·· 287
- 몸쪽을 찌르다 ·· 289
- 몹시 귀찮아하는 사람 ······························ 129
- 몽고반점 ·· 167
- 묘목 ·· 110
- 묘석, 묘비 ·· 171
- 무 ·· 328
- 무녀 ·· 332
- 무대인사 ·· 275
- 무라사키 ·· 63
- 무라사키 시키부 ····································· 110
- 무료 티켓 ·· 275
- 무릎이 까지다 ·· 176
- 무모한 사람 ··· 135
- 무사 인형 ·· 353
- 무사 인형을 장식하다 ······························ 353
- 무서운 사람 ··· 134
- 무섭다 ··· 122
- 무슨 생각을 하고 있는지 모르겠다 ············ 119
- 무슨 용건이십니까? ································· 187
- 무승부 ··· 295
- 무카에봉 ·· 362
- 무카에비 ·· 362
- 무통분만 ·· 159
- 문 ··· 12
- 문방구 ··· 230
- 문상하러 가다 ·· 171

- 문진표 ··· 210
- 문패 ·· 12
- 물 ··· 363
- 물감 ·· 231
- 물기를 빼다 ··· 38
- 물들다 ··· 370
- 물들이다 ·· 370
- 물때 ··· 19
- 물방울무늬 ··· 106
- 물빨래 ··· 23
- 물사탕 ··· 254
- 물수건 ··· 37
- 물에 담그다 ··· 38
- 물을 끼얹다 ··· 14
- 물을 빼다 ·· 15
- 물을 잠길랑 말랑 넣다 ······························· 40
- 물의 온도가 적당함 ·································· 15
- 물이 넘치다 ··· 14
- 물집 ·· 175
- 뭉게구름 ·· 242
- 뭉근한 불 ·· 43
- 미각이 없다 ··· 49
- 미각이 이상하다 ······································ 49
- 미나리 ··· 328
- 미리 삶아 둠 ·· 40
- 미백 ·· 84
- 미숙아 ··· 160, 167
- 미식가 ·· 55
- 미신적인 데가 있다 ································ 321
- 미용 ··· 82
- 미용사 ·· 93
- 미용실 ·· 92
- 믹서에 갈다 ··· 41
- 민감성 피부 ··· 82
- 밀가루를 입히다 ······································ 41
- 밀대 ·· 18
- 밀크티 ·· 68
- 밑간을 하다 ··· 39

ㅂ

- 바 ·· 74
- 바겐 ··· 98
- 바깥쪽 낮은 (볼) ···································· 289
- 바깥쪽 볼 ·· 287
- 바꾸다 ··· 100
- 바꾸다, 전환하다 ···································· 358
- 바닥에 깔린 패 ······································ 300

393

Index

- 바디샴푸 ··· 14
- 바람 피우다 ··· 268
- 바람둥이 ··· 268
- 바보 취급하다, 무시하다, 깔보다 ··· 119
- 바스 토이레 베츠 ··· 237
- 바스모 ··· 216
- 바이러스 체크하다 ··· 192
- 바이러스에 감염되다 ··· 192
- 바이러스에 걸리다 ··· 192
- 바인더 노트, 루스리프 ··· 230
- 바짓단 수선 ··· 98
- 바캇푸루 ··· 268
- 바코드 머리 ··· 93
- 바탕화면 ··· 192
- 박보 장기 ··· 304
- 반론 ··· 188
- 반 배정 ··· 205
- 반소매 ··· 358
- 반신욕을 하다 ··· 14
- 반죽하다 ··· 41
- 반질반질 ··· 94
- 반칙 ··· 294
- 반품 ··· 100
- 반품하다 ··· 100
- 받은 공을 떨어뜨리다 ··· 288
- 발 (햇빛 차단) ··· 12
- 발렌타인데이 ··· 334
- 발레타인데이의 답례하는 날 ··· 335
- 발리슛 ··· 295
- 밝은 사람 ··· 134
- 밤 ··· 258, 366
- 밥그릇 ··· 54
- 밥을 짓다 ··· 40
- 방석 ··· 13, 37
- 방송국 소속 아나운서 ··· 27
- 방송금지용어 ··· 26
- 방의 구조 ··· 237
- 방재모, 방재두건 ··· 249
- 방즈케 ··· 309
- 방충망 ··· 12
- 방화 ··· 248
- 방화범 ··· 248
- 배가 뭉침 ··· 160
- 배급사 ··· 275
- 배란일 ··· 160
- 배려가 깊은 사람 ··· 134
- 배려심이 있는 사람 ··· 128
- 배소변가리기 훈련 ··· 166

- 배에 가스가 차서 빵빵하다 ··· 175
- 배탈이 나다 ··· 175
- 배트가 못 따라가다 ··· 289
- 배트를 쥐다 ··· 287
- 배트를 휘두르다 ··· 287
- 배편 ··· 226
- 백 엔 ··· 110
- 백마 탄 왕자님 ··· 149
- 백일잔치 ··· 167
- 백중 ··· 362
- 백화점 ··· 209
- 백화점 지하에 있는 식당 ··· 54
- 뱃멀미 ··· 281
- 뱅 스타일 ··· 93
- 버라이어티 ··· 27
- 버릇없는 사람 ··· 128
- 버무리다, 무치다 ··· 40
- 버스 ··· 208
- 버튼을 눌러 펴는 우산 ··· 243
- 번개 ··· 240
- 번트를 대다 ··· 287
- 범타를 치다 ··· 290
- 벚꽃 ··· 110, 338, 348
- 벚꽃 전선 ··· 348
- 벚꽃놀이 ··· 348
- 베개 ··· 12
- 베개를 베다 ··· 31
- 베끼는 것, 표절 ··· 141
- 베이비 슬링 ··· 165
- 베이비사인 ··· 166
- 베이스를 바르다 ··· 82
- 베이스를 밟다 ··· 289
- 벼 ··· 110
- 벼락 ··· 249
- 벼락부자 ··· 113
- 벼락이 떨어지다 ··· 249
- 벼락치기 ··· 204
- 벼룩시장 ··· 98
- 벽걸이TV ··· 26
- 벽장 ··· 12
- 벽창호 ··· 134
- 변비 ··· 177
- 변비약 ··· 177
- 별거 ··· 149
- 별꽃 ··· 328
- 병 ··· 174
- 병따개 ··· 44
- 병살 ··· 289

ㅂ - ㅂ

- 병원 · 210
- 병으로 몸져눕다 · 175
- 병이 없이 건강하기를 기원하다 · 328
- 보내기 번트 · 287
- 보름달 · 366
- 보름달 경단 · 366
- 보리차 · 68
- 보슬보슬, 찰랑찰랑 · 94
- 보습 크림을 바르다 · 83
- 보온병 · 45
- 보증금 · 236
- 보증인 · 236
- 보타모치 · 368
- 보통예금 · 222
- 보행기 · 164
- 보호자 · 344
- 복대 · 160
- 복사 · 200
- 복사 농도 · 200
- 복사 용지 · 200
- 복사 원본 · 201
- 복사를 하다 · 200
- 복사하다 · 193
- 복수 · 266
- 복숭아 꽃 · 338
- 볶다 · 39
- 볶다, 지지다 · 40
- 본 대회 · 294
- 본전을 뽑다 · 55
- 볼 · 287
- 볼륨감을 주다 · 93
- 볼륨을 낮추다 · 141
- 볼륨을 높이다 · 141
- 볼을 떨어뜨리다 · 290
- 볼을 빼다 · 290
- 볼터치를 하다 · 83
- 볼펜 · 184, 230
- 봄 · 252
- 봄나물을 따다 · 328
- 봉오도리 · 362
- 봉철 · 230
- 봉투 · 226
- 봉함엽서 · 226
- 부끄러움을 잘 타는 사람 · 128
- 부끄러워하다 · 122
- 부끄럽다 · 122
- 부담을 느끼다 · 269
- 부드럽고 차분한 머리 · 94
- ~부문 · 276
- ~부 복사하다 · 200
- 부상을 입다 · 295
- 부스럼 딱지 · 175
- 부식 · 56
- 부어 오르다 · 85
- 부엌 · 13
- 부자 · 113
- 부작용 · 211
- 부재 배달 통지 · 226
- 부조금 봉투 · 170
- 부족해서 죄송합니다 · 187
- 부종 · 160
- 부채 · 363
- 부처 또는 죽은 이에게 꽃을 올림 · 170
- 부츠컷 바지 · 99
- 부케 · 147
- 뿌드득 이를 갈다 · 32
- 북 · 338
- 북스탠드 · 231
- 북을 치다 · 315, 364
- 분기 · 27
- 분만 · 159
- 분만실 · 159
- 분비물 · 160
- 분유 · 164
- 분킹타카시마다 · 144
- 분하다 · 123
- 분할 · 100
- 분향을 마치다 · 171
- 분향하다 · 170
- 불규칙 바운드 볼 · 288
- 불꽃대회 · 254
- 불단 · 171, 363
- 불면증에 시달리다 · 30
- 불성실한 사람 · 134
- 불식, 불교식 · 171
- 불연 쓰레기 · 18
- 불조심 · 248
- 불조절 · 43
- 불친절한 사람 · 134
- 불쾌감을 주는 사람 · 128
- 붙여 넣다 · 193
- 붙임 눈썹 · 85
- 브랜드 · 106
- 브랜드 상품 · 99
- 블라인드 터치 · 196
- 블랙 · 68

Index

- 블록버스터 · 275
- 비 · 240, 300
- 비누 거품을 내다 · 15
- 비누를 쓰다 · 15
- 비늘구름 · 258
- 비단 · 301
- 비단보 · 170
- 비루카제 · 243
- 비를 피함 · 242
- 비밀번호 · 222
- 비상구 · 274
- 비상식량 · 248
- 비참하다 · 123
- 빈속 · 75
- 빈지문 · 12
- 빈틈없이 청소를 하다 · · · · · · · · · · · · · · · · · · · 18
- 빗맞은 타구 · 290
- 빗자루질을 하다 · 19
- 빙수 · 255
- 빠지다 · 141
- 빨간 펜 · 231
- 빨대 · 117
- 빨래를 개다 · 22
- 빨래를 거둬들이다 · 23
- 빨래를 말리다 · 22
- 빨래집게 · 23
- 빨래하다 · 9
- 빨랫줄 · 23
- 빵 (폭죽 터지는 소리) · · · · · · · · · · · · · · · · · · 117
- 뻔뻔한 사람 · 134
- 뻣뻣한 머리 · 94
- 뼈가 부러지다 · 175
- 뾰루지, 여드름 · 175
- 삐뚤어진 성격 · 133

ㅅ

- 사과사탕 · 254
- 사과하다 · 119
- 사광 · 301
- 사교적이다 · 134
- 사귀다 · 266
- 사다이진 · 338
- 사람 등치는 사람 · 133
- 사랑니 · 176
- 사랑스럽다 · 122
- 사랑에 눈이 멀다 · 266
- 사랑의 매 · 204
- 사례들리다 · 55
- 사례금 · 236
- 사루가쿠 · 314
- 사면 이득이 되는 것 · 98
- 49제 · 171
- 사악한 기운 · 332
- 사인을 간파하다 · 290
- 사인을 내다 · 290
- 사인을 훔치다 · 290
- 사적인 메일 · 196
- 사전 · 185
- 사죄 · 187
- 사죄하다 · 119
- 사쿠라 · 300
- 사쿠리후부키 · 349
- 사회를 보다 · 27
- 삭제하다 · 193
- 산닝칸죠 · 338
- 산도 · 159
- 산뜻한 맛 · 48
- 산뜻한 성격 · 48
- 산부인과 · 211
- 산부인과병원 · 158
- 산부자키 · 348
- 산사태 · 249
- 산욕기 · 160
- 산타클로스 · 374
- 삶다, 끓이다, 조리다 · 39
- 삼각자 · 185
- 삼광 · 301
- 3루 · 264
- 3루베이스코치 · 287
- 3루수 · 286
- 3루수와 유격수 사이를 뚫는 안타 · · · · · · 288
- 3루타 · 288
- 삼마이니 오로스 · 39
- 삼마이메 · 316
- 3일분 · 210
- 삼중살 · 289
- 삼진 · 287
- 3차 · 74
- 삿포로 눈축제 · 260
- 상냥한 사람 · 133
- 상대의 양친 · 149
- 상복을 입다 · 171
- 상석 · 76
- 상식이 없는 사람 · 133
- 상영 · 275

- 상주 ··· 170
- 상품권 ··· 378
- 새 악보를 사다 ··· 141
- 새치 ··· 94
- 새콤달콤하다 ··· 49
- 새해 복 많이 받으세요 ··· 320
- 새해 인사를 하러 다님 ··· 320
- 새해 인사하러 가다 ··· 320
- 새해가 밝다 ··· 320
- 새해를 맞이하다 ··· 379
- 색연필 ··· 231
- 색이 바래다 ··· 22
- 색종이 ··· 231
- 생강 ··· 42
- 생리통 ··· 177
- 생맥주 ··· 74
- 생방송 ··· 27
- 생음악으로 듣다 ··· 140
- 생일 케이크 ··· 116
- 생일카드 ··· 116
- 샤기컷을 하다 ··· 93
- 샤리 ··· 63
- 샤미센 ··· 364
- 샤와 츠키 ··· 237
- 샤워 ··· 14
- 샤워기 ··· 13
- 샤워하다 ··· 14
- 샤프심 ··· 230
- 샤프펜슬 ··· 184, 230
- 샴푸 대 ··· 92
- 샴푸를 따르다 ··· 15
- 샴푸를 하다 ··· 15
- 서로 마와시를 잡다 ··· 309
- 서류꽂이 ··· 185
- 서류를 끼워 넣다 ··· 232
- 서류를 철하다 ··· 232
- 서리 ··· 245
- 서리가 내리다 ··· 260
- 서버가 다운되다 ··· 192
- 서서 안는 것 ··· 165
- 서포터 ··· 294
- 선납 집세 ··· 236
- 선물 ··· 281
- 선반 ··· 216
- 선발투수 ··· 289
- 선수 ··· 305
- 선술집 ··· 36, 74
- 선텐전문점 ··· 85

- 섣달 ··· 379
- 설개봉 영화 ··· 274
- 설날 ··· 320
- 설날장식 ··· 322
- 설사를 하다 ··· 175
- 설상 ··· 260
- 설탕을 넣다 ··· 68
- 설탕을 녹이다 ··· 68
- 섬세한 사람 ··· 132
- 성가대 ··· 374
- 성격 ··· 128
- 성격이나 말투가 끈덕지고 시원하지 못한 사람 ··· 128
- 성급한 사람 ··· 134
- 성급한 사람, 조급한 사람 ··· 129
- 성묘 ··· 363
- 성실한 사람 ··· 134
- 성인식 ··· 330
- 성인을 축하하다 ··· 330
- 성적표 ··· 205
- 성형수술 ··· 210
- 세 달분 ··· 236
- 세게 내지르다 ··· 119
- 세로방향인쇄 ··· 193
- 세리 ··· 315
- 세면대 ··· 13
- 세뱃돈 ··· 320
- 세뱃돈을 받다 ··· 320
- 세와모노 ··· 316
- 세이프 ··· 288
- 세이프티 번트 ··· 287
- 세제를 넣다 ··· 22
- 세키와케 ··· 308
- 세탁 ··· 22
- 세탁 바구니 ··· 22
- 세탁기를 돌리다 ··· 22
- 세탁망 ··· 22
- 세탁소 ··· 22
- 세탁표시 ··· 23
- 센불 ··· 43
- 센슈라쿠 ··· 309
- 센터링 ··· 295
- 셀프 세탁소 ··· 22
- 소 (소변 내리는 물) ··· 13
- 소극적인 사람 ··· 134
- 소금 ··· 42
- 소길 ··· 321
- 소나기 ··· 242
- 소리를 작게 하다 ··· 141

Index

- 소리를 크게 하다 ⋯⋯⋯⋯⋯⋯⋯⋯⋯⋯⋯ 141
- 소매 없는 옷 ⋯⋯⋯⋯⋯⋯⋯⋯⋯⋯⋯⋯ 358
- 소면 ⋯⋯⋯⋯⋯⋯⋯⋯⋯⋯⋯⋯⋯⋯⋯ 254
- 소식 ⋯⋯⋯⋯⋯⋯⋯⋯⋯⋯⋯⋯⋯⋯⋯ 54
- 소심한 사람 ⋯⋯⋯⋯⋯⋯⋯⋯⋯⋯⋯⋯ 129
- 소아과 ⋯⋯⋯⋯⋯⋯⋯⋯⋯⋯⋯⋯⋯⋯ 211
- 소재, 말 ⋯⋯⋯⋯⋯⋯⋯⋯⋯⋯⋯⋯⋯⋯ 26
- 소주 ⋯⋯⋯⋯⋯⋯⋯⋯⋯⋯⋯⋯⋯⋯⋯ 74
- 소풍 ⋯⋯⋯⋯⋯⋯⋯⋯⋯⋯⋯⋯⋯⋯⋯ 258
- 소화불량 ⋯⋯⋯⋯⋯⋯⋯⋯⋯⋯⋯⋯⋯ 55
- 속까지 잘 익다, 속까지 잘 구워지다 ⋯⋯ 41
- 속달 ⋯⋯⋯⋯⋯⋯⋯⋯⋯⋯⋯⋯⋯⋯⋯ 226
- 속박하다 ⋯⋯⋯⋯⋯⋯⋯⋯⋯⋯⋯⋯⋯ 269
- 속이 나쁘다 ⋯⋯⋯⋯⋯⋯⋯⋯⋯⋯⋯⋯ 75
- 속이 훤히 들여다보이는 것 ⋯⋯⋯⋯⋯ 100
- 손가락을 세게 부딪쳐 삔 것 ⋯⋯⋯⋯⋯ 177
- 손가락이 붓다 ⋯⋯⋯⋯⋯⋯⋯⋯⋯⋯⋯ 85
- 손거스러미 ⋯⋯⋯⋯⋯⋯⋯⋯⋯⋯⋯⋯ 175
- 손과 발의 피부가 트는 것 ⋯⋯⋯⋯⋯⋯ 175
- 손바닥으로 치는 것 ⋯⋯⋯⋯⋯⋯⋯⋯ 119
- 손빨래 ⋯⋯⋯⋯⋯⋯⋯⋯⋯⋯⋯⋯⋯⋯ 23
- 손에 든 패 ⋯⋯⋯⋯⋯⋯⋯⋯⋯⋯⋯⋯ 300
- 손으로 눌러 빼는 것 ⋯⋯⋯⋯⋯⋯⋯⋯ 23
- 손으로 먹는 것 ⋯⋯⋯⋯⋯⋯⋯⋯⋯⋯ 166
- 손으로 종이를 넣다 ⋯⋯⋯⋯⋯⋯⋯⋯ 200
- 손을 대다 ⋯⋯⋯⋯⋯⋯⋯⋯⋯⋯⋯⋯ 118
- 손이 곱아지다 ⋯⋯⋯⋯⋯⋯⋯⋯⋯⋯ 261
- 손잡다 ⋯⋯⋯⋯⋯⋯⋯⋯⋯⋯⋯⋯⋯⋯ 267
- 손잡이 ⋯⋯⋯⋯⋯⋯⋯⋯⋯⋯⋯⋯⋯⋯ 216
- 손잡이 달린 수세미, 솔 ⋯⋯⋯⋯⋯⋯⋯ 19
- 손전등 ⋯⋯⋯⋯⋯⋯⋯⋯⋯⋯⋯⋯⋯⋯ 249
- 손해를 보다 ⋯⋯⋯⋯⋯⋯⋯⋯⋯⋯⋯⋯ 111
- 솔 ⋯⋯⋯⋯⋯⋯⋯⋯⋯⋯⋯⋯⋯⋯⋯⋯ 300
- 솜 ⋯⋯⋯⋯⋯⋯⋯⋯⋯⋯⋯⋯⋯⋯⋯⋯ 83
- 솜사탕 ⋯⋯⋯⋯⋯⋯⋯⋯⋯⋯⋯⋯⋯⋯ 254
- 솜씨가 나쁘다 ⋯⋯⋯⋯⋯⋯⋯⋯⋯⋯⋯ 41
- 솜씨가 좋다 ⋯⋯⋯⋯⋯⋯⋯⋯⋯⋯⋯⋯ 42
- 송구영신 ⋯⋯⋯⋯⋯⋯⋯⋯⋯⋯⋯⋯⋯ 378
- 송금 ⋯⋯⋯⋯⋯⋯⋯⋯⋯⋯⋯⋯⋯⋯⋯ 223
- 송년회 ⋯⋯⋯⋯⋯⋯⋯⋯⋯⋯⋯⋯⋯⋯ 378
- 송사 ⋯⋯⋯⋯⋯⋯⋯⋯⋯⋯⋯⋯⋯⋯⋯ 340
- 쇼 케이스 ⋯⋯⋯⋯⋯⋯⋯⋯⋯⋯⋯⋯⋯ 36
- 쇼가츠부토리 ⋯⋯⋯⋯⋯⋯⋯⋯⋯⋯⋯ 324
- 쇼당 부치다 ⋯⋯⋯⋯⋯⋯⋯⋯⋯⋯⋯⋯ 300
- 쇼로나가시 ⋯⋯⋯⋯⋯⋯⋯⋯⋯⋯⋯⋯ 362
- 쇼부유 ⋯⋯⋯⋯⋯⋯⋯⋯⋯⋯⋯⋯⋯⋯ 352
- 쇼부자케 ⋯⋯⋯⋯⋯⋯⋯⋯⋯⋯⋯⋯⋯ 352
- 쇼와의 날 ⋯⋯⋯⋯⋯⋯⋯⋯⋯⋯⋯⋯⋯ 354
- 쇼조쿠 ⋯⋯⋯⋯⋯⋯⋯⋯⋯⋯⋯⋯⋯⋯ 315
- 쇼추미마이 ⋯⋯⋯⋯⋯⋯⋯⋯⋯⋯⋯⋯ 255
- 쇼핑 ⋯⋯⋯⋯⋯⋯⋯⋯⋯⋯⋯⋯⋯⋯⋯ 98
- 쇼핑 삼매경 ⋯⋯⋯⋯⋯⋯⋯⋯⋯⋯⋯⋯ 99
- 쇼핑을 가다 ⋯⋯⋯⋯⋯⋯⋯⋯⋯⋯⋯⋯ 10
- 쇼핑을 잘 하는 것 ⋯⋯⋯⋯⋯⋯⋯⋯⋯ 99
- 숏컷 ⋯⋯⋯⋯⋯⋯⋯⋯⋯⋯⋯⋯⋯⋯⋯ 92
- 수능시험 ⋯⋯⋯⋯⋯⋯⋯⋯⋯⋯⋯⋯⋯ 205
- 수다쟁이 ⋯⋯⋯⋯⋯⋯⋯⋯⋯⋯⋯⋯⋯ 128
- 수도꼭지 ⋯⋯⋯⋯⋯⋯⋯⋯⋯⋯⋯⋯⋯ 13
- 수를 읽다 ⋯⋯⋯⋯⋯⋯⋯⋯⋯⋯⋯⋯⋯ 305
- 수면부족 ⋯⋯⋯⋯⋯⋯⋯⋯⋯⋯⋯⋯⋯ 30
- 수면제를 먹다 ⋯⋯⋯⋯⋯⋯⋯⋯⋯⋯⋯ 30
- 수비 ⋯⋯⋯⋯⋯⋯⋯⋯⋯⋯⋯⋯⋯⋯⋯ 294
- 수비를 강화하다 ⋯⋯⋯⋯⋯⋯⋯⋯⋯⋯ 295
- 수비범위가 넓다 ⋯⋯⋯⋯⋯⋯⋯⋯⋯⋯ 289
- 수성펜 ⋯⋯⋯⋯⋯⋯⋯⋯⋯⋯⋯⋯⋯⋯ 230
- 수세미 ⋯⋯⋯⋯⋯⋯⋯⋯⋯⋯⋯⋯⋯⋯ 43
- 수세미, 솔 ⋯⋯⋯⋯⋯⋯⋯⋯⋯⋯⋯⋯⋯ 19
- 수수료 ⋯⋯⋯⋯⋯⋯⋯⋯⋯⋯⋯⋯⋯⋯ 223
- 수유 ⋯⋯⋯⋯⋯⋯⋯⋯⋯⋯⋯⋯⋯ 160, 164
- 수유복 ⋯⋯⋯⋯⋯⋯⋯⋯⋯⋯⋯⋯⋯⋯ 160
- 수입 ⋯⋯⋯⋯⋯⋯⋯⋯⋯⋯⋯⋯⋯⋯⋯ 111
- 수입이 많다 ⋯⋯⋯⋯⋯⋯⋯⋯⋯⋯⋯⋯ 111
- 수입이 적다 ⋯⋯⋯⋯⋯⋯⋯⋯⋯⋯⋯⋯ 111
- 수정액 ⋯⋯⋯⋯⋯⋯⋯⋯⋯⋯⋯⋯⋯⋯ 230
- 수정테이프 ⋯⋯⋯⋯⋯⋯⋯⋯⋯⋯⋯⋯ 230
- 수정하다 ⋯⋯⋯⋯⋯⋯⋯⋯⋯⋯⋯⋯⋯ 193
- 수줍어하다 ⋯⋯⋯⋯⋯⋯⋯⋯⋯⋯⋯⋯ 123
- 수줍음을 타는 사람 ⋯⋯⋯⋯⋯⋯⋯⋯ 134
- 수지 ⋯⋯⋯⋯⋯⋯⋯⋯⋯⋯⋯⋯⋯⋯⋯ 111
- 수첩 ⋯⋯⋯⋯⋯⋯⋯⋯⋯⋯⋯⋯⋯⋯⋯ 231
- 숙면하다, 깊게 잠들다 ⋯⋯⋯⋯⋯⋯⋯ 30
- 숙취 ⋯⋯⋯⋯⋯⋯⋯⋯⋯⋯⋯⋯⋯⋯⋯ 76
- 순간온수기 ⋯⋯⋯⋯⋯⋯⋯⋯⋯⋯⋯⋯ 13
- 순록 ⋯⋯⋯⋯⋯⋯⋯⋯⋯⋯⋯⋯⋯⋯⋯ 374
- 순무 ⋯⋯⋯⋯⋯⋯⋯⋯⋯⋯⋯⋯⋯⋯⋯ 328
- 순산 ⋯⋯⋯⋯⋯⋯⋯⋯⋯⋯⋯⋯⋯⋯⋯ 159
- 순진한 사람, 온순한 사람 ⋯⋯⋯⋯⋯⋯ 135
- 순한 맛 ⋯⋯⋯⋯⋯⋯⋯⋯⋯⋯⋯⋯⋯⋯ 49
- 술 ⋯⋯⋯⋯⋯⋯⋯⋯⋯⋯⋯⋯⋯⋯⋯⋯ 74
- 술 취하면 우는 버릇 또는 그런 사람 ⋯⋯ 75
- 술 취하면 웃는 버릇 또는 그런 사람 ⋯⋯ 75
- 술술 잘 넘어가는 맥주 ⋯⋯⋯⋯⋯⋯⋯ 49
- 술에 빠지다 ⋯⋯⋯⋯⋯⋯⋯⋯⋯⋯⋯⋯ 75
- 술에 취하다 ⋯⋯⋯⋯⋯⋯⋯⋯⋯⋯⋯⋯ 74
- 술은 잘 마시는 편이야? ⋯⋯⋯⋯⋯⋯⋯ 76
- 술을 끊다 ⋯⋯⋯⋯⋯⋯⋯⋯⋯⋯⋯⋯⋯ 75

• 술을 마시다 …………………………………… 74	• 시간표 …………………………………… 205, 217
• 술을 마시라고 권하다 ………………………… 74	• 시끄러운 사람 ………………………………… 135
• 술을 못 이기다, 술에 취해 정신을 잃다 ……… 74	• 시다 …………………………………………… 48
• 술을 전문으로 파는 가게 ……………………… 75	• 시대물 ………………………………………… 315
• 술이 강하다 …………………………………… 75	• CD를 굽다 …………………………………… 193
• 술이 깨다 ……………………………………… 75	• CD를 듣다 …………………………………… 140
• 술이 약하다 …………………………………… 74	• 시로무쿠 ……………………………………… 148
• 술자리 ………………………………………… 75	• 시로자케 ……………………………………… 339
• 술주정 부리다 ………………………………… 75	• 시를 쓰다 …………………………………… 141
• 술집 …………………………………………… 74	• 시마이 ………………………………………… 314
• 숨은 맛, 맛의 비법 …………………………… 41	• 시메나와 ……………………………………… 322
• 숨을 들이켜 배에 힘을 주다 ………………… 159	• 시메카자리 …………………………………… 322
• 슈레이몬 ……………………………………… 110	• 시메카자리를 하다 …………………………… 322
• 슈트케이스 …………………………………… 281	• 시비를 걸다 ………………………………… 118
• 숯 ……………………………………………… 294	• 시비를 걸어오다 ……………………………… 118
• 스고로쿠 ……………………………………… 323	• 시사회 ………………………………………… 274
• 스노보드 ……………………………………… 261	• 시사회 티켓이 생기다 ………………………… 275
• 스님 …………………………………………… 363	• 시세, 시가 …………………………………… 236
• 스도마리 ……………………………………… 280	• 시원시원한 사람 ……………………………… 128
• 스모 …………………………………………… 308	• 시집가다 ……………………………………… 149
• 스무 살의 축하 ……………………………… 330	• 시차병 ………………………………………… 282
• 스시 장인 ……………………………………… 62	• 시치고상 ……………………………………… 372
• 스시를 만들어주는 요리사 …………………… 62	• 시치부자키 …………………………………… 348
• 스시의 세트메뉴 ……………………………… 63	• 시카토 ………………………………………… 300
• 스이카 ………………………………………… 216	• 시코나 ………………………………………… 309
• 스퀴즈 플레이 ………………………………… 289	• 시코오 후무 ………………………………… 309
• 스크린 ………………………………………… 274	• 시키리 ………………………………………… 309
• 스키 …………………………………………… 261	• 시테카타 ……………………………………… 314
• 스킨을 바르다 ………………………………… 82	• 시합개시 ……………………………………… 294
• 스테코마 ……………………………………… 305	• 시험에 임하다 ……………………………… 204
• 스트라이크 …………………………………… 287	• 시험을 보다 ………………………………… 204
• 스트레이트 …………………………………… 92	• 시험이 있다 ………………………………… 204
• 스트레이트 파마 ……………………………… 92	• 식기 …………………………………………… 43
• 스트레이트 파마를 하다 ……………………… 92	• 식다, 차게 하다 ……………………………… 40
• 스팀 청소기 …………………………………… 18	• 식단 …………………………………………… 54
• 스페셜 프로그램 ……………………………… 27	• 식문화 ………………………………………… 54
• 스포츠 머리 …………………………………… 92	• 식사 …………………………………… 54, 340
• 스푼, 숟가락 ………………………………… 44	• 식사 중 ……………………………………… 99
• 스피드가 빠르다 ……………………………… 290	• 식사제한 ……………………………………… 54
• 슬라이딩 ………………………………… 288, 295	• 식생활이 나쁘다 ……………………………… 56
• 슬라이딩 하다 ………………………………… 290	• 식전에 마시는 술 ………………………… 55, 75
• 슬퍼하다 ……………………………………… 123	• 식중독 ………………………………………… 55
• 슬프다 ………………………………………… 123	• 식초 …………………………………………… 42
• 승낙 …………………………………………… 186	• 식후 ………………………………………… 55, 211
• 승부를 피하다 ………………………………… 290	• 신경질적인 사람 ……………………………… 129
• 승부차기 ……………………………………… 295	• 신년인사 ……………………………………… 321
• 승차율 ………………………………………… 216	• 신년참배를 가다 ……………………………… 321
• 시간 개념이 없는 사람 ……………………… 128	• 신랑 …………………………………… 144, 146

Index

- 신발장 ·· 12, 334
- 신부 ··· 144, 146, 374
- 신부가 웨딩드레스를 벗고 다른 옷으로 갈아입는 것 ············ 147
- 신부를 얻다 ··· 146
- 신사에서 올리는 결혼식 ···································· 147
- 신생아 ·· 160, 164
- 신세를 졌습니다 ·· 187
- 신세진 ··· 330
- 신에게 결혼을 맹세하지 않고 가족이나 친한 친구들 앞에서 결혼을 맹세하는 결혼식 ·· 147
- 신용카드 ·· 100, 222
- 신을 모신 가마 ·· 254
- 신입사원 ··· 252
- 신입생 ··· 252, 344
- 신입생 환영파티 ····································· 76, 252
- 신전식 ··· 144
- 신전식 장례식 ·· 171
- 신종플루 ··· 177
- 신축 ··· 236
- 신축성이 있다 ··· 98
- 신호등 ··· 209
- 신혼여행 ··· 148
- 실내화 ··· 344
- 실례하겠습니다 ··· 100
- 실례했습니다 ··· 187
- 실망하다 ··· 123
- 실연 ··· 266
- 실점 ··· 294
- 실점을 하다 ·· 296
- 실책 ··· 287
- 싫다 ··· 123
- 심술궂은 사람 ·· 134
- 심야영화 ··· 276
- 심야프로 ·· 26
- 심판 ··· 294
- 십 엔 ··· 110
- 십오야 ··· 366
- 12월 31일 ·· 378
- 12월을 맞이하다 ·· 379
- 싱겁다 ·· 48
- 싱크대 ·· 13, 45
- 싸구려로 보이다 ··· 99
- 싸라기눈 ··· 245
- 싸리 꽃 ·· 368
- 싸움 ··· 118
- 싸움을 걸다, 시비를 걸다 ································· 118
- 싸움을 걸려는 말투나 행동, 시비조 ························ 119
- 싸움을 하다 ·· 118

- 싸움을 한 당사자는 잘잘못을 떠나 모두 처벌함 ·············· 120
- 쌀통 ·· 13
- 쌍꺼풀이 없는 특징 없는 얼굴 ······························· 48
- 쌍꺼풀이 있는 뚜렷한 얼굴 ································· 48
- 썩은 이 ·· 176
- 쓰다 ··· 48
- 쓰라린 경험 ··· 48
- 쓰레기 ·· 18
- 쓰레기 집합소 ··· 19
- 쓰레기봉투 ·· 18
- 쓰레기통에서 악취가 나다 ·································· 19
- 쓰레기통을 비우다 ··· 19
- 쓰레기통의 쓰레기를 버리다 ································ 19
- 쓰레받기 ·· 18
- 쓴맛을 빼다 ··· 38
- 쓴맛이 나다 ··· 38
- 쓸고 닦다 ··· 18
- 쓸데없는 참견이 많은 사람 ······························· 134
- 씻고 잘라서 준비하다 ····································· 38

ㅇ

- 아가리 ·· 63
- 아기변기 ··· 166
- 아나구마 ··· 305
- 아나바 ··· 282
- 아니데시 ··· 309
- 아마자케 ··· 339
- 아무 맛이 없다 ·· 56
- 아무렇게나 눕다, 뒹굴다 ··································· 31
- 아버지의 날 ·· 356
- 아부하는 사람 ·· 133
- 아삭아삭, 사각사각 ·· 49
- 아세톤 ·· 85
- 아역 ·· 26, 276
- 아오게바 토우도시 ································· 340, 341
- 아와오도리 ··· 362
- 아웃 ··· 288
- 아이 ··· 164
- 아이가 밤중에 우는 것 ···································· 166
- 아이가 생겨서 하는 결혼 ·································· 148
- 아이가 안아 주지 않으면 잠들지 않거나 보채거나 하는 버릇이 생기다 ··· 166
- 아이가 해질 무렵에 우는 것 ······························· 166
- 아이라이너 ·· 82
- 아이라인을 그리다 ·· 84
- 아이를 달래다 ·· 166
- 아이브로우 ·· 84

- 아이섀도를 바르다 ⋯⋯⋯⋯⋯⋯⋯⋯⋯⋯⋯⋯⋯ 82
- 아이의 교육에 열성적인 엄마 ⋯⋯⋯⋯⋯ 205
- 아점을 먹다 ⋯⋯⋯⋯⋯⋯⋯⋯⋯⋯⋯⋯⋯⋯⋯ 9
- 아주 뛰어난 음식 ⋯⋯⋯⋯⋯⋯⋯⋯⋯⋯⋯⋯ 49
- 아주 맛있다 ⋯⋯⋯⋯⋯⋯⋯⋯⋯⋯⋯⋯⋯⋯⋯ 56
- 아주 잘게 썰다, 다지다 ⋯⋯⋯⋯⋯⋯⋯⋯⋯ 39
- 아츠캉 ⋯⋯⋯⋯⋯⋯⋯⋯⋯⋯⋯⋯⋯⋯⋯ 74, 261
- 아침 ⋯⋯⋯⋯⋯⋯⋯⋯⋯⋯⋯⋯⋯⋯⋯⋯⋯⋯ 54
- 아침을 먹다 ⋯⋯⋯⋯⋯⋯⋯⋯⋯⋯⋯⋯⋯⋯⋯ 8
- 아카데미상 ⋯⋯⋯⋯⋯⋯⋯⋯⋯⋯⋯⋯⋯⋯ 276
- 아카미 ⋯⋯⋯⋯⋯⋯⋯⋯⋯⋯⋯⋯⋯⋯⋯⋯⋯ 63
- 아파트 ⋯⋯⋯⋯⋯⋯⋯⋯⋯⋯⋯⋯⋯⋯⋯⋯ 236
- 악기 ⋯⋯⋯⋯⋯⋯⋯⋯⋯⋯⋯⋯⋯⋯⋯⋯⋯ 364
- 악기를 배우다 ⋯⋯⋯⋯⋯⋯⋯⋯⋯⋯⋯⋯ 140
- 악기를 연습하다 ⋯⋯⋯⋯⋯⋯⋯⋯⋯⋯⋯ 140
- 악기를 연주하다 ⋯⋯⋯⋯⋯⋯⋯⋯⋯⋯⋯ 140
- 악기를 켜다 ⋯⋯⋯⋯⋯⋯⋯⋯⋯⋯⋯⋯⋯ 140
- 악몽에 시달리다 ⋯⋯⋯⋯⋯⋯⋯⋯⋯⋯⋯⋯ 30
- 악송구 ⋯⋯⋯⋯⋯⋯⋯⋯⋯⋯⋯⋯⋯⋯⋯⋯ 287
- 악수 ⋯⋯⋯⋯⋯⋯⋯⋯⋯⋯⋯⋯⋯⋯⋯⋯⋯ 305
- 안 읽은 메일 ⋯⋯⋯⋯⋯⋯⋯⋯⋯⋯⋯⋯⋯ 196
- 안개가 발생하다 ⋯⋯⋯⋯⋯⋯⋯⋯⋯⋯⋯ 249
- 안개가 진하다 ⋯⋯⋯⋯⋯⋯⋯⋯⋯⋯⋯⋯ 249
- 안약 ⋯⋯⋯⋯⋯⋯⋯⋯⋯⋯⋯⋯⋯⋯⋯⋯⋯ 176
- 안정기 ⋯⋯⋯⋯⋯⋯⋯⋯⋯⋯⋯⋯⋯⋯⋯⋯ 158
- 안정을 취하다 ⋯⋯⋯⋯⋯⋯⋯⋯⋯⋯⋯⋯ 211
- 안주 ⋯⋯⋯⋯⋯⋯⋯⋯⋯⋯⋯⋯⋯⋯⋯⋯⋯ 74
- 안타깝다, 마음을 달랠 길 없다 ⋯⋯⋯⋯ 122
- 앉기 ⋯⋯⋯⋯⋯⋯⋯⋯⋯⋯⋯⋯⋯⋯⋯⋯⋯ 164
- 알겠습니다 ⋯⋯⋯⋯⋯⋯⋯⋯⋯⋯⋯⋯⋯⋯ 186
- 알레르기 ⋯⋯⋯⋯⋯⋯⋯⋯⋯⋯⋯⋯⋯⋯⋯ 210
- 알코올 의존증 ⋯⋯⋯⋯⋯⋯⋯⋯⋯⋯⋯⋯⋯ 75
- 알코올 중독 ⋯⋯⋯⋯⋯⋯⋯⋯⋯⋯⋯⋯⋯⋯ 75
- 압정 ⋯⋯⋯⋯⋯⋯⋯⋯⋯⋯⋯⋯⋯⋯⋯ 184, 231
- 압정을 눌러 박다 ⋯⋯⋯⋯⋯⋯⋯⋯⋯⋯ 232
- 압축을 풀다 ⋯⋯⋯⋯⋯⋯⋯⋯⋯⋯⋯⋯⋯ 193
- 압축하다 ⋯⋯⋯⋯⋯⋯⋯⋯⋯⋯⋯⋯⋯⋯⋯ 193
- 앞머리 ⋯⋯⋯⋯⋯⋯⋯⋯⋯⋯⋯⋯⋯⋯⋯⋯⋯ 94
- 앞치마 ⋯⋯⋯⋯⋯⋯⋯⋯⋯⋯⋯⋯⋯⋯⋯⋯⋯ 44
- 앞치마를 하다 ⋯⋯⋯⋯⋯⋯⋯⋯⋯⋯⋯⋯⋯ 18
- 애물단지, 말썽꾸러기 ⋯⋯⋯⋯⋯⋯⋯⋯ 134
- 애주가 ⋯⋯⋯⋯⋯⋯⋯⋯⋯⋯⋯⋯⋯⋯⋯⋯⋯ 76
- 액땜하다 ⋯⋯⋯⋯⋯⋯⋯⋯⋯⋯⋯⋯⋯⋯⋯ 332
- 액막이 ⋯⋯⋯⋯⋯⋯⋯⋯⋯⋯⋯⋯⋯⋯⋯⋯ 332
- 액션 영화 ⋯⋯⋯⋯⋯⋯⋯⋯⋯⋯⋯⋯⋯⋯ 276
- 액체풀 ⋯⋯⋯⋯⋯⋯⋯⋯⋯⋯⋯⋯⋯⋯⋯⋯ 230
- 야구 ⋯⋯⋯⋯⋯⋯⋯⋯⋯⋯⋯⋯⋯⋯⋯⋯⋯ 286
- 야뇨 ⋯⋯⋯⋯⋯⋯⋯⋯⋯⋯⋯⋯⋯⋯⋯⋯⋯ 166

- 야수가 두 다리 사이로 흐르는 땅볼을 놓치다 ⋯⋯⋯⋯⋯⋯ 289
- 야스미보케 ⋯⋯⋯⋯⋯⋯⋯⋯⋯⋯⋯⋯⋯⋯ 354
- 야쿠도시 ⋯⋯⋯⋯⋯⋯⋯⋯⋯⋯⋯⋯⋯⋯⋯ 332
- 야키소바 ⋯⋯⋯⋯⋯⋯⋯⋯⋯⋯⋯⋯⋯⋯⋯ 254
- 약 ⋯⋯⋯⋯⋯⋯⋯⋯⋯⋯⋯⋯⋯⋯⋯⋯⋯⋯ 211
- 약한 불 ⋯⋯⋯⋯⋯⋯⋯⋯⋯⋯⋯⋯⋯⋯⋯⋯ 43
- 약혼 ⋯⋯⋯⋯⋯⋯⋯⋯⋯⋯⋯⋯⋯⋯⋯⋯⋯ 146
- 약혼식 금품을 교환하다 ⋯⋯⋯⋯⋯⋯⋯ 146
- 약혼의 표시로 양가에서 교환하는 금품 ⋯⋯⋯⋯⋯ 146
- 약혼하다 ⋯⋯⋯⋯⋯⋯⋯⋯⋯⋯⋯⋯⋯⋯⋯ 146
- 얄밉다 ⋯⋯⋯⋯⋯⋯⋯⋯⋯⋯⋯⋯⋯⋯⋯⋯ 123
- 얇은 종이 ⋯⋯⋯⋯⋯⋯⋯⋯⋯⋯⋯⋯⋯⋯ 201
- 얌전한 사람 ⋯⋯⋯⋯⋯⋯⋯⋯⋯⋯⋯⋯⋯ 135
- 양념, 고명 ⋯⋯⋯⋯⋯⋯⋯⋯⋯⋯⋯⋯⋯⋯⋯ 42
- 양념장 ⋯⋯⋯⋯⋯⋯⋯⋯⋯⋯⋯⋯⋯⋯⋯⋯⋯ 42
- 양념하다 ⋯⋯⋯⋯⋯⋯⋯⋯⋯⋯⋯⋯⋯⋯⋯ 41
- 양다리 초코 ⋯⋯⋯⋯⋯⋯⋯⋯⋯⋯⋯⋯⋯ 334
- 양다리를 걸치다 ⋯⋯⋯⋯⋯⋯⋯⋯⋯ 266, 334
- 양동이 ⋯⋯⋯⋯⋯⋯⋯⋯⋯⋯⋯⋯⋯⋯⋯⋯⋯ 18
- 양말 ⋯⋯⋯⋯⋯⋯⋯⋯⋯⋯⋯⋯⋯⋯⋯⋯⋯ 374
- 양면 인쇄 ⋯⋯⋯⋯⋯⋯⋯⋯⋯⋯⋯⋯⋯⋯ 200
- 양면 카피 ⋯⋯⋯⋯⋯⋯⋯⋯⋯⋯⋯⋯⋯⋯ 200
- 양산 ⋯⋯⋯⋯⋯⋯⋯⋯⋯⋯⋯⋯⋯⋯⋯⋯⋯ 244
- 양성 ⋯⋯⋯⋯⋯⋯⋯⋯⋯⋯⋯⋯⋯⋯⋯⋯⋯ 158
- 양수 ⋯⋯⋯⋯⋯⋯⋯⋯⋯⋯⋯⋯⋯⋯⋯⋯⋯ 159
- 양파 ⋯⋯⋯⋯⋯⋯⋯⋯⋯⋯⋯⋯⋯⋯⋯⋯⋯⋯ 42
- 어깨가 뭉치다 ⋯⋯⋯⋯⋯⋯⋯⋯⋯⋯⋯⋯ 175
- 어깨가 뻐근하다 ⋯⋯⋯⋯⋯⋯⋯⋯⋯⋯⋯ 175
- 어깨를 감싸다 ⋯⋯⋯⋯⋯⋯⋯⋯⋯⋯⋯⋯ 267
- 어깨를 풀다 ⋯⋯⋯⋯⋯⋯⋯⋯⋯⋯⋯⋯⋯ 291
- 어두운 사람 ⋯⋯⋯⋯⋯⋯⋯⋯⋯⋯⋯⋯⋯ 135
- 어른이 되다 ⋯⋯⋯⋯⋯⋯⋯⋯⋯⋯⋯⋯⋯ 330
- 어린이날 ⋯⋯⋯⋯⋯⋯⋯⋯⋯⋯⋯⋯⋯⋯⋯ 352
- 어머니의 날 ⋯⋯⋯⋯⋯⋯⋯⋯⋯⋯⋯⋯⋯ 356
- 어머니의 맛 ⋯⋯⋯⋯⋯⋯⋯⋯⋯⋯⋯⋯⋯⋯ 50
- 어서 오십시오 ⋯⋯⋯⋯⋯⋯⋯⋯⋯⋯⋯⋯ 100
- 어수선한 사람 ⋯⋯⋯⋯⋯⋯⋯⋯⋯⋯⋯⋯ 135
- 어슷 썰다 ⋯⋯⋯⋯⋯⋯⋯⋯⋯⋯⋯⋯⋯⋯⋯ 39
- 어시스턴트 ⋯⋯⋯⋯⋯⋯⋯⋯⋯⋯⋯⋯⋯⋯⋯ 93
- 어시스트 ⋯⋯⋯⋯⋯⋯⋯⋯⋯⋯⋯⋯⋯⋯⋯ 296
- 억지 부리는 사람 ⋯⋯⋯⋯⋯⋯⋯⋯⋯⋯ 135
- 억척이 ⋯⋯⋯⋯⋯⋯⋯⋯⋯⋯⋯⋯⋯⋯⋯⋯ 133
- 얹다 ⋯⋯⋯⋯⋯⋯⋯⋯⋯⋯⋯⋯⋯⋯⋯⋯⋯⋯ 38
- 얼굴을 씻다 ⋯⋯⋯⋯⋯⋯⋯⋯⋯⋯⋯ 8, 14, 82
- 얼굴이 거무스름하고 칙칙함 ⋯⋯⋯⋯⋯ 84
- 얼굴이 벌게지다, 현기증이 나다 ⋯⋯ 280
- 얼룩 제거 ⋯⋯⋯⋯⋯⋯⋯⋯⋯⋯⋯⋯⋯⋯⋯ 22
- 얼룩이 묻다 ⋯⋯⋯⋯⋯⋯⋯⋯⋯⋯⋯⋯⋯⋯ 22

Index

- 엄마가 움직이면 따라 오면서 우는 것 …… 166
- 업시킴 …… 93
- 엎드려서 자는 것 …… 165
- 엎드려서 자다 …… 32
- 엎드려서 재우다 …… 32
- 에마 …… 321
- 에키벤 …… 281
- NG 장면 …… 26
- 엔화 …… 110
- ~LDK …… 237
- M1 …… 26
- 여기저기 시선이 가다 …… 98
- 여드름 …… 84
- 여드름 자국 …… 84
- 여름 …… 254
- 여름감기 …… 174
- 여름방학 …… 254
- 여름방학 특선 …… 274
- 여배우 …… 275
- 여성전용차량 …… 217
- 여우비 …… 242
- 여자 아나운서 …… 27
- 여자를 물주로 생각하는 남자 …… 267
- 여탕 …… 280
- 여행 …… 280, 281
- 역겨운 사람 …… 135
- ~역세권 …… 236
- 역에서의 거리 …… 236
- 역초코 …… 334
- 연기 …… 275
- 연말 …… 378
- 연말 선물 …… 378
- 연말 선물을 보내다 …… 378
- 연말 이벤트 …… 378
- 연말 점보 복권 …… 379
- 연속극 …… 27
- 연습을 시키다 …… 310
- 연애 이야기 …… 267
- 연애결혼 …… 146
- 연애운 …… 321
- 연애체질 …… 269
- 연예가 뉴스 …… 27
- 연예계 …… 27
- 연예인 …… 26
- 연을 끊다, 절연하다 …… 119
- 연장전 …… 295
- 연필 …… 185, 230
- 연필꽂이 …… 184
- 연하다 …… 48
- 연하장 …… 226, 320
- 연한 맛 …… 48
- 연함 …… 69
- 연회 …… 75
- 열대야 …… 244
- 열성적인 교사 …… 205
- 열시트 …… 211
- 열을 재다 …… 211
- 열이 있다 …… 174
- 염색 …… 92
- 염색 후 머리가 길어서 검게 변한 머리 끝부분 …… 95
- 염색을 하다 …… 92
- 염주 …… 171
- 엽서 …… 226
- 영결식 …… 170
- 영구차 …… 171
- 영양이 기울다 …… 56
- 영전 …… 171
- 영하 …… 245
- 영화 …… 274
- 영화 상영 스케줄 …… 275
- 영화를 보다 …… 274
- 영화화 …… 275
- 옆머리 …… 94
- 옆으로 안는 것 …… 165
- 예고편 …… 276
- 예매권 …… 274
- 예방 접종 …… 167
- 예상 문제를 찍다 …… 204
- 예상이 빗나가다 …… 204
- 예상이 적중하다 …… 204
- 예수 그리스도 …… 375
- 예의범절을 가르침 …… 166
- 옐로카드 …… 294
- 오 엔 …… 110
- 오광 …… 301
- 오다이리사마 …… 338
- 오동나무 …… 110
- 오래 기다리셨습니다 …… 100, 186
- 오랜만입니다 …… 186
- 오로 …… 160
- 오리 …… 370
- 오미소카 …… 378
- 오미야마이리 …… 167, 372
- 오미쿠지 …… 321
- 오백 엔 …… 110
- 오버헤드킥 …… 295

• 오비나	338	• 완성	42
• 오비나오시	372	• 완행열차	218
• 오비토키	372	• 왕따	205
• 오사이센	321	• 왕벚꽃	348
• 오세치요리	322	• 왕복엽서	26
• 오세치요리를 준비하다	322	• 왕을 지키다	304
• 오소자키	348	• 왕이 도망갈 데가 없다	305
• 오시치야	167	• 왠지 모르게 외로워서 누군가 만나고 싶어지는 계절	244
• 오십 엔	110	• 외골수인 사람	131
• 오야마	315	• 외과	210
• 오야카타	310	• 외래진료	210
• 오월병	252, 354	• 외로움을 타는 사람	132
• 오제키	308	• 외상	111
• 오줌을 쌌다	165	• 외식	54
• 오즈메	316	• 외환	223
• 오차즈케	68	• 요	12
• 오천 엔	110	• 요리	38
• 오츄겐	255	• 요리를 잘함	56
• 오츠고모리	378	• 요리를 하다	38
• 오츠야	170	• 요리사	37
• 오츠즈미	314	• 요리에 앞서 준비해 두다	38
• 오츠쿠리	280	• 요리장	62
• 오츠키미도로보	366	• 요모기모치	339
• 오카미상	280, 310	• 요비다시	310
• 오쿠리비	362	• 요코즈나	308
• 오키나와 소주	74	• 요코즈나의 지위에 오르다	310
• 오토로	63	• 욕을 하다	118
• 오토토 데시	309	• 욕조	13
• 오프사이드	294	• 욕조에 잠기다	14
• 오하기	368	• 욕조에서 나오다	14
• 오하나미	348	• 욕탕에 들어가다	15
• 오하나미비요리	242, 349	• 용서하다	119
• 오하코	315	• 용지가 걸림	200
• 오히나사마	338	• 용지가 들어 있지 않다	200
• 오히메사마	338	• 용지가 없다	200
• 온나가타	315	• 용지를 꺼내다	200
• 온센타마고	280	• 용지를 보충하다	200
• 온천	261, 280	• 우녀	243
• 옷 모양이 흐트러지다	23	• 우다이진	338
• 옷을 껴입어 뚱뚱해진 것	107	• 우려내다	69
• 옷을 맵시 있게 입는 것	107	• 우르릉 쾅쾅 천둥소리가 나다	249
• 옷을 사기 전에 한번 입어 보는 것	98	• 우선석	218
• 옹알이	164	• 우박	241, 245
• 와인	74	• 우아한 사람	132
• 와카미즈	320	• 우울증	175
• 와키카타	314	• 우유부단한 사람	129
• 왁스	107	• 우익수	286
• 완고한 사람	135	• 우익수 앞 안타	288

403

Index

- 우익수 플라이 ··· 288
- 우익수를 넘기는 안타 ······························ 288
- 우체국 ··· 226
- 우체국 예금 ·· 227
- 우체부 ··· 227
- 우체통 ··· 227
- 우치카케 ··· 148
- 우편번호 ··· 226
- 우편상자 ··· 226
- 우편함 ··· 209
- 우표 ·· 226
- 운동회 ··· 258
- 운세 ·· 321
- 운세를 점치다 ··· 321
- 운이 좋다 ·· 321
- 운행 취소 ·· 217
- 울타리 ··· 12
- 워터프루프 ·· 83
- 원거리 연애 ·· 268
- 원룸 ·· 237
- 원망하다 ··· 123
- 원샷 ·· 74
- 원시 ·· 176
- 원시반사 ··· 164
- 원작 ·· 275
- 원형으로 저으며 넣다 ································ 40
- 월드컵 ··· 294
- 웨딩드레스 ··· 146
- 위안 초코 ·· 334
- 위통 ·· 177
- 위패 ·· 362
- 위험할 때 왕이 도망가는 것 ····················· 305
- 유격수 ··· 287
- 유골을 수습하다 ····································· 171
- 유니트바스 ··· 237
- 유모차 ··· 165
- 유미토리 ··· 310
- 유부녀 ··· 267
- 유부초밥 ··· 62
- 유산 ·· 159
- 유성펜 ··· 230
- 유아, 어린아이 ·· 164
- 유아, 젖먹이 ·· 164
- 유아습진 ··· 165
- 유연제 ··· 22
- 유이가미 ··· 330
- 유인구를 던지다 ····································· 289
- 유전무죄 무전유죄 ·································· 113
- 유족, 유가족 ·· 170
- U존 ··· 85
- 유지하다 ··· 201
- 유채꽃 ··· 338
- 유치 ·· 164
- 유치원 입학식 ··· 252
- 유치원 졸업식 ··· 252
- 유카타 ··· 254, 363
- 유카타를 입다 ··· 254
- 유토리 교육 ·· 205
- 유행어 대상 ·· 27
- 유황 ·· 280
- 육교 ·· 208
- 육아 ··· 164, 165
- 육아 노이로제 ··· 166
- 육아휴직 ··· 159, 165
- 융통성이 있는 사람 ································· 133
- 으깨다 ··· 40
- 은하수 ··· 360
- 은행 ·· 222
- 은행나무 ··· 370
- 은행나무의 열매 ····································· 370
- ~을 재활용하다 ······································· 201
- 2개월 분할 ··· 100
- 음료 ·· 68
- 음성 ·· 158
- 음식궁합 ··· 55
- 음식물 쓰레기 ··· 19
- 음식이 목구멍으로 넘어감 ························ 49
- 음악 ·· 140
- 음악감상을 하다 ····································· 140
- 음악에 매료되다 ····································· 140
- 음악에 빠지다 ··· 140
- 음악을 듣다 ·· 140
- 음악적 재능 ·· 140
- 음주·흡연이 허용되다 ···························· 330
- 음주운전 ··· 75
- 음치 ·· 140
- 응급실 ··· 211
- 응아했다 ··· 165
- 응원석 ··· 265
- 의뢰 ·· 187
- 의료진 ··· 211
- 의리 초코 ·· 334
- 의자 ·· 37
- 이가 아프다 ·· 176
- 이가 욱신욱신 쑤시다 ···························· 176
- 이것으로 어떠십니까?(좋으십니까?) ······· 188

404

ㅇ － ㅈ

- 이노시카쵸 …………………………………… 301
- 2루 …………………………………………… 265
- 2루수 ………………………………………… 286
- 2루타 ………………………………………… 288
- 이를 닦다 ……………………………………… 8
- 이름표 ………………………………………… 344
- E메일이 되돌아오다 ………………………… 196
- 이면지 ………………………………………… 201
- 이모티콘 ……………………………………… 196
- 이미지 체인지 ………………………………… 95
- 2박 3일 ……………………………………… 281
- 이발소 ………………………………………… 92
- 이별 …………………………………………… 266
- 이불 …………………………………………… 12
- 이불 속으로 들어가다 ………………………… 31
- 이불떨이 ……………………………………… 23
- 이불떨이로 털다 ……………………………… 23
- 이불을 개다 …………………………………… 31
- 이불을 뒤집어 씌워 괴롭히는 것 …………… 31
- 이불을 말고 자다 ……………………………… 31
- 이불을 말리다 ………………………………… 23
- 이불을 차고 자다 ……………………………… 31
- 이불을 펴다 …………………………………… 30
- 이비인후과 …………………………………… 210
- 이사마이시 …………………………………… 309
- 이상현상 ……………………………………… 244
- 이상히 여기다 ………………………………… 123
- 이슬 …………………………………………… 159
- 이슬비 ………………………………………… 240
- 이유식 ………………………………………… 164
- 2차 …………………………………………… 74
- 이천 엔 ……………………………………… 110
- 이치카와 ……………………………………… 315
- 이틀분 ………………………………………… 210
- 익히다 ………………………………………… 41
- 인감 …………………………………………… 236
- 인사 …………………………………………… 186
- 인쇄 미리 보기 ……………………………… 193
- 인쇄한 용지를 재활용하는 종이 …………… 201
- 인큐베이터 …………………………………… 164
- 인터넷 뱅크 …………………………………… 223
- 인터넷 쇼핑 …………………………………… 98
- 인터넷 접속하다 ……………………………… 192
- 일 엔 ………………………………………… 110
- 일가, 친척, 집안 ……………………………… 147
- 1루 …………………………………………… 265
- 1루베이스코치 ……………………………… 286
- 1루수 ………………………………………… 286
- 일반교양과목 수업 …………………………… 205
- 일본술 ………………………………………… 74
- 일사병 ………………………………………… 244
- 일시불 ………………………………………… 100
- 일어설 때 나는 현기증 ……………………… 160
- 1엔을 우습게 보면 1엔에게 바보취급 당한다 …………… 114
- 1엔을 우습게 생각하는 사람은 1엔 때문에 운다 ………… 114
- 일운 …………………………………………… 321
- 일은 못하면서 술자리에서는 나서서 흥을 띄워주는 사람 ……… 76
- 일자 바지 ……………………………………… 99
- 일정한 돈을 내고 마음껏 먹는 것 …………… 55
- 일조 …………………………………………… 236
- 1차 …………………………………………… 74
- 일편단심 ……………………………………… 268
- 1회 말 ………………………………………… 286
- 1회 초 ………………………………………… 286
- 임부 …………………………………………… 159
- 임부복 ………………………………………… 160
- 임신 …………………………………………… 158
- 임신 0개월 …………………………………… 158
- 임신, 출산, 육아교실 ………………………… 160
- 임신검진 ……………………………………… 158
- 임신선 ………………………………………… 158
- 임신중기 ……………………………………… 158
- 임신중독증 …………………………………… 160
- 임신체조 ……………………………………… 160
- 임신초기 ……………………………………… 158
- 임신테스트기 ………………………………… 158
- 임신했다 ……………………………………… 158
- 임신후기 ……………………………………… 158
- 입금 …………………………………………… 222
- 입금하다 ……………………………………… 222
- 입덧 …………………………………………… 158
- 입석 …………………………………………… 274
- 입장이 시작되다 ……………………………… 275
- 입춘 …………………………………………… 332
- 입학식 ………………………………………… 252, 344
- 잇몸이 붓다 …………………………………… 176

ㅈ

- 자 ……………………………………………… 184, 230
- 자고 나면 머리가 잘 헝클어지다 …………… 31
- 자기를 칭찬하며 주는 초코 ………………… 335
- 자기중심적인 사람 …………………………… 130
- 자는 숨소리를 내다 …………………………… 32
- 자다 …………………………………………… 11
- 자다가 머리가 헝클어지다 …………………… 31

405

Index

- 자동복사 ·· 200
- 자동잠금장치 ·· 237
- 자동판매기 ·· 209
- 자루 ··· 75
- 자르다 ··· 38
- 자리 잡기 ·· 348
- 자막 ··· 274
- 자명종을 끄다 ··· 30
- 자명종을 맞추다 ····································· 30
- 자명종이 울리다 ····································· 30
- 자비심이 넓은 사람 ······························· 131
- 자비진단 ·· 210
- 자살골 ·· 295
- 자상한 사람 ··· 269
- 자신의 나이 수 ····································· 332
- 자연분만 ·· 159
- 자외선 차단제 ··· 82
- 자유석 ·· 274, 281
- 자유학교 ·· 205
- 자장가 ·· 165
- 자취 ··· 54
- 작곡하다 ·· 141
- 작사하다 ·· 141
- 작은 글자 ·· 193
- 작은 대나무의 잎 ································· 360
- 잔고 ··· 223
- 잔고증명 ·· 226
- 잔돈 ··· 111
- 잔쇼미마이 ·· 255
- 잘 먹겠습니다 ··· 56
- 잘 먹었습니다 ··· 56
- 잘 모르므로 대답하기가 어렵습니다만 ········· 188
- 잘 웃는 사람 ··· 130
- 잘게 썰다 ·· 38
- 잘라서 붙여넣기 하다 ·························· 192
- 잘못 복사 ·· 200
- 잘못 자다 ·· 31
- 잘못 타다 ·· 217
- 잠 ·· 30
- 잠깐만 기다려 주세요 ·························· 100
- 잠꼬대를 하다 ··· 31
- 잠버릇이 나쁘다 ····································· 31
- 잠버릇이 좋다 ··· 31
- 잠에서 못 일어나다 ······························· 31
- 잠을 깊게 못 들다 ································· 31
- 잠을 잘 못 자다 ····································· 30
- 잠을 잘 자다 ··· 30
- 잠이 덜 깨어서 어리둥절하다, 잠에 취해 멍하다 ········· 32

- 잠자다 ·· 31
- 잡고 걷기 ·· 164
- 잡고 서기 ·· 164
- 장 ·· 237
- 장가가다, 가정을 꾸미다 ····················· 146
- 장갑을 끼다 ··· 261
- 장군을 부르다 ······································· 305
- 장군이요 ·· 304
- 장기 ··· 304
- 장기 도미노 ··· 305
- 장기 연휴 ·· 354
- 장기를 두다 ··· 304
- 장기판 ·· 304
- 장난 메일 ·· 196
- 장난만 좋아하는 아이 ·························· 133
- 장대비 ·· 240, 243
- 장례식 ·· 170
- 장마 ··· 242
- 장마가 끝남 ··· 242
- 장마철로 접어듦 ··································· 242
- 장어 요리집 ·· 36
- 장지문 ·· 12
- 재떨이 ·· 36
- 재료를 준비하다 ····································· 38
- 재미없는 사람 ······································· 132
- 재미있는 사람 ······································· 134
- 재미있다 ·· 122
- 재산을 잃다 ··· 112
- 재생지 ·· 201, 230
- 재수가 없다 ··· 321
- 재우다 ·· 30
- 재진 ··· 210
- 재학생 ·· 344
- 재혼 ··· 148
- 재활용 쓰레기 ··· 18
- 쟁반 ··· 44
- 저녁 ··· 54
- 저녁을 먹다 ·· 10
- 저온 ··· 43
- 저장하다 ·· 193
- 적극적인 사람 ······································· 132
- 적립, 적립금 ··· 222
- 적립예금 ·· 222
- 적립하다 ·· 222
- 적자가 나다 ··· 111
- 전격결혼 ·· 146
- 전골 ··· 261
- 전기밥솥 ·· 45

406

- 전신욕을 하다 ………………………………… 14
- 전자동세탁기 ………………………………… 22
- 전자레인지를 돌리다 ………………………… 41
- 전자메일 ……………………………………… 196
- 전자파 ………………………………………… 193
- 전진수비 ……………………………………… 287
- 전철 …………………………………………… 216
- 전철 천정에 매단 광고 ……………………… 217
- 전화 사기 ……………………………………… 222
- 절교하다 ……………………………………… 119
- 절박유산 ……………………………………… 159
- 절분 …………………………………………… 332
- 절약하다 ……………………………………… 112
- 절에서 올리는 결혼식 ………………………… 147
- 절정 …………………………………………… 370
- 점심 …………………………………………… 54
- 점심을 먹다 …………………………………… 10
- 점원 …………………………………………… 98
- 접는 우산 ……………………………………… 243
- 접시 …………………………………………… 43
- ~접시 ………………………………………… 62
- 접시에 담다 …………………………………… 41
- 접착용 테이프를 붙이다 ……………………… 231
- 젓가락 ………………………………………… 44
- 젓다, 휘젓다 …………………………………… 40
- 정기권 ………………………………………… 216
- 정기예금 ……………………………………… 222
- 정류장 ………………………………………… 208
- 정말 감사하게 생각합니다 …………………… 186
- 정말로 유감이지만 ○○ 할 수 없습니다 … 188
- 정상체온 ……………………………………… 211
- 정수리 부분의 머리가 없는 것 ……………… 93
- 정신과 ………………………………………… 211
- 정액예금 ……………………………………… 222
- 정원 …………………………………………… 12
- 정전 …………………………………………… 248
- 정직한 사람 …………………………………… 135
- 정형외과 또는 성형외과 ……………………… 210
- 젖먹이 ………………………………………… 332
- 젖먹이와 어린이 ……………………………… 164
- 젖병 …………………………………………… 165
- 젖은 걸레로 닦다 ……………………………… 18
- 젖을 물리다, 모유를 주다 …………………… 164
- 젖을 짜놓다 …………………………………… 164
- 젖이 돌다 ……………………………………… 164
- 제단에 바치다 ………………………………… 171
- 제멋대로 구는 사람 …………………………… 128
- 제복 …………………………………………… 358

- 제비뽑기를 하다 ……………………………… 321
- 제야의 종 ……………………………………… 379
- 제야의 종을 치다 ……………………………… 379
- 제왕절개 ……………………………………… 159
- 제일 마지막에 나오는 출연자 ………………… 27
- 제한시간 ……………………………………… 305
- 조금 여쭤 보고 싶은 것이 있습니다만 ……… 187
- 조니 …………………………………………… 322
- 조니를 끓이다 ………………………………… 322
- 조루리 ………………………………………… 316
- 조문을 받다 …………………………………… 170
- 조산 …………………………………………… 159
- 조산사 ………………………………………… 158
- 조산원 ………………………………………… 158
- 조상공양 ……………………………………… 363
- 조연 …………………………………………… 274
- 조용한 사람 …………………………………… 133
- 조의금 ………………………………………… 170
- 조전 …………………………………………… 170
- 족자 …………………………………………… 12
- 졸다 지나치다 ………………………………… 217
- 졸다, 잠깐 깊이 잠들다 ……………………… 30
- 졸로 공격하는 것 ……………………………… 304
- 졸업식 …………………………………… 252, 340
- 졸업앨범 ……………………………………… 340
- 졸업증서 ……………………………………… 340
- 졸음이 밀려오다 ……………………………… 30
- 좀 모자란 듯 먹는 것 ………………………… 55
- 좀스런 사람 …………………………………… 132
- 종무, 종무식 …………………………………… 378
- 종업원 ………………………………………… 37
- 종이 …………………………………………… 185
- 종이 기저귀 …………………………………… 165
- 종이 테이프 …………………………………… 230
- 좋아하는 것 …………………………………… 56
- 좋아하다 ……………………………………… 122
- 좋은 한해 보내시기를 바랍니다 ……………… 379
- 좋지 않은 냄새 ………………………………… 49
- 좌익수 ………………………………………… 286
- 좌익수 플라이 ………………………………… 288
- 좌익수가 홈송구를 했는데 공이 빠지다 …… 290
- 죄송하지만 ○○을 부탁드립니다 …………… 187
- 죄송하지만 …………………………………… 188
- 주걱 …………………………………………… 44
- 주눅 들다 ……………………………………… 123
- 주료 …………………………………………… 308
- 주먹구구 ……………………………………… 113
- 주먹으로 때리다 ……………………………… 119

407

Index

- 주방 …………………………………………… 62
- 주방세제 ……………………………………… 44
- 주소를 입력하다 …………………………… 196
- 주스 …………………………………………… 117
- 주식 …………………………………………… 56
- 주연 …………………………………………… 274
- 주전자 ………………………………………… 43
- 주택 …………………………………………… 236
- 주하치방 ……………………………………… 315
- 주호 …………………………………………… 75
- 죽 ……………………………………………… 328
- 죽순 …………………………………………… 252
- 준특급 ………………………………………… 218
- 줄 서서 승차하는 것 ……………………… 217
- 줄무늬 ………………………………………… 106
- 줄자 …………………………………………… 230
- 줄자로 재다 ………………………………… 232
- 중간 뚜껑 ……………………………………… 44
- 중간 맛 ………………………………………… 49
- 중간계투 ……………………………………… 289
- 중견수 ………………………………………… 286
- 중견수 플라이 ……………………………… 287
- 중길 …………………………………………… 320
- 중매결혼 ……………………………………… 146
- 중불 …………………………………………… 43
- 중성피부 ……………………………………… 82
- 중온 …………………………………………… 43
- 중이염에 걸리다 …………………………… 174
- 중추명월 ……………………………………… 366
- 쥐 ……………………………………………… 160
- 즉흥적인 사람 ……………………………… 133
- 즐겁다 ………………………………………… 122
- 증상 …………………………………………… 211
- 지갑과 상담하다 …………………………… 112
- 지기 싫어하는 사람 ………………………… 130
- 지나가는 비 ………………………………… 242
- 지나치게 달다 ………………………………… 48
- 지나치다 ……………………………………… 217
- GW …………………………………………… 354
- 지면이 흔들리다 …………………………… 248
- 지명타자 ……………………………………… 286
- 지붕 …………………………………………… 12
- 지성피부 ……………………………………… 82
- 지역예선 ……………………………………… 294
- 지우개 …………………………………… 185, 230
- 지정석 …………………………………… 274, 281
- 지진보험 ……………………………………… 248
- 지출 …………………………………………… 111
- 지폐 …………………………………………… 111
- 지하철 입구 ………………………………… 208
- 직구 …………………………………………… 289
- 직녀 …………………………………………… 360
- 직불카드 ……………………………………… 100
- 직행편 ………………………………………… 281
- 진가사 ………………………………………… 352
- 진눈깨비 ………………………………… 241, 245
- 진다이코 ……………………………………… 352
- 진단서 ………………………………………… 210
- 진도○ ………………………………………… 248
- 진원지 ………………………………………… 248
- 진절머리나다 ………………………………… 122
- 진찰 …………………………………………… 210
- 진통 …………………………………………… 159
- 진하게 (하다) ………………………………… 201
- 진하다 ………………………………………… 48
- 진한 맛 ………………………………………… 48
- 진한 화장 ……………………………………… 84
- 진함 …………………………………………… 69
- 질그릇 냄비 …………………………………… 44
- 질긴 사람 …………………………………… 133
- 질문 …………………………………………… 187
- 질이 좋지 않은 종이 ……………………… 201
- 질질 흘리다 …………………………………… 55
- 짐을 꾸리다, 박스에 넣어서 포장하다 … 227
- 집까지 데려다 주다 ………………………… 266
- 집단 따돌림 ………………………………… 119
- 집세 …………………………………………… 236
- 짙은 안개 …………………………………… 242
- 짜다 …………………………………………… 48
- 짜증을 내다 ………………………………… 166
- 짝사랑 ………………………………………… 266
- 짬뽕 …………………………………………… 74
- 쩝쩝 소리를 내며 먹다 ……………………… 55
- 찌다 …………………………………………… 40
- 찌든 때 ………………………………………… 19
- 찜통 …………………………………………… 44
- 찢다 …………………………………………… 39

ㅊ

- 차 ……………………………………………… 209
- 차 거름망 ……………………………………… 69
- 차 마시며 이야기 하는 친한 친구 ………… 69
- 차 시트 ……………………………………… 165
- 차가 떫다 ……………………………………… 68
- 차가 연하다 …………………………………… 68

- 차가 진하다 ······ 68
- 차가운 사람 ······ 132
- 차내다 ······ 32
- 차단기가 내려가다 ······ 218
- 차단기가 올라가다 ······ 218
- 차례음식 ······ 363
- 차를 권하다 ······ 68
- 차를 끓이다 ······ 68
- 차를 마시다 ······ 68
- 차멀미 ······ 281
- 착용감 ······ 98
- 찬물 ······ 74
- 찬스를 살려 득점으로 연결시키다 ······ 295
- 찬스를 살리다 ······ 295
- 참기름 ······ 42
- 참억새 ······ 366
- 참으로 유감이지만 ○○ 할 수 없습니다 ······ 188
- 찻잔 ······ 68
- 찻주전자 ······ 69
- 창구 ······ 222
- 창문 ······ 12
- 창코나베 ······ 311
- 채 썰다 ······ 39
- 채널 싸움 ······ 27
- 채팅을 하다 ······ 193
- 책가방을 메다 ······ 344
- 책갈피 ······ 184, 231
- 책받침 ······ 230
- 책상 ······ 184
- 책임감이 강한 사람 ······ 131
- 처방전 ······ 210
- 처세에 능한 사람 ······ 132
- 1000엔 균일가 ······ 99
- 천 엔 ······ 110
- 천 테이프 ······ 231
- 천둥 ······ 240, 249
- 천성적으로 웃긴 사람 ······ 133
- 천식 ······ 177
- 천재 ······ 248
- 천진난만한 사람 ······ 128
- 철근 콘크리트 ······ 237
- 철끈 ······ 230
- 철통수비 ······ 294
- 첫 절구 ······ 352
- 첫 절구를 축하하다 ······ 352
- 첫눈에 반하다 ······ 266
- 첫사랑 ······ 266
- 첫차 ······ 216

- 청단 ······ 301
- 청바지 ······ 106
- 청소 ······ 18
- 청소기를 돌리다 ······ 19
- 청소를 하다 ······ 18
- 청소차, 쓰레기차 ······ 19
- 청소하다 ······ 9
- 체벌 ······ 204
- 체온계 ······ 211
- 체크아웃 ······ 282
- 체크인 ······ 282
- 체하다, 위가 더부룩하다 ······ 175
- 초 ······ 300
- 초록 ······ 362
- 초를 넣은 밥 ······ 63
- 초밥 ······ 62
- 초밥을 만들다 ······ 63
- 초밥집에 가다 ······ 62
- 초산 ······ 158
- 초에 불을 켜다 ······ 170
- 초유 ······ 160
- 초음파 검사 ······ 158
- 초읽기 ······ 305
- 초조해 지다, 안절부절 못하다 ······ 122
- 초진 ······ 210
- 초혼 ······ 148
- 촉감 ······ 98
- 촌스러운 사람 ······ 132
- 출랑이, 덜렁이 ······ 129
- 최강의 한 수 ······ 305
- 추분 ······ 368
- 추즈리 ······ 316
- 추토로 ······ 63
- 축구 ······ 294
- 축복퇴사 ······ 149
- 축사 ······ 340
- 축소 복사 ······ 201
- 축의금을 넣다 ······ 148
- 축제 ······ 254
- 출관 ······ 171
- 출근하다 ······ 8
- 출금 ······ 222
- 출산, 분만 ······ 158
- 출산예정일 ······ 158
- 출산우울증 ······ 160
- 출산을 가족이 축하하는 것 ······ 167
- 출산 징후가 나타나다 ······ 160
- 출산휴가 ······ 159

409

Index

- 춤추는 복장 ·· 363
- 충동구매 ··· 99
- 취기가 돌다 ··· 74
- 취미가 한쪽으로 치우치다 ······························ 141
- 취소 대기 ·· 281
- 츠노카쿠시 ·· 144, 148
- 츠유바라이 ··· 309
- 츠키비토 ·· 310
- 치과 ·· 210
- 치과의사 ··· 210
- 치라시즈시 ··· 62
- 치료 ·· 210
- 치마키 ·· 352
- 치사한 사람 ·· 132
- 치아교정 ··· 176
- 치열 ·· 85
- 치주염 ·· 176
- 치질 ·· 177
- 치토세아메 ··· 372
- 치통 ·· 176
- 치한 ·· 217
- 친절한 사람 ·· 132
- 친정집에 가서 출산하는 것 ··························· 158
- 칠월 칠석 ·· 360
- 칠칠치 못한 사람 ·· 135
- 침대열차 ··· 218
- 침받이 ·· 165
- 침수 ·· 243
- 침울해하다 ··· 129
- 침을 흘리면서 자다 ·· 32
- 침착한 사람 ·· 132

ㅋ

- 카네이션 ··· 356
- 카드 결제 ·· 100
- 카드를 쓰다 ·· 100
- 카운터 ·· 37
- 카운터 (스시바) ··· 62
- 카운터에 앉다 ·· 62
- 카운트다운 ··· 378
- 칸 ·· 236
- 칸막이 ·· 37
- 칼 ·· 230
- 칼라TV ··· 26
- 칼라렌즈 ·· 85
- 칼라복사 ·· 200
- 칼로 다지다 ·· 39

- 칼집을 내다 ·· 39
- 캐릭터 상품의 문방구 ·································· 231
- 캔디 ·· 335
- 캠프 ·· 254
- 커닝을 하다 ·· 204
- 커브 ·· 289
- 커터칼 ·· 185
- 커플좌석 ··· 274
- 커피를 마시다 ·· 9
- 컨실러를 바르다 ·· 82
- 컴퓨터 ·· 192
- 컴퓨터를 끄다 ·· 192
- 컴퓨터를 사용하다 ······································· 192
- 컴퓨터를 재부팅 하다 ·································· 193
- 컴퓨터를 종료하다 ······································· 193
- 컴퓨터를 켜다 ·· 192
- 컷 ·· 92
- 컷 모델 ··· 93
- 코 막힘 ··· 175
- 코가 찡하다 ·· 49
- 코너 방, 코너 집 ··· 237
- 코너킥 ·· 294
- 코멘트가 날카로움 ··· 48
- 코튼팩 ·· 84
- 코홀리개 ··· 344
- 콜드 게임 ·· 289
- 콧노래가 나오다 ··· 141
- 콧노래를 부르다 ··· 141
- 콧물이 나오다 ·· 175
- 콩을 내던지다 ·· 332
- 쾌속 ·· 218
- 쿠키 ·· 335
- 쿨쿨 코를 골다 ··· 32
- 크리스마스 ··· 374
- 크리스마스 선물 ··· 374
- 크리스마스 케이크 ······································· 375
- 크리스마스트리 ·· 374
- 크리스마스트리를 장식하다 ·························· 374
- 큰 그릇 ··· 44
- 큰 글자 ··· 193
- 큰 사이즈 ·· 98
- 큰소리로 욕을 하며 말다툼하다 ·················· 118
- 클렌징크림 (오일/로션) ·································· 83
- 클리닝 ·· 22, 358
- 클리어파일 ·· 185, 231
- 클리어파일에 끼우다 ···································· 232
- 클릭하다 ··· 192
- 클립 ·· 184, 231

ㅊ - ㅍ

- 클립보드 ·· 185
- 클립으로 철하다 ······································· 232
- 키보드를 치다 ·· 192
- 킹지테 ·· 309

ㅌ

- 타격 자세를 취하다 ···································· 287
- 타구를 쫓다 ·· 290
- 타순 ·· 288
- 탁자 ··· 37
- 탄산음료 ·· 69
- 탄산이 빠지다, 김이 빠지다 ························· 69
- 탕 속에 너무 오래 있거나 너무 잦은 목욕 등으로 현기증이나
  두통이 생기다 ··· 15
- 태교 ·· 160
- 태동 ·· 159
- 태아 ·· 159
- 태클 ·· 295
- 태풍 ·· 241
- 태풍 ○호 ·· 249
- 태풍의 눈 ·· 249
- 태풍이 지나고 날씨가 맑아진 것 ················ 243
- 택배 ·· 226
- 택배박스가 설치된 맨션 ···························· 237
- 택시 ·· 208
- 택시 승차장 ·· 208
- 탯줄 ·· 160
- 탱글탱글 ·· 84
- 테이프 ··· 184
- 테이프 라벨을 만들다 ································ 232
- 테이프 홀더 ·· 184
- 테이프로 봉하다 ··· 231
- 텍사스 안타 ·· 288
- 텔레비전 ·· 13, 26
- 텔레비전을 켜 놓은 채로 두는 것 ················· 27
- 텔레폰 뱅킹 ·· 222
- 토끼가 떡을 침 ··· 366
- 토나카이 ··· 374
- 토너가 떨어지다 ··· 200
- 토너를 교환하다 ··· 200
- 토란 ·· 366
- 토이레토 오후로가 잇쇼 ···························· 237
- 토장, 매장 ··· 171
- 토하다 ··· 74, 174
- 톡 쏘는 맛 ·· 49
- 톡 쏘는 매운 맛 ··· 49
- 톱 스타일리스트 ·· 93

- 통근 러시 ·· 217
- 통로 ·· 274
- 통로 쪽 ··· 274
- 통신판매 ·· 98
- 통이 큰 사람, 대범한 사람 ························· 130
- 통장 ·· 222
- 통장정리하다 ·· 222
- 통째로 굽다 ·· 41
- 퇴짜맞다 ··· 266
- 투수 ·· 265, 286
- 투수의 직구에 밀렸다 ································ 289
- 투표 ·· 330
- 툭하면 싸운다 ·· 119
- 튀기다 ·· 40
- 튀김옷을 입히다 ··· 40
- 튀김을 튀기다 ·· 41
- 트레이닝복 ··· 106
- 트리트먼트 ··· 92
- 특급 ·· 218
- 특별히 싼 항공권 ·· 282
- 티백 ·· 69
- TV 마니아 ·· 27
- T존 ·· 85
- 티켓, 영화표 ··· 275
- 티타임 ·· 69

ㅍ

- 파 ·· 42
- 파랑, 파도 ··· 243
- 파마를 하다 ·· 92
- 파산 ·· 111
- 파수 ·· 159
- 파스 ·· 211
- 파우더 파운데이션 ······································· 83
- 파우더를 바르다 ··· 83
- 파운데이션 ··· 83
- 파운데이션을 바르다 ··································· 82
- 파운데이션이 뭉치다 ··································· 82
- 파인 플레이 ·· 288
- 파일 ·· 230
- 파일을 첨부하다 ··· 196
- 판자로 된 마루 ··· 237
- 판정 ·· 294
- 팔짱 끼다 ·· 267
- 팝콘 ·· 275
- 팥소 ·· 368
- 패션 ·· 106

411

Index

- 패스 · 294
- 패스를 받다 · 296
- 패스를 빼앗기다 · 296
- 패스를 연결하다 · 296
- 패스를 하다 · 296
- 패스미스 · 294
- 패스미스를 하다 · 296
- 패스워드를 입력하다 · 196
- 패스트 볼 · 291
- 팩스 · 200
- 팩스를 받다 · 201
- 팩스를 보내다 · 201
- 팸플릿 · 274
- 팽창되어 보이는 색 · 107
- 퍼석퍼석 · 49
- 펀치 · 230
- 펀치로 구멍을 뚫다 · 232
- 펀치파마 · 92
- 페널티킥 · 295
- 페이스 커버 · 98
- 페코창 인형 · 372
- 편도선이 붓다 · 175
- 편식 · 54
- 편식하다 · 56
- 편지나 글쓰기를 귀찮아함 · 196
- 편지나 글을 부지런히 씀 · 196
- 평등원 봉황당 · 110
- 평생교육 · 205
- 폐점 · 98
- 포니테일, 말총머리 · 93
- 포대기 · 165
- 포볼 · 287
- 포수 · 265, 286
- 포스트잇 · 231
- 포장마차 · 254
- 포장하다 · 99
- 폭력을 쓰다 · 118
- 폭우 · 243
- 폭우 주의보 · 243
- 폭죽 · 117
- 폭풍파랑경보 · 249
- 표 · 216
- 푹 끓이다, 푹 익히다 · 40
- 풀 · 184
- 풀다, 녹이다 · 40
- 풀어 놓은 달걀을 넣다 · 41
- 풀어 놓은 달걀을 입히다 · 41
- 풀을 붙이다 · 230

- 풋콩 · 366
- 풍 · 300
- 풍경 · 12
- 풍선 · 117
- 프라이드가 강한 사람 · 129
- 프라이팬 · 44
- 프러포즈 · 146
- 프로기사 · 305
- 프로바이더 · 192
- 프리랜서 아나운서 · 27
- 프리킥 · 295
- 프린트 · 200
- 프린트하다 · 193
- 플라이볼을 치다 · 287
- 플랫폼 · 217
- 플러스 사고적인 사람 · 129
- 피, 껍질 · 300
- 피난명령 · 248
- 피난훈련 · 248
- 피로연 · 147
- 피리 · 314, 338
- 피부가 가렵고 빨개지다, 피부에 염증이 나다 · · · 176
- 피부가 따끔따끔하다 · 175
- 피부가 짓무르다 · 175
- 피부결 · 82
- 피부타입 · 82
- 피안 · 368
- 피카이치 · 300
- 필지, 필연 · 305
- 필착 · 226
- 필통 · 185

ㅎ

- 하고이타 · 323
- 하나구모리 · 349
- 하나미단고 · 349
- 하나미벤토 · 349
- 하나미스폿토 · 348
- 하나미자케 · 349
- 하나미치 · 315
- 하네츠키 · 323
- 하레기 · 372
- 하루바쇼 · 309
- 하루분 · 210
- 하루이치방 · 242
- 하마야 · 321
- 하복, 여름옷 · 358

ㅍ - ㅎ

- 하야시카타 ················· 314
- 하야와리 ··················· 281
- 하야자키 ··················· 348
- 하오리하카마 ············· 330
- 하이힐 ······················ 106
- 하츠모우데 ················ 321
- 하츠유메 ··················· 324
- 하츠젯쿠 ··················· 167
- 하치마키 ··················· 363
- 하치부자키 ················ 348
- 하카마기 ··················· 372
- 하코네에키덴 ··············· 23
- 하쿠센나가시 ············· 341
- 하품 하다 ····················· 30
- 학급붕괴 ··················· 204
- 학급위원장 ················ 205
- 학생회임원 ················ 344
- 학생회장 ··················· 204
- 학원 ························· 204
- 한 달분 ····················· 236
- 한 면 복사 ················· 200
- 한 바퀴 두르다 ············· 40
- 한 번 이혼 한 것 ········· 148
- 한 수 위 ···················· 305
- 한 접시 ······················· 62
- 한기가 들다 ··············· 174
- 한번 입어 보다 ············· 99
- 합장하다 ··················· 170
- 항공편 ······················ 226
- 항상 시비조로 묻는 사람 ·· 119
- 항상 신세 많이 지고 있습니다 ··· 186
- 항의하러 가다 ············ 119
- 해수욕 ······················ 254
- 해외여행 ··················· 354
- 해일 ························· 248
- 해커에게 침입 당하다 ·· 192
- 해트 트릭 ·················· 295
- 핸들링 ······················ 295
- 햇볕에 말림 ········ 23, 358
- 햇볕이 강하다 ············ 244
- 행복하다 ··················· 122
- 행사품 ························ 99
- 행운을 빌다 ··············· 321
- 행을 바꿈 ·················· 196
- 행주 ··························· 44
- 하쿠닌잇슈 ················ 323
- 향 ···························· 363
- 향불을 피우다 ············ 171

- 허리에 차는 긴 칼 ······ 353
- 허영심이 많은 사람 ···· 133
- 허풍쟁이 ··················· 132
- 헌법기념일 ················ 354
- 헌팅하다 ··················· 269
- 헐리웃 영화 ··············· 275
- 험담을 하다 ··············· 118
- 헛스윙을 유도하다 ····· 290
- 헤딩 ························· 295
- 헤야쇼쿠 ··················· 280
- 헤어 카탈로그 ·············· 93
- 헹구다 ························ 23
- 혀를 데이다 ··············· 176
- 현관 ···························· 12
- 현금 ··························· 98
- 현금 결제 ···················· 98
- 현금등기 ··················· 226
- 현금으로 결제하다 ······· 99
- 현금카드 ··················· 222
- 현실과 일치하는 꿈 ······ 32
- 현실과 일치하지 않는 꿈 ··· 32
- 헛바늘이 돋다 ············ 176
- 형광펜 ······················ 184
- 호기심 많은 사람 ········ 129
- 호러 영화 ·················· 276
- ~호선 ························ 216
- 호소마키 ····················· 63
- 호수비 ······················ 288
- 호치키스 ············ 185, 230
- 호치키스 심 ··············· 230
- 호치키스를 박다 ········· 232
- 호타루노 히카리 ········· 341
- 혼합수유 ··················· 164
- 홈 ···························· 265
- 홈런 ························· 288
- 홈런인줄 알았는데 더 뻗지 못하고 외야수에게 잡혔다 ··· 289
- 홈룸 ························· 344
- 홋카이로 ··················· 260
- 홍단 ························· 301
- 홍백가요제 ········· 26, 378
- 홍백만주 ··················· 330
- 홍수 ························· 243
- 훗싸리 ······················ 300
- 화나다 ·············· 118, 123
- 화면발 ························ 27
- 화분증, 꽃가루 알레르기 ··· 177
- 화산이 분화하다 ········· 248
- 화상카메라 ················ 192

Index   ㅎ — ㅎ

- 화이트데이 ·· 335
- 화이트보드 ·· 231
- 화이트보드마카 ··· 231
- 화장실 ··· 13
- 화장실 청소 ··· 19
- 화장을 고치는 것 ·· 85
- 화장을 지우다 ··· 83
- 화장을 진하게 하다 ·· 84
- 화장이 들뜨다 ··· 83
- 화장이 먹힌 정도 ·· 83
- 화장이 잘 되지 않다 ······································· 83
- 화장이 잘 먹다 ·· 83
- 화장이 잘 먹지 않다 ······································· 83
- 화장터 ··· 171
- 화장한 뼈를 담는 항아리 ··························· 171
- 화재 ·· 248
- 화톳불 ··· 353
- 화투 ·· 300
- 화투패 ··· 300
- 화해하다 ·· 119
- 확대 복사 ··· 201
- 확인 ·· 188
- 환율 ·· 223, 281
- 환전 ·· 281
- 환풍기 ··· 13
- 활과 화살 ··· 353
- 활기찬 사람 ··· 132
- 활용해서 입을 수 있다 ······························· 100
- 홧김에 마시는 술 ·· 75
- 황금시간대 ··· 27
- 황송합니다 ·· 186
- 황혼이혼 ·· 149
- 회사 ·· 186
- 회오리바람이 일다 ······································· 249
- 회전초밥 ·· 62
- 횡단보도 ·· 209
- 후리소데 ·· 330
- 후수 ·· 305
- 후지산 ··· 110
- 후진통 ··· 160
- 후추 ·· 42
- 후추를 뿌리다 ··· 38
- 후쿠마메 ·· 332
- 후쿠와라이 ·· 323
- 후쿠자와 유키치 ·· 110
- 후쿠챠 ··· 320
- 후토마키 ·· 63
- 휴대폰 매너모드 ·· 275

- 휴먼 영화 ··· 276
- 흙 ·· 321
- 흐리게 (하다) ·· 201
- 흐림 ·· 240
- 흑백TV ··· 26
- 흑백복사 ·· 200
- 흑백인쇄 ·· 193
- 흑싸리 ··· 300
- 흑자가 나다 ··· 111
- 흥행수입 ·· 276
- 희로애락 감정 기복이 큰 사람 ················· 133
- 희생 번트 ··· 287
- 희생 플라이 ··· 287
- 흰 살 생선 ··· 63
- 흰머리 ··· 94
- 흰색 선 안쪽 ··· 218
- 히구치 이치요 ··· 110
- 히나닌교 ·· 338
- 히나단 ··· 338
- 히나마츠리 ·· 338
- 히나마츠리 과자 ·· 339
- 히나아라레 ·· 339
- 히노모토 ·· 248
- 히루도라 ·· 26
- 히시모치 ·· 339
- 히트앤드런 ·· 287
- 힘없는 사람 ··· 132

일본어다운 너무나 일본어다운 **생활문화 일본어**

저자 **오쿠무라 유지, 임단비**
초판 1쇄 발행 2009년 12월 28일
초판 8쇄 발행 2022년 12월 23일

발행인 | 박효상
편집장 | 김현
기획 · 편집 | 장경희, 김효정
디자인 | 임정현
마케팅 | 이태호, 이전희
관리 | 김태옥
책임편집 | 김진아
본문 표지 디자인 | 홍수미
원어민 녹음 | 야마노우치 타스쿠, 이토 쿄코, 이마사코

종이 월드페이퍼
인쇄 · 제본 예림인쇄 · 바인딩
발행처 사람in
출판등록 제 10-1835호
주소 04034 서울시 마포구 양화로11길 14-10(서교동) 3F
전화 02.338.3555 팩스 02.338.3545
E-mail saramin@netsgo.com
Website www.saramin.com

※책값은 뒤표지에 있습니다. ※파본은 구입하신 곳에서 바꾸어 드립니다. ⓒ 임단비 2009

978-89-6049-145-8   13730